U0134117

THIS I REMEMBER

罗斯福总统夫人回忆录

〔美〕埃莉诺·罗斯福 著　　臧学运 译

金城出版社
GOLD WALL PRESS

·北京·

图书在版编目（CIP）数据

罗斯福总统夫人回忆录 /(美)埃莉诺·罗斯福
(Eleanor Roosevelt) 著 ; 臧学运译. — 北京 : 金城
出版社有限公司, 2024.5
（金犀牛文库）
书名原文: This I Remember
ISBN 978-7-5155-2442-9

Ⅰ.①罗… Ⅱ.①埃… ②臧… Ⅲ.①罗斯福
(Roosevelt Franklin Delano 1882–1945)—回忆录 Ⅳ.
①K837.127=5

中国国家版本馆CIP数据核字(2023)第000773号

罗斯福总统夫人回忆录

作　　者　[美]埃莉诺·罗斯福
译　　者　臧学运
责任编辑　杨　超
责任校对　欧阳云
责任印制　李仕杰
开　　本　710毫米×1000毫米　1 / 16
印　　张　32.25
字　　数　410千字
版　　次　2024年5月第1版
印　　次　2024年5月第1次印刷
印　　刷　北京兰星球彩色印刷有限公司
书　　号　ISBN 978-7-5155-2442-9
定　　价　98.00元

出版发行　**金城出版社有限公司**　北京市朝阳区利泽东二路3号　邮政编码：100102
发 行 部　（010）84254364
编 辑 部　（010）64210080
总 编 室　（010）64228516
网　　址　http://www.jccb.com.cn
电子邮箱　jinchengchuban@163.com
法律顾问　北京植德律师事务所　（电话）18911105819

本书原名为《我的回忆》

(*THIS I REMEMBER*)

献给我的丈夫: 富兰克林·德拉诺·罗斯福, 以及我的孩子们: 安娜、詹姆斯、埃利奥特、小富兰克林和约翰, 是他们帮助我完成了本书的撰写。

在此，我要向我的挚友兼同事马尔维娜·汤普森小姐^①致以深深的谢意。没有她的帮助和激励，我不可能完成这本自传。

儿子埃利奥特决定住在海德庄园也促成我完成这本自传。毕竟我如果没有留在海德庄园，那么想要完成这本自传就会困难得多，可能永远也完成不了。

如果未来有人能将《我的回忆》中的内容写进历史，对历史做出一些贡献，那么大部分功劳都是他们的。我对他们深表感谢。

埃莉诺·罗斯福

Eleanor Roosevelt

---

① 下文称"汤普森小姐"。——译者注

前 言

FOREWORD

在本书中，埃莉诺·罗斯福[①]深刻展现了自己作为总统夫人的生活。这其实是一件艰难而勇敢的事情，但她在书中展现了自己的尊严、魅力与幽默感。本书讲述了罗斯福从第一次就任纽约州州长到连任四届美国总统的经历。埃莉诺以其特有的坦诚谈论了罗斯福家族成员间的一些私密问题。

埃莉诺认为，比起之前她写的自传《这是我的故事》，人们对她将要讲述的关于罗斯福的事情会更感兴趣，并且在她意识到"有些事情除我以外没有其他人知道"时，她便明确了罗斯福的身份——他不仅是政治家、总统和杰出的战时领袖，还是丈夫、父亲和朋友。埃莉诺清晰、富有启发性的描述比任何纯粹的政治自传都可以更清楚地阐明罗斯福四次成功当选美国总统的原因。

埃莉诺讲述了一个充满活力、推崇个人主义的家庭面临的一系列危机。在这个家庭中，父亲罗斯福允许孩子们犯错，而祖母萨拉执意于控制所有敏感、富有争议的话题——关于罗斯福身体状况的谣言，关于他的流言蜚语和持续不断的批评。此外，埃莉诺还会告诉你她对这些事情的感受。

---

① 下文称"埃莉诺"或"罗斯福夫人"。——译者注

在白宫生活了近十二年从未离开过公众视线是一种什么感受?埃莉诺可以在多大程度上决定自己的生活方式?她想让罗斯福成为总统吗?她经常外出旅行的目的是什么?她是否想要影响罗斯福做出政治决定?在听说儿子罗斯福即将承认苏联时,老詹姆斯·罗斯福的夫人萨拉说了什么?罗斯福对妻子埃莉诺撰写的专栏文章有何看法?罗斯福发脾气时是什么样子?他有没有说话不慎重的时候?在与美国青年代表大会的合作中,埃莉诺学到了什么?罗斯福私下对斯大林发表了怎样的看法?埃莉诺认为哈里·霍普金斯是罗斯福的优秀顾问吗?罗斯福最后一次生病时的真实情况是怎样的?

从这些问题就能看出本书内容的多样性和私密性。例如,埃莉诺与丘吉尔在晚餐时发生了激烈的争吵;她担心战场上的儿子们;她需要使白宫的工作人员和平相处等。当罗斯福回到家后,大家会聚在一起谈论关于卡萨布兰卡、德黑兰和雅尔塔的故事。他们会因罗斯福的玩笑而咯咯地笑,也会取笑丘吉尔……

简而言之,本书真实讲述了在经济萧条逐渐平息、战争即将取得胜利时,埃莉诺在白宫的经历及那段忙碌、激动人心的岁月。埃莉诺撰写的第一本书是《这是我的故事》,讲述了从她幼年起至罗斯福当选纽约州州长前这一时期的故事。本书与那本书很像,讲述的都是关于一位杰出女性的故事。书中的这位女性富有魅力、仁慈博爱、充满智慧。

插图目录

ILLUSTRATIONS

目录

第1章　　"我开始提笔……"

CHAPTER I　　"As I Begin…"

开始提笔写这本自传时，我觉得它要比前一本自传《这是我的故事》难写得多。本书不再是我的自传。大多数人一定会对我将要讲述的关于我丈夫的故事更感兴趣。

在《这是我的故事》中，我尽力描绘了自己成长的那个年代及周围的人[①]。但在本书中，我觉得自己不需要再详细描写那个时代，这将交由历史学家来书写。不过，通过这本书，也许能给人们留下一些印象，帮助他们了解那段艰辛的岁月。

未来的几年，我准备写一些书。由于我描写的对象主要是我丈夫及与他一起工作的人，因此我想说的是，谁如果想要更深入地了解他的生活、性格和人生目标，就必须关注他本人。

我不敢说自己可以完全客观地描述他，但确信有些事情除我以外没有其他人知道。不过，没有一个人能够完全了解另一个人，一个人也不可能与另一个人生活多年而不了解他的情况。其他人可能比我更了解罗斯福的某些性格特征，但我如果能把自己知道的并认为是真实的事情讲述出来，可能会给未来的历史学家提供一些更真实的素材。

---

① 埃莉诺·罗斯福：《这是我的故事》，纽约：哈珀兄弟出版社，1937年。——原注

显然，前人写过的几本关于罗斯福的书籍都是从个人角度来描述他。从这些书中我们可以了解到，像我丈夫这样的人，特别容易受人影响，这种特点让他易于接受其他人的不同观点，并在与别人交往时展示出与以往不同的一面。由于不想成为一个难相处的人，他会特意给每个与他接触的人机会，让他们知道自己对什么特别感兴趣。弗朗西丝·珀金斯在她的书中精彩描述过罗斯福，在许多方面其他人都不可能再深入描写他。不过，即便是在弗朗西丝·珀金斯的书中，也出现了少量不准确和存在误解的地方。这是因为在与他人接触的过程中，人们会把自己的个性、兴趣、偏见和信仰强加到另一个人身上。

　　经常有人告诉我，他们受到了罗斯福的误导。甚至在人们还没有说太多关于罗斯福是如何误导他们的话时，我就能感受到，这是因为罗斯福给与他谈话的人留下了这样一种印象：他完全同意他们的看法。但我很清楚，罗斯福并不是这样想的。如果罗斯福的行为和他人认为他应当表现出的行为完全不一致，人们对此会感到非常惊讶。

　　之所以会出现这种误导，不仅是因为罗斯福不想成为一个难相处的人，还因为他对他人的观点很感兴趣，愿意倾听他人的想法。他如果认为某句话表达得很清楚，就会点点头，并且经常说"我明白了"诸如此类的话。但这并不意味着他认同这些观点，甚至不表示他能完全理解这些观点，只是表明他欣赏该观点的提出方式而已。

　　还有一个很少有人注意到的事实：尽管大多数前来拜访美国总统的人都可能比总统自己更了解他的某个方面，但在其他信息上，总统比他们了解得更全面。总统必须具备统筹兼顾的大局观，而其他人则主要考虑自己的想法、计划和完成某一项具体任务需要担负的责任。在这种情况下，总统有责任搜集所有合理的观点，围绕某一特定主题听取经常出现的相互矛盾的意见，然后做出最后决定。这是总统必须完成的最困难的事情之一。

另外，对罗斯福来说，义气永远不可能凌驾于对国家的忠诚之上。有时，这会让人觉得罗斯福对朋友不忠。但作为美国总统，罗斯福必须优先考虑什么会给人民和国家带来最大的利益。

我感觉到罗斯福常常认为自己必须从紧张的争论中解脱出来，所以当从一件处理起来非常费力的事情中脱身出来，坐下聆听时，他对前来看望他的人就无须尽任何义务了。我知道，罗斯福总是在思考他人说的话。我从来没有见过比他更容易受到他人影响的人。他虽然征求了许多人的意见，但只是想了解他人的看法。如果他还没有做出决定，这些意见就有可能帮助他做出决定，并且他会利用自己的知识和亲身感受认真考虑这些意见。在他做出决定后，人们如果认为自己的意见对他的决定做出了些许改变，就会自鸣得意。

罗斯福经常通过我来了解他人的想法，因为他知道我很重视与各种各样的人见面交谈。我不需要外出演讲，也不需要去全国各地视察项目，但他知道，我其实并不满足于只做白宫的女主人。他经常建议我关注某些事情，如宅地项目。他觉得，如果我没有成就感，生活对我来说将会非常无趣。在春秋两季的几个星期里，他发现我可以并确实外出进行了有偿演讲，就会非常高兴。我知道，除非我明确做出了承诺并签订了正式合同，否则不会计划这样的行程。一旦这些计划成了一种义务，我就会安排好时间，履行自己的义务。外出演讲让我游览了全国许多地方。要不是因为这个缘故，我可能一辈子也不会去那些地方。

当然，我可以用外出演讲赚的钱去做自己想做的事。这些钱比我丈夫给的还多。同时，我觉得罗斯福总会利用我带回的所有信息核对收到的官方报告。

他如果与几位顾问因某件事发生了争执，就常常会在晚餐时提出问题，说出他的观点，进而启发我发表意见，因为他知道我会反对他的观点。他会把他获悉的所有论据都告诉我，而我则会大声加以驳斥。

有一次，虽然争论的主题我现在已经记不清了，但我记得自己当时十分激动、恼火。我丈夫宽容地笑了笑，重复着别人对他说的所有话。第二天，罗斯福询问汤普森小姐，我是否可以在白宫西厅与他和罗伯特·沃思·宾厄姆一起喝茶。当时，罗伯特·沃思·宾厄姆是美国驻伦敦大使，即将重返工作岗位。我尽职尽责地端上茶，满怀期待地坐下，聆听他们谈话。我本以为他们会讨论我反对的事情，但令我大吃一惊的是，我听到罗斯福让罗伯特·沃思·宾厄姆采取行动，行动依据的不是罗斯福的观点，而是依据我的观点！罗斯福看都不看我一眼，也不朝我这边眨一眨眼睛，竟然平静地把前一天晚上他反对的政策和观点都说成是自己的！直到现在我都没弄清楚，罗斯福到底是像往常那样仅仅是把我当成传声筒以了解外界的反应，还是需要利用我的观点来巩固他的决定并理清思路。

在罗斯福担任总统后，许多人告诉过我，他们完全不同意罗斯福的观点，还表明下次再和他谈话时将毫不犹豫地告诉他这一点。接下来，这些人和罗斯福见面了。但如果我有机会在他们结束谈话时见到他们，这些人通常都会温和地看着我，好像他们从来没有反对过罗斯福的观点一样。只是偶尔有人诚实地说，他没能提出自己的观点。我想，他们确实很难提出自己的观点，一部分原因是罗斯福的性格导致的，另一部分原因是人们对他心存敬畏。

罗斯福有一种天赋，能让那些他想知道其想法的人说出自己的观点来，能让那些他厌烦的人安静下来。由于他可以做到这两点，人们对他非常敬佩。当罗斯福不想听别人讲话时，他就会讲故事，谈论完全不同的内容。每个与罗斯福一起工作的人都必须学会应对这种情况的技巧。

人们如果没有问题要问或者没有观点想表达，就会静静地听罗斯福讲话。因为他的讲话非常有趣，人们很快就会忘记自己要讲的内容。

我想，在罗斯福的所有密友中，只有少数人能真正明白为什么人们有时会觉得罗斯福同意他们的观点，但罗斯福并不这样认为。也许我能帮助那些不明白的人弄清楚这一点。我认为路易·豪一直都很了解罗斯福的这一特点，弗兰克·沃克、爱德华·J.弗林、小亨利·摩根索和伯纳德·巴鲁克也都很清楚这一点。这些人中没有谁把自己的利益看作是至高无上的。所有人对罗斯福和他即将开展的工作很感兴趣，即便这会牵涉自己的工作，他们也能保持客观的态度。

人们常常认为我在政治上会对罗斯福产生很大的影响。有人多次写下称赞我的话，说我对罗斯福的行为，甚至对他任命政府人员都产生了一定的影响。弗朗西丝·珀金斯成为内阁成员就是一个很好的例子。事实上，我从来没有建议过她加入内阁。她在纽约州与罗斯福一起工作过，任命她是他的选择，并且我很高兴罗斯福能这样做。同时，罗斯福认为女性的地位应该得到承认，这一点让我感到非常高兴。

在建议任命的个人或团体名单上没有出现女性的名字时，我有时可能会去找罗斯福，向他说明我厌倦了告诉他去提醒内阁成员和顾问这一点：任命的名单中一定要有女性，她们是国家生活的一部分，并且在政治上正发挥着越来越重要的作用。这时，罗斯福总是微笑着说："当然，我本以为名单上会有女性的名字。有人打来电话，说我应该承认女性的社会地位，应该任用女性。"因此，他有时会向我征求意见，而我会说出两三个人的名字来。有时这些人会被考虑在内，有时则不会。

在罗斯福看来，我没有任何政治影响力。主要原因是：我从来不做任何我知道自己做不到的事。如果我对自己跟罗斯福提及的事有强烈的反应，那是因为我不像他一样有解决这些事的能力，所以他不会像我一样有同样的反应。

　　当然，自此以后我就发现，一旦我写信推荐了某人，许多政府官员就会把这件事看作是一项需要立即引起重视的任务。显然，他们认为如果我的建议没有被采纳，我就会向罗斯福抱怨。事实上，我只希望这些政府官员关注自己应该做的事，因为政府应该为国民服务。我认为每一位政府官员理应弄清楚我不满的原因，并且愿意消除不公正的现象。但直到现在我才意识到，这是一种非常天真的想法。根据人们告诉我的情况来看，往往只有在害怕领导者会不高兴的情况下，政府部门才会采取行动以推动事态的发展，尽管许多部门的情况并非如此。我认为，许多政府官员会觉察到这种现象在一些老部门中根深蒂固。这些老部门不想开展新活动的想法的确在情理之中。威廉·H. 伍丁和小亨利·摩根索一定对财政部原先的管理方式做出了很大调整，尤其是在小亨利·摩根索担任财政部长后。新制定的标准一定会让原来的某些政府官员感到震惊。

　　有时，我对政府官员抱有一种批评的态度。一旦政府官员在一个部门工作了很长一段时间，他们就很难做出改变。我认为确实有很多人想为国家服务，并且愿意接受低工资和低保障，只是因为他们觉得这样做是在为国尽忠。

　　如上所述，我从未有意识地对罗斯福或政府中的其他人施加政治影响。不过，一个人如果不了解一些关于政治的基本情况，就无法适应政治氛围，也无法研究优秀政治家的各种举动。从他身上我了解到，一个优秀的政治家在很大程度上具有掌握时机的意识。罗斯福会在恰当的时候说恰当的话。虽然立刻做出回应可能会对自己不利，但从长远来看，有些话的确要在必要时说出来。我并不是说罗斯福从不犯错，但在大多数时候，他的判断是正确的。罗斯福可以以极大的耐心观察事态的发展，等待适当的时机采取行动或者发表讲话。例如，隔离演说[①]是在需要人们进行思考的时候发表的。罗斯福在阿真舍与丘吉尔进行会面及《大西洋宪章》的公布，正值一个对美国来说非常关键的时刻；同样，诺曼底登陆日的祈祷在人民最需要激励的时刻鼓舞了士气。

罗斯福是个务实的政治家。总有人告诉他在政治上采取某些行动或者委任某人是明智的选择。有时，罗斯福会按照别人的建议去做，但他又做了很多其他事情，任命了很多党内政客反对的人，只是因为他认为这样做会对整个国家产生好的影响，并且他做的几乎总是对的。然而，作为一个务实的政治家，罗斯福了解、接受了这样一个事实：他必须与民主党成员合作。我经常听罗斯福谈论地方政治组织的必要性及其作用，但他意识到有些地方政治组织对民主党是不利的。尽管罗斯福承认坦慕尼协会和某些老板云集的组织管理良好，并且很有价值，但他一直都很反感这些组织。

虽然罗斯福总是说我没有耐心，不可能成为一名优秀的政治家，并且我把握时机的意识远不及他那样准确，但随着年龄的增长，我变得更有耐心了。我还从罗斯福那里了解到，没有领袖能遥遥领先于他的追随者，并且我认为自己在观察美国国情和了解民众的意见方面还是很值得信赖的。

---

① 1937年10月5日，在芝加哥，罗斯福发表了隔离演说，呼吁国际社会制裁无法无纪的侵略者。——译者注

第2章　　"生活永远不会枯燥无味"

_____

CHAPTER II　　"Life Was Never Dull"

在罗斯福担任纽约州州长和总统期间，特别是在他入主白宫后，我曾多次认真思考过美国公众人物的家人遇到的问题，尤其是存在巨大争议的公众人物——有些人彻头彻尾地恨他，而有些人全心全意地爱他。当然，人们对公众人物的态度不可避免地会传递到他们的家人身上，并且对其家人产生一定的影响。对家庭成员中的年轻人来说，这种影响更大。各方都会给予他们优待，如果他们不接受，人们就会认为他们不礼貌、不识抬举；如果他们真的接受了，人们又会指责他们自私、傲慢、贪婪，觉得他们只考虑自己，将自己凌驾于他人之上。事实上，人们会批评年轻人身上所有令人讨厌的特点，并且最不希望年轻人具有这些特点。

举个例子，我记得当小富兰克林还是一名大学三年级的学生时，他因在奥尔巴尼和波士顿之间的道路上超速行驶而被逮捕了。有人想和他父亲搞好关系，于是把小富兰克林带回家中吃饭，还尽力帮他免除年轻违法者应遭受的常规处罚。但罗斯福和我都非常希望小富兰克林能够受到尽可能严厉的处罚。虽然他的罪行不是很重，但他如果能吸取这次教训，就会知道违法的后果。最重要的是，我们想让小富兰克林知道，在民主国家中，无论是谁触犯了法律，都要接受惩罚。我还记得，当发现小富兰克林完全逃脱了惩罚，连一点罚款都不需要缴纳时，我们非常沮丧。我和罗斯福十分清楚，小富兰克林并没有吸取教训，并且没有人会相信我们没有施加影响或者没有请求别人对他予以特殊关照。

后来的几年里，发生了一些类似的事，其中，两次差点造成严重后果。那时我发现我的孩子唯一的感受就是认为不公，因为他们无论做错了什么事不仅总是被抓，还总是被大张旗鼓地宣传。孩子们把这种情况归咎于父亲罗斯福的地位，而不是自己的恶行。

我的一个儿子曾痛苦地抱怨道，他的处境特别艰难。因此，我花费了好几个小时想让他明白：每个人在生活中都会遇到一些困难需要克服。我的孩子遇到的困难是，在他们的父亲罗斯福还没想到会成为公众人物以前，他们的名字就被很多人知道了。当时，罗斯福是纽约州州长，这让我的孩子的处境很艰难，因为他们做事时可能要比同龄人更加小心。

我对孩子们说，他们从来没有挨过饿，也从来没有怀疑过自己能不能接受教育，以后会不会有谋生的机会。许多男孩为了得到这样的安全感付出了很多，而我的孩子抱怨的事情在其他人眼中可能只是一些小麻烦而已。当和我的孩子说这些的时候，我觉得自己最好还是少说一点，因为说教从来就没有什么用。强大的人只有在自己亲身经历过某些事情后才能真正领悟别人话中的真谛，这一点是很难做到的。

几年后，我的一个儿子去看望了我的姨妈——斯坦利·莫蒂默的夫人[1]。姨妈在苏格兰租了一处射击场地，这给我的儿子留下了深刻印象。姨妈可以整日在荒野上散步，和别人打扑克牌打到深夜，但看上去丝毫不感到疲惫。儿子对我说："妈妈，我不知道为什么您从来没有和

---

① 即伊丽莎白·利文斯顿·霍尔 (Elizabeth Livingston Hall)，她是埃莉诺的母亲安娜·霍尔·罗斯福的妹妹。——译者注

我们说过您母亲这边的家族。我们一直认为自己的活力都来自罗斯福家族，但现在我们知道了构成我们这个家庭的另一方来源，也知道了我们之所以能够充满无限活力，是因为我们从罗斯福家族和霍尔家族都汲取了生命力。另外，妈妈，我们在这两边都被认为是罗斯福家族的人，认识到这一点对我们并没有什么好处。"

德拉诺家族[①]同样精力旺盛，因此我的孩子有理由说，他们天生就斗志昂扬、热爱冒险，所以我们不能要求他们给予我们宁静与安宁。我的五个极具个性的孩子，就成长在这样的家庭中。他们的父亲罗斯福整天专注于公共事务，而祖母萨拉忠于她的德拉诺传统，执意要成为一家之主。这意味着我的生活永远不会枯燥无味。

当然，我们遇到的麻烦不仅仅来自孩子们在外面受到的待遇——一方面其他人给予了他们太多特权，另一方面他们需要接受大量批评。此外，我们的麻烦还来自我的婆婆萨拉。她太喜爱她的孙子，甚至想把他们当作自己的孩子。萨拉经常生我的气，因为我很少告诉我的孩子什么是对的，什么是错的。我之所以很少这样做，是因为我从来都不确定自己是否了解什么是对的。但对萨拉来说，一切非黑即白。她总是坚定地、毫不犹豫地把自己的想法告诉我的孩子。这样做的结果就是：我的孩子经常愚弄他们的祖母萨拉。家里两个年纪最小的孩子——小富兰克林和约翰，更是与她"友情"深厚。他们几乎能从祖母萨拉那里得到任何自己想要的东西。萨拉虽然有时会责备他们，但脸上带着高兴的神情。我的孩子也知道，自己想要什么都会得到。小富兰克林毕业时把我们送给他的那辆小汽车弄坏了。我们觉得暂时不给他买车是件好事。但萨拉没有告诉我们就答应了小富兰克林的要求，给他买了一辆更昂贵的

---

① 埃莉诺的婆婆萨拉来自德拉诺家族。——译者注

汽车。当听到我们说不同意她这样做时，萨拉非常平静地看着我们，说她不知道我们不会同意。萨拉从不在意自己不想听的话。这一次就是她只听孩子的话，却对孩子父母的话充耳不闻。

约翰很爱惜自己的物品，很少提要求。他是一个安静、保守的孩子。大学一年级时，约翰打过马球，但发现自己买不起马球时，他就放弃了，没有任何怨言。约翰一向很有骨气，做事也很谨慎，具有处理自己财务问题的能力。

罗斯福对孩子们毕业后应该做什么有一些非常坚定的想法。通常情况下，孩子完成学业后就会与家人共同生活、共同支配家庭财产。但罗斯福坚持认为，男孩一毕业就应该出去工作，自食其力。现在想想，我觉得他之所以会有这种想法是受他的德拉诺家族背景的影响。罗斯福的曾祖父詹姆斯·罗斯福三世曾住在马萨诸塞州的费尔黑文。他为自己建造了一座舒适的房子，和许多孩子、亲戚住在一起。我觉得当时能住在那样一座房子里是一件很奢侈的事。小沃伦·德拉诺是罗斯福的外祖父，十七岁时被迫前往波士顿，为福布斯家族做事——当时福布斯家族的船航行过许多地方。从那时起，年轻的小沃伦·德拉诺就独自一人作为押运员乘坐福布斯家族的船航行，最终以自己的方式成为香港旗昌洋行的合伙人。旗昌洋行起初是一家美国公司，后来成了一家英国公司。小沃伦·德拉诺的其他兄弟以同样的方式起家，他们都希望自己可以照顾家族内的女性亲属，无论是妻子、姐妹还是表亲！

我的婆婆萨拉和我的丈夫的想法只在某一点上存在分歧，那就是萨拉尽管认为孩子们应该出去工作，但还是希望他们能待在家里，处于自己的监督和指导下，让整个家庭按照母系氏族的方式生活。因此，萨拉不喜欢让家中任何一个年轻人在经济上实现独立，并且她认为不允许晚辈在经济上实现独立，是让他们住在家中并控制他们的一种方式。不过，萨拉送礼物时总是很慷慨。她会把她认为必要的东西送给我、罗斯福和她的孙子，但不希望我们中任何一个人有固定的收入。

萨拉也不喜欢一切形式的铺张浪费。但出于某种未知的原因，她更容易让年轻一代养成奢侈浪费的习惯。我想萨拉肯定很后悔让罗斯福从父亲老詹姆斯·罗斯福那里得到属于他的钱，并且我也有一小部分收入。当我开始赚钱时，萨拉就更难过了。不过，当罗斯福生病时，萨拉毫不犹豫地给了他所需的钱，并且希望他回到海德庄园，不再去工作。

尽管萨拉对我去赚钱这件事感到难过，但我想她最终还是接受了，因为她知道这些钱能够让我做很多事。我如果没有足够的收入，就要依靠丈夫罗斯福，他就会承受巨大的经济压力。经济大萧条时期，我从父母那里继承来的钱越来越少，并且我的年收入特别微薄。但早在1933年离开纽约市以前，我就开始通过教学、写作和在广播电台工作挣钱了。我记得自己第一次给妇女工会联盟提供一些实质性的帮助以偿还其俱乐部房屋的抵押贷款，并且执行我们关于瓦尔-基尔[①]试验的一些计划时，我感到非常高兴。

在经济大萧条的那段时间里，我用在商业广播电台工作挣来的第一笔钱成立了两个会所，给失业和正在寻找工作的女孩提供午饭和休息的地方。其中，一个会所在妇女工会联盟俱乐部里，另一个位于麦迪逊大街的女孩服务联盟总部。我们为女孩提供热气腾腾的午餐、零食，还为她们提供修补衣物的设施等。有几个人开始对我做的这件事感兴趣，帮助我给这些女孩提供各种各样的用品。还有很多人自愿去做饭、端饭，与女孩交谈，给她们提供一些建议。

在那些糟糕的日子里，我挣得的一大笔钱不仅能让我为慈善机构捐

---

① 1927年，埃莉诺与南希·库克、迪克曼女士成立了瓦尔-基尔（详见本书第37页）。她们出资建造小工厂以制造家具等。——译者注

款，还可以为那些无法通过常规渠道得到帮助的人提供工作或者扶助。我并没有怀疑过自己是不是总帮助那些不值得帮助的人。在那些日子里，冒这个风险总比让那些值得帮助的人失望好得多。然而，当幻想几次破灭后，我最终与美国公谊服务委员会达成了协议。该委员会开展了很多研究和实验。我也几乎把自己通过电台工作赚来的钱都给了美国公谊服务委员会。起初我直接把钱转给该委员会，自己一分钱也不留。后来，汉密尔顿·菲什在国会上攻击我，声称我利用广播讲话赚钱，却不缴纳个人所得税。当然，1933年，财政部对此做出了裁决，认为把这笔钱转给公认的慈善机构属于合法行为，但因为人们有质疑我的权利，所以我决定还是先把钱转到自己的账户上，待扣除个人所得税后，再把余额转给美国公谊服务委员会。

在白宫期间，我认为自己通过电台工作和写作挣到的钱不应只用于慈善捐款，还应助人自助。由于这也是美国公谊服务委员会的理念，我选择让该委员会帮我处理这些钱。我从来没有用挣来的钱给孩子们买礼物。有时，我不得不动用其中一少部分钱，因为我给出去的钱太多了，如果不这样做，就无法缴纳个人所得税。在白宫期间，我没有存过一分钱，因为我觉得存钱是不对的。当我离开白宫时，我账户上的资金比我当初来华盛顿时还要少。

罗斯福的收入一直都不多，并且他每年在奥尔巴尼和白宫都要花掉一部分钱。因为母亲萨拉的遗产处理好之前就去世了，所以这些遗产对罗斯福来说并没有什么帮助。

我结婚时的年收入是五千美元至八千美元。罗斯福知道我对理财知识知之甚少，也知道我无权改变现有的信托安排——我需要把钱交给家中的长辈管理，然后每隔一段时间去取钱。家族中的商人亨利·帕里什和埃姆伦·罗斯福曾邀请我去查看我的证券账户，并且就此进行咨询。

然而，我实在太害怕了，也没有什么兴趣，就婉言拒绝了。在父亲[①]和母亲安娜·霍尔·罗斯福去世后，是外祖母把我抚养成人的。由于她对我的零用钱一直管理得很严格，我直到二十一岁才学会怎样处置自己的资产。我从来没有想过通过改变投资来增加收入，只是拿到我应得的东西并进行管理而已。

每次回想起我们刚结婚开销很少的那段时期，我就能感受到这四十年来生活费发生了变化。我丈夫和我一致同意把等量的钱存入家庭账户，每月只花费六百美元。虽然这不能让我们过上奢侈的生活，但我们可以过得轻松、舒适。此外，罗斯福需要支付房租、孩子的学费和医药费。有时，我会将自己和孩子们打扮好，一起去给亲戚朋友赠送礼物。在有能力、想帮助别人时，我们就把钱捐给一些慈善机构，也单独捐赠给个人。在后来的几年里，慈善事业成了我们各自的事情。只有在极少数情况下，我们才会共同捐款。

在我看来，这样的安排很合理。直到家里有了两个孩子后，我们才增加了对家庭账户的投入。即便如此，家庭的开销还是越来越大，因而我只能减少其他方面的开支。

随着家庭开支的逐年增加，罗斯福承担的家庭责任也越来越重。他还要给孩子适当的零用钱，直到他们毕业。在孩子们还没到领取零用钱的年纪时，我会给他们买衣服——我也总给自己买衣服。不过，罗斯福认为，孩子们一旦有了零用钱，就应该自己买衣服，这样他们才能学会理财。偶尔，我会给孩子们买一些实用的礼物，如内衣、衬衫和袜子。这个习惯我一直保持着。现在，这些孩子总因为我的这个习惯取笑我。

在女儿安娜结婚后，我的丈夫和婆婆都给了她一点儿零用钱。我尽

---

① 即埃利奥特·布洛克·罗斯福（Elliott Roosevelt, 1860—1894）。——译者注

自己所能给安娜买了一些小礼物，还把我的账簿送给了她。我虽然意识到这些账簿早已过时，也没有什么价值，并且她刚结婚时在生活上的花销远远超过了我刚结婚时的水平，但还是把账簿送给了她。由于罗斯福认为男孩一旦接受完教育就应该独立生活，家中两个大儿子詹姆斯和埃利奥特在完成学业后就没有零用钱了。因此，毕业后，他们必须立刻开始谋生。但因为总是有人给我的孩子提供回报很高的工作，所以他们不可能从底层做起，一点点向晋升。这让他们的生活变得非常复杂。他们都太年轻，阅历不够，没有意识到他们得到这样的工作只是因为自己的名字和父亲的地位。

罗斯福强烈建议儿子们应该自己做决定，允许他们犯错。有时，罗斯福的一些朋友让他多给孩子们提供一些建议，但他总说，孩子们必须自己去解决问题。我认为他有这种想法很大程度上是因为他的母亲一直想主导他的所有思想和行为，他不得不为独立而斗争。我想，萨拉如果还在世，那么儿子罗斯福出门，她应该会让他穿得足够暖和，还会督促他穿上胶鞋或者在外套里套件毛衣，否则不会让他出门。萨拉通过自己的方式把自己的想法告诉给罗斯福，想办法与他周旋。随着罗斯福的年龄越大，这件事就越让他烦恼。有时，如果罗斯福不想见一些老朋友或者萨拉想让他见某些人，萨拉就会淡定地邀请这些人吃午餐或者晚餐，并且直到罗斯福在餐厅就座后才把这些人带进来，但这时他想拒绝已经来不及了。

萨拉总是抱怨说，她从来没有见过罗斯福一个人待着的时候。不过，他们如果长时间地待在一起，就会起争执。因为这两个人在某些方面实在是太像了——罗斯福和萨拉一样固执，所以不能长时间待在一起。尽管罗斯福对母亲一直怀有极大的敬意与爱戴，但他还是一如既往做所有他想做的事。虽然萨拉出于对罗斯福的关爱，做了许多对她来说十分困难的事，但她从未接受他已经独立这个事实，一直坚持要控制他的生活。

不过，我知道，萨拉需要忍受很多东西、做一些她不喜欢的事情。举个例子来说吧，她不得不因为罗斯福去款待一些她不喜欢的人，如阿尔弗雷德·E. 史密斯[①]及罗斯福认识的其他一些政客。另外，萨拉也不相信那些人有什么能力。奇怪的是，虽然阿尔弗雷德肯定知道萨拉不喜欢他，但我觉得他很尊重她。不过，这非但没有打击他，反倒让他在萨拉面前显得更加自信。萨拉总是表现得和蔼可亲。人们必须了解她进而才能理解她那挖苦人的话。记得有一次，我们和休伊·朗在海德庄园一起吃午餐。为了和他谈某个需要他支持的法案，罗斯福坐到了郎先生旁边。我婆婆坐在了桌子的另一头。如果她想让别人听见她说的话，她的悄悄话就会说得比谁都要大声。突然，我听见萨拉用尖锐的声音对坐在她右边的人说道："坐在我儿子旁边的那个讨厌的家伙是谁啊？"

由于长期和母亲萨拉生活在一起，罗斯福有着近乎夸张的决心，他不想让自己的儿子受到类似因素的干扰，并且他把自己的这种想法付诸了实践。

从某种程度上说，我比罗斯福用了更长时间才获得独立，这是因为我小时候没有什么安全感。起初，我婆婆和我丈夫给我的安全感让我非常感激。但渐渐地，我明白了：一个人如果要发展，就必须有一定的思想和行动自由。我获得自身独立的过程很漫长，有时还很痛苦，这使我几乎执着于这样的想法：一旦我的孩子长大了，他们绝不能像我一样受到同样的控制。恐怕我的儿媳有时会觉得我对她们和我的儿子完全不感兴趣。我这样做只是因为我非常希望他们可以感受到我没有在尽力控制

---

① 下文称"阿尔弗雷德"。——译者注

或者干涉他们的生活，也没有在他们成家后要求他们关注我。或许我做得太过分了，但我有时就是这样做的。

随着罗斯福逐渐忙于公共事务，他发现自己抽不出时间为孩子们的兴趣提供意见了，这也使孩子们无法向他寻求建议。如果罗斯福能在空闲时给予孩子们一些建议，他们就可以顺利找到自己的兴趣。詹姆斯和埃利奥特一次又一次从痛苦的经验中吸取教训，并且他们幻想破灭的过程非常痛苦。

埃利奥特没有上大学，这是因为他很不喜欢在格罗顿学校学习的那段时光。他被迫待在格罗顿学校是因为萨拉和罗斯福都认为，无论他去哪里，都会受到纪律的约束。罗斯福认为，纪律虽然令人讨厌，但有其存在的价值，并且我的婆婆不想打破家庭传统。由于没有上大学，埃利奥特比詹姆斯更早开始谋生，当然他的生活也就更加艰难。

我的孩子早婚的主要原因是，他们并未真正根植于某一个特定的家庭，而是希望能建立起属于自己的家庭。这样一来，我的孩子就更需要快点赚钱。我非常理解他们因没有家庭归属感而产生的不满。我们一直和萨拉住在海德庄园，一部分原因是罗斯福永远无法下定决心和母亲萨拉分开居住，再新建一所属于我们自己的房子；另一部分原因是他非常喜欢那所老房子。我从来都不觉得那所老房子属于我，虽然孩子们很喜欢那所房子，觉得那所房子属于他们，并且他们也一直住在那里，但似乎并没有什么责任把他们与那所房子紧密连在一起。让孩子们觉得住在奥尔巴尼的行政办公大楼或者住在白宫里如同住在自己家里一样，是一件非常困难的事。我们只在自己纽约市的房子里住了短短几年，而那所房子就在婆婆萨拉家附近。我们住在那里时，孩子们都太小了，并没有什么感觉，自1928年以后，我们就再也没在那里住过那么长时间了。

（离世前几年，萨拉把她位于纽约的多所房子交给了罗斯福。因此，罗斯福需要给那些房子支付保险费和税金，并且负责维修。在萨拉去世后不久，罗斯福就以合适的价格把那些房子卖给了希勒尔基金会，供纽约市立大学亨特学院使用。他很高兴那些房子能成为亨特学院里拥有不同宗教信仰的人士聚集的地方，并且他知道，通过这样的方式使用那些房屋，母亲萨拉会很开心。事实上，我觉得罗斯福松了一口气，因为他不用再为那些他觉得未来根本住不起的房子付一大笔钱了。）

对罗斯福来说，海德庄园和后来的温泉镇意味着"根"。但在某些方面，坎波贝洛对我来说更加重要。罗斯福两岁时就去过坎波贝洛。在我们的孩子还小的时候，我们每年夏季都会去那里。萨拉家旁边的那所房子是我们的。有些孩子对那所房子还有我们在那里的生活有很多美好的回忆。罗斯福总在度假时前往坎波贝洛，那时他还没有患脊髓灰质炎，孩子们许多最快乐的时光就是在那里和他一起度过的。

1913年去华盛顿后，我们住在两所不同的房子里。那两所房子都是租来的，配有家具。但从某种意义上说，那两所房子并不是家，因为家应该是所有家庭成员共同生活的地方。我认为，我们的孩子从来没有过"根"的感觉，而某些孩子很幸运，他们能从对某块土地或某幢房子的依恋中找到"根"的感觉。

对家里两个小儿子小富兰克林和约翰来说，生活相对会容易一些。因为罗斯福做了很大让步，他在世时一直都在给这两个男孩零用钱。小富兰克林从哈佛大学毕业后就结婚了，后来又去法学院读书，所以没法挣钱。约翰开始从商品销售的最底层做起。婚后，他需要做一些事情来维持生计。加入海军后，小富兰克林和约翰仍然希望家里给他们提供一部分经济支持。由于有零用钱，这两个孩子就不需要那么迫切地挣钱了，所以他们并没有体验过两个哥哥曾有的经历。

我总能想起一件事来，也许能在这里将此事澄清一下。我们的小儿子约翰是一个和平主义者。他认为战争很罪恶，拒绝服兵役。在我们受到日军侵袭①的前几年里，约翰就像我认识的其他年轻人一样，不想当兵。约翰工作很努力，与其他人相处得也很融洽。他享受着自己的生活。然而，一旦战争爆发，约翰就不再抱有任何疑虑。他和我们的其他儿子一样，愿意为赢得战争做任何事情，并且也不再认为战争罪恶因而拒绝服兵役或者坚持成为和平主义者了。

我们在白宫的生活越来越忙碌了。因此，罗斯福处理家庭事务的时间越来越少。我还记得，当孩子们发现自己想要私下和父亲罗斯福谈话，就必须提前预约才能见到他时，他们是多么愤恨。有一次，一个儿子觉得有一件事必须和父亲罗斯福谈谈，于是跟他预约了一段时间。罗斯福总是待人很和善。在儿子说话时，他似乎是在听，但实际上在看手中的文件。儿子问罗斯福有没有在听自己讲话。罗斯福回答说："我听着呢。"但当儿子不说话了，他就抬起头来，把手中的文件递给儿子说："这是一份特别重要的文件。我想听听你对这件事的看法。"我想，这对儿子来说就像是一记耳光打在脸上，他一定在想父亲说的事情要比世界上其他事情都重要。儿子看了看文件，评论了一下，然后离开了房间。

不一会儿，儿子怒气冲冲地来找我，对我说："我再也不想和父亲谈论任何私事了。"我花了很长时间才让他明白，他和父亲罗斯福预约的时间恰巧不合适，所以我建议他可以在一个适当的时候再预约一次。我还告诉他，罗斯福对他表示了赞赏，因为他在关于国家大事的问题上发表了意见，这样的事情在当时是无法想象的。

我还记得另一件事，这完全符合罗斯福的行事风格。一个儿子遇到

---

① 指日军偷袭珍珠港。——译者注

了个人生活危机。罗斯福和我都急于阻止他按照自己的方式解决问题。罗斯福让我给儿子打电话。我照做了。打完电话后，我回到了书房，本以为罗斯福正屏息等待我们的谈话结果，却发现他正在全神贯注地看一封信。如果我没有记错，那封信是罗斯福给包括苏联在内的所有国家写的第一封和平信。罗斯福抬起头时，我告诉他，我没有成功说服儿子。罗斯福脸色阴沉了一会儿，然后说："好吧，那我们就没有办法了。你想听我写给各国的第一封和平信吗？"罗斯福总是在接受不可避免的事情后，继续处理手头的重要事情。理性地讲，这样做是对的，但我觉得这会让孩子们觉得父亲对他们的关心并没有达到他们期望的程度。

如今，许多年过去了，我发现当时那些难以忍受的困难现在对我的孩子来说已经不重要了。我的女儿安娜在其他方面也遇到了一些麻烦。现在，孩子们明白了什么事情重要，这是因为他们的观点和价值观已发生改变。我认为，对孩子们来说，父亲是公众人物对他们产生的影响现在比早年更大。

我已经非常坦率地对我们的家务事和个人生活做了很多细节上的描写。我这样做是有目的的，因为我有时想知道，那些鼓励媒体深入挖掘政府工作人员及其家人私生活的美国公众，是否会意识到这一点：一个通过选举或者任命的工作人员愿意为国家服务，从而成为公众人物，而他的家人在缺少私人空间的情况下，需要付出很大代价。

此外，与其他人相比，公众人物和家人亲密生活的机会大大减少了。公众能意识到这是整个家庭需要付出的代价吗？我对这件事表示怀疑。为了公共利益，公众人物的家人都要牺牲很多，并且几乎无法得到补偿。当然，一个人能够为他的同胞和整个世界做些什么，那么一定会为自己取得的成就感到骄傲和自豪。爱通常是自私的，但如果在纪律的约束与家人全力帮助下，一个人将有机会实现自己心中的愿望，那么整个家庭都会为此感到高兴。不过，他们会失去一些人际关系，这就是完全献身于公共服务需要付出的代价。

第3章　私人插曲（1921年到1927年）

▬▬▬▬▬▬

CHAPTER III　　Private Interlude:1921—1927

在我的自传第一卷末尾，我提到了1924年的民主党全国代表大会。随后，总统候选人约翰·W.戴维斯被击败；阿尔弗雷德再次当选为纽约州州长。

罗斯福再次将主要精力投入商业活动，但他不可能只专注于一项事业。他虽然一度退出了政坛，但一直对美国人民和政治局势的变化很感兴趣。

1910年，罗斯福离开了卡特-莱迪亚德-米尔本律师事务所。从那时起直到1921年他生病的这一段时间，罗斯福或多或少一直在参与公共事务。他在共和党选区当选为州参议员，积极参加民主党全国代表大会。该代表大会曾提名伍德罗·威尔逊为总统候选人。罗斯福引起了外界的极大关注，于1913年春被任命为海军部助理部长。海军一直是罗斯福的主要兴趣之一，他完全能够胜任海军部助理部长一职。罗斯福和约瑟夫斯·丹尼尔斯部长配合得很好。约瑟夫斯·丹尼尔斯部长年纪比他大，政治经验更加丰富。在处理与国会的关系上，他可以做到罗斯福永远都做不到的事情，而罗斯福则给他提供了他缺少的海军方面的知识背景。

我认为，在海军部工作是罗斯福一生中一个重要的里程碑。对罗斯福来说，成为一个优秀的社会青年很容易，他可以在海军部工作一天后，到大都会俱乐部里坐一会儿，和朋友聊聊天。但与我们一起去华盛顿哥伦比亚特区的罗斯福的秘书路易·豪认为，在海军部的那段时期是罗斯福一生中最应该学新东西的时候。他虽然看起来骨瘦如柴，但工作起来不知疲倦。作为奥尔巴尼的一名新闻记者，他第一次在纽约州议会见到罗斯福时就认为这个年轻人以后必定大有作为。从那时起，路易·豪就开始密切关注罗斯福。后来，他要求罗斯福在海军船坞与工人多接触，多了解一些关于工人的情况。这是罗斯福在海军部收到的特殊任务。他成功激起了罗斯福的兴趣。罗斯福第一次与工人进行了密切接触。毫无疑问，正如我说的那样，这是他人生发展历程中的一个转折点。当然，无论是作为纽约州州长还是作为总统，这段经历对罗斯福来说都很有价值。在担任纽约州州长和总统期间，他对人民和人民需求的理解更深刻了，在路易·豪的帮助下，他逐渐挖掘出了自己的政治才能，这给了他极大的信心。

在海军部工作时，罗斯福曾参加过纽约州参议员初选，但并未获胜。1920年，在旧金山的民主党全国代表大会上，罗斯福被提名为副总统；詹姆斯·A.考克斯被提名为总统候选人。这场竞选主要是围绕国际联盟展开的。参议院在一年前投票否决了该联盟的建立。事实上，伍德罗·威尔逊的病情后来之所以非常严重，就是因为他殚精竭虑想要说服美国人建立国际联盟。

这次竞选失败后，罗斯福开始在纽约从事商业活动。他为范·利尔·布莱克先生经营马里兰的信用与储蓄公司的纽约办事处。

1923年，当爱德华·博克提议建立和平奖时，罗斯福向他提交了一篇关于和平组织的文章，其中有他关于和平计划的构想。自1920年我们回到纽约以来，我与埃丝特·莱普就成了朋友。她是博克基金会的负责人。应爱德华·博克先生的要求，我帮助埃丝特·莱普组织委员会并管理该委员会。根据之前在女性选民联盟工作的经验来看，我们都意识到合作可以提高工作效率。当时，埃丝特·莱普的朋友兼合伙人伊丽莎白·里德在纽约从事法律工作。我们也邀请了她与我们一起工作。因为有了她的帮助，我们的想法和计划得以顺利实施。

在此，我要向伊丽莎白·里德、埃丝特·莱普表示敬意。伊丽莎白·里德是一个难得的人才。她接受过法律培训，为人十分诚信，洞察力也很强。她非常能干，没有知识分子的傲慢和虚荣心。在交友方面，她拥有非凡的天赋。伊丽莎白·里德拥有的智慧和勇气永远激励着她身边的人，而埃丝特·莱普在某些方面可能更出色。两人优势互补。她们的朋友应该永远珍惜和她们在一起的经历。

后来，在与埃丝特·莱普谈话时，罗斯福经常提到自己在第一届博克奖竞赛①中提交的和平计划。我想罗斯福从来没有忘记自己当时在这个和平计划中提出的意见。这个和平计划很大程度上可以让他在适应自身疾病②的最初几年里一直保持着对外界事务的兴趣，因为那时他很容易变成一个以自我为中心的病人。另外，这个和平计划有着更深远的意义，为罗斯福以后制订其他世界和平计划打下了基础。罗斯福最初的计划旨在弥补国际联盟运作中出现的缺陷，后来他有了新的思路，于是更改了这份计划③。

1924年，阿尔弗雷德再次当选纽约州州长。1925年1月，罗斯福成为D.巴兹尔·奥康纳先生的律师事务所的合伙人。这家公司一直运营到了1933年3月3日。不过，从1924年到1928年，罗斯福把大部分时间都用在了身体的康复上。1921年，我们在坎波贝洛时，罗斯福患上了脊髓灰

---

① 即Bok Peace Prize competition。——译者注
② 1921年，罗斯福被确诊患了脊髓灰质炎。——译者注
③ 见附录1。——原注

质炎。他的手和腿部分瘫痪了。因为罗斯福经常使用手，所以手最终完全康复了，他重新拥有了宽阔的肩膀和强壮的胳膊，但仍然不能走路。

通过锻炼和支架，罗斯福逐渐又能走路了。他先是挂着拐杖行走，然后利用手杖，在别人的搀扶下行走。起初他使用的是很重的手杖，后来换成了稍轻一些的。此后，罗斯福虽然可以游泳、打水球，但没有手杖等的帮助，就无法站立或者行走。

我的孩子一直认为他们的父亲罗斯福是一个积极的人，非常自然地接受了他的身体缺陷。我认为，这在罗斯福接受自身缺陷的过程中起了很大的帮助。罗斯福有许多兴趣爱好。因此，他总是很忙，一生中从未有过无聊的时候。

罗斯福仍然十分享受两件事——游泳和开车。他的车安装了特殊的手控装置，因为他不能使用腿。在驾驶那辆安装了特殊装置的汽车时，罗斯福可以和其他司机开得一样好。

罗斯福得的这场病是他人生中的另一个转折点。事实证明，罗斯福因祸得福，这场病带给了他前所未有的力量和勇气。他必须思考什么能让他继续生活下去。他还学习了人生中最重要的一课——坚韧不拔、持之以恒。

人们经常问我，对他的病有什么看法。说实话，我从来没有停下来去考虑自己的感受。我需要照顾好家庭和孩子，还要努力让事情顺利进展下去，因而从来没有时间考虑自己的感受。我只是尽我所能，过好每一天。

好几个冬季，罗斯福开着一艘游艇在佛罗里达的海岸边游玩，后来因为一场大风暴游艇遭到了破坏，无法使用了。因为这件事，我听到了罗斯福对自己的病情说了唯一一句尖刻的话。再买一艘游艇又是一笔开支。鉴于抚养五个孩子开销巨大，我们必须慎重考虑。有一天，罗斯福说："我想我最好还是尽量多走动走动。我不想成为家里的累赘。"

我们都在尽力忽视罗斯福遇到的一切障碍。我敢肯定，家里较小的两个男孩小富兰克林和约翰甚至从来没有想过他们的父亲罗斯福有什么事情不能做。我理所当然地认为罗斯福也忽视了自身的残疾。他遭受的痛苦令人震惊。我从来没有忘记，罗斯福开的那些豪爽的玩笑，只是强迫自己欣然接受自己无能为力的一种方式。我记得有一天晚上，在纽约的一次竞选活动中，罗斯福需要被抬上演讲台，演讲结束后还需要被抬下来。这对他来说是一次痛苦的折磨，但他笑着说了一个笑话就掩盖过去了。

在决定开发温泉镇前的几个夏季，罗斯福在位于马萨诸塞州马里恩的麦克唐纳医生那里接受治疗。1926年夏，我们在马里恩买了一所房子。我记得很好笑的是，当罗斯福完成治疗开车回来时，他看到了我和一个人坐在门廊上。由于想逃避来访者，他就继续开着车，一直待在外面，直到客人对我感到厌烦离开后，才回来。

麦克唐纳医生让罗斯福做的运动很耗费体力，但这位医生有种非凡的能力，可以让病人重拾信心。罗斯福总是从他接触的人那里学到很多东西。后来，麦克唐纳医生又与温泉镇的其他医生、护士进行了合作。在那段时间里，罗斯福一直非常信任麦克唐纳医生。

1924年秋，罗斯福第一次前往温泉镇。那是一个非常破旧的南部避暑胜地。它曾经非常漂亮。那里有家带广场的古老酒店，让人很容易想起南北战争时期的南方淑女①。室外游泳池是最美的地方。那里的泉水似乎证实了乔治·福斯特·皮博迪和汤姆·洛利斯对其倾吐的所有赞美之词。皮博迪先生来自佐治亚州，是一位金融家和慈善家。皮博迪不仅

---

① 指美国南方上层社会的年轻女性。——译者注

认识罗斯福，还很喜欢他，希望将来能有机会帮助他。皮博迪渴望恢复这个避暑胜地，因为他对这里怀有浓厚的兴趣。洛利斯先生之所以住在温泉镇，是因为他的健康状况开始恶化了。为此，他不得不永久放弃报业的工作。

洛利斯先生告诉罗斯福，一旦开始在温泉镇的泉水里游泳，就能够获得新的希望。从印第安人时代起，温泉镇的泉水就已经很出名了，甚至印第安人在打仗时，还会维持温泉镇的和平，因为他们相信那里的泉水有药用价值。现在，虽然没有听到有人说温泉镇的泉水有"治愈能力"，但即使在里面游很长时间，水的浮力和温度也不会让人感到疲倦或者寒冷。罗斯福立刻爱上了温泉镇。在给母亲萨拉的信中，他还热情地描述了这个地方。

我的祖母老西奥多·罗斯福的夫人来自佐治亚州。我没有见过她，但她的姐姐詹姆斯·金·格雷西夫人在我还小的时候对我和弟弟霍尔·罗斯福很好，给我们讲过许多在南方种植园生活的故事。通过格雷西夫人的描述，兔弟弟①成了我们熟知、喜爱的角色。她让我觉得南方的生活一定是优雅、轻松、迷人的。但实际上，在去温泉镇以前，我还从未去过南方。

后来，我发现，对许多人来说，南方的生活是艰苦、贫穷、危险的。南方和北方的部分地区一样，让我非常失望。我虽然意识到很多人在温泉镇受益颇多，但从来没有像罗斯福一样真正喜欢住在那里。对罗斯福从温泉镇获得的许多快乐，我很感激，但不愿意在那里安家落户。我还记得我们住的第一所房子，当发现可以透过墙上的裂缝看到阳光时，我非常惊讶。记得有一天，我和玛格丽特·莱汉德小姐开车去了附

---

① 在美国南部非洲裔美国人口头流传下来的故事中，兔弟弟是个核心人物。他足智多谋，敢于挑衅权威人物，并且能改变社会风气。——译者注

近的一个镇上，想买几只鸡。当得知必须把鸡活着带回家，而不是将其宰好、去毛开膛后再带回家时，我感到非常恐怖。在海德庄园，虽然农场的院子里有鸡，但它们离房子有一英里^①远，所以我听不到杀鸡的声音。但在温泉镇，鸡就在我的院子里跑来跑去，直到它们尖叫着被厨师扭断脖子，放进锅里。不知怎么回事，我不喜欢吃鸡肉了！

不过，温泉镇是一个非常美丽的地方。在那里，病人的精神状态会有所好转。

让我印象最深的是，所有邻居都很善良。几乎没有哪天邻居不给我们送东西——他们送给我们用来烧火的木柴、一只鸡或者是一些鲜花。鲜花常常放在一个旧银碗或者花瓶里。用来装花的容器都是他们家里的"无价之宝"，所以等到花凋谢后，我会把装花的容器归还给主人。

多年来，罗斯福每年秋季都会去温泉镇。现在回忆起当时在那里举行的感恩节庆祝活动时，我依然百感交集。孩子们的脸上洋溢着幸福。所有病人都是那么勇敢，但他们坚强的样子让我如鲠在喉。有的病人躺在担架上，有的坐在轮椅上，有的拄着拐杖。有些病人希望自己可以康复，但许多人面临着永久性的残疾。不过，至少在那一天晚上大家都非常开心。

罗斯福当选纽约州州长后，与他一起前往温泉镇的报社记者对病人都非常好。他的两名保镖根内里希^②和厄尔·米勒常常为那里的孩子弹奏钢琴，一弹就是一个小时。这给所有人带来了很多欢乐。大家都在做善事。在罗斯福担任总统期间，特勤人员和白宫工作人员也会随他一起前往温泉镇，他们也总是做善事。

当时，厄尔·米勒是纽约州的一名骑警。他认为，罗斯福应该像温

---

① 1英里约合1609.34米。——译者注
② 即奥古斯特·阿道夫·根内里希（August Adolph Gennerich, 1887—1936）。——译者注

泉镇的许多其他病人一样再次学习骑马。他还坚持认为，如果我和玛格丽特·莱汉德小姐也能骑马，那就太好了。自1920年罗斯福参加竞选以来，玛格丽特·莱汉德小姐一直担任他的秘书。她年轻漂亮，但身体很虚弱，因为她小时候患过风湿热。她虽然能骑马、开车、游泳，但不能做更剧烈的运动。直到我们因罗斯福就任纽约州州长而来到奥尔巴尼时，玛格丽特·莱汉德小姐才和我们住在一起。她也经常和我们一起去温泉镇和海德庄园。这样一来，她就能全身心地协助我丈夫完成工作了。

树林和山路都非常适合骑马。在骑马方面，玛格丽特·莱汉德小姐比我学得快多了。由于之前总是习惯性地偏坐在马鞍上，因此，我花了很长时间才敢跨上马背。我尽管不必从头学起，但必须有足够的勇气相信自己可以坐在马上，有一些控制马的能力。在海德庄园和华盛顿哥伦比亚特区时，我也骑了几年马。最终，骑马对我来说成了一种乐趣。厄尔·米勒离开我们时，把一匹叫多特的马送给了我。我非常喜欢多特，经常骑它。多特死后，我就放弃了骑马这项运动，因为我再也找不到一匹我敢骑上去的马。我从多特身上摔下过三次，每次我都要花比之前更长的时间才能从坠马的轻微影响中恢复过来。

我丈夫虽然在瘫痪前是个不错的骑手，但在瘫痪后就无法骑马了，也不能再从这项运动中获得任何乐趣了。虽然罗斯福和厄尔·米勒曾一起在温泉镇和海德庄园骑过马，但他始终没有克服坐在马鞍上的不安全感，因为他在马背上不能保持平衡。事实证明，努力让身体保持平衡对健康有害无益，因此，罗斯福放弃了骑马这项运动。骑马能够让他真正感到满足的一点是：通过骑马，他可以到达树林中的某些地方，而这些地方是采取其他方式无法到达的。不过，罗斯福现在可以开着小汽车去树林里的各个地方了。

在罗斯福住在温泉镇的前几年，玛格丽特·莱汉德小姐住在那里的时间要比我多得多，因为我还要照顾四个孩子：安娜、埃利奥特、小富兰克林和约翰。在孩子们上学期间，我和他们住在纽约市的房子里或者和我的婆婆萨拉一起住在海德庄园。其间，我参与了一些政治活动，主要是在路易·豪的鼓动下进行的。他又成了罗斯福的秘书兼助理。1920年，离开海军部后，罗斯福和路易·豪本可能断了联系，因为有人给他提供了另外一份工作，并且他在听说罗斯福生病前就接受了这份工作。但得知罗斯福病情很严重时，他千里迢迢来到坎波贝洛，请求担任秘书一职。从那时起，罗斯福和他就一直没有分开过，直到路易去世。这也是罗斯福一生中最重要的一件事。如果路易·豪不回来助他一臂之力，他就很难重返政坛。

路易一直在纽约工作，只是偶尔会去温泉镇。我想，他一定坚信总有一天罗斯福会再次回到公众视野中。据此，他制订了自己的计划，利用了所有可以利用的人。有时，我觉得他的家人牺牲了很多。为了完成工作，他和家人不得不调整自己的计划。我一直认为他的妻子和孩子应该得到特别的认可，是他们帮助他实现了个人计划，这通常意味着他陪伴家人的时间非常少。不过，路易·豪一家有着共同的兴趣爱好，也许这能让他们一起交流、分享他参加过的各种活动。

在罗斯福积极重返政坛前的那段时间，我做的许多事情都是在路易·豪的建议下完成的。我这样做的目的是引起罗斯福对政治的兴趣。路易·豪让我加入纽约州民主党委员会妇女部，不是因为他关心我参加的活动，而是因为他认为这样做能把那些让罗斯福对国家政治感兴趣的人带回家里，方便他们交谈。

丹尼尔·奥戴的夫人卡罗琳·奥戴是纽约州民主党委员会妇女部的主席，长得非常迷人。当时，卡罗琳·奥戴还是一个来自南方的艺术专业的学生。之后，她去了巴黎，嫁给了丹尼尔·奥戴。后来，丹尼尔·奥戴把她带回纽约生活。卡罗琳·奥戴有着坚定的信念和一颗温暖的心，即使面对非常严厉的批评，也仍然能够保持乐观。

　　我的主要任务是为妇女部筹集资金。现在，我仍然认为筹集资金很重要。我们如果有钱，就可以自己制订计划，付诸行动。我发现，必须与妇女共同完成的工作有时在纽约州民主党委员会的领导看来似乎并不重要。此外，除了在卡罗琳·奥戴领导下的委员会担任副主席并为妇女部筹款，我还在竞选期间参与了一些吸引纽约州的妇女和年轻人的项目。后来，在路易·豪的帮助下，我编辑了一本小型月刊。

　　在纽约州民主党委员会妇女部，我工作了六年。在这六年中，我认识了许多经常与我共事的妇女——迪克曼女士、南希·库克、威廉·H.古德夫人、亨利·戈达德·利奇的夫人、诺曼·麦克的夫人、范妮·赫斯特、小亨利·摩根索的夫人等。

　　如果我和小亨利·摩根索的夫人不是因为共同的兴趣走到一起，在达奇斯县相隔的几英里距离就可能长期阻碍我们之间的沟通。就像在纽约州民主党委员会工作的那些年一样，我和她进行了密切合作，后来成了好朋友。她敏感又慷慨，而我认可并欣赏她的品质。我们的关系随着时间的推移不断发展。她对戏剧、音乐和文学有着深入的了解，因此，在每次竞选活动中都能够帮助艺术团体开展工作。即便我后来不在纽约州竞选总部或者国家竞选总部工作了，她仍然在为每一次竞选活动努力奋斗。

　　小亨利·摩根索的夫人的组织能力很强。即使是现在，我们也能在工作方面产生共鸣。不久前，在成功湖，一个年轻的女律师告诉我，她第一次对政界产生兴趣是因为她曾经赢得了我和她在纽约州民主党委员会的赞助下组织的一次学童竞赛。那次竞赛的奖励是参观一次纽约市。我和她为那些年轻的获奖者安排了一个适合参观的时间。现在，我们还能收到某些获奖者的来信，信中有时还会提到这件事。显然，他们仍然记得。

我们都在为州竞选活动而努力工作。我主要负责组织工作，并且在路易·豪的帮助下我再次想出了一些绝招。例如，在1924年的竞选活动中，阿尔弗雷德与我的堂弟小西奥多·罗斯福[①]进行了竞选。小西奥多·罗斯福曾是哈定政府的海军部助理部长。那时，茶壶山丑闻案成了人们茶余饭后的谈资，但小西奥多·罗斯福并未牵涉其中。利用这个丑闻，我们在汽车顶部建造了一个类似于茶壶的、可以喷出蒸汽的结构。这个顶部载有"茶壶"的汽车带领着一大队汽车跟随共和党候选人在纽约州州内巡游。

在激烈的政治斗争中，人们总是觉得所有坦诚的竞选方法都是公平的。但我现在认为坦诚的竞选方法就是一个噱头，所以从来没有责怪过小西奥多·罗斯福在后来的竞选活动中报复我的丈夫。

路易·豪还坚持让我学会演讲。他甚至会在我演讲时坐在后排观看，等我演讲结束后指出错误。一次，他问我为什么在演讲中的某个时刻笑了。"为什么？我不知道我笑了，"我说，"也没有什么理由需要笑。""我知道没有理由，"他说，"那你为什么还要傻笑呢？"

当时，我不太清楚为什么自己必须学会演讲。起初，我认为这是必须做的，并且是最痛苦的事情。现在，我明白了，路易·豪觉得如果我不学会利用这种方式做一些对党派有利的事情，任何党派领导都不会给予我太多关注。

那些年里，我和南希·库克、迪克曼女士一起经营了两家企业。我们是在做政治工作时结识的。对建造瓦尔-基尔，罗斯福特别感兴趣。

---

① 小西奥多·罗斯福的父亲是本书作者的父亲的哥哥。——译者注

他参与设计并建造了瓦尔-基尔小溪旁的一个石头小屋。在他瘫痪后的前几年里，我们经常去那里野餐。因为这条小溪叫瓦尔-基尔，所以我们称那间小屋为瓦尔-基尔小屋。罗斯福是那间小屋的"承包商"，也是"建筑商"。亨利·图姆斯先生虽然只是建筑师，但喜欢谈论所有事情的细节。我们不仅建造了小屋，还建造了一个游泳池。孩子们都很喜欢在里面游泳。罗斯福偶尔也去。后来，我们建造了一个更精致的游泳池，但那时罗斯福已是"总统"，所以我们必须遵守他的医生的规定，在游泳池里安装过滤设备。我觉得那个更大、更精致的游泳池没有之前罗斯福监督修建的小游泳池有趣。

我们不止建造了瓦尔-基尔小屋。住在瓦尔-基尔小屋的南希·库克和迪克曼女士还在那里经营了一个家具厂。南希·库克非常有魅力，有着独特的艺术才能，几乎可以用双手做出任何家具。其实，她很久以前就想仿制早期美国家具。我们得到了大都会艺术博物馆、哈特福德博物馆和许多人的帮助，并且与这些机构和个人进行了合作。我们采购了一些图纸，还欣赏了一些著名的旧家具。但南希·库克不想仿制被虫蛀的"古董"，而是想利用我们祖先的方法来制造家具。她还想知道能否找到家具市场。这个家具厂虽然最初是利用机器来加工家具的，但后期大部分家具都是手工制作的，使用的木头看起来、摸起来就像是经过多年使用和打磨似的，所以价格十分昂贵。

罗斯福对生产家具没有什么兴趣。让他感兴趣的是，他找到了一种可以在类似的农村地区发展起来的产业，为那些想要离开农场的年轻人提供一份工作。罗斯福认为，农闲时期，让非常活跃、不断追求进步的年轻人进入收入较高的行业中能够使他们踏实工作，从而提高地区的农业发展水平。

罗斯福听说过佛蒙特州一个社区的故事。这个社区的居民虽然热爱自己的家园，但不能靠农场谋生。一个有进取心的居民在离开此地一段时间后，回来时建议利用附近的木材发展工业。社区居民建立了一个小工厂，在冬季的那几个月里制造木制把手和球形锅把手，再通过一家大制造商分销产品。通过大量生产球形锅把手和其他类型的把手，这个社区居民的生活水平提高了，并且他们热爱的农场和房屋能够得以保留。

听说了这个故事后，罗斯福就很想知道在纽约是否可以做同样的事。他非常热爱这片土地，希望看到这里获得发展。但他意识到，我们周围许多农民很难让年轻一代在这片土地上工作，因为辛苦劳作获得的收入微乎其微。因此，罗斯福对瓦尔-基尔的家具厂的兴趣在于培训和雇用工厂附近的年轻人。当然，我们必须有一定数量的专业工匠。后来，我们很幸运地找到了一些非常优秀的具有意大利和挪威血统的制作家具的木工。南希·库克经营着这个家具厂，而我把大部分通过广播和写作赚来的钱投入家具厂的运转，甚至动用了一部分从父母那里继承来的为数不多的钱。其他人，特别是南希·库克，为家具厂贡献了自己能够承担的一切。

大萧条初期，我们一直维持着家具厂的运转，因为那时就业显得至关重要。最后，南希·库克发现同时担任两个职位对她来说太困难了——她还是纽约州民主党委员会妇女部的执行秘书，所以我们关闭了家具厂。

罗斯福的目标没有实现。经过实践，我们发现，大萧条时期，大规模分发宅基地的想法不切实际。虽然有人成功开垦了得到的宅基地，但很少有人能够收回大部分原始投资。尽管如此，在危机中，宅基地还是让人们摆脱了压力，帮助他们恢复了自尊心和安全感，这也是一项巨大的成就。

我们发现，工厂里的年轻人一旦了解了某种比在农场工作能赚更多钱的行业，就不太关心农场的生活了，因为他们不想为了夏季在农场工作而放弃其他行业提供的较高收入和正常的工作时间。的确，在难以找到工作的经济大萧条时期，许多来自城镇的工人回到了农场。但年轻人一旦在工厂或者某个行业中找到了工作，就会寻求更轻松的生活，渴望获得更多的经济回报。在这种情况下，妻子通常会鞭策丈夫，因为她们觉得农场的生活对自己和丈夫来说都很艰难。

你如果在一个经济回报不多的地方种田，就必须热爱生活，珍惜这种安全感，因为你知道自己比城市居民更容易实现自给自足，更不易受无法控制的变化的影响。然而，在农场拥有抵押贷款的农民并不是很赞同这一点，因为他们必须拥有足够的收入。因此，工资的诱惑使大多数人离开了农场，他们的做法就像在我们工厂里接受培训的男孩一样。高工资吸引着雄心勃勃的男孩到城市里去。

尽管尝试大规模分发宅基地的结果令罗斯福感到失望，但无论是我们的失败，还是后来在全国范围内尝试后的失败，他都镇静地接受了。我想罗斯福虽然会觉得遗憾，但接受了许多不可避免的情况的发生。罗斯福进行了尝试，虽然没有成功，并且暂时放弃了，但他找到了其他解决办法，这令人很满意。罗斯福希望这样的尝试在未来能取得成功。尽管某些事情是他不愿看到的，但他总能够接受这些事情的发生，铭记于心，或许这些经历以后会派上用场。

我从来没有从家具制造业中赚到钱。事实上，我想我可能是家具店里的最佳顾客之一，因为我买了各种各样的家具作为结婚礼物或者在其他场合使用。

南希·库克和迪克曼女士一直住在瓦尔-基尔小屋，直到1947年她们搬到了康涅狄格州。经济大萧条时期，我接管了瓦尔-基尔的家具厂，利用自己的收入把这个家具厂改造成了一座非常舒适的房子。虽然没有人在建造房屋方面给我提一些建议，但我得到了朋友亨利·奥斯特哈根——一位工程师的帮助。改造家具厂时，我们使用的都是当地的劳动力。雇用员工似乎是花掉那些年我的收入的最好方式。在那所房子里，我们为秘书汤普森小姐建了一个房间。我和她经常在那个房间里安静地工作。房子的其余部分改造成了招待所。在我和家人住的大房子过于拥挤时，我们就使用那个改造后的房子——罗斯福担任总统期间我们经常使用它。尽管我在纽约的一个小公寓里还有一间办公室，但自从把海德庄园的旧房子交给政府后，我们就常年住在那个改造后的房子里。

我和汤普森小姐虽然住在海德庄园的同一所房子里——她从1936年起就有了自己的公寓，但可以根据情况分开工作。很多年前，我的女儿安娜给汤普森小姐起了一个绰号——"汤米"。自1922年起，她一直是我的秘书，开始是兼职秘书，自1933年她搬到华盛顿哥伦比亚特区后就成了我的全职秘书。这些年来，她很少休假，因为我们的生活一直很忙碌。我的大多数旅行都是她陪我去的。她尽管有很多放松的间隙，但从来没有真正自由过。

汤普森小姐是一个很出色的人。她尽心履行着自己的职责，因为她继承了新英格兰人的良知。她富有幽默感，又非常睿智。她可以看到事物有趣的一面，任何情况都不会动摇她的决心。因此，她帮助我们渡过了许多难关。

在与南希·库克和托德亨特学校的迪克曼女士相识的最初几年里，我和迪克曼女士的联系渐渐多了起来。迪克曼女士先是校长助理，后来晋升为校长。托德亨特学校是一所私立学校，招收中小学年龄段的女孩。托德亨特小姐是英国人。后来，她把这所学校卖给了我、迪克曼女士和南希·库克，回到英国去了。从1927年开始，我就在托德亨特学校教书。我只教年龄大的女孩，因为和年幼的孩子比起来，她们不需要太多的训练。我开设了美国史和英美文学的课程，后来尝试开设了一些时事方面的课程。我希望，对那些十六七岁的女孩来说，这些课程比她们需要学习的许多其他课程更加实用。我们还一起参观了纽约市的法院。我觉得许多年轻人在少年法庭里待一个小时一定能学到很多东西。我带着那些在家长陪同下的孩子参观了纽约市里不同类型的公寓、大市场及其他地方。这一切使如何管理这座城市变得真实生动起来，不仅仅是教材里密密麻麻的文字。

　　我尽管从事政治活动，还要管理奥尔巴尼的州长官邸，但在罗斯福当选纽约州州长后，仍然继续坚持每周用两天半的时间来教书，星期天晚上离开奥尔巴尼，星期三下午再回去。我们在奥尔巴尼的日子非常辛苦，在海德庄园时就轻松了不少。我们在海德庄园住了很长时间，那时纽约州议会还没有举行任何会议。在我们去华盛顿哥伦比亚特区后，有一段时间我为毕业生和他们的朋友开了课，先是每周一次，然后是每月一次。

第4章　回到政界 (1928年)

CHAPTER IV　　Back to Politics: 1928

1928年春，阿尔弗雷德似乎已被确定为民主党总统候选人。此时，贝尔·莫斯科维茨夫人[①]请我组织国家竞选总部的妇女工作。

1928年6月，罗斯福与儿子埃利奥特一起参加了在得克萨斯州休斯敦召开的民主党全国代表大会。埃利奥特很高兴能有机会与父亲罗斯福待在一起，但我并不想参加那种喧嚣的大会——这是1924年民主党全国代表大会留给我的唯一印象。另外，较小的两个儿子小富兰克林和约翰都在海德庄园。我必须和他们待在一起。令我感到宽慰的是，罗斯福忍受住了得克萨斯州的酷暑。回到海德庄园时，他非常高兴，认为自己为提名阿尔弗雷德发挥了很大作用。

由于我和罗斯福非常认可阿尔弗雷德的社会计划，我们一直在政治上支持他，认为他希望在福利待遇上实现男女平等。罗斯福记得，在1911年纽约市发生三角地纺织厂大火后，阿尔弗雷德就开始努力完善纽约州的工厂法。那场火灾让人感到震惊。由于该纺织厂没有消防通道和消防设施，许多女性不幸被烧死了。

---

① 下文称"莫斯科维茨"。——译者注

阿尔弗雷德大部分时间都是在纽约州的奥尔巴尼度过的，这的确存在一些弊端。不过，我们认为他了解人民的需要，拥有执政天赋。我们从不怀疑他的正直。他的记忆力非常好。在竞选总统期间，他与人交谈的方法非常有效，能让他们对他产生好感，尤其是在他熟悉的纽约州，这种方法更是被运用自如。

罗斯福觉得自己无法为竞选贡献太多力量，但他偶尔会到办公室，主管商业部，参加策划会议并发表演讲。罗斯福指派路易·豪在纽约州竞选总部完全代表他，与阿尔弗雷德、约翰·拉斯科布①、爱德华·J. 弗林等一起工作。

1928年初秋，罗斯福在温泉镇度过了很长一段时间。他很高兴我能继续为竞选活动提供帮助，也很高兴能在莫斯科维茨的指导下工作。她对我们国家竞选总部所有人来说都是一个挑战，因为她非常清楚我们是否在努力工作，是否取得了成果。莫斯科维茨把全部精力都投入了阿尔弗雷德的工作和制订的社会计划中。很多人都认为，由于阿尔弗雷德成了纽约州州长，莫斯科维茨受到了很大鼓舞。阿尔弗雷德总是称赞他在制订计划和实施福利计划方面有很多聪明的想法。总统竞选活动从1928年4月开始至1928年11月结束，我和莫斯科维茨一直合作得十分融洽。我非常感谢她给了我这次机会。

在1928年的竞选中，我们都在尽心尽力工作。虽然这是一场显然会失败的战斗，但我们并不承认这一点。我觉得大多数人还是朝着成功的方向努力的。直到看到其他团体结盟完全与我们对立起来时，我才开始对这次竞选能否取得成功有所怀疑。阿尔弗雷德是一名天主教教徒。在这场竞选中，某些宗教团体受到了反对方的鼓动和怂恿，做了一些宣

---

① 即约翰·J.拉斯科布（John J.Raskob, 1879—1950）。下文称"拉斯科布"。——译者注

传。这些宣传让我十分厌恶。我认为自己非常开明，没有强烈的偏见，但如果我需要某些东西来证明偏见对人类智力的影响，这次竞选给了我一个最佳答案。

我至今还记得罗斯福告诉我的一些关于阿尔弗雷德的问题。1928年秋，当罗斯福在温泉镇时，人们问过他一些十分尖锐的问题，尤其是关于天主教的问题，令我印象深刻。罗斯福把一位非常出色的护士海伦娜·马奥尼小姐带到了那里。直到那时，他才知道南方农民对天主教知之甚少。马奥尼小姐和勒罗伊·哈伯德医生一起来到了温泉镇。两人都有治疗脊髓灰质炎的经验。勒罗伊·哈伯德医生是纽约州的一名公共卫生医师，已经退休了。他很高兴可以把自己的时间用在一项新的试验上。马奥尼小姐对此也很感兴趣。我希望当温泉镇的居民发现马奥尼小姐是天主教教徒时，做出的评论不会让她介意。在这里住了一段时间后，马奥尼小姐星期天偶尔会去市里的天主教教堂做礼拜。后来，一个佐治亚州的居民对罗斯福说，马奥尼小姐虽然信奉天主教，但确实是个好人！接着，这个居民继续说道，他本以为马奥尼小姐长着一对犄角和一条尾巴，还能喷火呢。

很难想象佐治亚州的居民会对信奉天主教的总统候选人[①]抱有好感。有个人曾严肃地问罗斯福，如果阿尔弗雷德当选了总统，那么他的孩子会不会成为非婚生子，因为他存在多年的婚姻将被宣布无效。听了这些话后，罗斯福大笑着说，他虽然住在阿尔弗雷德担任州长的纽约州，但认为自己的婚姻不会成为非法婚姻。不过，罗斯福并不确定自己的说法有多大说服力。

1928年，我还很年轻，可以连续工作很长时间，但有时我想知道

---

① 　指阿尔弗雷德·E.史密斯。——译者注

我们所有人，尤其是汤普森小姐和格雷丝·塔利小姐，她们是如何度过那次总统竞选的。事实证明，如果真心参与其中，工作就会变得更加容易。由于我对总统竞选很感兴趣，汤普森小姐也对总统竞选产生了兴趣。格雷丝·塔利小姐曾担任红衣主教海斯的秘书。除了对阿尔弗雷德很钦佩，她可能出于宗教方面的原因对此次总统竞选也很感兴趣。

格雷丝·塔利小姐年轻漂亮，并且主教海斯把她训练得十分出色。虽然我们的工作与格雷丝·塔利小姐以前做的工作有些不同，但这为她今后与罗斯福和玛格丽特·莱汉德小姐共同工作做了良好准备。

1928年夏，我的婆婆萨拉去了欧洲。我和罗斯福商量好我们待在海德庄园的时间，这样就不会长时间离开家里的两个男孩小富兰克林和约翰。周末，在海德庄园时，我白天都在照顾孩子们，晚上和他们一起打牌，或者读书给他们听，直到他们入睡。然后，我和汤普森小姐开始工作，常常工作到凌晨。

秋季开学后，在托德亨特学校有课时，我直到中午才去学校办公室，但一直待到很晚，甚至到半夜才能完成工作，回家后还要批改作业。但第二天8时30分我就要到校。其他时候，我通常9时到达学校办公室，一直待到深夜。

有时，我们会放松一下。我们每周两次邀请来访的民主党人在通用汽车公司所在大厦的一个大房间里喝茶。竞选总部就设在那里。我们的工作组气氛很好：琼·汉密尔顿·罗兹负责妇女作品的宣传，她总是很快乐，经常让我们开怀大笑，帮助我们放松心情；艾丽斯·迪兹布娄后来在国会任职期间担任卡罗琳·奥戴的秘书，每天和我们一起工作很长时间。

在这次总统竞选中，我劝说玛丽·杜森加入民主党，与我们一起工作。她接管了圣路易斯的竞选总部，在那里工作得非常出色。我们知道如果没有玛丽·杜森，今后的竞选活动就不可能再继续进行了。

由于演讲对我来说仍然是一种折磨，所以大家都知道我的工作只不过是管理办公室、处理信函、迎接女访客、询问演讲人的要求——事实上，我只是在做一些普通的工作而已。来自新泽西州的女议员玛丽·诺顿女士是国家竞选总部女发言人的负责人，她需要为发言人做安排。所有请求都需要提交给她。

小亨利·摩根索的夫人和南希·库克曾在纽约州民主党委员会工作。为了这次竞选，两人与各自的工作人员将办公室一起搬到了通用汽车公司所在的大厦。1928年夏末，民主党全国委员会副主席内莉·泰洛·罗斯女士①搬进了国家竞选总部的办公室。詹姆斯·奥马奥尼担任其助手。她的丈夫威廉·B.罗斯担任过怀俄明州州长。在威廉·B.罗斯去世后，内莉也担任过该州州长。

内莉到达国家竞选总部意味着我们需要立即为她制订演讲旅行计划。当然，她还需要在国家竞选总部参加许多活动。恐怕我们会让她变得非常忙碌。记得有一天，欢迎茶话会马上就要开始了，可她还没有出现。我急忙让格雷丝·塔利小姐去找内莉，最后发现她筋疲力尽地躺在狭小的休息室的地板上，尽量让自己接下来有足够的体力与几百人握手。我们把内莉的日程安排得非常满，因为我们总希望她能不断发表演讲。我们经常在火车上，也就是在两次活动的空隙做出下一个日程计划。后来，内莉告诉我，她认为这并不是最好的工作方式，因此，日程计划表需要修改。

从那时起，内莉继续积极从事政府工作。现在，她成了造币局局长。她找到了一个真正属于她的位置，并且作为一名演说家，她在妇女

---

① 下文称"内莉"。——译者注

团体中一直很受欢迎。

　　不过，有一次，内莉一定对她前去拜访的人产生了一些敬畏。阿尔弗雷德告诉我，她在担任怀俄明州州长期间曾前往奥尔巴尼拜访过他。由于阿尔弗雷德认为州长一职不应由妇女担任，于是幸灾乐祸地问了她一些问题。在阿尔弗雷德看来，这些问题需要知道确切的数字才可以回答。内莉无法给出答案，于是说，她回到怀俄明州后会把这些数字告诉阿尔弗雷德。我如果是内莉，可能也会很随意地对待这个问题。但对阿尔弗雷德来说，这种态度似乎是对州长一职的亵渎。他可以一口气说出所有与管理纽约州有关的数字。通过这件事，阿尔弗雷德比以往更加确信，没有妇女能够真正成为一名好州长。

　　有一两次，到了演讲的最后一刻，由于演讲者出了某些状况无法上台，我只好代替他们进行演讲。记得有一次，我和查尔斯·达纳·吉布森的夫人[①]去了新罕布什尔州。我需要演讲，告诉观众一些事实和数据，而她需要把观众的注意力集中到我们身上。她完成了自己的任务。众所周知，她是弗吉尼亚州著名的兰霍恩姐妹之一。她的美丽和机智不仅在美国很出名，而且在其他许多国家也很出名。她嫁给了艺术家查尔斯·达纳·吉布森，成为他的绘画模特。她一直是个忠诚的民主党人，几乎参加了所有竞选活动，但我认为她并不像我一样觉得过夜旅行是件容易的事。她能随机应变，在恰当的时候以完美的方式讲述南方的故事，以说明她想要提出的政治观点。每个人都大声鼓掌。无论我的演讲存在什么不足，她都弥补了。

　　1928年9月，我开车带着小儿子约翰去了格罗顿，准备把他送到寄宿学校。从那时起我就觉得，一旦孩子去了寄宿学校，就再也不会像从

---

① 即艾琳·兰霍恩（Irene Langhorne）。——译者注

前那样与他的家庭有着牢固的联系，也不会再依赖家里。我从未坚持过要让十二岁的孩子上寄宿学校，但这是一个传统。罗斯福直到十四岁才去寄宿学校。他总觉得晚去的那两年让他的生活变得很艰难，因为他进学校时，其他男孩已结下深厚友谊，而他始终觉得自己有点像个局外人。我们的儿子都是在十二岁或者十二岁过后不久就去了寄宿学校。我仍然认为，孩子十二岁就去寄宿学校有些为时过早，这对父母和孩子来说都是一种损失。我把约翰送到学校，给他整理衣物，将他安顿好。每到把孩子送到学校这一天，我总是觉得很可怕。到了要送走最后一个儿子约翰时，我就更难过了。我想我比其他人更不愿意送走他，因为送走他，家里就没有其他孩子了。我的女儿安娜嫁给了柯蒂斯·比恩·多尔。她一直都忙得不可开交。我想，幸运的是，在小儿子约翰去格罗顿后，将要来临的那个秋天还有艰难的工作等着我做。否则，我在家里的话，罗斯福和婆婆萨拉可能会觉得我是一个非常讨厌的同伴。

我尽管在学校里教书，还在国家竞选总部工作，但1928年秋仍参加了在纽约州罗切斯特举行的民主党全国代表大会。我提到这件事是因为我想讲述一下罗斯福是如何被诱使竞选纽约州州长的。

在最终确定纽约州州长提名人选的前一天下午，民主党全国委员会主席拉斯科布和阿尔弗雷德邀请我去会谈。这并不奇怪，因为我听说阿尔弗雷德想让罗斯福参选纽约州州长。但我知道罗斯福觉得自己那时应该继续留在温泉镇接受治疗。拉斯科布和阿尔弗雷德告诉我，他们多么希望罗斯福能够参选，还问我参选是否会影响他的健康。我告诉他们我不清楚，但医生一直和我说，罗斯福如果继续坚持锻炼并在温泉镇的温泉里游泳，病情可能会好转。罗斯福也曾笑着说，他如果活的时间足够长，也许可以再次行走。但他恢复得很慢，我有时很想知道他究竟能恢复到什么程度。

阿尔弗雷德和拉斯科布坚称，他们不想敦促罗斯福做任何有损他健康的事。但如果不是因为健康状况，而是有其他原因导致他不想竞选纽约州州长，他们很想了解一下究竟是什么原因。我说，我不认为有什么其他重要的原因，只是觉得罗斯福可以尝试进一步改善自己的健康状况。另外，罗斯福认为自己有义务让温泉镇发展起来。因此，他承担了沉重的经济负担。

　　罗斯福把大量资金投到了温泉镇的发展上，这或许不是明智之举[①]。不过，他对这件事非常感兴趣，我从来没有质疑过他是否有权用自己的钱做些什么，因为我觉得这是他自己的事。拉斯科布先生和阿尔弗雷德就此事仔细询问了我。拉斯科布问道，如果罗斯福摆脱了一切经济上的困扰，他的决定是否会改变。我说，他的决定肯定不会改变。后来，在与罗斯福谈话时，拉斯科布先生说，如果摆脱经济困扰能让罗斯福感到宽慰，可以竞选纽约州州长，他将借给罗斯福一大笔钱，为期一年。

　　罗斯福没有考虑这笔借款，但拉斯科布于1928年10月为温泉镇捐了两万五千美元。1928年3月，埃兹尔·福特捐了两万五千美元为病人修建游泳池。罗斯福拜访了温泉镇的一些朋友，包括林恩·皮尔逊夫妇，因为这对夫妇让他很感兴趣。早期募捐时，很多人都捐款了，数额不等，但我看到的名单上只列出了拉斯科布于1929年慷慨捐赠的五万美元，并且在1931年的不同时期，他又捐了三万八千美元。

　　最后，在我与阿尔弗雷德、拉斯科布讨论了前文提及的这些情况后，他们问我是否愿意给罗斯福打电话，让他竞选纽约州州长。他们一

---

①　罗斯福最初借出201677.83美元用于开发温泉镇，并且收到了一份日期为1928年2月29日的即期票据。这笔钱由国家脊髓灰质炎基金会偿还，在他去世后也是如此。附录二是巴兹尔·奥康纳提供给我的完整账单，经约翰·拉斯科布和福特家族同意后才进行了公布。——原注

整天都在想办法联系罗斯福，但一直没有成功。我回答说，我不会要求罗斯福做任何他认为不应该做的事，更不用说竞选公职了。我告诉他们，我从来没有觉得影响罗斯福做出决定是一种正确的行为。那时，我觉得这样做是不对的。我坚持要罗斯福自己做决定，但我说愿意给他打电话试着问一下。

傍晚，阿尔弗雷德和拉斯科布给罗斯福打了电话，但发现他去佐治亚州的曼彻斯特演讲了，等他回到温泉镇才有可能联系上。时间一点点过去，看来在我和迪克曼女士一起坐火车前往纽约市前，罗斯福是不会接我的电话了。迪克曼女士和南希·库克一起去参加了州竞选总部召开的大会，以协助州竞选总部的妇女部工作，但第二天早上我和迪克曼女士都得去托德亨特学校上课。当罗斯福回到温泉镇后，我给他打电话，终于联系上了他。罗斯福非常高兴地告诉我，他一整天都躲在别人联系不到的地方，如果不是我给他打电话，他是不会接的。我告诉罗斯福，我给他打电话是因为拉斯科布和阿尔弗雷德央求我这么做。然后，我把电话递给了阿尔弗雷德。由于还得赶火车，我就跑了出去。当我匆匆离开房间时，仍然能听到阿尔弗雷德对着电话说："你好，弗兰克①。"直到第二天早上我买了一份报纸才知道，罗斯福最终被说服了，接受了提名。我从没听罗斯福说过他是否后悔当初做的决定。在做出决定后，他就把其他可能性全部抛在脑后了。

我有时想知道我是不是真的想让罗斯福竞选纽约州州长。我接受了他被提名，后来又接受了他当选，就像我接受了迄今为止生活中发生的大多数事情：我要做所有看起来必须做的事，根据其他人的生活来调整自己的生活。

---

① 即罗斯福。阿尔弗雷德这样称呼他，是为了显得更亲切。——译者注

孩子们对父亲罗斯福的竞选活动很感兴趣，但总的来说，那时他们都在忙自己的事情。我的儿子不是在格罗顿学校，就是在哈佛大学上学。当时，孩子们对竞选活动的兴趣不如后来的兴趣那么大，这是因为后来他们长大了，可以参加一些竞选活动了。我的孩子早就习惯父亲关心公共事务这一点，当罗斯福成功当选纽约州州长时，他们好像并没有很激动。这似乎是例行公事，孩子们起初认为这不会对他们的生活造成很大影响。

　　路易·豪并不是很赞成罗斯福竞选纽约州州长，他考虑问题总是着眼于未来。他原计划四年或八年后罗斯福就可以成为总统候选人。让路易·豪担心的是，如果阿尔弗雷德在总统竞选中失败，罗斯福就不太可能成功竞选为纽约州州长，这也许会让他失去将来担任政治职务的机会。

　　我曾经嘲笑路易，在这个世界上，人不可能计划好每一步行动，必须接受环境的变化。这是他最不愿意接受的一件事。他喜欢自己掌控局势的感觉。只要有机会，他就会去掌控局势。

　　相对而言，我对1928年的纽约州州长竞选知之甚少。从我开始在国家竞选总部的办公室工作以来，罗斯福就觉得我有义务继续在那里工作。这份工作占用了我大部分时间，但我偶尔还是会去听罗斯福在纽约州州长竞选活动中的讲话。如果阿尔弗雷德竞选总统失败了，罗斯福就会认为自己不能成功当选纽约州州长。纽约州州长选举当晚，我们在深夜离开纽约州竞选总部时，选举结果仍然没有公布。第二天早上，最后的投票数字出来时，我们看到罗斯福以微弱的优势当选了纽约州州长。我想他应该会有这样一种感觉：拥有那么多追随者的阿尔弗雷德被击败了，而他成功当选了纽约州州长，这应该是对他极大的肯定。

　　总统选举当晚，我去了国家竞选总部和纽约州竞选总部。我觉得阿尔弗雷德非常勇敢地接受了自己的失败。他在竞选总统时被击败了，而罗斯福当选了纽约州州长，这对他来说一定是个打击，但他从来都没有把这样的情绪表现出来。阿尔弗雷德回到了纽约州继续工作。1929年1月1日，当我们去奥尔巴尼时，他还接待了我们。

第5章　州长任期（1928年到1932年）

CHAPTER V　　The Governorship Years: 1928—1932

许多人和我提过，阿尔弗雷德虽然鼓励罗斯福竞选纽约州州长，但仍认为自己能够继续指导纽约州的工作。

我非常怀疑这种说法到底是不是真的。我想，阿尔弗雷德应该和大多数竞选总统的人想法一样，如果能赢得总统大选，就肯定无法再密切关注纽约州发生的事情了。

不过，我认为阿尔弗雷德竞选失败后可能还会与纽约州保持密切联系。毫无疑问，他希望通过莫斯科维茨来控制纽约州州政府。阿尔弗雷德曾多次向罗斯福提及，莫斯科维茨对他来说非常重要。但每次罗斯福都回复说，他虽然非常欣赏莫斯科维茨的能力，也知道她的建议和帮助对阿尔弗雷德来说意义重大，但总觉得把她留在自己的管辖区域内是不明智的做法。罗斯福有这种想法的原因很简单，因为任何人都不可能在和某个人关系非常密切、共同工作那么长时间后转而对其他人忠诚。

阿尔弗雷德曾要求罗斯福提名他为总统，并且鼓励他竞选纽约州州长，这是因为罗斯福会让他的实力增强。但我认为阿尔弗雷德对罗斯福并没有太大的信心，因为罗斯福接受过不同的教育，关心很多事情，但这些事情对阿尔弗雷德来说几乎没有任何意义。

世界上有两种势利的人。一种人拥有很多机会，因此，他们看不起那些缺少机会的人。大家通常很了解这种人。不过，另一种人很少有人能够理解，但他们是真实存在的，即那些白手起家的人。白手起家的人认为成功克服困难是件非常光荣的事，他们十分钦佩那些在非常重要的事情上取得成功的人。例如，阿尔弗雷德就非常认可物质上的成功。他敬佩像拉斯科布一样通过自己的努力在商业方面取得成功的人，或者那些最初没有什么名气，但后来在世界上享有盛名的人。他往往看不起那些没有像他一样遭遇过某些经历及没有克服过困难的人，如罗斯福。对罗斯福这类人来说，只要生活条件可以，他们就满足了，并不想赚大钱。虽然罗斯福一直处于中等富裕阶层，但阿尔弗雷德并不相信如果真的让他白手起家，他会非常有出息。罗斯福会花钱买书画或者初版著作，但在食物、衣服和娱乐方面非常节省。阿尔弗雷德很难理解这一点。他总是穿着昂贵的衣服，这代表了他物质上的成功。他还喜欢在知名餐馆用餐，喜欢好吃的食物和特制的菜肴。当我们搬去奥尔巴尼时，州长官邸的家政人员非常不安，因为他们担心不能满足我们的饮食要求。例如，家政人员之前总是要为阿尔弗雷德一家做丰盛的甜点，所以他们理所当然地认为我们一定会让他们做更丰盛的菜肴。不过，我们星期天晚上吃的食物非常简单，如传统的炒鸡蛋。知道这些后，他们如释重负。

罗斯福觉得如果能在家中吃饭，去餐馆花钱吃饭则没有什么意义。此外，他还发现了很多可以省钱的地方。例如，罗斯福买一件衬衫从来不会超过两美元。他如果花一点五美元买到了一件衬衫，就会吹嘘一下自己。罗斯福一般每次只会买一双鞋，但有一次他在英国买了两双鞋还有其他一些东西。我们刚结婚时，有一天，罗斯福问我拿他的鞋干什么去了。我说我要把那双鞋的鞋底换了。罗斯福以为我说的是"卖了"，非常生气。不久前，我在清扫房子时发现了一套西装，那时罗斯福已经去世了。这套西装是老詹姆斯·罗斯福在伦敦给我的儿子詹姆斯买的，后来由我转送给了罗斯福。这些年来我们一直保留着这套西装，只是因为"衣服很好，不能扔掉"。

阿尔弗雷德无法理解这种节俭的行为。我一直都有一种强烈的感觉：他有一种防御性的态度，当然他已经意识到这是由于自己缺乏广博的知识导致的。他有点聪明过头了，并不知道自己缺少某种文化背景。在我看来，他经常说一些轻视学术知识的话，只是为了提高自己的安全感。

那段时间，我认为自己在某些方面比罗斯福更了解阿尔弗雷德。在罗斯福生病期间，我在纽约州民主党委员会工作。虽然工作很紧张，但我有更多机会从不同角度观察他。他和罗斯福尽管相识已久，但两人不是密友。罗斯福只看到了他作为行政官员、竞选者、政治家和州长具备的能力及他杰出的管理能力。阿尔弗雷德在管理方面拥有非同寻常的天赋，他对纽约州相关事务的记忆和了解非常惊人。事实上，我非常相信他。我认为他在很多方面都非常优秀，也愿意为他工作。虽然他对整个国家的了解微乎其微，他的顾问对国家也知之甚少，但我想，他如果当选为总统，一定会选出最优秀的内阁成员。不过，我觉得阿尔弗雷德不能处理好外交关系，也无法从全局判断整个世界正在发生什么事情。另外，他不像大多数人那样具有仁爱的同情心。社会福利计划是莫斯科维茨提出的，但阿尔弗雷德因此受到了广泛赞誉。后来，他施行了这些计划。但在我看来，他之所以这样做，主要是因为他知道：从政治角度来看，这些计划非常明智。我想他一直都觉得，既然最初平淡无奇的他可以变得声名显赫，那么别人同样能够做到。阿尔弗雷德是一个非常情绪化的人。他很难控制自己的情绪，也不理解某些纪律。尽管如此，他依然有着很多优秀的品质。他很忠诚，全心全意对待宗教、家人和朋友，十分反感对任何他爱的人的批评。我记得有一次，因为要拍竞选照片，有人让阿尔弗雷德的夫人凯瑟琳摘下珍珠项链。这时，阿尔弗雷德迅速转过身来，说道："离凯蒂[①]远点儿！"

这些是我对阿尔弗雷德的看法。他虽然竞选总统失败了，但显然认为自己还可以退居幕后掌管纽约州的事务。正是因为我之前对他有所了解，他有这种想法我并不觉得惊讶。他很快发现这样做行不通，于是离开了奥尔巴尼前往纽约市。

虽然当初是阿尔弗雷德举荐了罗斯福，但他现在觉得自己没有受到公正对待，所以很失望——他无法控制自己不流露出这种情绪。他觉得罗斯福在政治上能够取得成功，主要应归功于他，因为是他敦促罗斯福竞选纽约州州长的。但罗斯福认为，他的成功是自己努力的结果。此外，阿尔弗雷德让罗斯福参加竞选只是为了帮助自己，而不是为了罗斯福。基于此，并且仅基于此，罗斯福才考虑了他的请求——竞选纽约州州长。

阿尔弗雷德根本不了解罗斯福，并且不知道罗斯福的一个主要特点是他从不承担任何他不想承担的责任。罗斯福从来没有想过在自己不掌握实权的情况下，却要承担起纽约州州长应承担的所有责任和工作。因此，阿尔弗雷德无法继续掌管纽约州的事务。这件事结束了两人原有的友好关系，尽管据我所知，他们并没有公开决裂。

罗斯福对管理纽约州有一些非常明确的想法。他研究了阿尔弗雷德制订的政府重组计划。我认为他几乎赞成阿尔弗雷德做的一切。后来，政府在国家层面上制定了一些目标，而罗斯福对这些目标的态度在他处

---

①　即凯瑟琳·邓恩。——原注

理纽约州的问题上体现得很明显。例如，罗斯福推行了养老金制度。我记得我收到过一封信。这封信与我在奥尔巴尼收到的许多信类似。信的开头是："我是一个农场主的妻子。两年前我给您写了一封关于养老金制度的信。您当时告诉我纽约州议会还没有做出最后决定。现在，您能告诉我，我享有哪些权利吗？""农场主的妻子"是众多写信人之一。当全面的社会保障法案在华盛顿哥伦比亚特区进行审议时，给我写信的人的数量大大增加了。

作为纽约州州长，罗斯福表现出了他对劳工的兴趣和保护劳工权利的信念。罗斯福认为，应平等考虑劳工和管理者的权利。在国家处境比较艰难的时期，政府把对人民负有责任的理念纳入了各州政策中。有人指责罗斯福赋予了工人太多权利，但他只是为了使劳动力和资本势均力敌。由于罗斯福仔细研究过历史，他知道在前几届政府中，资本的力量有多么强大、多么不受限制。

罗斯福对水土保持和发展林业特别感兴趣。不过，他对发展水力的兴趣，对印度问题、普遍出现的交通问题、教育问题及后来对救济和公共福利的兴趣，是最初在担任纽约州州长时发展起来的。所有这些兴趣及罗斯福对这些自己感兴趣的事务的理解，都在他担任总统时得到了强化。由于罗斯福在担任总统前到各地旅行过，他知道不同地区存在的问题具有很大差异。所有这些都为他今后执政做了充足准备。

重新担任公职后，罗斯福再次燃起了对政治的兴趣，变得雄心勃勃。我确信，当发现自己可以再次积极参与政治活动时，罗斯福会对自己在政治方面做的一切努力、对自己获得的新职位感到满意。罗斯福希望通过自己的政治行动为纽约州、为人民、为国家乃至为世界谋求真正的利益。这种愿望和他的雄心壮志及对政治科学的热爱密不可分。目标随着环境的发展而变化，人们的视野也随着时间的推移而扩大。

当然，我们在奥尔巴尼的工作经历对后来的工作起到了不可估量的作用。在奥尔巴尼，罗斯福曾与民主党人占少数的团体合作过。后来，在华盛顿哥伦比亚特区，即使民主党人占多数，我也常常希望罗斯福能与那里的民主党代表合作，共同推行他在奥尔巴尼同民主党议员所做的教育工作。塞缪尔·罗森曼是罗斯福的律师。纽约州议会偶尔召开会议。会议上，塞缪尔·罗森曼和罗斯福总是坐在一起。代表们在会上讨论和解释政府支持的所有立法，制订所有竞选计划。随着会议的进行，代表们将继续召开会议讨论下一步的工作安排。这样一来，民主党人绝对能够完全了解罗斯福的想法，会对纽约州议会正在做的事情非常了解。在我们到达华盛顿哥伦比亚特区后，我曾多次谈到这一点，但罗斯福总说代表大会里的团体太多，认为不能只举行一种会议。

　　在奥尔巴尼的那段时光给很多人留下了深刻印象。弗朗西丝·珀金斯在纽约州的劳工部工作；哈里·霍普金斯负责救济和福利方面的工作；托马斯·帕伦医生是医务总监；小亨利·摩根索是环境保护专员。许多试验当时正在纽约州进行，后来被纳入了国家计划。这是罗斯福政治思想的一部分。我一遍又一遍地听他解释说，美国本土有四十八个州的最大好处是，在全国范围内试行项目前，我们可以先进行小规模的试验，观察一下项目如何运作。

　　极有可能是在研究了路易·布兰代斯法官的著作和意见后，罗斯福才有了把本土四十八个州作为试验对象的想法。罗斯福认识路易·布兰代斯法官，并且十分景仰他。另一位对罗斯福产生影响的人是霍姆斯法官。这位法官非常优秀，知识渊博。在担任海军部助理部长时，罗斯福就很了解霍姆斯。那时，他经常在星期天下午参加霍姆斯和一群年轻人在华盛顿哥伦比亚特区举行的聚会。伍德罗·威尔逊也对罗斯福的思想和政治哲学产生了深远影响。我知道罗斯福非常敬佩伍德罗·威尔逊，对他的思想深信不疑。罗斯福意识到伍德罗·威尔逊有一些弱点，如他不能把自己作为一个独立的个体与人沟通。不过，罗斯福也注意到了伍德罗·威尔逊对公众舆论的判断非常准确，在公开演讲中发表的言论很有影响力。毫无疑问，在我看来，这三个人对罗斯福都产生了巨大的影响。这种影响在罗斯福担任纽约州州长和总统时体现得非常明显。

在罗斯福担任纽约州州长时，我的生活非常充实。我第一次有了一份不想放弃的工作，那就是教学。因此，我计划除了放假期间，每周都要在纽约市待几天。我虽然可能履行了作为州长夫人和州长官邸女主人的所有义务，但没有太多时间去结交真正的朋友，也没有多余的时间在处理例行公事之外见见奥尔巴尼的居民。我现在才意识到，那样做很愚蠢。政府圈子里有许多有趣的人及一些"老居民"，其中，大多数人都拥有荷兰血统，富有魅力，并且十分有趣。这些"老居民"的传统和对美国的热爱可以追溯到哈得孙河的历史早期，我希望自己能够更多地了解他们。

不过，我也见了一些老朋友，还与埃德温·科宁夫妇、弗雷德里克·S.格林夫妇和查尔斯·费耶韦瑟夫妇成了好友。威廉·G.赖斯夫妇是我的婆婆萨拉的朋友。在罗斯福担任纽约州参议员期间，我们住在奥尔巴尼。那时，他们对我们很好。现在，他们仍然非常热情地欢迎我们到家中做客。玛丽·洪——现在是查尔斯·B.西尔斯的夫人——是罗斯福的老朋友。帕克·科宁夫妇和其他国会议员及夫人偶尔也会到州长官邸坐坐。

我们很快就认识了许多报界人士，后来和这些人都成了好友。沃尔特·布朗夫妇可能是我们最早认识的人。在赫伯特·H.莱曼担任纽约州州长期间，沃尔特·布朗是他的秘书。我们最先在奥尔巴尼结识的许多报界人士后来都去了华盛顿哥伦比亚特区，如恩斯特·林德利、弗雷德·斯托姆、弗朗西斯·史蒂文森、埃迪·罗丹、路易·拉佩尔和约翰·伯蒂格[1]。詹姆斯·基兰虽然当时也在奥尔巴尼工作，但后来没有去华盛顿哥伦比亚特区。詹姆斯·马奥尼是阿尔弗雷德统领的行政办公室的主管，一直和罗斯福在一起工作。他经常带着一家人来州长官邸。对赫伯特·H. 莱曼夫妇、塞缪尔·罗森曼夫妇、小亨利·摩根索夫妇，我们的确有一些了解。我如果没有一直教书，会更常见到他们。幸运的是，小亨利·摩根索一家是我们在达奇斯县时的邻居。我们在达奇斯县还有后来在奥尔巴尼都能见到他们。对罗斯福来说，赫伯特·H. 莱曼是很好的竞选搭档。由于商业经验非常丰富，并且擅长处理财务问题，赫伯特·H. 莱曼在担任纽约州副州长期间为自己树立了良好声誉。后来，在担任纽约州州长期间，赫伯特·H. 莱曼功勋卓著。

罗斯福喜欢在水上游玩。他发现纽约州有一艘小船，州政府官员在视察运河时会乘坐它。于是，罗斯福决定夏季时自己乘坐这艘小船视察运河。这艘船由哈里·普拉特上校指挥。他是我所知的最善良的人之一。罗斯福觉得坐船在水上航行很放松，有时还会带着孩子们一起坐船航行。我们在奥尔巴尼和华盛顿哥伦比亚特区的那些年里，有一个来自莱茵贝克的叫蒙特福德·斯奈德的小伙子，驾驶着州政府的公务用车与州政府派出的警察一起一直跟随我们。白天，我们去参观国家机构。对我来说，这样的参观意义非凡。我偶尔会去州立监狱、精神病院，或者为残疾儿童服务的医院，但从来没有打算调查这些机构的实际运作情况并衡量其优缺点。

如果我们正在参观一家机构，这家机构的负责人通常会和罗斯福乘坐同一辆车。当车围着场地转来转去时，负责人就会向罗斯福指出哪里

---

[1]　即克拉伦斯·约翰·伯蒂格 (Clarence John Boettiger, 1900—1950)。——译者注

需要新建什么建筑。通过这种方式，罗斯福了解了这些机构的外观。这对他接待拨款委员会起到了一定的作用。

对罗斯福来说，行走太难了。他不能走进机构里去参观，不能从拥挤情况、工作人员、食物和医疗保健这些角度真正了解某个机构是如何运作的，所以他要求我接手这部分的检查工作。起初，我的报告让他非常不满意。如果报告上写有当天的菜单，罗斯福就会问我："病人今天是不是真的吃了这些食物，你有没有检查过？"于是，我掀开炉子上的锅盖，看看里面的东西是否与菜单上的描述相符；我开始留意床铺是否靠得太近，白天是否折叠好放在壁橱里或者放在门后，而晚上这些床会被展开，占满整个走廊；我学会了观察病人对工作人员的态度。我们在奥尔巴尼生活了很多年，在离开前，我在调查机构方面已经成了一名非常专业的报道员。

1929年夏，在圣劳伦斯河上，我们进行了一次考察。在我们坐船沿着圣劳伦斯河航行时，罗斯福与加拿大和美国的一些官员讨论了这条水道的修建。罗斯福之前就决定好了，1929年夏季让我带两个从未去过欧洲的儿子小富兰克林和约翰开展一次教育旅行。埃利奥特已经从格罗顿学校毕业，但他并不想去欧洲。他的想法和我们的想法或多或少有一些冲突。在大学入学考试中，他有的科目没有及格。他坦率承认自己是故意这样做的，因为他不想上大学。1929年夏，当我和另外几个儿子在欧洲时，埃利奥特大部分时间都是和父亲罗斯福一起度过的。他几乎说服了罗斯福允许他立即去做一些与出国旅行有关的工作。

我从欧洲回来时，觉得埃利奥特至少应该参加大学考试。于是，我们想出了一个折中的办法，让他在普林斯顿的胡恩中学就读一年。在那里，他在学业和体育方面表现得非常出色，不仅以优异的成绩通过了大学理事会的考试，还获得了两所主要大学的体育奖学金。但他对此很愤怒，下定决心不上大学。谁都说服不了他，因此，他就开始谋生了。

我、小富兰克林、约翰及罗斯福一起在圣劳伦斯河上航行。在蒙特利尔，我见到了朋友南希·库克和迪克曼女士。两人打算和我们一起去欧洲旅行，顺便把她们的车也带上，这样就可以在欧洲开车旅行了。在魁北克，我们开车转了几个小时。与以前一样，大家依然十分喜爱这座城市。我们乘船到达了圣劳伦斯河口。这次长途航行非常顺利，为我们适应海上航行做了充足准备。孩子们很快就适应了船上的生活，他们都很喜欢这样的方式。

有一次，我收到了罗斯福发来的电报："祝你旅途愉快。但我该怎么处理你的棺材（casket）？"这封电报让我困惑了一段时间，最后终于明白了，我忘带了一样东西——午餐盒（lunch basket）！显然，电文印刷时出现了错误。但多年来我们一直把这件事当作一个家庭笑话。我们开玩笑说，罗斯福总是在为意外事件作准备。

在罗斯福的建议下，我雇了一辆车到利物浦接我和我的孩子。这辆车还带着我们在英格兰转了转。离开英格兰时，另一辆车正在欧洲大陆上等待接我们。南希·库克和迪克曼女士全程都自己开车。我希望这种旅行方式会让孩子们感觉更加轻松，因为我意识到对十三岁和十五岁的孩子来说，不停地从一个景点前往另一个景点的暑假并不是很理想，对我来说也是如此。

在爱尔兰，船停靠了一会儿。詹姆斯正在那里度假。他见到了弟弟小富兰克林和约翰，还带着他们参观了都柏林的马展——他们最想看的就是马展。

当孩子们在爱尔兰时，我开车去找了南希·库克和迪克曼女士，和她们一起待了几天。她们已经坐船参观了格拉斯哥。我们又分别开车游览了湖区[①]。我非常喜欢这次旅行。在我看来，湖畔诗人和作家是亲密的朋友。我看到了他们的国家，这让我对他们有了更进一步的了解。

后来，我去爱尔兰接了小富兰克林和约翰，花了一天时间参观了马展。在美国公使馆，我吃了午餐，还遇到了一位印度王子。对这位印度王子来说，那天是个特殊的日子。他展示了当天比赛将要争夺的奖杯。我对这位印度王子印象非常深刻，因为有人悄悄告诉我，他不愿意与别人有肌肤接触，所以他一直戴着手套。这个人让我也把手套戴上。同时我注意到，所有牛皮做的家具都被搬走了，因为这位印度王子非常反感使用牛皮。牛在印度是一种非常神圣的动物。幸好我的手套是纯棉的！当时我在想，招待那些有特殊宗教习惯的外国人真是麻烦，希望这样的任务永远别落在我的头上。不过，当我必须面对这种情况时，我发现，一旦了解了他人的风俗习惯，招待时就会非常容易。招待客人其实很简单，关键在于两点：一是要友善，二是要让客人感到舒适。

我们挤进了观看狗狗比赛的人群中，还挤上了一辆观光车。之后，我带着孩子开展了一次比看马展更有教育意义的出游活动。

在伦敦时，小富兰克林第三次患上了怪病。我们称之为"小富兰克林疹"，但医生坚持认为小富兰克林得的是风疹。由于两天后小富兰克林的病就好了，我们的观光旅行并没有受到太大影响。孩子们最想做的事就是沿着莱茵河漫步，因为他们听说莱茵河就像哈得孙河一样。当你身在他乡时，总是想看到任何能让你回忆起故乡的事物！

后来，我们乘坐小汽船沿着莱茵河从科隆到了科布伦茨。小富兰克林和约翰虽然喜欢德意志的风景，但并不喜欢待在那里，这主要是因为他们从来没有学过德语。这次旅行让小富兰克林和约翰懂得了一件事：

---

① 湖区是英格兰西北部的一个山区。作为一个受欢迎的度假胜地，湖区以其湖泊、森林和山脉而闻名，并且其与威廉·华兹华斯和其他湖畔诗人有关联。——译者注

如果想要在某个国家得到乐趣，就要会讲这个国家的语言。孩子们迫不及待地想回到法国，因为在法国他们可以跟其他人交流。

无论到了哪座城市，我们都会爬上钟楼去看看。晚上，我尽量带小富兰克林和约翰去散步。我想消耗他们一些精力，这样在睡觉前他们就不会打闹，因为打闹常会演变成激战，而我需要把这对怒气冲冲的兄弟分开。小富兰克林和约翰每天都需要进行充分的体育锻炼，但我意识到在旅途中这一点很难做到。我写了好几封信给罗斯福，说我要是能回家该有多好，现在却要全权负责制订计划，让两个儿子在旅途中能够健康、快乐成长，这让我非常紧张。节省开支、保管护照等事情让我压力很大，因为以前我从来没有完全负责过这些事。最重要的是，我担心我们的开销会超出预算。其实很多时候我都非常焦虑，总是在想是不是还有足够的钱回家。虽然我们后来成功回到了家，但我再也不想带着精力旺盛的年轻人去旅行了，无论是出于娱乐目的还是教育目的。

罗斯福特别希望我能带小富兰克林和约翰去踏访美国军人在第一次世界大战中战斗过的前线及昆廷·罗斯福和其他一些人的墓地。在英格兰的小村庄里，我向小富兰克林和约翰指出了在第一次世界大战中阵亡的将士的纪念碑。墓地里一排排的十字架，给他们留下了深刻印象。小富兰克林和约翰当时完全无法理解法国古老村镇中出现新建筑的意义。美国的年轻人早就对新建筑的出现习以为常了。大自然掩盖了树林里和田野上的伤痕，这深深触动了我。我让两个孩子看那些白皙的树桩和小树，这表明几年前整个森林被砍伐过。在田野里，我指给他们看士兵挖的沟渠及那些被炮弹炸开的奇怪的洞，现在这些地方已经长满了草。

有一天，小富兰克林对我说："法国真的很有趣。现在，我只能看到我们这个年纪的男孩和田间劳作的老人。我们见过穿着制服的年轻人演习的场景，但似乎没有见过父亲那个年龄阶段的人。"当然，这是另一个证据，证明1914年至1918年，法国的年轻人在战争中伤亡惨重。

1946年，我参加了在伦敦举行的联合国第一次会议。这次会议让我有一种同样的感觉——我们失去了一代人。许多参会的欧洲人的年纪都比较大，他们曾与国际联盟合作过，对国际社会第二次维持世界和平持有怀疑态度。二十年至二十五年后，本来应该会出现许多领袖。但由于失去了一代人，这就意味着二十年至二十五年后将没有人可以领导人民，人民的这种感觉将会更强烈。

巴黎有时会非常炎热。我们经历过几次这样的天气。我还带着有抵触情绪的小富兰克林和约翰参观了卢浮宫和其他画廊。我的婆婆萨拉的姐姐①住在乔治五世大街的一栋公寓里。我们去探望了她。在她的屋子里，我们感觉凉快多了，但即便这样仍然热得气喘吁吁。

我们和詹姆斯在巴黎待了几天，一起参观了埃菲尔铁塔。这座塔吸引了那么多游人的主要原因是其顶部比其他地方都要凉爽。我们在马戏团和剧院里感到十分快乐，但让所有人都感到特别高兴的是我们要去圣米歇尔山。我记得那座山很美，也记得在那里小富兰克林和约翰之间发生了一场激烈的打闹。

最后我们在海滩上待了一天，第二天坐上了回家的船。在回家的路上，约翰耳痛。我很担心，直到他痊愈了我才放下心来。整个旅行途中，小富兰克林都非常开心。船靠岸后，我舒了一口气，发誓再也不带孩子们去旅行了。

回到奥尔巴尼，作为母亲、老师和州长妻子的我立刻又沉浸到繁忙的日常工作中。在1930年纽约州州长竞选活动开始前，我几乎都没有休息过。对罗斯福来说，那次竞选非常轻松，他是民主党候选人中得票数

---

① 即罗斯福总统的姨妈德博拉·佩里·德拉诺（Deborah Perry Delano）。——译者注

最多的。我觉得所有支持他的人对这个结果都非常满意。罗斯福获得的票数最多有两个好处，一是能让他在纽约州具有强大的影响力，二是能让他在成为总统候选人时具有强大的影响力。我对此并不是很感兴趣，但罗斯福的政治支持者非常在意。

在担任纽约州州长期间，罗斯福多次参加了州长会议。他一直都觉得这些会议非常重要。只要有机会，罗斯福就想与其他州的州长接触。这样做对他来说是有好处的，因为与其他州州长讨论问题可能会给他带来一些启发。有时，我会和罗斯福一起参加会议。有一次的州长会议让我印象十分深刻。会上，赫伯特·胡佛[①]总统通过无线电进行讲话。后来，突然刮起一阵风，吹走了他的演讲稿。由于胡佛总统讲话时完全依靠演讲稿，所以讲话不得不暂停。对电台听众来说，这次讲话一定是个惊喜，但对与会人员来说，他们一定失望至极。

在弗吉尼亚州的里士满参加会议时，所有州长都受邀到白宫用餐。当时，大家认为罗斯福是实力最强的民主党总统候选人之一。在州长晚宴上，客人必须站在东厅等候胡佛夫妇的接待。我很熟悉这种接待方式，但有点担心罗斯福，因为他必须在有人搀扶的情况下再借助拐杖才能行走。此外，如果在没有任何支撑的情况下保持站立，他会非常疲劳。

我们知道在大厅中人们走得很慢，所以提前到达了东厅，排好队，站着等待胡佛夫妇的出现。二十分钟过去了，他们还没有出现，于是房间里的人议论纷纷。有人说我们在等待几位州长，因为有两位州长还没有到。有人两次邀请罗斯福坐在椅子上，但他认为，如果展示出了自己的弱点，别人就可能制造出负面的政治新闻，他一概拒绝落座。罗斯福

---

① 　下文称"胡佛"。——译者注

似乎故意要测试自己的耐力，尽管在胡佛夫妇出现前的那半个小时对他来说是一种折磨，但他整个晚上都站得很好。

罗斯福认为别人可能会制造负面的政治新闻的想法看似荒谬，但在政治生活中人们的确会变得多疑。共和党和民主党的战略家不会唤醒民众，更不会让他们产生这样的感觉：政治家并不遵守公平竞争的规则，他们权衡的只是自己能走多远。你会听到这样或那样的传言，但这些传言从来没有引起过候选人的注意，也从来没有得到过官方的认可。

有件事我记得不是很清楚了，在一次竞选活动中，虽然没有人在我们居住的海德庄园说我的丈夫罗斯福、我的婆婆萨拉、我自己甚至我的孩子的坏话，但一些朋友焦急地来找我，他们听到有人说罗斯福得的并不是脊髓灰质炎，而是其他疾病，并且朋友还听说他的疾病正在不断恶化，最终会损伤他的大脑。

在1932年的总统竞选活动中，路易·豪听说共和党人计划发表声明，宣称脊髓灰质炎是一种进行性疾病，最终会影响到大脑。一听到这个消息，他立刻向治疗脊髓灰质炎的权威专家乔治·德雷珀医生要了一份可以在必要时使用的反驳声明。乔治·德雷珀医生曾与洛维特医生一起照顾过罗斯福。在这份声明里，乔治·德雷珀医生从医学的角度完整地描述了脊髓灰质炎，驳斥了脊髓灰质炎会影响到大脑的说法。他指出，沃尔特·司各特[①]先生小时候就患有脊髓灰质炎，但没有任何人能够证明他的大脑受到了损伤。后来，共和党人一直没有公开发表过这样的言论，路易·豪也从未使用过乔治·德雷珀医生提供的声明。显然，造谣的人认为这样的人身攻击可能会让他们自食恶果。

后来，在一次竞选中发生了一件特别可笑的事。这件事我记得非常

---

① 沃尔特·司各特是英国小说家和诗人。他出生十八个月时就患有脊髓灰质炎。——译者注

清楚。一位从未透露过姓名的女士受邀到白宫做客。据说，她在白宫住了一晚，后来向"某人"描述了一些难以形容的事情——她半夜听到罗斯福像疯子一样尖叫，人们只好拼命控制住他。我们始终无法查出这位女士是谁、她听到了什么及整个故事是不是完全虚构的。当然，这位女士不可能听到罗斯福的喊叫，因为他有很强的自制力，即使是生气时也从不大声喊叫。虽然我有时会看到罗斯福义愤填膺，但他真的很少发脾气。此后一段时期，罗斯福总是不遗余力地告诉别人他的想法，但在其他情况下他根本不会这样做。即便这样，罗斯福也从来不大声喊叫。他的话只会让人觉得冰冷刺耳而已。虽然我常常完全同意罗斯福的看法，也很高兴他感触颇深时能够把自己的感情表达出来，但我还是忍不住同情那些因他生气而感到害怕的人。

我清楚地记得，有一天我回到白宫时，发现罗斯福在与一个野心勃勃、心机重重的家伙谈完话后，气得浑身发抖。这个人曾说了一些风凉话，致使一位优秀的公职人员辞职了。无论他说的是真是假，这些流言蜚语都伤害了这位公职人员的家人。这个野心勃勃的家伙——就叫他X吧，前来拜访罗斯福，想询问一下自己什么时候才能得到梦寐以求的职位。罗斯福非常生气地说："X，如果我是圣彼得，那么你和Y同时来到我面前时，我会对Y说：'我了解人类的弱点。但你无论做什么，都只伤害自己，从不伤害他人。因此，你跟我来吧。'但我会对你说：'你不仅伤害了其他人，还不具有一位优秀公民应具备的献身精神。这让你的国家为此蒙羞，因此，你就直接下地狱吧！'"听到这些话，那个野心勃勃的家伙转身离开了房间。两人从此再也没有见面。过了一会儿，我再去见罗斯福时，他仍然气得脸色发白。

听到那些关于自己、罗斯福和孙子们的流言时，我的婆婆萨拉一直都很不高兴。还有一些惹人不快的信，这令萨拉非常生气。政府给了萨拉一份声明，声明上说想用她在海德庄园的房子作为夏日白宫使用。作为回报，政府会给她一些钱。这让萨拉非常苦恼。她为自己的家感到骄傲，如果罗斯福或者他的家人、朋友有时间到家里陪她一段时间，她就会非常开心。因此，无论政府给多少钱都不会诱使萨拉把自己的房子交给别人处置。她去世后，罗斯福继续自掏腰包支付这个房子的房产税和其他费用。

公众人物都会受到诽谤。另外，旁证完全可以人为制造出来。人们可以利用旁证编造一些关于某人私生活的故事，这些故事最终会流传开来。那些想让人们相信这些故事是真实的人完全有可能做出这种事。公职人员必须学会接受他人的诽谤，这是他们工作的一部分。同时，公职人员要相信大多数人会以他们在公共服务方面取得的成就评判他们。公职人员的家人同样要学会接受这一点。就连罗斯福的小狗法拉都会因他而受到诬告。

我的婆婆萨拉虽然年事已高，但仍然喜欢去欧洲旅行。每年她都会去一次欧洲。1931年，萨拉在巴黎得了肺炎。罗斯福非常担心她，于是在埃利奥特的陪同下匆匆赶去了巴黎。这是埃利奥特第一次出国旅行。尽管他像其他孩子一样总是说愿意先在自己的国家旅行，然后再去其他地方，但我相信埃利奥特一定会认为这次旅行很有意义，也很有趣。我记得，这次旅行只用了大约三个星期。见到儿子罗斯福后，萨拉的病好得很快，逐渐恢复了体力。萨拉痊愈后，罗斯福和埃利奥特就回来了。

罗斯福认为，随着年龄的不断增长，人应该做自己想做的事。正是因为有这样的想法，罗斯福从不干涉母亲萨拉做自己真正想做的事。当人们向他建议不要让母亲萨拉出国时，他说："毕竟，人死去的地方和埋葬的地方并不重要。"

第6章　第一次总统选举(1932年)

CHAPTER VI　　　The First Presidential Election: 1932

尽管罗斯福没有告诉过我他决定什么时候竞选总统，但我从路易·豪那里得知，他早已决定按照自己的方式一直为罗斯福的竞选作准备。一年多以来，他为罗斯福所做的一切都是为了扩大罗斯福的交际圈，加强其对全国各地情况的了解。在我看来，他这个小个子男人具有我所知的最丰富的想象力和最强大的决心。他的身体虽然非常虚弱，但他的大脑一直在不停运转。他很少结交朋友，他对朋友的评价大都是以他们对"老板"——他就是这样称呼罗斯福的——的忠诚来判断的。路易·豪是为数不多的想说"不"时从不说"是"的人之一。他对罗斯福信心满满，非常敬重他。我虽然花了很长时间才懂得欣赏他，但从一开始就十分钦佩他的忠诚，尤其是他的能力。他可以通过操纵人和事来达到自己的目的。在罗斯福生病的那些年，他给美国人民写了无数封信。多年后，他常常骄傲地把那些信拿出来给我看。那些信展示了他是如何与从未谋面的人建立友谊的。

　　在总统提名大会开始前为竞选活动做策划的人就是路易·豪。竞选活动中，采用的策略和选人的权利在很大程度上都取决于他。尽管他曾和罗斯福一起商量过他制订的计划，但在整个竞选过程中他都"很有主见"。路易·豪知道自己的身体状况和侏儒般的外表给他带来了很多局限，但他喜欢在幕后进行操纵。他很喜欢拥有权力的感觉。他虽然想让一些人知道他拥有权力，但总体来说，还是不想抛头露面。尽管罗斯福很喜欢并很信任爱德华·J. 弗林和詹姆斯·法利，这两人也确实值得他信任，但挑选出这两人使其发挥重要作用的人是路易·豪。爱德华·J. 弗林非常清楚罗斯福的信仰和他为之奋斗的目标，也相信自己在很多方面都和罗斯福有共同点。詹姆斯·法利则是这样的人：他信任自己服务的人，但并不是很关注那个人的思想和理想。很多时候，我和詹姆斯·法利在谈到民主党全国委员会妇女部的工作时，他对我说："您如果认为自己应该去做某件事，就去做。"不过，我很清楚，詹姆斯·法利并不是真心这样认为，也许他甚至不愿了解事情的来龙去脉。但我想，詹姆斯·法利之所以信任我是因为我与妇女工作有联系，并且他也信任罗斯福。在与人交往方面，詹姆斯·法利有一种非凡的天赋。他还可以做大量的其他工作。那时，他和路易·豪、爱德华·J. 弗林一样出色，承担起了应负的重任。

　　还有许多忠心耿耿的人也十分信任罗斯福。他们直接参与了竞选活动，慷慨付出了时间和金钱。这些人中有弗兰克·沃克、老亨利·摩根索、小亨利·摩根索、W. 福布斯·摩根和伯纳德·巴鲁克。他们与积极计划解决未来问题的人聚在一起。所谓"智囊团"的成员主要是由路易·豪和塞缪尔·罗森曼挑选出来的。罗斯福与智囊团共同商议，制订计划，以解决所有人都意识到的问题——无论是谁在1932年成功当选了总统，都会遇到这些问题。律师、教授、政治家聚集在一起，想办法做一些具体的事。最初的"智囊团"由雷蒙德·莫利、雷克斯福德·特格韦尔和塞缪尔·罗森曼组成。后来又邀请了阿道夫·伯利加入。某些情况下，罗斯福也会咨询约瑟夫·麦戈德里克博士和休·约翰逊将军。

　　在罗斯福的职业生涯中，他从未偏离过初心——帮助普通民众过上更美好的生活。罗斯福尝试各种办法想要达到自己的目标。在这个过程中，困难出现了，变化也发生了，但初心一直在指引他做应该做的一切。最后，尽管罗斯福尽了一切努力去阻止战争爆发，但战争还是爆发了。因为事态的发展不可阻挡，只有通过战争才能消灭法西斯主义。对犹太人的迫害只是迫害的开始，所有与法西斯头目对立的人都会受到迫害。普通人的全部自由被剥夺了。随着自由的消逝，罗斯福和其他民主国家的人民追逐的目标也会丧失。

罗斯福希望人民生活得更加幸福。他的这种愿望是至高无上的。就像我前文提到的，罗斯福十分迷恋政治，喜欢把政治当作一门科学和一种游戏来对待，想了解大众的反应，并且赌自己对某些事的判断。人们可以明显感受到他的幽默，因为罗斯福总是能把那些非常严肃的话题变得十分有趣。当认为周围的人需要稍微缓解一下紧张的情绪时，他就会提醒他们，他们并不如自己想象中的那么重要。即便一个人非常重要，但他可能连某些责任都无法承担。罗斯福的众多笑话都是以此为基础的。这些笑话有时针对自己，有时针对其他人。

罗斯福认为，总统应把自己的当选视作人民的选择，应服从人民，也应意识到自己有义务启发并领导人民。我认为在遇到重大危机时，罗斯福总感觉到有一种比自己更强大的力量和智慧在指引他，这是因为他的宗教信仰简单、直接。罗斯福知道，把自己看作是所有人的智慧源泉很愚蠢，但他必须做出最终决定。某些情况下，领导者如果不信仰精神指引，就无法领导人民。

我从来没有见过谁比罗斯福更能够给人带来安全感，这是因为我从来没有听他说过世上存在人类无法解决的问题。罗斯福能够直面困难，他经常说，办法总比困难多，一定能够找到解决困难的人。罗斯福认为自己必须努力，直到找到解决方案，或者通过别人得到解决方案。他从未谈论过自己的疑虑。计划某件事时，罗斯福会征求许多人的意见，采纳最好的建议。一旦做出了决定，他就不会再浪费时间去担心这件事了。现在我仍然清楚地记得，在罗斯福担任纽约州州长期间，整个国家正面临金融危机。他从温泉镇回来后，与路易·豪和赫伯特·H. 莱曼进行了商议。赫伯特·H. 莱曼既担心又紧张，不停地踱步。这时，电话铃声突然响了。一直安静地坐在沙发上的路易·豪站起身准备去接电话。只对赫伯特·H. 莱曼的焦躁不安有反应的罗斯福突然喊道："豪，请你安静地坐着，别乱走动！"在赫伯特·H. 莱曼离开后，罗斯福说："看来赫伯特明天不能照常工作了。我们明明已经做了决定，不知道为什么他还在担心。"

这就是罗斯福的一个特点。他面对生活或者面对出现的问题时从来不会恐惧。我常常想，这种勇敢的态度是否传递给了美国人民。我觉得这种态度很有可能是在罗斯福就任总统的前几年中使美国人民摆脱经济大萧条的原因。罗斯福很清楚，就算他采取了世界上最好的政策，要是人民不履行政策，他也无法帮助他们摆脱危机。不过，罗斯福相信人民的勇气和能力，他们对此也做出了回应。

如果美国总统经过认真思考并做出决定后仍然不能让自己快乐，不能以轻松的心态对待严肃的事情，我十分怀疑他是否能长期担任总统。总统需要具备各种各样的品质，这样才能够意识到并承担起巨大的责任，并且仍能享受生活。当国家处于危机时，领导人的这些品质特别重要。

从个人角度来看，我并不想让罗斯福成为总统。然而，我意识到，让一个渴望为公众服务并进行了充分准备的人不去服务公众是不可能的事情。我觉得自己的想法非常自私，因此从来没有向罗斯福提起过我对这件事的感受。我没有直接参与竞选活动，因为我觉得其他人比我做得

1927 年，罗斯福夫人在瓦尔–基尔家具厂[1]

---

[1] 本书插图均出自罗斯福总统图书馆。——译者注

1928 年 11 月，罗斯福在佐治亚州的温泉镇

1930 年在海德庄园举行家庭圣诞聚会

罗斯福夫妇与玛格丽特·莱汉德在海德庄
园的游泳池

1933 年，罗斯福总统正在视察新车。最右侧是艾克·胡佛，后座是玛格丽特·莱汉德和一位秘密警卫人员，车外是罗斯福夫人和另一位秘密警卫人员

1934 年，罗斯福夫人与两位公园管理员在
约塞米蒂国家公园的高山上游览

罗斯福夫人在海德庄园别墅的门廊里用烤
架烤牛排

1934 年 12 月 8 日，罗斯福总统在华盛顿
出席烤肉晚宴。从左至右为：路易·豪、
罗斯福总统、总统保镖根内里希和美国驻
加拿大大使沃伦·德拉诺·罗宾斯

1934 年，罗斯福夫人在视察加勒比地区的
贫民窟

1934 年 10 月，罗斯福总统及夫人在科罗
纳多酒店

1936 年 6 月，罗斯福家族的三代人在费城的富兰克林体育场。从左至右为：安娜·罗斯福·伯蒂格、埃莉诺·罗斯福、萨拉·德拉诺·罗斯福。她们聆听罗斯福总统在接受提名的演讲中向"经济保皇党"宣战

1938 年 6 月，罗斯福总统及其军事助理埃
德温·沃森亮相世界博览会。罗斯福夫人
因罗斯福总统的演讲而向美国国家教育协
会的成员介绍他

罗斯福总统及夫人在白宫二楼的椭圆形办
公室

更好，但我外出进行了多次旅行，其间一直都在做罗斯福认为可以对竞选活动起到帮助的事。

民主党的总统提名大会在芝加哥召开。参议员托马斯·J.沃尔什担任常务主席。归根结底，罗斯福之所以能够获得提名，主要是因为托马斯·J.沃尔什非常擅长主持大会。当时，我住在奥尔巴尼。孩子们经常来这里。

阿尔弗雷德也是此次提名的总统候选人，并且他有许多热情的支持者。我认为他一定是这样想的：出于感激，罗斯福应该会主动退出竞选，因为他曾在四年前帮助罗斯福重新回到公众的视野中。然而，罗斯福此时已产生一种完全的政治独立的信念。我认为，罗斯福相信自己能够比民主党的其他人更好地应对国家正面临的巨大危机。总统必须对自己有信心，否则永远无法担负起领导国家的重任。人们之前常常在我面前评论我的伯父西奥多·罗斯福[①]，说他是一个利己主义者。我知道很多人都觉得富兰克林·D.罗斯福也是这样的人。毫无疑问，他在某种程度上的确是这样的人，否则将无法承担起总统的重任。

我总觉得罗斯福的宗教信仰与他的自信心有关。如上所述，他的宗教信仰非常简单。罗斯福相信上帝和上帝的指引。他认为上帝给予了人类应完成的任务，赋予了人们完成这些任务的能力和力量。罗斯福祈求上帝的帮助和指引，因此，对自己的判断充满信心。他一直坚持在就职典礼日、周年纪念日和即将发生重大危机时参加教堂的礼拜仪式，这正是他信仰坚定的体现。我认为，在判断罗斯福是否愿意承担责任及是否相信自己有能力应付一切危机时，这一点不容忽视。

民主党全国委员会是负责发放总统提名大会入场券的常规机构，这

---

① 本书作者的父亲是西奥多·罗斯福的弟弟。——译者注

对阿尔弗雷德很有利。尽管民主党全国委员会承诺会为所有候选人公平分配入场券，但入场券其实并未进行公平分配。就在罗斯福发表提名演讲的第二天，有人把一大箱总统提名大会入场券送到了我们住的国会酒店的套房里！

因为参加总统提名大会的各州代表团都承诺支持罗斯福，所以在国会酒店罗斯福竞选总部外的一幅美国地图上，这些州被涂上了红色。一天早上，人们发现有人晚上偷偷地往这幅地图上贴了一个大牌子，上面写着"重要的是选票，而不是土地面积"。有人怀疑这是阿尔弗雷德的支持者做的。

在罗斯福被提名的前一天晚上，我们在州长官邸里一直待到了第二天早上。所有报界人士，包括我后来认识的洛雷娜·希科克都在车库里待了大半夜。第二天早上，我发现这些人还在那里，于是邀请他们进来，在门廊处和我共进早餐。我知道，除了昨天半夜我给他们煮的鸡蛋，他们连昨天的晚餐都没吃。

两天后，我和罗斯福及儿子约翰和埃利奥特飞往芝加哥。罗斯福将在这里接受提名，玛格丽特·莱汉德小姐、格雷丝·塔利小姐、罗斯福的两个保镖根内里希和厄尔·米勒也与我们会合了。对厄尔·米勒来说，这是他最后一次和罗斯福共同旅行。在罗斯福离开奥尔巴尼后，厄尔·米勒进入了惩戒局，担任人事主管一职。

从来没有候选人像罗斯福一样坐飞机出行，因此，这件事令人们激动不已。此前，总统候选人直到夏末才能得到正式的提名通知，因为负责通知的委员会成员需要长途跋涉去通知总统候选人。罗斯福认为，发生像1932年那样的危机时，这样的长途跋涉需要的花费是一笔不必要的开支。到达芝加哥时，我们与路易·豪会合了。之后，我们一起穿过拥挤的街道和欢呼的人群，来到了举行总统提名大会的会议厅。

获得提名和收到正式提名通知之间相隔数个星期。在这段日子里，罗斯福没有必要提前准备提名演讲稿。不过，由于决定乘飞机去参加总统提名大会，他有必要先写一篇演讲稿，或者至少写一篇演讲稿提纲。

　　雷蒙德·莫利先生说他已经为罗斯福写好了提名演讲稿，但我确信他从来没有关注过与演讲稿有关的事宜。此时，演讲稿已经有了两个版本。显然，这两个版本存在相似的地方，会造成混乱。这两份演讲稿，一份是我丈夫亲自撰写的，另一份是由奥尔巴尼、罗斯福、玛格丽特·莱汉德小姐、格雷丝·塔利小姐和塞缪尔·罗森曼轮流口述，通过长途电话让芝加哥的一位速记员进行记录后的汇总文稿。在芝加哥机场迎接我们时，路易·豪把众人轮流口述的那份演讲稿连同莫利先生和特格韦尔先生写的那份经过修改的演讲稿一起带过来了。当路易·豪把这两个版本的演讲稿交给罗斯福时，罗斯福说："哦，演讲稿我已经修改过了。我口袋里有一份新的演讲稿，是在飞机上写的。"罗斯福尽管通读了路易·豪给自己的那两份演讲稿，同意把他认为非常重要的一两件事加到演讲稿中，但在总统提名大会上还是宣读了他口袋里的那份演讲稿，未做任何改动。

　　阿尔弗雷德及其家人、支持者并没有祝贺罗斯福，而是立即离开了芝加哥。其他候选人都留了下来，他们似乎并没有像阿尔弗雷德一样那么痛苦。

　　1932年9月，罗斯福开始在全国范围内进行竞选之旅。几个孩子陪着他。直到他们在返程的途中经过亚利桑那州的威廉斯时，我才与罗斯福会合。幸运的是，在参加竞选活动时，总有孩子陪在罗斯福的身边。这其实是因为罗斯福希望家人和他待在一起。孩子们不仅能把火车上的人逗乐，还能让罗斯福感觉非常幸福。寻找有趣的事情让罗斯福开怀大笑，成了我们家的惯例。

在1932年的总统竞选之旅结束后，罗斯福回到了家中。与往常一样，他因与人民接触而兴奋不已，同时坚信我们一定可以度过经济大萧条时期。罗斯福有一种异常敏锐的观察力，可以根据看到的乡间景色判断当地的情况。从罗斯福那里，我也学会了如何透过火车的车窗进行观察。罗斯福会观察庄稼，注意人们的衣着、汽车的数量及状况，甚至还会察看晾衣绳上悬挂的衣服。成立平民保育团（简称CCC）时，罗斯福知道，他尽管从来没有对平民保育团的情况做过任何记录，但清楚哪里需要开展何种工作。罗斯福还可以清楚地判断某地的地理环境。例如，几年后，新西兰总理彼得·弗雷泽告诉我，他是如何与罗斯福谈论新西兰附近的一个小岛的。彼得·弗雷泽认为，那个小岛可以用于战争。过了一会儿，罗斯福露出困惑的神情，后来他脸上的表情逐渐明朗了，说道："哦，是的，但我想也许这样的岛会更好。"这把彼得·弗雷泽难住了，他不得不抬头看看罗斯福说的岛在哪里。

　　在1932年的竞选之旅中，罗斯福对人们的浪费、缺乏环境保护意识、造成水土流失的做法印象深刻。他观察到的一切成了他制订行动计划的依据。但罗斯福感受最强烈的是，人民的力量可以重新激发出来。我相信，正是出于对人民的信任，罗斯福才在首次就职演说中谈道："我们唯一恐惧的只是恐惧本身。"

　　在发表那些著名的竞选演讲前及后来的炉边谈话前，罗斯福需要做大量工作。竞选活动中，演讲的主题是精心挑选的。罗斯福还与许多顾问讨论了演讲的时间和地点。罗斯福希望被指派进行研究的人员能从问题的利弊两个方面告诉他论点，尽可能收集相关信息。罗斯福认真浏览了所有材料，挑选出了需要写在演讲稿中的真实内容。经过反复讨论，罗斯福才把材料交给他委托撰写初稿的人。在那些人把材料返还给他后，他又和顾问们商讨了两三次。

我很了解罗斯福。他会把初稿提交给最擅长文学批评的人。等这个人提出意见后，他会修改初稿，还会反复阅读最后的文稿，字斟句酌，加以润色，直到文稿可以完全表达他的思想，并且他能对文稿内容了然于心。最后删改文稿的过程非常困难，但塞缪尔·罗森曼很擅长做这种事。重要讲话中的要点必须保留，虽然所有能够阐明主题的内容都必须添加到演讲稿中，但决不能因增加一个不必要的词语而使讲话的要点变得复杂。一篇演讲稿可能最多需要十人付出艰苦的劳动，但到了最后阶段，只需要两三人进行润色。

我知道，当在最后阶段准备进行演讲时，罗斯福会把演讲稿撕掉，转而进行口述，因为他觉得写下来的演讲稿并不能完全让外人听懂。罗斯福坚持经常讲一些简单的故事。这些故事是他在温泉镇或海德庄园与游客或者朋友谈话时得来的。在这两个地方，他有大量的机会近距离接触普通民众。在和罗斯福交谈时，当地人把他当作普通人而不是公职人员对待。我认为这些经历能够帮助罗斯福在与他人交谈时让对方产生这样的感觉：他们是在自己的客厅里与罗斯福进行交谈，知道也理解政府面临的复杂问题。

有时，有人会问我，我对罗斯福的演讲起到了什么作用。这个问题的答案是我没有起到任何作用。然而，他有时会在演讲中使用我给他看的部分信或者文章的内容；我经常在他发表演讲前阅读演讲稿。不过，我能做的也只有这些。我如果喜欢罗斯福的演讲，就会予以肯定；如果出于某种原因不赞成，也什么都不会说。我从来不希望罗斯福会顾及我的想法——他是一名非常优秀的演说家，不需要我提供建议。

罗斯福的声音使他的广播讲话很吸引人。这是一种与生俱来的天赋，因为罗斯福从未上过任何关于措辞或者公开演讲的课程。这也许与他上学时就开始参加辩论，或者年轻时上过歌唱课有关——他大学时很喜欢唱歌，但他声音方面的训练仅此而已。毫无疑问，他的声音能够助他一臂之力。通过他的声音，全国人民可以感受到，在罗斯福执政期间，每一项政府工作都需要依靠人民的智慧，每一项政府工作都需要得到公众的支持。

总统选举结果公布当晚我们待在纽约。我在民主党州委员会总部和全国委员会总部之间来回奔波，并且把萨拉接到了纽约。后来，我的姑妈①——现为道格拉斯·鲁滨孙的夫人希望向罗斯福表示祝贺。我想尽办法让她穿过拥挤的人群到我们这边来。

在罗斯福受到提名后，一位年轻的记者接受了《芝加哥论坛报》的指派前往奥尔巴尼。自那时起，我逐渐对这位记者有了深入的了解。他连续几个星期来来回回经过海德庄园好多次，还参加了竞选活动。这位记者叫约翰·伯蒂格，后来娶了我的女儿安娜。我对他怀有一种特殊的情感。过去，我常常取笑女儿安娜，说早在她认识约翰·伯蒂格以前我就认识他了。

当晚，选举结果公布后，约翰·伯蒂格在一片欢腾声中来到我面前，对我说："我很想知道此刻您的真实想法和感受。"显然，在这一问题上，约翰·伯蒂格有很强的洞察力。因为人们理所当然会认为，如果一个人当选了美国总统，他的妻子一定会非常高兴。

当然，我为罗斯福感到高兴。因为罗斯福遭受了命运的打击，患了脊髓灰质炎，而成为总统会在许多方面弥补他身体上的缺陷。同时，我对罗斯福能够帮助国家度过危机的能力非常有信心。他当然想赢得选举，也希望有机会能在公共生活中为国家服务。

不过，对我来说，我可能比约翰·伯蒂格意识到的更加忧虑。在我

---

① 即科琳娜·罗斯福（Corinne Roosevelt, 1861—1833）。她是本书作者的父亲的妹妹。——译者注

看来，这意味着我个人生活的终结。根据传统来看，我知道摆在自己面前的将是什么。我观察过西奥多·罗斯福的夫人，明白做总统夫人意味着什么，所以我很难说对这样的前景感到高兴。通过自己挣钱，我获得了一定程度的经济独立，还可以做自己感兴趣的事。选举结果公布的那天晚上，我的思绪非常混乱。这导致在接下来的几个月里，我都没有想清楚自己将来要走什么样的路。

生活立刻发生了变化。在罗斯福成为总统后，特勤局就开始承担起保护他的责任了。我们的住所位于六十五街，里面挤满了特勤人员。当罗斯福在家时，所有前来拜访的客人都要经过仔细检查，特勤人员需要确认客人的身份。

赫伯特·H.莱曼成了纽约州州长。1933 年 1 月 1 日，我们把州长官邸交给了赫伯特·H.莱曼夫妇。随后，我们驱车前往了海德庄园。赫伯特·H.莱曼非常熟悉纽约州州长的工作，因此有信心胜任此职。

我非常喜爱州长官邸里的很多工作人员。管家哈里·怀特黑德非常能干。每年圣诞节我们都会和哈里·怀特黑德保持联系，直到他于 1946 年去世。住在一所没有固定主人的公共房屋里的一个缺点是，虽然你觉得自己和那些为你服务还有与你一起工作的人有了亲密联系，但当你离开时，他们必须留下来。当然，办公室里的同事和家里的工作人员也是这样。罗斯福非常难过地向一起共事过的人道别。不过，罗斯福知道，他们一定会发现赫伯特·H.莱曼是那种可以全心全意为他服务的领导人，正如我知道的赫伯特·H.莱曼的夫人和我一样都能够欣赏员工身上具有的优秀品质。

新年过后，罗斯福去了一趟华盛顿哥伦比亚特区。胡佛总统问罗斯福，在就职前的这个过渡时期里，是否愿意与他共同承担施行某些政策的责任。罗斯福认为，在掌握政权前，他无法与胡佛总统共同承担这些责任。

　　冬末，我按照惯例拜访了胡佛总统的夫人，思考了在搬进白宫后如何安排房间的问题。她亲自带我参观了一些房间。当我要求去看厨房时，我敢肯定她轻松了不少。她把我交给了白宫首席接待员艾克·胡佛。在伯父西奥多·罗斯福就任总统时，我就认识艾克·胡佛。他之前就表示过想和我谈谈就职典礼当天的安排。

　　我清楚地记得自己去拜访胡佛总统的夫人的那次旅行。当时，我和洛雷娜·希科克是一起出发的。她是美联社的记者，受指派要"采访"我。我们在五月花酒店住了一晚。第二天一早，我们先沿着康涅狄格大道行走，后来就分开了。我急忙穿过拉法耶特广场，唯恐迟到。当走到白宫的门廊处时，我十分惶恐。这让我想起了罗斯福担任海军部助理部长的日子。那时，我常开车经过白宫，幻想着住在里面一定美妙极了。现在，我马上就要搬到白宫去住了，但一点儿都不觉得那里美妙了。

　　我为家人分配了房间，把策划就职典礼的事情交给了艾克·胡佛，因为他比我懂得多。我只强调了仪式必须简单。与艾克·胡佛说话，就好像在和一位老朋友聊天。我非常信任他。艾克·胡佛一直在白宫里，这给了我很大安慰。

　　参观完白宫后，我回到了纽约东六十五街四十九号，着手准备打包物品，搬到白宫。只有一次，我努力想解决一直萦绕在脑海中的问题——住在白宫时我应该做些什么。我试探性地和罗斯福说，仅在一些必要的正式场合担任女主人也许不会占用我所有时间，他可能希望我有一份真正的工作，如处理一些往来的信函。但罗斯福疑惑地看着我，说不想让我来接管，因为这些事一直是由玛格丽特·莱汉德小姐处理的。如果我这样做了，她就会觉得我干涉了她的工作。我知道罗斯福说的是对的，不能这样做，但这是我最后一次努力为自己争取机会，我真心觉得自己需要有一份真正的工作。

那时我处理自己的信都需要花上好几个小时，直到深夜。如果再处理罗斯福的，一定会超出我的能力范围。我不知道拥有帮助别人的能力有多大的意义，不知道美丽的房屋和花园还有白宫这个地方的庄严、宁静会对住在白宫的人产生何种稳定的影响。不过，有机会认识和了解世界上有趣的男男女女，是我未曾想过的一种补偿。

对一个即将离任的人、一个即将上任的人及所有美国人民来说，1933年的就职典礼并不是一个轻松的场合。胡佛总统经历了一段非常艰难的时期。那时他非常焦虑，甚至平时在与白宫里的人交往时都无法保持平静。后来，有人告诉我们，在那段时期，胡佛总统连说一句"早上好"或者对家人微笑都很难做到。

我常常怀着同情的心理想，胡佛总统经历了什么，这对他的家人来说意味着什么。他的家人看着他背负着沉重的担子，越来越疲惫，越来越沮丧，但面对无法解决的问题，他还必须告诉公众，繁荣就在眼前，所有人都必须坚持这样的信念。胡佛总统是环境、经济和政治信仰的受害者。只有经过一次彻底的危机，勇敢采取新的行动才能改变曾经的信仰。在第一次世界大战期间，胡佛总统为美国付出了很多。毫无疑问，任期内他想做那些最有益于国家的事。自一些不幸的事件发生以来，胡佛总统在许多情况下都为美国和世界做出了贡献。

罗斯福经常和我说，他曾和胡佛总统坐车从白宫前往国会大厦。面对一个非常沉默的伙伴，罗斯福仍需要努力地与他进行愉快的交谈。这是一件多么困难的事啊！面对正在欢呼的拥挤的人群，罗斯福开始不自觉地回应他们，但他突然意识到，坐在旁边的胡佛总统纹丝不动。罗斯福的心里充满了希望，但他觉得坐在自己身旁的胡佛总统并不是这样认为的。最后，当他们到达胡佛总统执政期间修建的一座政府大楼前面时，罗斯福指着大楼的钢架结构，开始评论起"美丽的钢铁"来。这听起来一定很无聊，但足以说明寻找聊天话题让他多么绝望。

我曾和胡佛总统的夫人一起前往国会大厦，但现在我对这件事仅剩下一点印象了。我只记得问过她在离开白宫后是否还有什么特别怀念的事情。胡佛总统的夫人告诉我，她不会再有被人照顾的感觉，也不再需要为自己预订火车票或者是计划某些事情了。这样的改变对她产生了很大的影响。当时，我就下定决心，绝不能让自己对这些产生依赖。后来我才知道，离开白宫后，自己最怀念的是盛开的鲜花，是能和朋友一起分享的快乐。在白宫外的其他地方，我从未有过这种奢侈的体验。但后来为了给高速公路腾出空间，我们把温室拆除了，这种快乐就随之消失了。我们种的鲜花只够用来装饰白宫。与罗斯福一起旅行也非常舒服。我总是很容易就能得到想要的东西。有时，展览不向其他人开放，而我们可以进行参观。对我们来说，这是一种便利，因为可以避开拥挤的人群。我特别喜欢在南门廊处或在安德鲁·杰克逊总统种的玉兰树下的玫瑰园里吃饭，尽管这听起来是件很小的事情。

就职典礼结束后，胡佛夫妇立即乘火车前往纽约。我确信，他们尽管对未来可能没什么信心，但卸任时一定觉得轻松了不少。

就职典礼结束后不久，洛雷娜·希科克来到了我的起居室，因为我曾答应她会接受采访。罗斯福和路易·豪都同意我接受采访，因为洛雷娜·希科克是美联社优秀的女记者。他们都认识她，非常认可她的能力。事实上，洛雷娜·希科克可能是当时罗斯福和路易·豪唯一认识的女记者。我不记得自己和她说了什么，但我记得那次采访常常被人打断，所以我们最后只好到盥洗室完成采访。

我相信洛雷娜·希科克在采访结束后一定是以友好、谨慎的态度写下的新闻报道。她是一位优秀的记者，对新闻工作有一种至高无上的责任感。我和她一直都是很好的朋友。我觉得她既公正又诚实。

在就职典礼开始前，参议员托马斯·J.沃尔什突然离世了。为此，我们取消了那天在白宫举行的大部分仪式，只与一些私人朋友和政界朋友吃了顿简单的自助午餐及在下午举行了招待会。

1933年3月4日，即就职典礼当天，美国的情况已非常严峻。因此，人们几乎不会把时间花在纯粹的社交活动上。就职后，罗斯福立即准备召开会议，但他面临的第一件事是银行关门。我有点担心，因为我们已经在五月花酒店住了两三天，没有携带多余的现金。我去找罗斯福，问他如果我们需要用钱该怎么办，尤其是有几个孩子马上就要离开家了。罗斯福笑着说，我们能够处理好所有事情。从那时起，我意识到，在白宫有些事情是不必担心的。

第7章　我学做总统的妻子

CHAPTER VII　　I Learn to Be a President's Wife

在就任总统的最初几天里，罗斯福忙于寻找应对国内金融危机的方法，无暇考虑其他事情，所以就需要由我来管理家庭，负责办公室的秘书工作。这些都是总统夫人需要做的事。

　　就职典礼是在1933年3月4日星期六举行的。翌日，在所有客人离开后，我和汤普森小姐检查了白宫的所有角落，从地下室一直到阁楼，还包括衣柜。在胡佛夫妇带走自己的私人物品后，白宫的工作人员把放在仓库里的东西都布置到了房间里。当然，我们也把很多自己的东西，如一些家具及许多书画等放到了仓库里。不知不觉中，我做了很多令接待员震惊的事，特别是让艾克·胡佛非常震惊的事。我做的第一件事就是坚持自己开电梯，而不是等门卫替我开。这其实并不需要总统夫人亲自来做。

　　每次搬家，我都迫不及待地想一下子把所有东西都收拾好，所以在就职典礼结束后的星期一早上，我就开始搬家具了。前一天我就想好了这些东西应该如何布置。我把床放在了一个很大的房间里。后来，这个房间被改造成了起居室和办公室。由于从床边走到梳妆台再走到衣柜要花很长时间，我把床搬进了与这个房间相连的小更衣室里。

　　胡佛总统的夫人把我们称之为西厅的地方布置成了日光浴室，里面有鸟、柳条家具和一些植物。我决定把西厅的另一端当作一个起居室。为了快一点布置好，我和白宫的工作人员一起搬东西、摆放家具，但这让他们感到很惶恐。我们把温室拆除了，还在仓库里找到了一些表面为皮革的旧椅子和沙发。为了与这些家具搭配，我还订制了大花窗帘布。直到有能力购买新家具时，我们才换掉了这些旧家具。

我要求工作人员帮我在客厅桌子上安装一部电话。但两天过去了，并没有人过来安装。我打听了一下，发现安装电话的工人无法进入我的房间，因为我离开房间的时间不够长——当总统夫人在房间时，工人进行工作是不合适的。我坚持说我早就习惯有工人在旁边工作。于是，这个规矩很快就被废除了。

胡佛总统的夫人在二楼的一间起居室里放置了一套家具。这套家具的历史可以追溯到詹姆斯·门罗那个时代。所有人都十分欣赏这套漂亮的家具。但在我看来，这套脆弱的家具并不适合我那些强壮的儿子。我能想象到家具被他们弄坏的场面。因此，我把这套家具送到了博物馆，在二楼中间的大厅里放了一些不易碎的物品。我把好的、结实的家具放在詹姆斯·门罗住过的房间，这样就不用再担心家具会有破损了。我把祖父老西奥多·罗斯福的肖像和詹姆斯·门罗夫妇的肖像都放在那间房子。我还记得，当准备搬到华盛顿哥伦比亚特区时，我们准备把纽约的房子租出去。罗斯福说："你不能把你的祖父老西奥多·罗斯福的肖像也租掉吧。我们把他的肖像带走。"

在检查罗斯福的卧室时，我发现里面的铜床太小了，他睡不下，所以南希·库克在瓦尔-基尔的家具厂做了一张加长的四柱大床。我们在白宫的这些年，罗斯福睡的一直都是这张床。我发现自己的床也很小，于是也为自己订制了一张新床。后来，又订了一张加长的床放在房间里。小儿子约翰回家时常常睡在这张床上。

尽管当时国家的形势很严峻，但还是会举办一些年轻人参加的活动。一次，一个儿子去参加舞会，深夜坐着一辆借来的旧汽车回家。到家门口时，他被拦住了。当时，他非常生气。因为没有携带证件，他等了很长时间。直到有一个人认出他，才允许他进来。第二天早上，这个儿子说："这是什么地方？住在这里竟然都进不去！"这件事后，我们发现，每当有家人进来或出门时，工作人员都会记下他们离开和返回的时间。对所有来访客人，无论是短暂访问还是长期访问，工作人员都会进行类似的记录。

与大多数美国孩子一样，我的孩子也习惯在很饿的时候翻冰箱找食物。他们晚上第一次发现冰箱上了锁时，又多了一个理由来责怪我了。

我们搬进白宫后不久，安娜和她的两个孩子[①]就来和我们同住了。此时，安娜和她丈夫尚未离婚，但已分居。当时，小富兰克林和约翰还在上大学。詹姆斯已经结婚，住在波士顿。埃利奥特也与妻子分居了。在参加完父亲罗斯福的就职典礼后不久，埃利奥特就离开了，去了美国的西南部，打算在那里找一份新的工作。他坚定地说自己在东部碌碌无为，再也不想在东部生活。他的第一次婚姻很快就破裂了，因为他和妻子没有共同的爱好，他很快就意识到自己错把同情当爱情。他们都太年轻，不知道成功的婚姻需要的不仅仅是对结婚的渴望和对与自己有相似经历的人有好感。

当看到埃利奥特和一个情同手足的年轻人一起出发时，我的内心非常沉重。我不担心埃利奥特能不能找到工作，只是有一种和他分离的感

---

① 即安娜·埃莉诺·罗斯福·多尔（Anna Eleanor Roosevelt Dall）和柯蒂斯·罗斯福·多尔（Curtis Roosevelt Dall）。1948年，安娜·埃莉诺·罗斯福·多尔嫁给了范·H.西格雷夫斯，称埃莉诺·罗斯福·西格雷夫斯。1949年，柯蒂斯·罗斯福·多尔的母亲安娜·埃莉诺·罗斯福不想让他再姓"多尔"，于是以他的中间名"罗斯福"作为他的姓，将他的名字改作柯蒂斯·罗斯福。——译者注

觉，对他的未来有些担忧。我意识到罗斯福忙于处理国家事务，没有时间关心埃利奥特，甚至连他的个人问题都没有注意到。

对我来说，幸运的是，汤普森小姐愿意和我一起去华盛顿哥伦比亚特区。当罗斯福还在担任纽约州州长时，她就住在纽约州，偶尔会去奥尔巴尼。格雷丝·塔利小姐直到那时还在帮助我和罗斯福，但自我们去华盛顿哥伦比亚特区后，她就只为罗斯福工作了。

早在就职典礼前，詹姆斯·M. 赫尔姆的夫人伊迪丝就主动提出在白宫义务帮助我们"几天"，直到我们学会处理问题的方法。她的父亲是一位海军上将，她的丈夫也是一位海军上将。不过，她的父亲已经去世了。在华盛顿哥伦比亚特区，她生活了很多年，认识所有被人们称为"穴居人①"的人。这些人很令人敬畏。"穴居人"这个词语适用于那些真正生活在华盛顿哥伦比亚特区的少数人，他们不是过客。我和罗斯福曾在巴黎见过她和伍德罗·威尔逊及其第二任夫人②在一起。当时，伊迪丝是威尔逊夫人的秘书。后来，在回家的船上，我们又见到了伊迪丝。罗斯福非常喜欢她，对她的帮助表示了谢意。

我和伊迪丝、汤普森小姐每次想起在白宫生活的第一个星期，都会大笑起来。有人带我和汤普森小姐快速参观了一下白宫。我们认识了许多人，但并没有人告诉我们这些人具体承担什么职责。当我们遇到问题想咨询伊迪丝时，她总是随叫随到。她把红十字会需要做的针线活也带了过去。我们一直在想她有没有完成自己的工作，因为她一直在为我们的事忙碌。

信不停地堆积在汤普森小姐的办公桌旁，还有书籍、礼物和其他各

---

① 　穴居人是指居住在洞穴或悬崖下的人。此处指从其他地方移居到华盛顿哥伦比亚特区并会在此长期居住的人。——译者注
② 　即伊迪丝·威尔逊 (Edith Wilson, 1872—1961)。——译者注

种各样的东西。对此，汤普森小姐都是一人尽力处理，因为没人告诉我们有人会帮助我们。最后，伊迪丝再也受不了了。她温和地说："你们为什么不把信交给拉尔夫·W.马吉先生处理呢？他在楼下无事可做，他和那些工作人员都是来帮助你们的。"此后，我们就制定了一个处理信函的体系，该体系运作良好。我们总是称赞拉尔夫·W.马吉和其他工作人员在收到信后很短的时间内就能予以答复。

后来，伊迪丝担任我们的社交秘书。汤普森小姐很快发现，她可以处理好信函和辅助完成我的个人工作，但对华盛顿哥伦比亚特区复杂的社交生活并没有什么兴趣。

我从一开始就习惯8点或者8点半在西厅吃早餐。罗斯福习惯在床上吃早餐。每次他的早餐托盘一端上来，我就会去他的房间。我只会和罗斯福说一声"早上好"，因为他不喜欢在那个时间谈话，他想把时间都用在阅读报纸上。有些文章罗斯福只是浏览一下，但有很多文章他会从头到尾读一遍。罗斯福在阅读他的反对者发表的言论时比阅读他的支持者发表的言论时更加谨慎。不过，我永远都不会让罗斯福看到某些专栏作家的文章，因为他一旦认定某个人不真诚或者缺乏他认为的必要的品质，就会认为那个人写的所有东西都毫无价值。我记得曾经有个人和妻子去欧洲度夏时，我给了他许多介绍信。这个人在德国时曾为报社撰写文章。当他从德国回来后，就像那些报社老板一样，坚信纳粹主义是正确的。当然，这对我和罗斯福来说，要么是这个人一点儿都不真诚，要么是他思想扭曲。从那时起，罗斯福就再也不看他写的文章了。

在罗斯福吃早餐时，除了我，只有孙辈能够进入他的房间。偶尔，我需要把罗斯福从那些小宝贝的手里解救出来。有一次，我听到罗斯福的房间里传出了很多噪声和呼救声。我走进去后发现，两个小女孩小萨拉[1]和钱德勒在罗斯福的床上跳来跳去，高声喊道："他是我爷爷！""不，他不是你爷爷，他是我爷爷！"罗斯福坐在那里，一只手挡住早餐托盘，防止两个孩子把托盘从床上扫下来，另一只手拿着电话，绝望地对接线员说："等一下，哈奇[2]，我现在还不能和帕里斯通电话。"

每天吃完早餐后，我会到起居室的办公桌前，依次会见管家、首席接待员和社交秘书。

外祖母和婆婆萨拉曾教过我如何打理家务。按照她们的教导，所有优秀的家庭主妇都会自己制定菜单、整理好亚麻布用品、购买食物和下达当天的所有任务。但在白宫，我得知这些需要在管家的监督下完成，所以觉得自己不需要操心家务，也不需要承担什么责任。

为胡佛夫妇服务的管家离开了，所以我带来了亨利·内斯比特夫人。她曾和我一起在海德庄园的女性选民联盟工作过。亨利·内斯比特夫人曾经营过一家茶店和一家售卖食品的小店。她的丈夫亨利·内斯比特随她一起到了白宫，主要任务是记账。亨利·内斯比特夫人负责买东西、制定菜单，一般都是由她来管理家务。她是每天早上吃完早餐后第一个来见我的人，还带着当天制定好的菜单。我会告诉亨利·内斯比特夫人大概需要为多少人准备食物，但我们很快发现就餐的人数经常在最后时刻发生变动，所以必须为意外情况做好准备。

罗斯福对食物从来都不挑剔。在华盛顿哥伦比亚特区时，他很少出去吃饭。然而，即便是最优秀的厨师，他准备的食物也会逐渐变得单调乏味。当罗斯福外出旅行时，负责准备食物的人员就可以好好休息一下了。随着时间的推移，罗斯福的精力不再那么旺盛。因此，我和内斯

---

① 1973年，小萨拉嫁给罗纳德·A.威尔福德，称萨拉·威尔福德。——译者注
② 即路易丝·哈克梅斯特小姐。——原注

比特夫人及白宫的厨师发现任务越来越艰巨。1941年9月，在萨拉去世后，我们把她的厨师黛西·邦纳安排在白宫三楼的一个小厨房里。流行性疾病肆虐期间，我们就会使用那间小厨房。黛西·邦纳每天为罗斯福做两顿饭。这让他吃的食物有了一些变化。当罗斯福去海德庄园时，黛西·邦纳也会跟他一起去。担任总统后，罗斯福虽然很少去温泉镇，但去时总是带着她。在那里，她为罗斯福服务了很多年。罗斯福还带了贴身仆人麦克达菲夫妇。在麦克达菲离开后，阿瑟·普雷蒂曼成了罗斯福的贴身仆人。外出时，罗斯福同样会带着他。

随着时间的流逝，罗斯福对食物越来越不感兴趣。我永远感激那些好心的朋友送来了野味、奶酪、鱼、火鸡等礼物。这些东西似乎能让罗斯福产生食欲，他吃得津津有味。

胡佛总统执政期间，管家住在白宫三楼，但我们的管家内斯比特夫人更想住在自己的公寓里，每天一大早再过来。由于为管家准备的房子空着，玛格丽特·莱汉德小姐就住在那里。就像当时在奥尔巴尼一样，她和我们住在一起。直到最后一次生病即将痊愈时，她才回到位于马萨诸塞州的萨默维尔的家中。她的姐姐和外甥女一直住在那里。后来，玛格丽特·莱汉德小姐就和她们住在一起，直至去世。

让我惊讶的是，我发现白宫为家政人员做的安排并不到位。一部分家政人员晚上住在三楼的房间里，但大多数人都是白天才到白宫去，就像大多数南方的社区一样，被雇用的人白天才到雇主家去。另外，家政人员的换衣间数量太少，餐厅面积太小。我努力让家政人员觉得舒服一点。但直到白宫地下室进行了大改造后，我才真正觉得满意。我记得，在改造厨房的过程中，工人在楼外挖到了一个安德鲁·杰克逊总统时代的牛槽。这个牛槽让承包商运走了，但承包商对历史的敏锐度远不如罗斯福。听说了此事后，罗斯福立刻叫我把牛槽拿回来。此后，这个牛槽一直安放在白宫南部的空地上，上面摆满了鲜花。

　　大家对白宫的内务管理可能会比较感兴趣。我认为很少有人能够意识到像总统或者州长这样的公职人员有多少开销。州政府和联邦政府都会为家政人员分发工资，但他们的饭钱都是由罗斯福承担的。在奥尔巴尼的州长官邸，每天通常有八个到十个家政人员为我们服务，而每天在白宫工作的家政人员通常有三十个。我一直希望州政府和联邦政府能够为家政人员的饭钱买单。白宫每年有成千上万的来访人员，这意味着我们不得不雇用更多的人来维持公共环境的整洁。此外，我们每年都会为卫兵和白宫的所有工作人员，无论是站岗人员还是看守车库的人员举办圣诞晚会，举办晚会的钱也都是由罗斯福承担的。正式聚会和国宴支出的钱是政府从应急基金中取出的，但我和罗斯福如果要和孩子或者和私人朋友吃一顿正式的晚餐，就只能按比例支付他们的费用。另外，当时有许多让我们捐款的请求，人们总是希望总统比其他人更大方些。我相信，每位总统在离开白宫时都会比来时更穷。

　　所有这些事情使记账和管理家务变得复杂起来。为白宫购买物品也很复杂，需要克服一些困难。任何磨损和废弃的物品都不会被扔掉。只有当你说已经预订了新的物品来代替旧的物品时，新的物品才会被生产出来。因此，仓库里堆满了旧家具，这些旧家具只是偶尔会被处理掉，但此时仓库一点剩余空间都没有。举个例子来说，管家如果要买一个新的滤茶器，必须留着旧的那个，以防有人要求她出示旧滤茶器。

　　所有东西都要用坏了才能换成新的。任何无法继续使用的物品都要在有证人在场的情况下销毁。所有具有历史意义的东西，如旧钢琴和电梯的吊笼，都放在史密森学会。显然，进行浪费性采购从而超出白宫的预算几乎是不可能发生的。

　　对那些正式场合需要使用的房间，窗帘和地毯必须补齐，墙壁和家具要修复好，这些工作必须认真完成，因为一直处于展览状态的房子在任何时候看起来都应该是最好的样子。胡佛总统的夫人告诉我，有一位客人曾给她写过一封信，信中说楼梯旁的大窗户上挂了一幅窗帘，上面有个地方有补过的痕迹，这让那位观察敏锐的客人感到惊讶，令他非常恼火。胡佛总统的夫人没有意识到要按照窗户的高度和大小订制窗帘，而订制新窗帘是一笔巨大的开支。

有很多人都向我评论过白宫的服务。记得有一次，我接待的一个民主党团体中有一位女士曾冲到我面前，抱怨白宫的服务不好。当时，举办了一场非常庞大的接待会，连走廊里都摆上了放着点心的小桌子。然而，由于其中一张桌子上的点心送到的速度慢了一些，那位女士就认为，应该允许她进入厨房，告诉那些工作人员要避免出现这种情况！我制止了她，温和地说，工作人员正尽全力为客人服务，但即便在值班人数最多时，那么多客人也会让他们感到负担过重。

为那些在正式场合使用的房间购买新物品及为白宫的其他地方添置物品都必须征求艺术委员会的意见，还必须得到国会法案的批准。柯立芝①总统曾任命了一个特别委员会协助重新装修白宫里正式场合使用的房间。该委员会能够帮助总统夫人，设计出了许多漂亮的房间。艺术委员会的成员中，对设计白宫房间最感兴趣的人是哈罗德·I. 普拉特的夫人和著名建筑师威廉·德拉诺。

每天早上，我和内斯比特夫人讨论完相关的内务事宜后，首席接待员就会来到我的起居室。接待员主要负责检查客人和家庭成员的出入情况，并且必须有一份前来拜访我们的人员的名单。如果来访者的名字没有出现在名单上，接待员就不会允许他们进入。

---

① 即卡尔文·柯立芝 (Calvin Coolidge, 1872—1933)。——译者注

接下来，伊迪丝会带着她列的清单来找我。清单上面写着我受邀出席的公共场合、应举行的招待会，或者她认为我应该做的其他一切事情。这三次会面花费的时间相对较少。我想她可能会觉得我对白宫的社会责任没有足够的兴趣。在我看来，这些责任在当时并不重要。事实上，我从来不觉得这个世界很稳定，可以让我们有时间认真思考纯粹的社会问题。起初，我认为有些责任没有必要承担，后来才逐渐意识到它们真正的意义和价值。

举一个例子来说，倒茶。在某个下午、某个地方接待五百人至一千人，和他们握手，再邀请他们到餐厅里，由伊迪丝和汤普森小姐为他们倒茶或者倒咖啡。在我看来，这些事情都是徒劳，毫无意义，因为我可能再也见不到这些人了。

其实，倒茶还是倒咖啡是一件很有趣的事。伊迪丝负责倒咖啡，而汤普森小姐负责倒茶。一天，国务院礼宾司司长高兴地来找伊迪丝，给了她一封信。那封信是一个住在华盛顿哥伦比亚特区的家庭主妇写的，她问伊迪丝在给客人倒饮品时是茶优先还是咖啡优先，因为她想给一位客人倒一杯更重要的饮品。后来，伊迪丝和汤普森小姐因为这件事还温和地吵了一架。她们从未更换过自己倒的饮品。

待客人喝完饮品后，我走进国宴厅，漫无目的地和大家聊几句，然后上楼。宴会就这样结束了。一开始我并没有意识到自己必须先于其他人离开房间。接待员总是提醒我。他们希望客人在规定的时间离开，以便为日程上的下一件事做好准备。我那时很难记住自己不仅是"埃莉诺·罗斯福"，还是"总统夫人"。

我很快就发现，白宫，尤其对外地人来说，有着非常重要的意义。我只是一个标志，在过去、现在和将来都具有总统夫人的身份。白宫是一个热情款待其他国家代表的地方；从某种程度上来说，美国公民会带着一种主人翁感走过简单但庄严美丽的房间。我认为，对许多人来说，白宫本身就是政府的象征。我每周有两三次需要站着和别人握手，时长在一个小时左右。虽然这不是一项我很感兴趣的任务，但我认为这样做是有意义的。我经常做这样的事情。在冬季的那几个月里，我每周会有三次和人们握手。我开始认识到，用少量礼节和接待员及年轻助手来壮大场面是有价值的。

罗斯福经常取笑我说他只有两个助手，而我有二十多个。所有助手都是来自陆军、海军和海军陆战队的年轻人，被派往白宫工作。他们无论有什么私人约会，在接到通知后都必须出席晚宴。这条规定对所有受邀到白宫用餐的人都适用，除非他们觉得无法变更先前的约会。在这种情况下，他们可以做出解释。

年轻助手需要接受高级助手的训练。在正式场合，高级助手和年轻助手都必须出席，但招待会只需要少数年轻助手出席，所以他们会轮流出席。

在晚上的招待会上，立正站在我和罗斯福前面的年轻人告诉了我一些秘诀，"怎样站着才不会累"。在长时间的接待后，我开始抱怨自己不能屈膝。这时，其中一个年轻人说："哦，您不应该站得那么直。稍稍弯一下膝盖就好了。没有人会注意到，您也不会感觉那么累了。"

在每个季节最初的那几次招待会上，我的胳膊、肩膀、后背都很痛，膝盖和脚似乎是别人的，但很快就习惯了。幸运的是，我的手很柔软，没有因为长时间与别人握手疼过。

罗斯福觉得出席正式的招待会非常辛苦，因为长时间戴着支架站立对他来说是一种折磨。罗斯福一直都把招待的人数控制在一千人以内。招待会结束后，罗斯福就会立刻上楼。有时，我会把几位客人带去罗斯福的书房，因为他想和这些人谈话。但只有特殊情况下我才会这么做。

临睡前，罗斯福通常有一些工作要做。

在正式的招待会开始前后都会举行一个小仪式。我和罗斯福都喜欢让人观看这个仪式。美国的传统和传统礼仪很少。我认为保留现有的传统非常有意义，也十分重要。在总统参加大型的正式招待会的前几分钟，一个护旗队会来到书房。书房壁炉两边分别竖立着美国国旗和总统旗。在号令下，护旗队走进房间，面对旗帜敬礼。取下旗帜后，护旗队会把旗帜拿好走下楼梯，放在总统准备接待的房间门口。直到总统上楼后护旗队才会把旗帜放回原位。之后，再次举行同样的仪式。这次有所不同的是，护旗队成员会排成一列，把旗帜放回原位后再对旗帜敬礼。我们总是在招待会开始前邀请和我们共进晚餐的人到总统书房里观看仪式。人们如果在招待会结束后上前与总统交谈，也会看到护旗队把旗帜复归原位后立正站好。

说到传统，我想起了一个十三岁左右的男孩。他曾在白宫吃过午餐。在看到自己的午餐端上桌时，这个男孩说："花纳税人的钱让我感到很痛苦。"坐在旁边的一位女士向他保证说，他吃的是总统付钱买的食物，不必担心。为了让对话继续下去，这位女士指着国宴厅说："这个房间挺漂亮的，对吧？"男孩说："也许吧，但这个房间就像大酒店的大堂一样。"这位女士有点恼火地说："想想这里发生的事，还有我们的传统。"她得到的回答是"哦，我们有什么传统吗？"我想他们之间的谈话应该到此就结束了。

在个人招待会和大型的正式招待会上，我对前来参会的人产生了兴趣。这就把原本无聊的场合变成了宝贵的机会。我们可以借助这个机会了解这个国家的构成人员。在我看来，这是可以从白宫获得的宝贵经验之一。在参加完一次为妇女组织的招待会后，我收到了一封信。这封信让我很开心，内容如下：

上个星期，您在茶话会上接待了我们团队。感谢您让我们拥有了一次非常愉快的经历。在排队和您握手后，我就站在那里看着您。我想知道您在和每位女士握手时，心里在想什么。您是不是会注意到滑稽的帽子、漂亮的衣服，或者您在寻找熟悉的面孔？我想问的就是，您是在一边握手一边思考，还是只是站着和大家握手而已？

在回信中，我告诉那位女士，在与人握手时，我注视着每张脸，希望能尽可能多地辨认出我认识的人，因为我有点耳背，从来没有真正听清过别人的名字。当然，你在仔细看人时，会有各种各样的反应：你会想"这是一张多么漂亮的脸"，或者"这是一张多么善良的脸"，等等。然而，如果人数很多，越到后面每个人的脸就会变得越模糊。有一次，我在招待会结束后走进餐厅，见到了两位老朋友。我问道："你们从哪儿来的？"他们告诉我，他们已经排了队，我已经和他们热情地握过手了。

另一封信也让我觉得很好笑。

与其在国内到处乱跑，我倒觉得您还不如待在家里亲眼看看白宫是不是还干净。昨天早上，我的白手套被楼梯栏杆弄脏了。这真是太不像话了。

这位亲爱的女士并没有意识到，工作人员每隔十五分钟就会擦一次楼梯栏杆。但由于白宫对公众开放，每天都有成百上千的人来这里参观，所以保持白宫清洁有点困难。每天白宫关闭后，所有对公众开放的房间都要做彻底的清洁。这些房间的确非常需要清洁！

还有一次，有人写信告诉我，白宫庭院里的松鼠看起来状态不太好。我派人去动物园找了一个了解松鼠的人来白宫看看松鼠。他说松鼠吃了太多的花生，因为很多人都会投喂花生。他建议给松鼠吃一些辅助食品，所以内斯比特夫人后来为松鼠买了一些。

伊迪丝对我的帮助无可估量，是她让我认识到了礼节的必要性。我对所有礼节都很陌生。与大多数美国人一样，我对礼节深恶痛绝。直到明白的确是出于保护的目的和使事情有序进行才需要礼节时，我对礼节的态度才有所好转。某人曾给一位国会议员寄了一份正式的邀请函。议员的秘书在回复那个人时，收件人写的是"无产阶级首领"，而不是"礼宾司司长"。由此可以看出，在普通美国人看来，司长并不是十分重要。

在美国其他地方不会考虑礼节问题，除非是因年龄或者个人成就而对他人表示尊重时才需要，但在华盛顿哥伦比亚特区生活需要严格遵守制度。我仍然认为有些制度没有必要那么复杂，但总体来说，制度有必要存在。住在华盛顿哥伦比亚特区的外国人也只能理解制度的存在。另外，大多数美国人很重视自己的职位，无论这一职位是选举得来的还是受人任命的，因为大多数公职人员认为威望是他们获得的唯一回报。当然，大多数人获得的经济回报与做生意或者从事其他职业获得的收入相比微乎其微。为吸引优秀的人才，与公职相匹配的荣誉必不可少。某种程度上，荣誉是对公职人员付出的认可，也是对公职本身的尊重。

关于礼节方面的问题，伊迪丝得到了国务院的帮助。这对我来说有很大的好处，因为一切责任都不需要我来承担。没有人要求我必须坐在正式宴会的餐桌旁。某些情况下，我需要对孩子或者私人朋友可能就座的位置提一些建议，把他们最喜欢的位置事先安排好。其他人，我就不会考虑他们的喜好，而是按照优先次序让他们落座。当然，这就意味着在无数晚宴上，地位相同的人会坐在一起。

在1933年的就职典礼后不久，我与伊迪丝交谈时发现，春季开展的大多数正式娱乐活动都已经结束了。我们需要举办一些传统的游园会，尤其是为老兵举办的游园会。当然，谁也说不准哪个组织会承办这些活动，哪个组织会受到接待。轮到我举办大型娱乐活动时，我总有时间好好准备一番。

在白宫的社交日程中，我增加了一些聚会，如所谓的"寡妇烤肉聚会"，以及为在政府中担任行政或者管理职务的妇女举办的茶话会和游园会。

每年报界人士都会邀请总统参加烤肉晚宴，认为这是最重要的活动。妇女一直都不允许参加这个活动，连新闻界的妇女也不可以。所以我决定在同一天晚上专门为妇女举办一次聚会。这一定很有趣。受邀请的不仅仅是报界的妇女，还有报界人士的妻子、内阁成员的夫人，而总统的秘书通常会和总统一起参加烤肉晚宴。我们每年都会举办这个活动，直到战争使我们停止了一切纯粹为了娱乐而开展的活动。每隔一年，新闻界的妇女都会举办娱乐活动，后来则由部分内阁成员的夫人、我的女儿安娜——她和我们住在一起时才可以——及一些朋友举办。在策划和安排滑稽短剧方面，小亨利·摩根索的夫人非常出色。路易·豪则可以提供专家性的建议和指导，还能帮我们化妆。有一年，他把我装扮成了一个买苹果的老妇人。大家都没认出我来。我们的聚会时间比那些男士的聚会时间更长，所以在我向最后一位客人道过晚安上楼时，罗斯福通常回家了，并且已经睡下。

为女性行政人员举办茶话会和游园会是因为我发现许多在政府中担任要职的妇女从未去过白宫，也从未见过各部长的妻子。我在春季举办了一次大型游园会，在冬季为妇女举办了一系列茶话会，还邀请了内阁成员的夫人和我一起接待。我相信女性朋友会很享受工作之余的闲暇时间，但战争使这些聚会停止了。

每年的社交季节——冬季真正到来前的秋末，我会邀请内阁成员的夫人与我共进午餐，以决定每个人待在家里的天数和日期，这样就不会出现混乱了。春季时，我们共同为众议员的夫人举办了一次招待会。我们还为参议员的夫人举办了自助午餐会。当天，每个人都准备了一份特殊的菜肴。

参议员的夫人的午餐会每周都举办一次。我每年都会参加一次。我确信大多数内阁成员的夫人及弗朗西丝·珀金斯都至少参加过一次。在午餐会上，她们为红十字会工作，一年来工作量惊人，因为她们非常忠诚，都出席了午餐会的会议。每次会议都由一群不同的妇女负责。我一直期待着即使在参会人数非常多的情况下，她们依然能够提供美味的午餐。我也期待着自己能有机会与来自全国各地的有趣的妇女见面。当然，每年我也会去国会俱乐部参加午餐会。

我在这里附上了自己一个星期的社交日程安排。我想大家会看到总统夫人并不是无所事事。

星期一

13时，与科德尔·赫尔的夫人共进午餐。

16时，接待175位客人。

17时，接待236位客人。

星期二

13时，与加纳夫人共进午餐。

16时，招待特拉华州民主俱乐部的成员。

16时30分，招待外国外交官的夫人。

19时，与22位客人共进晚餐。

21时，客人与州和联邦法官进行交流。

星期三

16时，接待266位客人。

17时，接待256位客人。

星期四

13时，为52位客人举办正式的午餐会。

16时，招待脊髓灰质炎基金会妇女部的成员。

17时，招待妇女俱乐部联合会执行委员会的人员。

星期五

13时，与内阁成员的夫人共进午餐。

20时，为94位客人举办外交晚宴。

晚餐后，与197位客人欣赏音乐。

　　我还提供了一些在平常年份来白宫进行访问的人数的数据及在白宫喝过茶、吃过午餐或晚餐、享用过晚间茶点的人数的数据。

　　1939年，白宫接待过的人数具体如下：

4729人来白宫用餐。

323位宾客留宿。

9211人来白宫喝茶。

在茶话会、招待会等活动中接待了14056人，还为所有人准备了点心。

1320300人参观了白宫向公众开放的房间。其中，264060人持有国会议员分发的特别通行证。这些人参观了国宴厅、红厅、蓝厅和绿厅①。

复活节滚彩蛋活动的平均出席人数是53108人。记录显示，有180名儿童走失；2人被送往急诊医院；6人晕倒；22人因轻微擦伤需接受治疗。

复活节滚彩蛋活动结束后，地上一片狼藉。不过，好在有清洁人员负责清扫。次日9时，地面就恢复了整洁。

不难看出，在这几年里，开展正式的娱乐活动给我带来了很大负担。不过，幸运的是，我的身体一直都很好。我记得只有几次去了麦金太尔医生那里。有一次，在圣诞节后不久，我得了鼻窦炎，感觉非常不舒服，但在海德庄园待了几天就好了。还有一次，我发烧了，特别难受，但没有人能查出我究竟怎么了。那次生病令所有人都很担心，但我仍坚持每天写专栏报道。在有必要的情况下，我会和人讲话，否则就不会开口。不久后，我康复了。

只有一次我差点儿无法出席正式的娱乐活动。在某次大型招待会开始前，我觉得自己有点不对劲——既冷又恶心，但认为自己完全可以撑过从晚餐到招待会开始前的那段时间。然而，我错了。在和二三百人握手后，我不得不要求罗斯福让大家停止排队，因为我眼前突然一片漆黑。我上楼待了一会儿，感觉好些后又下来了。当我再次觉得不舒服

① 红厅、蓝厅和绿厅是白宫一楼的三个会客厅。红厅用作客厅和音乐室；蓝厅用于接待客人，偶尔用于举办小型晚宴；绿厅用于举办小型招待会和茶话会。——译者注

时，只能像往常一样把活动暂停一会儿，让大家稍等几分钟。通常活动暂停的间隙是让罗斯福休息的。我坐在椅子上，想知道自己还能不能站起来和剩下的人握手。最后，我还是做到了。与罗斯福上楼后，我按照自己的习惯，在房间里走了一圈后，又下来了。我想，如果不能继续参加活动，报界的妇女就会认为我病得很重。在好好休息了一个晚上后，第二天一早我觉得自己已经恢复得很好，就和小亨利·摩根索的夫人开车去弗吉尼亚州了，并且是我开的车。

我和前面提到的三个人，即内斯比特夫人、伊迪丝和艾克·胡佛完成了早上的例行会见后，汤普森小姐就来到我的起居室开始处理信函。考虑到当时的情况，我们制定出了一套全新的处理信函的体系。

我们咨询了拉尔夫·W.马吉，发现前任政府的大部分信都采用固定的格式予以回复。拉尔夫·W.马吉甚至有克利夫兰总统领导的政府使用的回信副本。无论写信人是为了进行教堂义卖活动需要一块手帕还是一些无用的东西，他们都会被告知"……夫人，有很多类似的要求，因此，我们不能答应您……"。

我觉得当时国家的形势很严峻，人们的要求非常急迫，不能用这样的方式回信。所以我的回信中没有一封是用某种固定的格式回复的。我和汤普森小姐写了一份备忘录，内容如下：

　　　　所有信都会原封不动地放在汤普森小姐的办公桌上。汤普森小姐需要查看信封，挑选出私人信、政府官员的信和所有看起来需要立刻予以关注的信。

　　　　然后，汤普森小姐把这些信交给拉尔夫·W.马吉打开。拉尔夫·W.马吉需要阅读信的内容并将信分类，如演讲邀请函、捐款呼吁书等都要分类放好。那些只能由各政府部门回复的信应送给各部门。

　　经过分类整理后，信应放回汤普森小姐的办公桌上，连同所有需要签名的信一并放好。

　　读完信后，汤普森小姐把可以答复的信的内容准备好。有时，她会签上自己的名字；有时，她会让我来签。我特别感兴趣的信和汤普森小姐觉得无法回复的信都会放在一个筐子里给我。在回家前，汤普森小姐会把需要我签名的信放在我的办公桌上。她如果碰巧要留下过夜，则会在晚餐前把信放到我的办公桌上。当然，寄给我的私人信他们是不会拆开的。我和她相处了很长时间，因此，她很容易就能辨认出我的家人和朋友的笔迹及他们的住址。

　　无论是正式的还是非正式的聚会，在招待完客人后，我会将自己办公桌上的信签上名字，读一遍未读过的信，并且在其他纸张上写下准备回复内容的提纲，而那些我必须口述的信则会放在一旁。我经常忙到深夜。睡觉前，我会把装有信的筐子再次放回到汤普森小姐的办公桌上。这样一来，她第二天早上就可以进行整理了。第二天早上，当她一到办公桌旁，我们就去处理那些需要进行口述的信。

　　我的私人工作，如专栏、书籍、广播稿等，总是需要加班完成。为此，我个人对汤普森小姐做了补偿。我的这些工作都是在晚上和周末进行的，这样汤普森小姐就不会把本应为政府工作的时间用于处理纯粹的私人工作了。

　　在华盛顿哥伦比亚特区的这些年，我从来没有让汤普森小姐度过假，所以她攒了很多假期。根据公职人员的制度规定，在我们离开华盛顿哥伦比亚特区后，她是不能要求休之前攒的假期的。

　　拉尔夫·W. 马吉在白宫工作了很多年，曾为几届政府的总统夫人处理过信。我一直对那些经常面对领导人员变动的政府工作人员抱有极大的同情。

在白宫，汤普森小姐和伊迪丝都有办公室。她们手下的工作人员最初是在行政办公大楼工作的。东翼大楼建成后，这些人就都搬到了那里。伊迪丝和汤普森小姐成了好朋友，相处得很融洽。我从来不需要担心是不是把本应给汤普森小姐的东西给了伊迪丝，或者是把本应给伊迪丝的东西给了汤普森小姐。她们会交换我在匆忙中给她们的并不属于她们工作范围内的东西。

我办公室里的工作人员，包括伊迪丝和汤普森小姐手下的工作人员，工作非常努力，办事效率很高。我们刚搬去白宫时，威廉·罗克韦尔负责社交方面的事务。在威廉·罗克韦尔去世后，阿德里安·托利接替了他的职务。如果我有急事要办，这些人都愿意在星期天、节假日或者晚上帮忙。我永远感激他们为我做的一切。

多年的交往，令我对其中一些人有了深入的了解。在海德庄园，艾琳·奥恩多夫和多萝西·道——现在是罗伯特·巴图夫的夫人——度过了许多个夏季。她们工作一直都很努力，并且对我感兴趣的一切都很感兴趣。这些年来，人事变动很大，但只要我们在白宫，艾琳·奥恩多夫和多萝西·道就一直陪伴在我们左右。

随着时间的推移，我们进一步完善了工作体系。很多人都会给总统和总统夫人送礼物。一开始，我天真地以为礼物不会出现什么问题，但有一次经历让我对礼物问题变得谨慎了。一位女士送给了我一条手工制作的被子。我把那条被子转送给了一个要求人们进行募捐的教堂。几个月后，受赠人写信给我说，她本来认为那条被子只是一件礼物，但自从被子寄来后，她的运气一直不好，所以问我是否可以寄给她五十美元。因为被子已经送出去了，所以我只好寄给她五十美元。没有人有足够的钱购买所有出售的东西——油画、蚀刻版画和各种手工制品。被子事件发生后，我们把作为礼物寄来的物品都放在了大箱子里，标注好收到的日期。我们把这些礼物保存大约两年时间。两年后，如果受赠人不要求要回礼物，我们就把这些物品送给有需要的人。在海德庄园的总统图书馆里，有一间屋子为杂物室，里面摆满了送给罗斯福的各式各样的礼物。有很多人对这些东西很感兴趣。

我的办公桌旁的餐桌上总是堆满需要我阅读和批改的手稿，里面有一些政府文件和报告可以让我随时了解最新情况。我养成了一个习惯，如果在阅读过程中发现了什么有趣的事，就会将这部分内容放在罗斯福床边的桌子上，这样他晚上就可以看到了。我学会把所有想告诉他的事情都留在他上床睡觉前和他说，因为那可能是他一天中唯一安静的时间。

随着国家形势的好转，我收到的信也减少了，但如果有什么事情令公众感到不安，我收到的信的数量就会立刻增加。1933年3月至1933年底，我共收到三十万零一千封信。1939年，我收到了大约十万封信。罗斯福三届连任、拟定草案、采取各种行政措施都会使我收到的信的数量激增。战争期间，回复这些信成了我的主要工作，但那时和经济大萧条时期完全不同。

信中提出的各种各样的要求和我认为自己可以做到几乎所有事情的自信心总是令我有点儿担心。当然，信中的许多内容都是写信人编出来的，为的是让我帮助他们。我从一开始就努力在不同的社区里寻找一些人，想把那些读起来令人绝望的信交给他们，让他们帮忙解决写信人遇到的问题。在很多地方，我都有熟人。在救济管理局成立前，我一直在寻求这些熟人的帮助，把事情交由他们处理。

我发现，人们常常抱着侥幸的心理给我写信。他们希望能得到一些钱，不管钱多钱少，也够买一条毯子之类的东西了。一位女士曾写信给我说想领养一个孩子，问我可不可以帮她找一个。在我还没来得及回信的情况下，她又写信说，她如果有了孩子，就需要一头牛；她如果既有了孩子又有了牛，就需要一个冰箱来存放牛奶。

另外，有一位女士也给我写过信，但整件事可以说让我觉得非常可悲。她给我写信的同时，写信给了另一位朋友，和那位朋友说她要给我写信要钱。她问朋友，如果这笔钱到手了，能不能帮她保管好；如果有人打听情况，还请这位朋友证实她的不幸遭遇，因为她写的是朋友的联系方式。不幸的是，她把信放错了信封，那封本来写给朋友的信不小心寄给了我。

还有一封信是从加利福尼亚州寄来的，里面讲了某一年用一些十分面值的硬币换取二十美元的故事。写信人说她的父亲娶了新的妻子。继母很珍惜那些十分面值的硬币，所以在出门拜访别人前，嘱咐这位写信人要小心看管那些钱。但继母走后，那位即将生孩子的写信人就把钱全花了。她怕继母生气，要我给她一些那一年的十分面值的硬币，并且要求总数为二十美元，同时她答应给我二十美元作为回报。那位女士把自己描述成一个非常无助、丈夫收入十分微薄的年轻妇女。按照惯例，我把这封信寄给了一位朋友。朋友调查后发现，这完全是个骗局。那位女士其实是一位中年妇女，她丈夫的工资很高，并且她的家庭很幸福。事情是这样的：那位女士在收音机里听到一则公告，说当年十分面值的硬币价值二十五美分至五十美分，于是她就想出了这个赚小钱的办法。

汤普森小姐总是指责我心肠太软。但有一次，她打算给一个年轻女孩寄一些钱，让她买外套、鞋子和贴身衣物。那个年轻女孩写信说自己马上就要高中毕业了，她是学校里最优秀的毕业生，所以要在毕业典礼上致告别辞，但她只有哥哥的工作服和鞋子可以穿。我觉得，那个女孩想得太周到了，因为她还附加了一页邮购目录，上面写着尺寸、颜色、价格等，所有内容都写得很详细。我对这件事情很怀疑，就请人来调查。后来，我们发现整个故事都是编造的。那个女孩的父母非常富有，并且她不需要致告别辞——因为她还没有毕业。显然，那个女孩只是想要一些新衣服穿。

有时，有人会给我寄信或者打电话，请求与我私下见面，因为他们觉得我能以某种方式帮助他们。我如果可以做到，也会尽力为他们腾出时间。有一次，就在我们刚到白宫后不久，加利福尼亚州的代表弗洛伦斯·卡恩让我去见一位男士。我和那位男士谈了一下，然后把他介绍给了某个政府部门。那个部门的人见到他后，就打电话给汤普森小姐，问我知不知道那个人是个疯子。她打电话给弗洛伦斯·卡恩的办公室，汇报了这件事。办公室的工作人员告诉她，他们也怀疑那个人是个疯子，但把那个人送到我身边是他们摆脱那个疯子的唯一办法。

在白宫的这十二年中，我不记得办公室里的工作人员曾犯过任何让我或者罗斯福感到尴尬的错误。为此，我要赞扬全体人员一丝不苟的工作态度。

不过，曾发生过一件让我觉得很好笑的事，但这件事让其他人感到非常焦虑。那天下午原计划为三百七十五位客人举办一场大型招待会。17时，只有大约十位客人到了。但随着时间的流逝，还是只有大约十位客人在那里。我们觉得很奇怪，后来弄清楚了原因。原来是办公室新来的一个工作人员在复查受邀人员名单时，认为某些核对标记意味着邀请已经发出，因此将名单归档了。为数不多的前来参加招待会的那几位客人是因为他们被列在了其他名单上。我把准备好的食物送到了该地区的一家机构里，向办公室的所有人员保证我完全没有生气。相反，我很高兴能有一段意想不到的空闲时间。

除了前面提到过的常规职责，我还要开记者招待会。我很快就发现，华盛顿哥伦比亚特区的女记者的工作很不稳定。每个领域都有人正在失去工作，这种现象随处可见。除非女记者能找到新的事件报道，否则其中一些人可能很快就会失去工作。

洛雷娜·希科克向我指出了许多这样的事，因为她觉得自己应该对其他女记者负责。我开记者招待会就是洛雷娜·希科克给我的建议。我咨询了路易·豪。他同意我定期为女记者举办记者招待会。

我知道在白宫采访的社会记者都会收到接待员办公室分发的、关于正式活动的资料。社会记者会受邀参加许多国家活动，可以在国宴开始前提前去看看餐桌。但有人告诉我，记者用了很多不正当的手段获取信息，甚至贿赂了白宫的人。所以我做出决定，一切合法信息的来源都应该出自我本人。我开始想，除了纯粹的社交活动，是不是还有其他活动对美国妇女特别有吸引力，开展价值也很大，并且女记者对这些活动的报道可能会比男记者更好。我意识到自己决不能侵犯罗斯福的特权，国内和国际新闻必须由他在记者招待会上发布。在我看来，罗斯福发布的很多新闻甚至与我举办的活动有关。这些活动如果报道得好，可能会很有用处，并且很有趣。由于从未开过记者招待会，我承认自己有些担心。

我永远不会忘记我的第一次记者招待会。那次招待会在白宫一楼的红厅里举行。当我带着恐惧、颤抖地走进去时，我能感受到接待员的不满。我分发了一大盒糖果，熬过了最初的尴尬时刻，同时掩饰了自己的慌张。虽然我见过合众社的代表鲁比·布莱克和美联社的贝丝·弗曼，但大多数妇女对我来说是完全陌生的。我只希望她们不知道我刚踏入这个从未尝试过的领域有多害怕。我虽然接受过许多作家的采访，并且经常看到罗斯福召开记者招待会，但自己开记者招待会还是第一次。我也知道，罗斯福身边的许多人都担心我能否应对记者招待会，会不会让我和罗斯福陷入麻烦。但只有路易·豪和罗斯福对此似乎并不担心。

路易·豪让我对报社记者充满信心。他非常尊重自己的职业，坚信媒体人是世界上最光荣的群体。我认为女记者和男记者一样可敬，他们几乎没让我失望过。回顾这些年，我非常感谢报社的女记者。每场记者招待会都是一次智慧的较量。我想，我和那些女记者有时都很不容易。例如，当她们想知道罗斯福是否会竞选第三个任期时，就会问各种各样的陷阱问题，如"明年冬天的社交季节会和往常一样吗？"或者"您会把这些照片挂在海德庄园的什么地方？"通常我能察觉到这些问题的隐含意义，从而避免直接作答。在这方面，路易·豪把我训练得很好。我开记者招待会并没有像其他人担心的那样会困扰我和罗斯福。我相信我和那些记者是在相互尊重的前提下进行交流的。不过，有一两次我对发生的事情非常愤怒。

一次，一位女记者引用我的话说，等到战争胜利后，我们就不用再给欧洲提供粮食了。这让我特别恼火。曾经有一位记者问了我一个问题："美国有能力生产足够的粮食来养活欧洲吗？"我回答说，光靠我们是无法养活欧洲的。然后，我指出了有多少食物可以靠加拿大等国家供应。对我来说，幸运的是，汤普森小姐总会把我在会议上说的话都记录下来，还有一位女记者做了速记，另一位字写得很快的女记者也进行了记录。因此，我们有一份关于那次会议的详细记录，里面记下了我当时的说法。既然有自己一套运行规则的白宫女性新闻协会已经成立，我就可以把那次会议的记录交给报社的妇女，告诉她们今后在报道时应该更谨慎些。因为有记录，所以我可以否认任何人因为粗心或者有意写的错误报道了，并且不会有人反驳。

另一件让我非常恼火的事是，有一年，我们在圣诞节期间为年轻人举办了一场舞会。记者们没有受到邀请，因为那只是一场私人聚会，与公众娱乐无关。一位女记者曾参加过我召开的记者招待会，当她发现自己没有资格参加这场舞会时，就要求我们邀请她年轻的女儿参加。我们把请柬寄过去了，认为那位年轻女士是以客人的身份来度过一个愉快的夜晚的。但第二天，那位女记者根据女儿带回家的信息写了一篇很长的新闻报道，内容失真，令人厌恶。她的独家报道惹怒了报界的其他人士。此后，我再也不想邀请那位女士参加她无权出席的任何活动了。

在华盛顿哥伦比亚特区召开记者招待会的那些年，我认识了一位女记者——伊丽莎白·梅·克雷格。她为缅因州的一家连锁报纸撰稿。梅·克雷格一直在为争取男女平等就业权而奋斗。她的名声很大，因此，不用担心自己会失业。梅·克雷格是华盛顿哥伦比亚特区所有记者中最著名、最聪明的人之一，一直在为争取妇女的权利进行英勇的斗争。我非常尊重她的观点，但从来没有在记者招待会上对此表示赞成，也从来没有改变过我在召开记者招待会时所持的立场。就像我说的，我不能以任何方式侵犯罗斯福发布信息的权力。

从太平洋西南部回来后，我抵挡不住压力，召开了第一次记者招待会。很多男记者参加了这次招待会，但他们没有一个人提问。离开时，我忍不住对梅·克雷格笑了笑。

在华盛顿哥伦比亚特区召开记者招待会似乎暗示着我无论到哪里去都应该举行记者招待会。因此，当我在美国各地进行演讲或者访问时，总有人要求我立即与记者见面。在华盛顿哥伦比亚特区以外举行的记者招待会中，当地的男记者和女记者都会参加，连新闻专业的高中生也经常要求参加。

我们在美国各地旅行时发生了一些与记者招待会相关的趣事。有一次，我和汤普森小姐大约于6时30分到达了中西部的一座城市。一位女记者在车站迎接我们，开车送我们去宾馆。途中，她问了我许多问题。我也很乐意地回答了。到达宾馆房间时，汤普森小姐告诉这位女记者，我会在当天9时30分举行的新闻发布会上与她再次见面。这位女记者说，编辑告诉她，白天一刻都不要离开罗斯福的夫人，所以她觉得自己可以和我们一起进入房间。但汤普森小姐不这样认为，她知道我希望能有一些空闲时间来应对一天的辛苦工作。因此，她把房门关上了，而那位女记者就被留在了房间外面。下午，报纸上刊登了一篇关于我的新闻报道，内容写得很好，但最后一句话是："罗斯福夫人由她的秘书陪同。那位秘书穿着朴素的西装，是一位非常严肃的中年妇女。"

在南方的一座城市，几名高中生参加了我的新闻发布会。后来有一天晚上举办讲座时，讲座委员会的一位女士告诉汤普森小姐，她的女儿有多么喜欢那场新闻发布会，罗斯福夫人的秘书是多么可爱、迷人、善良。然后，这位女士看着汤普森小姐说："那位秘书今晚没来吗？"汤普森小姐后来想想，如果她当时说"是的"，那事情就简单多了，尽管她是我身边唯一的秘书。

有一次，我们准备从西海岸乘飞机回去。汤普森小姐一个人半夜在车站受到了一位年轻女记者的采访。那位女记者以为她是多萝西·汤普森。汤普森小姐费了很大劲才让那位女记者相信是她认错人了。

在肯塔基州，有人要求我在早餐前与记者见面。我同意了，但发现采访我的记者要么缺乏经验，要么太紧张，都不敢提问。于是，我采用了自问自答的模式完成了那次采访。

总体来说，我认为和媒体界的女记者每周进行的会面是白宫生活中最有意义的经历之一。我和其中一些人成了朋友，我很看重她们。

第8章 罗斯福担任总统的第一年（1933年）

CHAPTER VIII   The First Year: 1933

刚到白宫时，我主要忙着安顿和整理家务，而罗斯福忙着解决不断出现的问题。我觉得，当时的状况让他感到非常振奋。进行决策，不断尝试新的想法。人们即将回到工作岗位上，而那些平时鄙视政府援助的商人正在乞求政府帮助他们解决问题，几乎愿意接受一切建议。

当时，我注意到当时政府的所有人都非常愿意与他人合作。当然，随着状况的改善，人们的态度也发生了变化。但从根本上说，正是这种合作精神使我们摆脱了经济大萧条。从传统上说，国会从未与新任总统共同度过一段很长的"蜜月期"，即便是国会中总统所在的政党人士占多数的情况下也是如此。最初的几个月里，国会将权力下放给总统，还通过了一些立法。如果不是在危机时期，这些立法永远不可能获得通过。

不过，这就意味着罗斯福非常忙碌，没有时间见朋友和家人。我来到华盛顿哥伦比亚特区后不久就意识到，如果想让朋友和家人来白宫看望我们，我就必须主动邀请他们。我知道罗斯福见到他们会很高兴。他绝不会问我邀请了谁，也不会问他们什么时候到。但有一点，来看望我们的客人不能打扰罗斯福完成他的工作。招待客人，让客人感到宾至如归完全由我负责。

所有的家庭聚会和派对都是我组织的，我还要尽量记得邀请老朋友和其他人到白宫里来。我认为，对人们来说，到白宫这座历史悠久的宅邸参观一次意义非凡。那些来这里住的人可以参观；来用餐的人同样可以参观。如果有人受到了忽视或者怠慢，我需要负全部责任。罗斯福总会安排时间会见那些和他一起工作的人员。除了那些完全正式、官方的娱乐活动，收到社交邀请函的人总是我。

当我不在白宫时，玛格丽特·莱汉德小姐有时会住在这里。她经常邀请一些罗斯福可能想见的人或者她想见的人到白宫来，但罗斯福从来不会留意这种社交聚会。

1933年就职典礼结束后不久，陆续有一批人前来拜访我们。晚餐后，罗斯福会带这些人去楼上的书房。他希望在那里不被人打扰。只有罗斯福特意让我们过去时，我们才会到书房去。

入住白宫的最初几年，我们会邀请一些人到白宫做客。这样做的原因其实非常简单。一是世界经济政治形势使罗斯福有必要与其他国家领导人建立联系；二是罗斯福希望在国内外广泛交友，以便增进了解。

访问的流程基本相似。有时，我们会一起吃一顿安静的晚餐。用餐后，罗斯福会带着访客到椭圆形办公室里谈话。过后通常会举行一场正式的晚宴。如果访问团体中有女士，我们就会邀请内阁成员的夫人或者政府官员的妻子与我们一起接待。如果客人是男士，罗斯福就会举行只有男士参加的正式晚宴或者午宴。

各国元首来访时，罗斯福会举行招待会。这会让各国元首觉得我们很看重他们的国家。偶尔，我们会一起去火车站的总统接待室与客人见面。然后，我们乘坐两辆车一起返回白宫：罗斯福与来访的男士乘坐一辆，而我和女士乘坐一辆。国务卿经常会见来访者。各国元首到达后会乘车前往白宫南门廊处。在那里，仪仗队和军乐队已经在草坪上站好，等待迎接来访的客人。随后，罗斯福就在外交接待室接待客人，向客人介绍内阁成员、在场的最高法院法官、参议员和外交委员会代表等。

如果没有安排军事仪式或者立刻举办招待会，我有时就会和罗斯福一起在前门迎接客人。无论他能不能和我一起迎接，我都会尽量做到在门口迎接客人，在客人离开时为他们送行。

如果客人是下午到达白宫的，我们就会邀请他们喝茶。随后，几乎大多数重要客人都会去宾馆或者他们的大使馆。后来，政府收购了宾夕法尼亚大道的布莱尔宫。重要的客人就可以在那里下榻。政府首脑和夫人如果共同来访，就可以在白宫住一晚。客人到达的当天晚上通常会举办国宴，罗斯福会和客人进行谈话或者一起欣赏音乐。第二天上午，在客人前往布莱尔宫或者大使馆前，罗斯福经常会和他们进行第二次谈话。

有一两次，有重要客人前来拜访时，我恰好不在。罗斯福只好自己招待客人。不过，一般来说，如果客人探访的时间安排得足够早，我就可以提前安排自己的日程。我的大多数计划都是灵活机动的，只有签订了演讲合同或是提前好几个星期就与人约定好了的事不会更改。

1933年，访问我们的第一批客人中有拉姆齐·麦克唐纳。他和女儿伊什贝尔一起来看望我们。我们见到拉姆齐·麦克唐纳很高兴，但发现他很疲惫，失去妻子对他的打击很大。离开白宫时，拉姆齐·麦克唐纳送给了我一本他写的书，是关于他的妻子的。在许多方面，伊什贝尔都比父亲拉姆齐·麦克唐纳更有活力，无论做什么事都充满了热情。记得有一次，我们一起去波托马克旅行。回来的途中，我和伊什贝尔登上了一艘格洛斯特的渔船。我捕到了一条大鱼，想把它当作礼物送给罗斯福。伊什贝尔帮我把鱼拖上了岸。

路易·豪从来不会注意任何他不认识的人，但他非常喜欢伊什贝尔。他们坐在一起聊了好几个小时，甚至在伊什贝尔走后，两人还有书信往来。从这可以看出伊什贝尔的洞察力非常强，因为大多数人都无法在与路易·豪短暂接触后认识到他真正有趣的特质。现在，伊什贝尔已在英国担任议员好几年了。我们觉得总有一天伊什贝尔会对公共事务产生影响。

从那时起，罗斯福就知道，对世界上讲英语的国家来说，最重要的是相互了解，不管是面临经济危机还是后来的军事危机时都是如此。虽然这并不意味着罗斯福一直认同其他国家的政策，但他认识到，对我们和其他国家来说，秉持友善、理解和合作的观念至关重要。

1933年春，加拿大总理理查德·贝德福德·贝内特访问了白宫。此次访问有助于他、罗斯福和英国首相拉姆齐·麦克唐纳协调彼此国家的利益。

同一时期，法国政治家爱德华·赫里欧到达了华盛顿。我记得他在白宫时，有二十五位法国新闻记者前来参加招待会。现在，当我翻看1933年的客人名单时——我们那时接待的客人数量几乎让人难以置信，我发现我们接待了一个意大利代表团、一个德国代表团、一个中国代表团，甚至还有一位日本特使——他在白宫吃了午餐。或许我们特别感兴趣的访客还包括菲律宾总督弗兰克·墨菲。后来，他成了美国最高法院大法官。他还把曼努埃尔·奎松带来访问我们。此外，还有新西兰总理乔治·福布斯夫妇及埃塞俄比亚皇帝的特别大使拉斯·德斯塔·达姆图王子殿下一起来吃午餐。达姆图王子殿下送给我们一张皇帝的照片和两张狮子皮。其中，一张狮子皮铺在椭圆形办公室的地板上。罗斯福非常高兴，也为此感到骄傲。

1933年，巴拿马总统也访问了我们，但他并不是西半球唯一的访客。1933年5月初，我们为巴西代表团举办了一场只有男士参加的晚宴，还接待了来自阿根廷的特别大使，墨西哥特使来白宫吃了午餐。巴西特使在美国旅行结束后，和罗斯福谈论了他的旅行情况。

罗斯福坚信，我们必须学会理解与我们同处西半球的邻国，与这些国家好好相处。虽然这些国家的人民属于拉丁民族，但罗斯福相信我们能找到与这些邻国的共同之处。罗斯福认为应该由我们率先做出改变，因为"老大哥"式的态度在很多方面都是我们的邻国无法接受的。因此，很早的时候，罗斯福就开始通过个人交往制定睦邻政策，后来这一政策变得越来越重要。

1933年，一位非常有名的客人玛丽·杜丝勒来拜访了我们。虽然她和我们不属于同一个领域，但她的来访给我们留下了美好的回忆。罗斯福清楚地记得她在第一次世界大战期间发表的一次演讲。当时，一根栏杆断了。罗斯福尽力防止玛丽·杜丝勒向后摔倒，结果她差点儿把罗斯福压扁了。玛丽·杜丝勒这一次来拜访我们时，和罗斯福说，她觉得医生已经找到了治疗癌症的方法。罗斯福对此有些疑虑，但非常敬佩她的精神和她再次回归银幕后获得的成功。我想我从来没有见过比她更友善的人了。玛丽·杜丝勒的侍从和她说，白宫里的一些工作人员很想见见她，还想要她的亲笔签名。于是，玛丽·杜丝勒从厨房走到了阁楼，想给大家带来一点欢乐。她离开时，白宫里的所有人都觉得十分遗憾。不过，我们很感激这样一个热情、充满活力的人曾陪伴在自己身旁。

1933年，当我们搬到华盛顿哥伦比亚特区后，路易·豪的身体越来越虚弱了。起初，他还能在办公室里，随时操控着许多正在发生的事情。参加过第一次世界大战的退伍军人在华盛顿掀起的第二次抚恤金进军事件就是由路易·豪亲自处理的。

第一次抚恤金进军事件发生在胡佛总统任职期间。我相信所有人都对这件事记忆犹新。当得知军方派兵把退伍军人赶出营地时，我永远不会忘记自己内心的恐惧。在随后发生的混乱中，阿纳科斯蒂亚平原上的退伍军人营地被烧毁。许多人都受了伤，其中，一些人伤势严重。这一事件说明了恐惧能促使人们做些他们从不愿意做的事情——尽管胡佛总统是一名贵格会教徒，憎恶暴力，但当面临这些退伍军人有可能引发的混乱时，他依旧选择了暴力驱逐。胡佛总统和参谋长道格拉斯·麦克阿瑟将军一定知道有多少老兵会憎恨那道将退伍军人赶出兵营的命令，并且这些老兵永远都不会忘记那道命令。总统和参谋长也一定知道那道命令对公众舆论的影响。

1933年3月，第二次抚恤金进军事件发生。我对此非常担心，因为害怕没有任何措施来防止类似悲剧事件再次发生。然而，在与路易·豪讨论了这一情况后，罗斯福立即决定将那些退伍军人安置在一个旧营地中，通过救济管理局为他们提供食物。路易·豪花了好几个小时与退伍军人的领袖交谈。他们在政府的礼堂里举行了会议。国会人员都听到了他们的谈话。最终，一切得以妥善解决。

路易·豪经常让我下午开车带他出去转转，但有一天他坚持要我带他去波托马克大道附近的退伍军人营地，这让我非常吃惊。开车去那里并不是很远。到达后，路易·豪想坐在车里，但我打算到退伍军人中间去，看看他们的情况怎么样。我犹豫了一下，走了出去，看到退伍军人在排队领取食物。那些退伍军人好奇地看着我，其中一个军人问我叫什么名字，还问我想干什么。我说，我只是想看看他们过得怎么样。于是，他们邀请我加入其中。

等那些退伍军人领完食物后，我跟随他们走进了餐厅。有人请我和他们说几句话——我想我提到了自己曾于1919年去过第一次世界大战的战场。之后，退伍军人为我唱了一些很老的军歌。午餐后，有人邀请我去参观几栋大楼。最后，我来到了为他们设立的医院。

我想我在那里待的时间还不到一个小时，然后就上车走了。所有人都向我挥手致意。我说："祝你们好运。"他们回答说："再见，也祝你好运。"在此期间，我没有任何紧张不安，唯一能保护我的只有那位非常疲倦、矮小的绅士——路易·豪，而他一直在车里睡觉。

路易·豪似乎很高兴我听了他的话。我觉得这样做产生了很好的影响。后来，有几个人问我们采取了什么防护措施。我回答说："没有。"他们听到后似乎有点儿害怕。那个营地是一个很少有人驾车旅行到访的地方。路易·豪认为，那个时候去那个营地会对他有些好处。

大多数去看望过路易·豪的人都知道他的健康状况正在逐渐恶化。他总是在房间里坐很长时间，周围全是报纸。去世前的最后几个月里，他提出的建议仍然很有价值。1936年4月18日，在华盛顿海军医院，他去世了。去世前不久，他一直都住在白宫里。他的夫人也住在白宫。在弥留之际，他的女儿和儿子也赶来陪她。

我一直都觉得，对罗斯福来说，路易·豪的去世一定是个巨大的打击，因为路易·豪不能再用自己的影响力和知识帮助他了，也不能陪伴在他身边了。路易·豪的感知能力非常敏锐，知道在必要的时候要平衡好罗斯福约见人们的时间，这样才能够确保他会见更多的人，了解到各种各样的观点。路易·豪在世时，很少有团体因受到拒绝或者无法见到罗斯福而向我投诉。很多人都想见到总统，所以要保证总统能够见到各种各样的人。平衡好他们见面的时间是一件非常困难的事。但我认为路易·豪在这方面做得很好。只要他在白宫的行政办公室工作，他就是秘书处的负责人。如果他觉得某人应该见罗斯福，这个人就能见到他。我认为，路易·豪并不是故意请那些非常赞同或者不赞同罗斯福的人去的，但他确实想尽办法让罗斯福了解他人的所有想法。这样一来，罗斯福就不会在没有充分考虑的情况下做出决定。

　　我记得，在路易·豪去世后，有几次我被告知某个人受到了伤害，因为他没能见到罗斯福，所以总统大选时就不能指望他会投票支持了。每次我把这样的事情告诉罗斯福，他都会疲惫地说：“要是我每天有更多的时间就好了。我还希望自己能有足够多的精力在晚上长时间工作。”随着罗斯福越来越忙，这一类的抱怨也就越来越多。罗斯福越来越希望自己能够有更多的时间和精力，但一个人一天的时间有限，精力也是有限的，这让他越来越难过。

　　路易·豪有一位优秀的秘书。他总是称呼这位秘书为“兔子”，但她的真名是玛格丽特·杜兰德。我从来没听路易·豪说过他为什么会给她起这样一个绰号，也许是因为在他想要某件东西时，她总是像兔子一样匆匆忙忙地跑去拿，并且她很温柔，对人没有防备心。她对路易·豪忠心耿耿。路易·豪去世后，她与许多1932年与路易·豪共事的人一起为1936年的总统竞选活动工作。后来，她因患肺结核去世了。她对路易·豪的忠诚及尽全力实现罗斯福坚持的想法让我们对她怀有美好的回忆。罗斯福一直很感激她所做的一切。

　　我认为其他在办公室工作的妇女也同样优秀。我不必详细介绍玛格丽特·莱汉德小姐和格雷丝·塔利小姐，因为所有人都知道她们对办公室的流畅运转及对罗斯福的日常生活与工作有多么重要。

　　玛格丽特·莱汉德小姐是一位年轻漂亮的小姐，与我们共度了一段美好的时光。玛格丽特小姐的社交活动偶尔会和工作混在一起，这对于她和其他人来说是个麻烦。但在我看来，她总是和蔼可亲、乐于助人。在我有事必须离开时，她承担起了额外的社会责任，毫无怨言。

　　格雷丝·塔利小姐年轻漂亮，是个能干的助手。在玛格丽特·莱汉德小姐退休后，格雷丝·塔利小姐接手了她的工作，做得非常出色。她也曾与我们共度过一段美好的时光，并且她在许多团体中都很受欢迎。由于格雷丝·塔利小姐不在白宫住，那些想让她做事的人就没法给她带来那么多的麻烦了。

这些人中还有路易丝·哈克梅斯特。她第一次和我们一起工作是1932年总统大选期间。大家亲切地称她为"哈奇"。第一次接触路易·豪的经历让路易丝·哈克梅斯特非常震惊。他给路易丝·哈克梅斯特打电话说："去找兔子[①]。"然后就挂断了电话。路易丝·哈克梅斯特不知道这是怎么回事，就问汤普森小姐，路易·豪到底在说什么。路易丝·哈克梅斯特说，她明明是在政治竞选总部工作，跟动物园有什么关系。

罗斯福觉得路易丝·哈克梅斯特是他认识的最出色的电话接线员。她只要听过一次某个人的声音，以后就能立刻辨认出说话的人是谁。如果罗斯福让她给圣路易斯的琼斯先生打电话，她总能在很短的时间内准确找到罗斯福想找到的那个人。现在，路易丝·哈克梅斯特还在白宫工作。我想无数人都听过她欢快的声音和她认出别人时所说的令人愉悦、温暖的话。

行政办公室里还有其他女性工作人员，其中包括罗伯塔·巴罗斯、玛丽·埃本、葆拉·塔利·拉勒比、托伊·巴奇尔多、多萝西·布雷迪·琼斯和莱拉·斯泰尔斯。凯瑟琳·C.布莱克本虽然不在白宫工作，但她在编辑新闻摘要方面做得非常出色。另外，布莱克本和员工每天都要阅读数百份报纸和相关资料。当然，所有在白宫或者行政部门工作的人员都在直接或者间接地为罗斯福工作。只有具备奉献精神和忠诚品格的人，才能把自己的工作做到极致。

---

① 指玛格丽特·杜兰德。——原注

罗斯福很幸运，能有斯蒂芬·厄尔利和马尔温·H.麦金太尔担任他的秘书。这两人是多年好友。在罗斯福竞选副总统时，他们一直和他在一起。1920年至1933年，我们聚过很多次。我一直想说，对他们及其他人来说，在白宫担任秘书意味着要慷慨地拿出很多钱。但正是因为有这些人的帮助，罗斯福才能完成好工作。他们是一个团队，彼此了解，所以在罗斯福刚刚执政时，他们就完成了许多我觉得本来不可能完成的任务。罗斯福知道可以仰仗这些人的忠诚和支持。即便他们不同意他的意见，罗斯福也不用担心。时间一年年过去，罗斯福身边的工作人员渐渐产生了某些嫉妒情绪。恐怕任何一位总统身边的工作人员都会产生这种情绪。但对斯蒂芬和马尔温来说，这从来没有影响到他们对工作的热情和对罗斯福的忠诚。

　　在白宫的那些年，海军上将罗斯·T.麦金太尔一直是罗斯福的医生。我和孩子都非常感激他对罗斯福的关心和照顾及他对罗斯福的忠诚及两人间的友谊。海军少校乔治·福克斯对罗斯福同样尽心尽力，心甘情愿地奉献出自己的时间和精力。我们同样欠他一笔很大的人情债。

　　埃德温·T.沃森将军几乎从一开始就是罗斯福的军事助手，后来又成了他的秘书。两人是贴心的朋友。罗斯福总是喜欢和埃德温·沃森待在一起。他性情温和、待人友好，这让那些来访者很喜欢他。

　　对每位总统来说，一直留在白宫行政办公室工作的人员非常重要。无论政府发生了什么变化，这些人员都不会有任何变动。鲁道夫·福斯特去世后，莫里斯·C.拉塔接替了他的职位，继续管理办公室。他们的任务是检查每一份准备发送出去的文件，以免出现错误。这是一件非常重要、十分棘手的事情，因为哪怕一丁点儿错误都会带来非常严重的后果。

　　我应该感谢所有在白宫行政办公室工作的人员，包括接待员、看守车库人员、清洁地面人员、维修人员、打理花草人员。事实上，我应该感谢每一位以不同方式为总统服务的人。正是这些人的付出才使总统完成了他的工作。

我不知道罗斯福是否曾以别人喜欢的方式告诉他们，他非常感激他们的付出。毫无疑问，罗斯福知道他们的工作意味着什么，对他们所做的一切感激不尽。我知道罗斯福想告诉大家，一旦任期结束，他就有时间向他们的付出表示感激了。大家希望自己做的工作能得到认可，这是人之常情，尤其是在工作需要牺牲、需要无私奉献时。我有时敦促罗斯福抽出一点时间给工作人员写信，或者在平时工作时去看望一下他们。但罗斯福总是愁眉苦脸地说："我如果做了这些事情，就没有时间去做真正要紧的事情。我必须冒人们觉得我不懂感恩的风险，因为我不可能事事都做。现在，日子过得太快了，我一天能做的事只有那么多。"

罗斯福从来不希望周围的人在他面前太注重礼节。他以一种对待朋友的态度与人们交往，这就不会让人们非常敬畏他。有时候会有人走进罗斯福的办公室。没有什么比给他讲新笑话更重要的事情了。罗斯福总是很喜欢听笑话。

在工作还没有那么艰苦的早期阶段，罗斯福每个星期会看两三次电影，因为白宫里的电影放映设备非常齐全。电影会让罗斯福暂时忘记办公室的事务。他经常会看《米老鼠》，因为米老鼠系列的电影让他非常开心。罗斯福虽然很少要求看某部电影，但非常讨厌看长篇电影，从来不喜欢看令人悲伤的电影。罗斯福偶尔会看关于住房、林业或者农业的政府纪录片，但通常还是想看娱乐片。我记得，罗斯福并不想看《乱世佳人》，但有一天晚上他睡着后，小富兰克林在举办的聚会上放映了这部电影。那时，电影屏幕在二楼，就在罗斯福的卧室门外。电影里的痛苦声和争吵声把他惊醒了。第二天早上，罗斯福决绝地说，他不明白怎么会有人想看那种电影。不过，罗斯福后来还是读了《乱世佳人》这个故事。他有一种惊人的能力，随便浏览一本书就能了解其全部内容。在我把《乱世佳人》拿给罗斯福看后，他很快就将书还给了我。我敢肯定，罗斯福不可能读得那么快，我质疑过他，说他不可能这么快读完《乱世佳人》，但我不能单凭这一点就说他没有看完。

罗斯福总是博览群书，主要是关于传记和历史方面的书，偶尔也会读侦探小说。罗斯福最喜欢的一个小游戏是想办法带着五万美元消失。他喜欢的其他娱乐活动还有集邮、做填字游戏、玩单人纸牌游戏或多人纸牌游戏等。罗斯福特别喜欢打扑克，在这方面他很擅长。当然，他有时还会去游泳。

我们搬进白宫后不久，《纽约每日新闻》用读者的订阅费为我们安装了一个精美的游泳池。在局势稍稍稳定后，罗斯福会在下午工作结束后抽出一些时间游泳，然后去按摩、休息。他想用这种方式让自己进行一些体育锻炼。罗斯福有时隔上几天会去温泉镇，在那里锻炼。有一段时间，罗斯福能够在水里走得很好。在担任总统的前几年，我觉得罗斯福的健康状况的确有所改善。游泳可以说是他进行的唯一的身体锻炼和体育休闲活动。乔治·福克斯经常给罗斯福按摩——无论罗斯福去哪里，乔治都会跟着他。按摩后，罗斯福开始读报。他早上和晚上读同样多的报纸。然后，我们在晚餐前去他的书房，他暂时休息一会儿，和我们聊聊天。

人们送给罗斯福很多只狗，但很遗憾，大多数狗都过早离开了我们。我把一只体型高大的警犬和一只小苏格兰犬带到了白宫。警犬的脾气变得越来越暴躁，它非常热情地保护我和我的房间，不让任何人进来。有一天，警犬跟着我进了红厅，但我并没有注意到。当我和加拿大总理道别时，警犬突然从我身后冲了出来，紧紧地咬住他的腿。

后来又发生了一件严重的事情。有一个人想和警犬交朋友，就把手伸进了白宫周围的栅栏里，结果警犬把他的手咬了。发生的最后一件事是，警犬追着一名维修人员跑，这是我忍耐的极限。于是，我把警犬送回了纽约州的警察局。我的那只小苏格兰犬耳朵聋了。差不多在同一时间，它咬了一位女记者的嘴唇。我把那位女士送到了医院，把小苏格兰犬送到了兽医那里。对我来说，那天是悲伤的一天。在此后很长一段时间内，都没有人和我说太多关于狗的事情，他们可能觉得这样做不好。

后来，安娜和约翰·伯蒂格给我们留下了两只赤毛的塞特种猎犬。我养了一段时间。这两只狗的性情特别好，但还是不适合养在白宫这样的地方。最终，我下定决心，住在白宫时再也不养狗了。

有人曾经送给罗斯福一只小狗。我记得，1933年，朋友伊莎贝拉来国会参观时，我把那只小狗送给了她十岁的儿子约翰·格林韦。我们问那个男孩喜不喜欢那只小狗时，他非常开心地点了点头。伊莎贝拉·格林韦很忙，当她告诉儿子要为小狗建一个犬舍时，令我们感到有趣又惊讶的是，这个十岁的男孩亲自绘制了设计图，还写了说明书，请科科伦画廊制作了犬舍。

没有一只狗能在白宫过得真正开心，直到法拉来了。法拉成了罗斯福生活中完美的一部分。

我的主要放松方式是骑马。在华盛顿哥伦比亚特区的第一个春季里，我经常在早餐前骑马，经常和小亨利·摩根索的夫人一起骑。玛格丽特·莱汉德小姐偶尔也会去骑马。我如果不在早餐前骑马，通常会在10时或11时去，午餐前回来。

罗斯福的高级军事助手从迈尔堡挑选了一位年轻的军官管理马厩。这位军官通常和我一起骑马，除非有朋友和我一起骑。这位军官如果临时有事，不能在我想骑马时陪我一起骑，就会选择一位擅长骑马的年轻军官代替他。

　　记得有一次，我把一个可怜的年轻人吓得半死。他被选派和我一起骑马。我的马——多特在许多方面都受过良好的训练，但它讨厌飞舞的纸屑。有一天，我看到前面的路上有一张纸，但并不知道风会在我们经过那里时将纸刮起来。那张纸飞到了多特的鼻子下面，多特惊慌地跑过马路，而我从多特背上摔了下来。所幸我用缰绳勒住了马。在我找到并更换了马镫后，我又上了马，完成了这次骑行。我努力安慰那个可怜的年轻人，但在我再次骑上马后，他看起来还是非常担心，不敢相信我一点儿都没有受伤。

　　还有一次，我和小亨利·摩根索的夫人以及玛格丽特·莱汉德小姐骑马时，多特在水坑里滑了一跤，跪在了地上，而我则掉进了旁边的水坑里。我立刻爬起来，又上了马。我觉得这一幕没有人会注意到，所以就没打算说什么。一个小时后，我坐在西厅里吃早餐。这时，斯蒂芬·厄尔利进来了，惊奇地看着我说："我不敢相信这是真的。我刚刚接到了美联社的电话。有人告诉我说，你在波托马克河边从马上摔了下来。我说这不是真的，否则我会听说这件事的。"斯蒂芬·厄尔利说完后，我只好羞怯地承认这是真的，问他："到底是谁这么快就知道了这个消息并通知了美联社？"那时我才知道，任何给美联社打电话提供有趣新闻的人都会得到报酬。因此，许多人都在关注类似的事件。恰好一个开车路过的人看见我摔倒了，于是将此事告诉了美联社。

　　除了骑马这种娱乐方式，我的时间全部被白宫的生活占据。总统夫人除了在极少数的情况下与老朋友见面，否则不需要外出参加非正式的活动。春季时，我和小亨利·摩根索的夫人时不时开车从白宫溜走，在某个小地方停下来吃午餐或者喝茶。

　　刚开始，我和特勤局的人员针对我亲自开车这一问题发生了争吵。

特勤局希望让一位特勤人员陪同总统夫人，但我不想让司机或者特勤人员一直跟着我，所以从来都没有同意过这一要求。在白宫的最后几年里，我的生活变得非常繁忙。我开车的次数越来越少，驾车旅行的次数也越来越少。不过，我一直都是自己开车。前几年，我开车行驶了很远一段距离。

特勤局负责人发现我不允许特勤人员陪同，就和路易·豪商量这个非常严肃的问题。最后，特勤局负责人把一把左轮手枪扔到他的桌子上，说："好吧，如罗斯福夫人要独自驾车，至少让她把这把手枪放在车里。"我很听话，每次开车时都带着这把枪。夏季时，我还让一位朋友教了我一些射击的方法。他曾是罗斯福在纽约州时的保镖。如果我学会了射击，在有需要的时候就知道该如何使用这把枪了。经过多次练习，我终于学会了打靶。我绝不会用手枪射击他人，但我想如果我真的拥有了一把手枪，就应该知道如何使用它。

有一次，我在外出演讲的途中当着一个小男孩的面讲过这件事。在这个小男孩的复述下，这件事变得非常吸引人。他还说自己看到了那把枪。这引起了极大的轰动，因为我接下来准备去的那座城市有规定，携带枪支是违法的。那座城市的一名官员扬言说，只要我一到那里就要逮捕我。我的儿子詹姆斯当时是罗斯福的秘书。詹姆斯从白宫打电话告诉了我这件事。我急忙解释说，我没有开车，所以没有带枪，因此，是不会受到逮捕的。特勤局认为，他们不应该让我受到此类事件的干扰，就给了我一枚徽章，让我随身携带。有了这枚徽章，我就有携带手枪的权利了。不用说，我从来没有用过这把手枪。类似的很多事情让我的朋友受到了困扰。就我来说，这些事情只是我遇到的一部分而已。

1933年春，在华盛顿哥伦比亚特区完成了所有正式工作后，我就和洛雷娜·希科克一起开车去旅行了。有人告诉我，在加斯佩半岛开车兜风非常美妙。去那里不仅能开车，别人还认不出我来，所以我非常高兴，期待着假期的到来。之前，我和罗斯福把坎波贝洛的房子借给了一些朋友住。我打算在那里住上几天。

我和洛雷娜·希科克开车去了魁北克，在那里住了一两个晚上，然后穿过默里湾，到达了卢普河。我们的车是那天渡轮上载的最后一辆车。我们在一家旅馆里过夜。那家旅馆给人的感觉就像法国某个小城镇的客栈。对我来说，这应该是在魁北克经历过的最有趣的事情了。加拿大并没有受到美国和英国的影响。这一点显然是因为加拿大人不仅讲法语，那里的景观和氛围与法国乡村一模一样。村庄似乎总会受到教会的控制。随着我们继续向前走，我发现周围所有建筑都是听从了神父的提议而建造的。神父不仅是抚慰人们心灵的医生，而且常常是方圆数里唯一能找到的医生。他还必须充当律师和财务顾问。

当时，在加拿大的许多地方，教堂是唯一能为人们单调乏味的生活增添色彩的场所。加斯佩半岛现在应该有电影院、商店和现代化道路了，但1933年夏季这些东西都没有。那里唯一的路是一条比较好的土路，但走的人一直都很少。

我对路上遇到的人很感兴趣，并且我对自己听不懂当地人的法语，但他们似乎能听懂我的法语一事感到好笑。

每户人家的房子外面都有一个圆锥形小土堆，那是他们用来烤面包的烤箱。有人告诉我，当地人吃的主要食物就是面包。他们把一条面包切成两半，在面包中间的空心处放上烟熏的鱼片，再把一种西印度群岛生产的黑糖蜜倒在鱼片上。我觉得这样的饮食很均衡，但每天都吃这种食物对我来说一点儿吸引力也没有。不过，总体来说，人们看上去很喜欢吃。

我们第一晚住在圣劳伦斯河畔的一家旅馆里，附近没有其他居民。

我们几乎是这家旅馆唯一的客人，因为那时是旅游淡季。我们去游了泳，在沙滩上躺了一会儿，然后享受了一顿丰盛的晚餐，度过了一个舒适的夜晚。

第二天，我们遇见了一个有趣的人。我们看见了一座小教堂，就打算去参观一下。那座教堂就建在河边。据我们所知，附近并没有教区。一位女士正在修补一些祭衣。在参观完教堂墓地里的一些石碑后，我们问她是否可以进教堂。这时，神父出来了，问我们愿不愿意和他一起吃午餐。神父准备将从河里刚刚打捞上来的鱼作为自己的午餐。他觉得我们也一定会喜欢的。然后，神父带着我们爬上了一个看似无法爬上去的斜坡，那里有一座教区长的住宅，矗立的位置要比教堂高很多，四周绿树环绕。最令人惊讶的是，那里有一辆挂着得克萨斯州牌照的拖车。我问神父是不是去过美国。他告诉我们，他刚从美国回来。后来，神父还说自己在美国的不同地区生活了很多年，主要是在路易斯安那州和得克萨斯州居住，但后来他的健康状况恶化了，所以不得不回到家乡休养。

好像有很多人都住在教区长住宅里。我发现，由于一场大火把教区长住宅烧掉了一大半，住在那里的人都在帮助修房子。他们自豪地向我们展示了他们的东西，后来我们就开始吃午餐了。我们是和神父单独用餐的。后来，我才知道是因为瓷碗不够用了，所以神父不能让家人也一起用餐。

最后，神父问我叫什么名字。当我把名字告诉他时，他问道："你和西奥多·罗斯福是不是亲戚？我非常崇拜他。"我笑着说："是的，我是他的侄女。"我高兴地发现，在这个世界上，这块土地还没有沾染到任何近代历史的气息。显然，神父并不知道罗斯福当时住在白宫，是美国的总统。

那天晚上，我们来到了一个非常大的渔城，在一家小旅馆里住了一夜。第二天是星期天，我们参加了镇上最有影响力的天主教堂举行的礼拜仪式。有人点名为我们祈祷，这让我感觉有点尴尬。从教堂出来时，我发现停在教堂前面广场上的别克敞篷跑车突然找不到了。原来所有小朋友和一些家长正在仔细观察我的车，把车完全挡住了。

当时，当地的农村正在遭受旱灾。我们看到，在神父的带领下，一支由穿着各色衣服的当地居民组成的队伍来到海边的一个神龛处祈祷下雨。经过长时间的攀爬，我们再次看到了壮阔的大海。那里美丽的景色给我们留下了深刻的印象。我们还看到了珀斯巨孔石。那天晚上，在即将进入美国国境前，我们住在了小木屋里。

第二天开车途中非常沉闷。我们经过的地方曾发生过一场森林大火。我们驱车行驶了数里，周围仍然有大火烧过的痕迹，到处是简陋的小木屋。人们可能在努力重建家园。由于看不到耕种的痕迹，我认为当地的人们一定靠捕鱼和捕猎谋生。

当到达缅因州最肥沃的地区阿鲁斯图克时，我们松了一口气。那天晚上，我们住在一个农舍里。我很想知道当时的农民处于一种什么样的境地，于是买了一份报纸，上面介绍了很多关于马铃薯的情况。我找到了一个与农民交谈的机会。那个农民告诉我，他和家人在这片土地上生活了多久，种了什么，等等。我也把刚了解到的一点当地知识都讲了出来。我需要了解马铃薯的价格和当地存在的一些问题。他对此非常惊讶。当我告诉他罗斯福对农业很感兴趣时，他终于问了我是谁。我有一种感觉，任何一个缅因州的农民都不会对民主党总统的妻子有好感，但他非常友好，说自己一直都很开明。不过，他说，我最好不要向他的邻居提及我是谁。如果我说了，他们可能就不想让我参观他们的农场了。他正在安排带我参观的事宜，这样我第二天早上就可以见到他的邻居。

不过，消息还是传了出去。我想他一定不由自主地打电话给一些远房的朋友和亲戚，让他们第二天一大早就赶过来。尽管我的政治立场和他们不同，但附近的农民还是非常友好地让我参观了农场。我们花了一个上午的时间了解了当地的农业，这非常有趣。我们驱车前往下一个城镇，惊讶地发现那里的人们早就知道了我们要来的消息。人们安排了一列车队巡游。我的车也加入了车队之中。我永远不会忘记洛雷娜·希科克的样子。她虽然全身早就涂满了防晒霜，但还是被严重晒伤了。我想知道，我看起来是不是比她好一些，但那时已经没有时间考虑这些了。洛雷娜·希科克说，在人群中，我努力保持正常行驶，一直在和大家挥手，但说的话不是很得体。所幸车队行进的时间不长，在接受了一群印第安人的欢迎后，我们就继续前进了。

我发现，伯父西奥多·罗斯福的老向导住在那个地区。我还想起我的伯父曾在那个地区狩猎过很多次，也钓过很多次鱼。

最后，我们来到了一个暑期剧场。洛雷娜·希科克的朋友琼·狄克逊正在那里进行夏季特别娱乐表演。琼·狄克逊邀请我们在那里住一两个晚上。那次的参观很愉快。后来，我们驱车前往了卢贝克，在坎波贝洛度过了一个星期。我们把汽车停在了卢贝克的一个车库里。后来，一艘船把我们接走了。那次，洛雷娜·希科克第一次见到长长的滑坡。退潮时，船会沿着坡道行使，因此，每艘船的船长都需要特别小心。

我和罗斯福无论是谁，在每次旅行后见到对方时，总是会设法一起吃顿饭，并且不让别人打扰我们。这样我们就可以听到全新的故事。否则故事重复多了，听故事的人就会觉得无聊了。罗斯福之前总会问我一些问题，甚至在我去加斯佩半岛旅行前都会这样做，但后来他再问我问题时就带有明确的目的性了。

那次旅行结束后，罗斯福询问了我关于缅因州北部居民的生活情况。后来，我在每次旅行前都会向罗斯福报告接下来的行程。尽管在罗斯福担任纽约州州长期间，和他一起旅行让我获得了一些成为现场记者的经验，但汇报对我来说仍是极好的训练。随着时间的推移，我的汇报能力和观察能力越来越强，这在很大程度上归功于罗斯福问的问题涉及面很广。我发现自己需要注意所有事情。例如，我从加斯佩半岛附近旅行回来后，罗斯福不仅想知道那个地区的居民可以进行什么样的捕鱼和狩猎活动，还想知道渔夫的生活是怎样的、吃什么、居住的环境怎么样，农场是什么样的，房屋是怎样建造的，那里提供的是什么样的教育，渔夫是否像村里其他人一样完全由教会控制，等等。

当我谈到缅因州时，罗斯福就想知道我在去过的农场里看到的一切，包括那里有什么样的人，那里的人有什么样的家庭，印第安人过得怎么样，他们来自哪里，等等。我告诉罗斯福，这些人和曾在坎波贝洛居住过多年的托马·约瑟夫来自同一个部落。罗斯福对这些事非常感兴趣。

罗斯福从来没有对我说过我是个好记者，他早期也从来没有要求过我外出旅行。但我意识到，罗斯福如果对此不感兴趣，就不会那么仔细地问我问题了。除了管理家务，我觉得这是我能帮助罗斯福的唯一方法。很快，白宫就由内斯比特夫人管理了。

我清楚地记得，1933 年我在海德庄园度过了夏季余下的时光，还在阿迪朗达克山脉度过了短暂的假期。罗斯福虽然一有时间就去海德庄园，但大部分时间都是在华盛顿哥伦比亚特区度过的。

1933 年 9 月，艾克·胡佛去世了。听到这个消息后，我立刻赶回了华盛顿哥伦比亚特区。多年来，艾克·胡佛一直是白宫首席接待员。他的去世让我们十分震惊。我非常难过，因为我把艾克·胡佛当作老朋友。虽然他并不总是赞成我为获取自由所做的事情，也从来都不确定我的某些行为是否与总统夫人的身份相符，但我可以寻求他的帮助。

1933年秋，我受贵格会的委派调查西弗吉尼亚州煤矿区的情况。当时，贵格会正在努力救济西弗吉尼亚州煤矿区的居民。罗斯福认为这对我来说是件好事，所以我就安排了那次行程。那时关于我的照片还不够多，所以没有人认出我来。我和一位社工花了一整天的时间在西弗吉尼亚州摩根敦附近的区域进行调查，但谁也没认出我是谁。人们甚至觉得我和政府没有什么关系。

　　我看到的情况让我相信，只要有人稍稍领导一下矿区的人民，矿区就可以发展起来。在那种糟糕的经济条件下，根据以前的经验来看，即使不发动人民革命，至少可以成立一个代表人民的政党。在西弗吉尼亚州的煤矿区，有些人有三五年的时间一直在接受救济。人们如果有一份工作，每周至少可以工作一两天，但他们几乎快忘记工作是什么了。有些孩子甚至不知道坐在餐桌前吃一顿正餐是什么感觉。

　　从西弗吉尼亚州回来后，一次，我在吃晚餐时讲了一个故事。我参观了一家企业，明显可以感受到那里员工的生活水平有待提高。有个人给我看了他每个星期的工资单。他所在的企业需要扣除他的一小部分工资。此外，他还需要付房租、买一些矿灯需要用的油。这些花费使他每周的开销只剩下不到一美元。他家里有六个孩子，这些孩子好像很害怕陌生人。我注意到桌上有一个碗，碗里面装的都是残羹剩饭。那样的食物我们可能是给狗吃的。中午到了，孩子们显然在找吃的东西。他们从碗里抓出一把食物，到外面大声地嚼着。那是他们唯一可以吃的东西。

　　当我出去时，有两个孩子鼓足勇气站在了门口。一个小男孩怀里抱着一只白兔。显然，那只兔子是他们最珍贵的宠物。小女孩瘦骨嶙峋，望着哥哥，眼睛里闪烁着光芒。这个小女孩转过身来对我说："他觉得我们不会吃兔子，但我们会吃了它的。"听到这句话，小男孩立刻逃跑了，手里紧紧地抓着那只兔子。

对穷苦人的怜悯真是太难诉说了。那天晚上，碰巧威廉·C. 布利特到白宫来吃晚餐。我一直很感激他第二天寄来的支票。他说，希望这张支票能让那只兔子活下来。

那次去矿区让我第一次接触了贵格会教徒做的工作。我很喜欢曾经遇到的贵格会教徒，尤其是克拉伦斯·皮克特。我很赞成让人们工作以自助的理念。矿区里有一家生产椅子的工厂，那里配备了一些我见过的最好的临时机器。生产椅子的工厂让人们意识到，除了采矿他们还可以做一些其他事情。这家工厂让他们更有希望了。人们开始实施一些项目，还学会了发挥自己的能力来发展新的技术。那些生产椅子的工人把椅子作为家具来装饰自己简陋的家。人们还鼓励妇女重新拾起她们曾经了解过但在矿区单调的生活中受到忽视的持家术。

这是人们第一次进入矿区考察，虽然后来也去过很多次，但正是第一次的考察让人们有了利用宅基地的想法。位于摩根敦的西弗吉尼亚大学成立了一个委员会来帮助那些实施贵格会农业项目的矿工。凭借该委员会及其核心经验，政府获得了该校布什罗德·格兰姆斯先生的贷款，成立了重新安置管理局。路易·豪创建了一个小型咨询委员会。我、克拉伦斯·皮克特还有其他人都在该委员会工作。我们需要做的都是试验工作，但成立小型咨询委员会的目的是让人们摆脱救济，建造自己的家园，给他们足够的土地种植粮食。

人们希望企业能够通过启动每一个项目来带动工业发展，以便让一些人找到稳定的工作。一些小工业开始发展起来，但常常都失败了。就像我在第三章中提到的那样，虽然只有少数安置项目取得了成功，但我始终认为这些项目起到的作用难以估量。当时的状况很糟，有爆发革命的可能，因此，人们需要感受到政府对他们的关怀。

当时，西弗吉尼亚州的洛根县的情况非常糟。我开始听到了一些关于这方面的报道。出现这种情况的原因是工人罢工后，企业把他们都解雇了，不让他们住在企业提供的房子里。因此，多年来，工人及其家人只能住在帐篷里。这些人都被列入了黑名单，他们到哪都找不到工作，只能靠西弗吉尼亚州为失业者提供的微薄津贴生活。

多年来，我一直通过妇女工会联盟向西弗吉尼亚州提供援助，但从未亲眼见过那里的情况。我听说，人们居住的帐篷破旧不堪，疾病肆虐，但没有人接受医疗护理。最后，我和伦纳德·埃尔姆赫斯特的夫人^①成立了一家诊所来照顾那里的孩子。我还把那里的情况告诉了罗斯福。他让我和哈里·霍普金斯谈谈，并且让我转告哈里·霍普金斯，应该做的事情都必须做到，那些家庭必须在圣诞节前搬出帐篷。我们成功完成了这项任务。两年来，靠着我通过广播赚来的钱和伦纳德·埃尔姆赫斯特太太的慷慨援助，我们一直在努力消除多年来环境对当地孩子造成的不良影响。

我对摩根敦附近的一条溪流非常熟悉。那条溪流叫斯科特奔流，也叫血腥奔流。之所以有"血腥奔流"这个名字，是因为那里的矿井中曾发生过暴力事件。企业的一些房屋坐落在溪流两边的小山上，那里看起来非常不适合居住。在那个地方，贵格会教徒开了一家自助面包店和一所幼儿园。

我带着许多人来到西弗吉尼亚州的杰尔村参观，那个村庄就在斯科特奔流旁。我带他们去杰尔村，是因为那里很好地展示了不在地主所有权^②的权限。西弗吉尼亚州的煤矿主要由非本州居民所有。经营煤矿获得的利润都进了别人的腰包，这使西弗吉尼亚州在资产和个人收益方面

---

① 即多萝西·佩恩·惠特尼（Dorothy Payne Whitney, 1887—1968）。——译者注
② 不在地主所有权指拥有土地所有权的人既不在土地上居住也不在土地上亲自劳作，却享有土地收益的权利。——译者注

比以前更穷了。大多数人都在斯科特奔流旁生活，他们每周的工作不超过三天。有些孩子发育不良。我常常在想，那些孩子是怎么长大的。

贵格会教徒在不断改善斯科特奔流附近村民的生活条件，尽力保证那些孩子晚上可以不睡在地板上。当时，所有大一点的孩子都睡在地板上的袋子或破布上。父亲、母亲和最小的孩子睡在唯一的一张床上，上面可能连床垫都没有。这种情况很常见。春季时，他们只有一条毯子可以盖。公共事业振兴署开展的床垫项目对他们的帮助很大。建造厕所的作用也是如此。授权开展那些项目的福利委员会委员艾丽斯·戴维斯小姐差点儿因建造厕所进了监狱，这是因为厕所建在了私人矿上。她不知道这样做是违法的。

然而，违规甚至是违法挽救了许多人的生命。西弗吉尼亚州每年春秋季节都会爆发伤寒。只有当一些人因此失去了生命，企业的医生才会出来给其他人接种疫苗，但他们根本没有消除病因。与其他河流一样，杰尔村的斯科特奔流沿着溪谷流向更大的干流中，这是当地唯一的"污水处理系统"。山脚下有一个水源口，所有人都从那里取水。孩子们在溪水中玩耍，但溪里到处是难以形容的污物。

来到西弗吉尼亚州居民的房子里参观，你能感觉到煤尘渗进了房子的每一处裂缝中，所以人们是不可能把房子打扫干净的，无法保证自己身体的干净。走进厨房后，你会十分震惊，因为厨具特别少。虽然那里的家庭几乎都是大家庭，但很少能看到架子上有两三个以上的杯子和盘子，大多数杯子和盘子都有缺口或者破损。

一些年纪较大的矿工仍然只会说一点儿英语。不过，那些英语足够让他们听懂矿工老板的命令。没有人费心去帮助那些即将在美国生活和工作的成年人学习英语并了解美国政府。孩子们如果有衣服穿就会去上学，但总会出现缺勤的情况。这是因为如果家里有一个孩子去上学了，其他的孩子就不得不待在家里，因为家里只有一件衣服、一条裤子，或者一双鞋。不过，鞋子没有那么重要，因为所有孩子大部分时间都是光着脚的。

在企业有内部商店的地方，每家每户都会欠下一笔账。因此，只要人们一直欠债，就永远不能搬走。

当地的人们开始利用宅基地后，我说服了许多人到宅基地参观。早期，我每次进行访问都住在项目主管格伦·沃克家中。格伦·沃克曾是煤矿工长，了解矿工及其家属的生活条件。我们把那个在摩根敦附近实施的宅地项目称为阿瑟代尔[①]。矿区的每个人都能参与到项目中去。

最早去阿瑟代尔的人包括伯纳德·M.巴鲁克，是他帮助我建立了此地最早的学校，并且他对阿瑟代尔这个项目一直很感兴趣，甚至在我不在时还去参观了。阿瑟代尔这个项目进行了六个月，孩子们的生活条件发生了变化。我一直都希望，在看到那些变化后，伯纳德·巴鲁克和我一样感到满意。

克拉伦斯·皮克特认识一位优秀的教师——埃尔茜·克拉普小姐。她是约翰·杜威博士的学生，受邀管理我们建立的学校。克拉普小姐以前做过类似的工作。她曾经创建过一个新社区，并对其加以管理。后来，西弗吉尼亚州接管了那所学校。我们开了一段时间托儿所，最终发现克拉普小姐开办的那种实验性学校确实不能让人满意。学校会把人们召集到一起，从而创造出一种社区的感觉，但这还是一种新的想法，同时人们想要拥有其他社区拥有的东西。最后，克拉普小姐继续管理那所学校，并且那所学校完全得到了弗吉尼亚州的支持。

我记得有一位先生的家在纽约。我把他带到了斯科特奔流旁的一所

---

① 阿瑟代尔是美国西弗吉尼亚州普雷斯顿县的一个无明确归属的社区，建于1933年经济大萧条最严重的时期，目的是给当地失业的矿工和农民提供就业机会。——译者注

房子里进行参观。他很快就从房子里出来了，告诉我他发现有两个孩子卧病在床，那种生活条件他从未见过。他说："我会给你足够的钱帮助这里的居民改善生活条件，但请不要再让我去任何房子里进行参观了。我觉得自己受到了污染。这里的环境真的让我很不舒服。"

这些年中，和我一起工作的人包括伯纳德·巴鲁克、小亨利·摩根索的夫人、弗雷德里克·B. 亚当斯夫妇、阿利·弗里德夫妇、乔治·T. 拜伊夫妇、亨利·戈达德·利奇的夫人、罗伯特·迪恩斯夫妇和亨利·S. 胡克少校。所有人都帮助过我实施项目，但最常帮助我们的人是伯纳德·巴鲁克、小亨利·摩根索的夫人和阿利·弗里德夫妇。弗里德先生去世后，他的夫人仍然继续给予我们帮助。

宅地项目在国会上受到了抨击，因为大部分人从未目睹过矿工的困境和我们为此做出的一切努力。不过，毫无疑问，我们花了不少钱，也许其中有些开销不是很合理。宅地项目都是试验性质的。例如，在阿瑟代尔，西弗吉尼亚大学推荐了一个实施项目的地点，但当时没有人知道后来在此地发现了什么——那个地方的底层有多孔岩石。我们花费了很大一笔资金来保证供水安全。虽然我们花费了很多钱来建造肺结核疗养院、精神病院和监狱，但那些从中受益的居民之后都发挥了作用，对自己产生了信心。后来，在一次战争中，我遇到了来自西弗吉尼亚州的男孩，我不由得认为他们中绝大部分人能够为自己的国家服务，是因为国家做了很多事情帮助他们的父母度过了经济大萧条。

在做一件事时，人们不太可能意识到这种行为会对未来产生何种影响。战争期间，当我去医院看望病人时，我在西弗吉尼亚州进行的旅行及演讲都产生了意想不到的价值。一个躺在病床上的男孩经常说："我来自……您曾经在我的毕业典礼上致过辞。"然后，我会努力回忆一些关于他家乡的事情。一个孤独的男孩躺在病床上，远离家乡，这时如果有人能记起他家乡的广场或者法院大楼，他一定会觉得这个世界十分美好。

在这个世界上，我们付出的任何努力都不会白白浪费。我得出了这样一个结论：我们做的几乎每件事都不会独立存在。如果我们做的事是善事，它们在将来可能会对我们有一些用处；如果做的是恶事，它们可能会以我们想象不到的方式困扰我们，阻碍我们的工作。

我现在讲的内容已经偏离了我原来的故事，但也许我所说的内容可以帮助大家弄清楚为什么这么多年来阿瑟代尔和其他宅地项目让我非常感兴趣。我永远也不会忘记在西弗吉尼亚州遇到的一些人或者经历的一些事。

例如，在圣诞节前一天，我去看望了一位刚生孩子的年轻妇女。那时，有些居民搬进了新家。这个妇女的另外两个孩子——大概是四岁和六岁——都是女孩，而刚出生的婴儿是个男孩。走进屋里时，我说，我担心她需要为圣诞节准备很多东西，这对她来说可能有些困难。她看着我，满脸洋溢着幸福，说道："今年我们将会度过一个美好的圣诞节。您知道我们去年的圣诞节是什么样子吗？我们住在没有窗户的房间里，唯一的光线是从门外照进来的。我们不敢告诉孩子们那天是圣诞节，但她们出去后回来说：'妈妈，今天一定是什么重要的日子。我看到有的孩子都有新玩具了。'去年圣诞节的晚餐，孩子们只有一些生胡萝卜可以吃。但今年每人都有新玩具，我们打算把自己养的一只鸡吃掉。今年的圣诞节一定会很棒！"

还有一家有十三口人。这家的父亲在贵格会教徒创办的家具厂工作。他家里的大部分家具都是他利用空闲时间打造的，包括一张大桌子。这张桌子大得足以让十三口人围坐在一起。有一天，9时左右，我去看望他们，发现他们家中打扫得一尘不染，还散发着新鲜出炉的烤面包的味道。这家的母亲告诉我，她和丈夫周末要出门，所以她很早就起床把面包烤好了，因为不想让大女儿在她不在的时候自己烤面包。这对夫妇似乎特别喜欢跳广场舞。这位母亲尽管有十一个孩子，但看上去仍然非常年轻。最近，我听说了一个好消息，他们的儿子参战后获得了奖励。我希望他们现在已经拥有了属于自己的房子和土地。

我特别喜欢一位老人。他遇到了一个大麻烦：老伴病倒了，家里唯一能帮助他的是十三岁左右的孙子。这位老人是行政办公大楼的看门人。他不仅能保证自身的清洁，还把家里的地面打扫得非常干净。他就像一名训练有素的护士一样照料他的妻子。

我相信，即使政府给予的经济回报并不令人满意，但人类自身的价值会让这些人获得更好的回报。

在通过《社会保障法案》的几年后，在处理西弗吉尼亚州的具体案例时，我看到了这部法律的效力。当时，西弗吉尼亚州发生了一起矿难，有几人丧生。罗斯福就让我去那里听听人们都在说些什么。当时，一名男子返回矿井去营救其他人，结果不幸遇难了。他死后获得了卡内基奖章。他的遗孀需要抚养几个孩子，但她的社会保障福利金可以帮助到她。另一位遗孀有三个孩子，第四个孩子即将出生。我问她会怎样应对接下来的生活。她自信地对我说："我的姐姐和她的两个孩子会来和我们一起住。我每月可以得到近六十五美元的社会保障福利金。我每个月在房子和土地上的花费是十五美元。此外，我还要种菜养鸡。有了政府提供的福利，我会过得很好。过去，如果发生这种事，煤矿公司可能会给我一张小支票。其他矿工如果能够负担得起，通常会进行募捐。但现在我可以靠这笔政府发放的资金生活，直到孩子长大成人。"

我在华盛顿度过的第一个秋季中发生的另外两件事，给我留下了十分深刻的印象。1933 年 11 月 17 日，小亨利·摩根索在白宫椭圆形办公室宣誓就任财政部副部长。他从此开始在财政部进行长期艰苦的工作。财政部长威廉·H.伍丁辞职后，小亨利·摩根索接替了他的职位。直到罗斯福去世后不久，小亨利·摩根索才辞职离开了华盛顿。

在小亨利·摩根索就职当天，罗斯福和马克西姆·李维诺夫就承认苏联问题进行了最后会谈。首次跨国电话交谈引起了很大的轰动。待在白宫的他和在苏联的妻子、儿子米沙进行了通话。在《每日记录册》上，接待员记下了这件事。尽管我们曾与许多欧洲国家交流过，但此次是与苏联建立外交关系的开始。

过去，罗斯福常常讲关于承认苏联的谈判中遇到的一个特别问题，即苏联的宗教信仰自由。罗斯福认为，如果一个公认的宗教团体中的成员超过一定数量，就应该视情况选择一名牧师或者神父举办宗教仪式，开展人们希望举行的一切教会仪式。他的提议得到了认可。人们尽管一开始有些犹豫，但最终还是附议了这项提议。

不用说，罗斯福的一些老朋友反对承认苏联。在罗斯福正式宣布承认苏联前，我的婆婆萨拉来找他，说自己听到传言称罗斯福即将承认苏联。她认为，这个举动会带来灾难，还会受到大多数老朋友的误解。罗斯福饶有兴致地把这件事告诉我，还说他觉得母亲萨拉说得完全正确。未来几年里，有很多老朋友可能需要忍受许多冲击。经过多次证明，在罗斯福担任总统的这段时间内这的确是事实。他不仅和老朋友经常就政府应对人民负责的新理念发生争执，而且和其他人也是如此。我记得参议员卡特·格拉斯坚持说弗吉尼亚州不需要救济时，罗斯福提议开车带他去那些地方参观一下，但卡特·格拉斯从未接受过邀请。

我们与苏联开始进行的外交往来及与西半球其他国家的外交关系成了我们外交政策受到攻击的主要原因，但早期人们的主要关注点是国内政策和国家经济复苏的问题。

在回顾罗斯福1933年采取的实际措施时，我意识到最让他感到高兴的是1933年4月5日建立的平民保育团。平民保育团里都是十几岁的男孩，有的读完了高中，有的好不容易读完了大学。之后很多人都处于无所事事的状态。多年来，罗斯福一直在有意无意地谈论户外工作和知识对男孩的价值，也一直想在海德庄园开办一所学校，让年轻人既能锻炼体力又能发展智力。我认为，罗斯福在开始计划建立平民保育团时就产生了这样的想法。当然，有些安排是必要的。例如，除了军队，没有任何组织像平民保育团一样拥有帐篷和其他物资，这就是实施让军队立即管辖平民保育团计划的部分原因。罗斯福意识到，男孩也应该接受其他教育，但必须把每日的体力劳动放在首位。接受其他教育的计划从来没有像体力劳动的计划那样周密。罗斯福没有时间去做这件事，就将它交给其他人去做，但他们发现分权问题很难解决。尽管如此，平民保育团仍拥有三重价值：第一，可以让孩子们有机会参观国家的不同地方；第二，可以让孩子们在户外完成一天的工作，这对身体很有好处；第三，可以给予孩子们一笔现金，同时要求他们把其中一部分钱交给家人，这样做既鼓舞了孩子们，也鼓舞了他们的家人。罗斯福建立平民保育团的想法对规模庞大的救济计划做出了巨大贡献。由于成立的平民保育团帮助了美国的年轻人，并且罗斯福对年轻人所做的工作有着浓厚、持久的兴趣，他认为平民保育团很有可能会长期存在下去。

　　6月16日，《全国工业复兴法案》获得通过。休·约翰逊将军负责执行此法案。这项法案的重要性在于使那些想做好事的工厂主做起事来更加容易。那些利用欺骗手段和降低劳动成本来获利的工厂主，再也不能与那些想赚取可观利润并公平对待雇员的工厂主进行不公平的竞争了。不幸的是，大约两年后，《全国工业复兴法案》被宣布违宪。我觉得很可惜，因为这项法案能以一种简单的方式让不道德的雇主做正确的事，我一直觉得这项法案的实施效果很好。

同一天成立的公共工程管理局可以使政府在大萧条时期规划和承担公共工程。通过向各州提供贷款，公共工程管理局可以帮助失业者参与到项目中去，而各州是无法单独出资实施那些项目的。

11月，市政工程署成立了。它的成立使四百万名失业者得以及时安置。

游历全国时，我看到了许多由公共工程管理局和市政工程署建造的建筑。我还看到了平民保育团的工作成果。这些机构和团体的成果开始遍布城市和农村。水土保持和林业工作正在继续进行，娱乐区已经修建完成，无数再建桥梁、学校、医院和卫生设施的项目得以开展。这些项目是这些机构和团体所做工作的永久纪念碑。的确，这些工作耗费了人民的一大笔资金，但做这些工作的机构和团体为人民做了好事，现在仍然可以明显看到当时取得的实际成果。

人们靠在铁锹上偷懒的事屡见不鲜。当然，现在也到处是这样的事。但总体来说，美国为人民的努力感到骄傲。美国人民让国家摆脱了经济大萧条，使这场战役可能成为美国历史上耗资最多但最杰出的一场战役。

也许影响最深远的项目是田纳西流域管理局。这是参议员乔治·诺里斯的梦想。那些目睹了纳西河流域管理局发展的人永远不会忘记他是如何忍受许多人的嘲笑，完成他的工作的。开发工作在第一次世界大战期间就开始进行，但在战争结束时大部分工作都停止了。罗斯福非常理解乔治·诺里斯的设想，在他认为开展田纳西流域管理局的工作可以使国家的利益最大化时给乔治·诺里斯提供了支持，这样才有了进一步的行动。罗斯福考虑到可能会发生战争，因此，坚持尽快开展田纳西流域管理局的工作。他相信即使在那个时候，在某些情况下，战争也可能很快就会到来。如果真的发生了战争，我们就需要田纳西流域管理局提供一切可以提供的资源。

在1932年的总统大选中，我和罗斯福经过了田纳西流域管理局管辖的部分地区。车站里拥挤的人群给罗斯福留下了深刻的印象。这些人非常贫穷：家里的房子没有刷漆，汽车破旧不堪，许多成年人、孩子没有鞋子和足够的衣服穿。近八年过去了，在住房、教育和农业试验有充足的时间发挥作用后，我又去了这些地方，但仍然很难找到发展繁荣的地区。有些人反对政府在其他大河流域也开展类似的项目。我一直都希望这些人能够见到我见到的差异。我意识到变化是循序渐进的，但不希望看到什么都没有实行。我希望，正如罗斯福一直希望的那样，我们每年都能在密苏里河和密西西比河的源头水域进行新的试验。这些试验能够提高人民的生活水平，将会成为防止我们的民主制度受到攻击的强大"堡垒"。

第9章　和平的年度（1934年到1936年）

CHAPTER IX　　The Peaceful Years: 1934—1936

回顾往事，1934年至1936年对我来说是在白宫度过的所有岁月中最平静、焦虑最少的时期。开始实行的改革——罗斯福新政——使国家重新回到了平稳的状态上，资本和劳工的关系及总统和国会的关系处于良好的状态。在家庭生活中，我们努力使自己逐渐适应白宫频发的紧急状况，因为未来在白宫的生活就是如此。

1934年春，罗斯福建议我前往波多黎各。当时，波多黎各总督布兰顿·温希普面临着巨大困难。那里劳工的生活条件非常差。当地人口虽然在不断增长，但没有足够的粮食养活他们。制糖企业拥有大片土地，但由于其提供的工作是季节性的，工人的工资少得可怜，他们在生产淡季时几乎处于挨饿状态。当时，在农业部工作的雷克斯福德·特格韦尔正准备去波多黎各研究可以采取什么措施来缓解这种情况。罗斯福认为，如果我也去波多黎各，应该会让当地人感受到他对那里的情况非常关心。

由于我第一次进行这种旅行，各大通讯社纷纷派出女记者就此事进行报道。这些女记者都参加过我的记者招待会，她们分别是《先驱论坛报》的埃玛·巴格比、美联社的贝丝·弗曼、合众社的鲁比·布莱克和国际新闻通讯社的多萝西·杜卡斯。还有一位摄影记者萨米·舒尔曼，我认识她有一段时间了。在公共事业振兴署工作的洛雷娜·希科克和我们一起去考察，并且准备向哈里·霍普金斯汇报情况。事实证明，这些人对我来说都是最好、最有帮助的旅伴。

我们乘坐飞机前往波多黎各，途经迈阿密，中途在海地和圣多明哥稍作停留。在波多黎各，我住在总督布兰顿·温希普的旧房子里。那座房子曾经是一座堡垒，叫福塔雷萨，它是一座漂亮的粉红色灰泥建筑，俯视着圣胡安湾。

按照预先制订的详细计划，我参观了农村的许多学校。其中，一些学校正在努力提高教育质量。我还看到了妇女在家里做工。她们会在某些材料上绣一些美丽的图案，但用的这些材料常常不是很好。我敢肯定，美国妇女如果知道那些手帕、睡衣和衬裙是在什么环境下绣的，一定会在穿上或者使用前先用开水烫一下。工厂付给工人的工资很低，妇女在家做工获得的收入也少得可怜。小女孩在学校的午餐时间都坐在那里绣手帕，只是为了给家里增添一点儿收入。

农村家庭的卫生条件不是很好，但城镇的情况更加让人震惊。我记得自己当时正沿着一条街行走，准备到工人住的房子里参观。大多数房子都有两个房间，后面的房间照不到阳光，而进入前面房间的唯一光线是从门廊照进去的。那些旧砖房没有屏风，当然也没有水管或者其他现代化设施。许多妇女都在屋外做饭。我想知道她们是怎样用小炉子烹制食物的。

我想，在首府圣胡安的话，真正的贫民区情况应该会更糟。上次飓风过后，人们把被风吹得到处是的锡片、废铁和木头捡了起来，用这些材料在水面上建起了小屋。我们走在地桩上摇摇晃晃的铺道板上，看到每家房屋下的水都涨了起来。波多黎各还有一个贫民区，位于悬崖边上，非常危险。山羊和其他牲畜都住在房子下面。贫民区没有卫生设施，大多数人都患了伤寒。如果没有从美国买来的大米和豆类食物，岛上可能会有更多的人得佝偻病。肺结核夺去了许多人的生命。在波多黎各岛上，每年都有越来越多的孩子出生，因此，的确需要认真思考如何解决小岛上人口出生过快的问题。天主教教会的修女教女孩做漂亮的刺绣，尽其所能让孩子们过得更好一点。

我们从波多黎各前往维尔京群岛。维尔京群岛虽然条件很差，但当时似乎比波多黎各要好一点。人们在努力为波多黎各和维尔京群岛的居民建造新房子，但他们必须先教会那里的居民如何在新房子里生活——当地居民不知道怎样在更好的环境下像样地生活，因为他们被迫处于肮脏的环境中，想要保持清洁几乎不可能。

如果允许维尔京群岛从生产和销售的产品中获得更多的税收，这些问题就会更容易解决了。此外，如果航运和航空设施得到了发展，维尔京群岛很有可能成为度假胜地，这里的居民就可以从旅游贸易中获得可观的收入。

回来后，我恳求罗斯福派一些劳工和企业家去看看波多黎各的情况。后来，一些朋友去那里发展了新的产业，其中，包括曾在华盛顿哥伦比亚特区公共事业振兴署开展手工艺项目的阿德里安·多恩布什。波多黎各的竹子在他的开发下具有了多种用途，他的几个小产业正在波多黎各顺利开展。后来，在担任波多黎各总督时，雷克斯福德·特格韦尔尽力落实了他第一次到访该地时产生的许多想法。那些想法可能会对岛屿的发展有一些帮助。但那些岛屿的发展仍然存在巨大的问题，美国对这些问题的解决令人很不满意。

波多黎各人热爱自己的岛屿。那里的风景，尤其是山丘、沙滩和大海非常美丽。对待海洋污染，人们必须采取预防措施。只要那里有游泳池和沙滩，只要那里的酒店，环境开始改善，交通逐渐便利起来，我想人们一定会发现波多黎各是一个让人流连忘返的地方。

1934年夏，罗斯福决定穿越加勒比海和巴拿马运河到夏威夷去。他带着两个小儿子小富兰克林和约翰一起去了那里。报社记者乘坐另一艘船和他们同去。我记得罗斯福曾笑着告诉我，他需要向报社记者提供他们曾经停留过的大部分地方的历史背景——他对卡塔赫纳特别感兴趣。我可以想象出这样的场景：罗斯福坚持向人们讲解所有关于历史方面的知识。虽然这对小富兰克林和约翰来说是一件好事，但显然他们不会让这件事影响自己玩得尽兴。小富兰克林和约翰给我讲的通常都是他们参加过的精彩派对及与迎接父亲罗斯福的那些官员的女儿一起开车游玩的事情。

罗斯福是一位非常优秀的旅行家。他如果不了解自己参观过的某些地方的历史，就会非常乐意阅读这方面的书籍。罗斯福的地理知识储备惊人。通过集邮，他开始学习地理方面的知识，并且随着到处旅行，他的地理知识在不断增加。对坐船航行，罗斯福也有着浓厚的兴趣，虽然他只是一名乘客，但我想他总是对船能够安全航行负有一种责任感。

很多年前，罗斯福曾和我的弟弟霍尔·罗斯福一起穿过巴拿马运河。罗斯福注意到了两次旅行的不同之处。我想，他虽然没有在加拉帕戈斯群岛停留过，但已经在脑海中为以后的航行做了计划。后来，罗斯福和史密森学会的几位科学家一起去了加拉帕戈斯群岛。这些科学家想研究一些只能在加拉帕戈斯群岛找到的奇特动物。再后来，罗斯福劝说文森特·阿斯特和他一起去加拉帕戈斯群岛又航行了几次。我觉得罗斯福再次去那里也是为了进行科学研究。

一到夏威夷，罗斯福和两个儿子就痛快地玩了起来。罗斯福喜欢和当地的女王会面，也喜欢吃芋泥，但很少有人和他一样。

在罗斯福出发后，我乘飞机去了西部地区。洛雷娜·希科克也在那时休假。她在萨克拉门托与我见了面。当时正值夏季，我的女儿安娜和她的两个孩子正在内华达州里诺附近的一个牧场里居住。为避开记者，我们艰难地开着车，缓慢驶向那里。威廉·达纳夫妇非常善良。他们让安娜和两个孩子在他们家住，还设法给我和洛雷娜·希科克安排了房间。看到安娜和孩子们被照顾得很好，我很高兴。因为在那里还能骑马，所以我玩得很开心。

有一个非常有趣的人在照顾威廉·达纳夫妇的马，他叫巴尔·弗朗西斯。威廉·达纳夫妇告诉我，他曾经是个坏人，后来当了警长。这真是不可思议。当时，他的年龄已经很大了，非常受人尊敬。我之所以对他产生兴趣，是因为他能训练马。巴尔·弗朗西斯的马一直跟着他，还会做他要求做的任何事。这匹马可以躺下来，在主人的口袋里寻找食物，还会让巴尔·弗朗西斯在它身上做各种各样的表演，如靠在它的背上从地上捡起一块手帕。这匹马甚至会随着他哼的音乐跳舞。巴尔·弗朗西斯让我骑这匹马，觉得这对我来说是极大的恩惠。我骑了上去，但摔了下来。当我从地上爬起来时，他说："对像你这个年纪的女士来说，你算是很强壮的了。"

我不知道巴尔·弗朗西斯现在是否还在世，我一直都特别尊敬他。每一个受到动物信任的人，即使表面看起来可能不具有什么美德，但从本质上讲，他一定是个好人。

离开威廉·达纳夫妇的牧场后，我和洛雷娜·希科克沿着一条偏僻的小路开车前往约塞米蒂公园。在那里，我们遇到了牵着马的公园管理员。我们沿着一条小路爬上了山，看到一些公园管理员正在往池塘里放鱼。对我来说，那里的日子真令人陶醉，但我很担心洛雷娜·希科克。

我知道，平时经常吸烟、心脏不好的人不应该在海拔超过一万英尺①的地方露营。在约塞米蒂公园，洛雷娜·希科克会经常喘气，而我可以轻松爬到海拔一万三千英尺高的地方，俯视鱼塘，骑马去野餐，还会早早起床看公园管理员的总负责人捉那些一直在躲避我的鳟鱼。因为我实在抓不着鱼，所以只好同意把捉来的鱼处理干净

　　晚上，我们围坐在篝火旁，听公园管理员讲故事。他们精心准备了一顶帐篷，让我们睡在里面。但我喜欢把睡袋放在帐篷外面，这样我抬起头就能看到松树和天上的星星了。一天晚上，我醒来时突然感觉到有什么东西在我的脚边嗅来嗅去，这让我想起了曾经听说过的关于黑熊来营地觅食的故事。最后，我受不了自己再胡思乱想下去，于是突然打开手电筒坐了起来。我发现，原来是公园管理员总负责人的狗从几英里外的家里跑了出来。这只狗正从一个睡袋走到另一个睡袋，努力寻找主人的确切位置。

　　下山的路上，我们渡过一条小溪后到达了一个营地，准备由骑马改成乘车。这时，我回头一看，惊恐地发现洛雷娜·希科克的马躺在水里。幸运的是，在马倒下前，她及时从马上下来了。她浑身湿透，但幸好没有受伤。我们带她到了一个小木屋里，把衣服烘干，然后继续下山，回旅馆去。后来，我们一直住在旅馆里，直到参观完所有景点后，再驱车前往旧金山。我记得在旧金山要避开报社记者非常困难，根本不可能实现。在旧金山住了一晚后，我们沿着太平洋海岸驾车穿越了红杉林，那是我所知的最美的旅游胜地之一。我们抽出时间参观了火山口湖，还乘船去了一些奇特的火山岛游玩。之后，我们沿着哥伦比亚河公路驱车前往波特兰。我第一次看到那里电力的发展情况。

────────────

①　1英尺约合0.3048米。——译者注

在波特兰，我们发现起居室里摆满了鲜花。我们从未见过这样的摆设。有时，"乡巴佬"的幽默会让人毛骨悚然。人们会开玩笑地说："你只需一具尸体。"在波特兰，我第一次意识到这里真的是玫瑰城。

在这里，我和洛雷娜·希科克分开了。之后，我和汤普森小姐、路易·豪和斯蒂芬·厄尔利会面。他们打算和罗斯福在波特兰碰面，和他一起乘坐火车横跨整个国家，然后再返回白宫。路易·豪本想在旧金山见我和洛雷娜·希科克，因为我们没有和他联系，没见到，他非常气愤。但最终我让他平静下来了。罗斯福到达波特兰后，向我们讲述了他们在夏威夷经历的荒野故事及在海上度过的美好时光。

开车回家的路上，我们花了一天时间穿过冰川国家公园的一部分。一个印第安部落邀请罗斯福和伊克斯①进入一个小屋，还给他们起了很好听的名字。轮到我时，他们给我取了"女烟斗师"的名字。这让我觉得好笑，因为我不喜欢抽烟。刚搬进白宫时，我经常在午饭后点一支烟，因为这样可以让那些平时抽烟的妇女觉得舒服一些，但我并不喜欢烟在嘴里留下的味道。

小富兰克林和约翰两个男孩决定在冰川国家公园的湖里游泳。他们央求我一起去。我犹犹豫豫地站在湖岸上，想知道自己能否忍受得了冰水。突然，一个男孩推了我一下，我掉进了湖里，很快就喘不过气了，只能尽快向湖岸游去。印第安人站在那里静静地看着我们，似乎在说："这些人真蠢。"当我把救生圈套在身上后，我觉得这些印第安人的想法是对的，然后跑回小屋里取暖。

回家的途中，小富兰克林和约翰在不同的地方与我们分开了，前往不同的目的地。我记得离别前，我们在火车上一起吃了顿晚餐。当时，

---

① 即哈罗德·L.伊克斯 (Harold L. Ickes, 1874—1952)。——译者注

许多内阁官员也在场。当听说两个孩子和罗斯福在许多问题上发生了激烈的争吵时，内阁官员看起来非常担心。这时，我终于觉得有必要向这些内阁官员解释了——在我们家，我们经常鼓励孩子表达自己的意见。我并没有提到那个他们很快就会明白的事实：罗斯福总是在每个儿子大声而有力地表达了自己的意见后，用精心挑选的论据来驳倒他们。

1936 年冬，路易·豪从白宫住进了医院。我们不停告诉他，同时告诉自己，他会好起来的，会再次回到白宫。但突然有消息传来，他去世了。我想，这应该是罗斯福遭受的最大损失之一。虽然以后也会有其他人接替他，但失去他的痛苦令罗斯福难以忍受。罗斯福投身于公共生活，就意味着他根本没有时间悲伤。他必须履行职责，压抑自己的感情。路易·豪去世，这使罗斯福失去了一个关系密切的人，也剥夺了他的满足感，因为他身边没有可以进行坦率交谈的人了。罗斯福可能不会一直听从路易·豪的建议，但他的出现能让罗斯福感到振奋。

失去友谊的这种感觉是逐渐产生的，因为 1935 年的秋天和冬天，罗斯福就不能指望路易·豪给他提供帮助了。但路易·麦豪非常确定自己至少可以坚持到 1936 年总统大选后。他还计划了将来搬到纽约市，在旅馆的床上指挥竞选活动。

在东厅，罗斯福为路易·豪举办了葬礼。他似乎认为，自己有权在白宫最后一次悼念路易·豪。在忠诚的保镖根内里希去世后，罗斯福也坚持用这种方式向他致敬。1941 年秋，我的弟弟霍尔·罗斯福在沃尔特·里德医院去世。罗斯福坚持要我在白宫安排葬礼相关事宜。我结婚后，弟弟霍尔·罗斯福就一直和我们住在一起。虽然他比我小六岁，但我们总觉得他就像我们的孩子一样。

路易·豪的去世给我丈夫的生活留下了很大一片空白。我一直都觉得，如果他还活着，罗斯福身边的人就不会换来换去，与罗斯福的工作和社交生活密切相关但和他短暂接触的人会少一些。由于种种原因，没有人能够完全填补罗斯福想要填补的空白。人们轮流从他身边消失，这会让人偶尔有一种苦涩的感觉，是一种我可以理解但总是感到后悔的苦涩。在这个世界上，没有多少人的理想是仅仅为别人做成某些事。一段时间过后，罗斯福与哈里·霍普金斯建立起了友谊。这段友谊虽然与他和路易·麦豪的友谊有些不同，但在某些方面非常相似，又让罗斯福体会到了他在世时的满足感。

1934年至1936年，我们担心的主要是诸如此类的个人问题。事实上，在1936年的总统大选将要来临时，总体来说，我们觉得美国正在逐渐恢复元气。我虽然在1936年的竞选中参观了很多竞选总部，也和罗斯福一起旅行过几次，但并没有正式参与竞选活动。说实话，我从来没有觉得出去帮助罗斯福积极参选是一件好事，所以在所有竞选活动中，除非由于某种特殊的原因需要参与其中，否则我不会参与任何政治活动。

我清楚地记得那次我们去罗得岛州、马萨诸塞州和康涅狄格州的旅行。我们开车在小镇穿行，街道两边都是人。当地几乎没有做任何准备，因为当地政府认为不会有太多人来。然而，即使在乡间的小路上，人们也聚集在一起，站在那里注视着罗斯福经过。我们继续向前行驶。特勤人员越来越担心，最后在他们的坚持下，各州派出了士兵和国民警卫队来保护我们。波士顿公园里挤满了人。大家翘首以盼罗斯福很久了，都非常激动。我和罗斯福坐在第一辆车里。罗斯福相信每个人都会很安全。但我意识到，在我们的车后，一大群人围了上来。当时真的非常危险，有人可能会被撞倒，我们后面的车也可能因受到阻碍而无法前行。

偶尔，有人想把花扔进车里，或者是尽力接近我们的车和罗斯福握手。不过，特勤人员的办事效率很高。他们把那些可怜的人轻轻推到了一旁。由于我们的车还在继续向前行驶，特勤人员需要一路追赶我们。出于安全考虑，特勤人员必须这么做，但这种做法让我很不高兴。时至今日，当我回顾这些旅行时，我觉得这些旅行预示着罗斯福会在选举中取得胜利，但我当时非常忧虑。我忧虑的并不是自己或者是罗斯福，而是随从人员和那些围观群众。你无论害怕什么，都必须微笑和鞠躬；你如果停下来接受鲜花，或者停下来怀念某个地方，必须表现得十分愉快、无忧无虑。

这次旅行中，罗斯福在马萨诸塞州伍斯特的一个大厅里进行了演讲。当时，台下有很多观众。我们中有个人坐在罗斯福身后的观众席上。她听到了旁边一位妇女对朋友说："我知道这个观众席进行了扩建，这样就可以容纳下所有人。但我希望这个观众席足够牢固，不会坍塌。"可以肯定，特勤人员已仔细检查过大楼的每个角落，但每当有一点咯吱声或者其他噪声时，听到过这句话的人都会非常担心。

这次旅行的最后一天，罗斯福坐第一辆车，我和一些政客坐在后面的车里。我们打算在康涅狄格州的斯坦福坐火车回去。我们中虽然有一些妇女，但幸运的是，还有一些个子很高、很强壮的报社男记者。我对合众社的弗雷德·斯托姆印象非常深刻。在他奋力挤过人群把我们送上火车的过程中，我们一直紧紧抓住他的大衣后摆。如果没有弗雷德·斯托姆，我想我们应该会被落在后面或者遭到人群的踩踏，甚至可能会被踩死，因为人们都想看一眼火车上的总统。

1936年总统大选当晚，结果出来时，我们发现缅因州和佛蒙特州仍然是共和党人的阵营。罗斯福眼睛里闪着光，狡黠地说："我知道我应该去缅因州和佛蒙特州，但詹姆斯·法利不让我去。"

这次选举不存在什么不确定因素，我们也无须等待选举结果。像往常一样，我们待在海德庄园。选举之夜的餐厅，在我看来，总是变成离报社最近的地方。收到消息的机器被安装在餐厅外的一个小房间里。罗斯福有一部电话。人们接力把远方的消息传递给他。大家希望我对选举结果表现出非常期待的样子，也希望我和婆婆萨拉一起在海德庄园的总统图书馆里招待客人。除了一些我们想见的人，我要保证其他人不得进入餐厅。报社记者也会去海德庄园的餐厅。我们准备用一些点心款待他们。最后，当选举结果传来时，海德庄园的居民举行了火炬游行，前来祝贺罗斯福。这时，我们到外面的门廊上，对大家说了几句话。大家冻得瑟瑟发抖。

现在，当我回顾往事时，我觉得自己不应该对某些事过于操心。我总是担心是否有人受到忽视，是否有充足的食物，或者是否有什么不对劲的地方。我从来没有忘记过要做哪些事情，也从来没有让事情顺其自然发生从而让自己放松一下。我从来不会让其他人担心。我相信，就算我不操心，事情也会一样顺利进行下去。

我一直都有个坏习惯，连我的孩子都意识到了。他们在享受生活，而我恰恰相反，大部分时间都在管教他们——要么担心他们的健康，要么尽力让他们开心。因为罗斯福患有疾病，孩子们无法和他一起玩乐。我从来都没有真正无忧无虑过。随着年龄的增长，人总会获得一些经验。然而，在年轻真正需要这些经验时，我们却还没有获得它们。这让我觉得非常遗憾。我当然想要尽情享受生活，但不管怎样，我都要承担好自己的责任。

记得有一个周末，小儿子约翰恰巧在海德庄园。那时，我和汤普森小姐正在山顶上的瓦尔-基尔小屋里为一些王室访客准备野餐用品。这个小屋里没有家具，也没有水，因而罗斯福决定在山顶野餐就意味着我们需要做大量的准备工作。当我和其他人正在忙碌时，约翰走过来说："我以为这些事情就是这样的，没想到还需要提前做好准备啊！"那时，我才意识到，我这个母亲当得真是太不称职了。孩子会认为事情本来就是这样的，无需有人安排。如果我不那么操心，事情可能也会顺利进行下去，而我也会成为一个更讨人喜欢的女主人。我敢肯定，许多女主人都希望自己能够轻松一些。

1936年，当我们回到华盛顿时，罗斯福受到了热情欢迎，愉快地开始了他的第二届任期。在国会中，民主党成员占了绝大多数。他们都非常安心，觉得自己可以做任何想做的事。对任何群体来说，抱有这样的态度都是一件非常糟糕的事。这些官员需要担负起治理国家的重任，尤其是在国家经历了大萧条后。

早年，罗斯福在华盛顿时，他的主要兴趣是缓和我们与拉丁美洲邻国之间的敌意。如上所述，罗斯福觉得美国秉持的一直都是令人讨厌的"老大哥"态度。其实，我们应该采取一种更明智、更友好的政策来培养我们与邻国的感情。1936年11月的选举过后，罗斯福参加了在布宜诺斯艾利斯举行的美洲维持和平会议，为执行和平政策做出了努力。罗斯福想让儿子詹姆斯做他的助手。一个原因是詹姆斯在竞选中工作很努力，另一个原因是詹姆斯知道如何帮助他穿过人群。罗斯福总是喜欢能有一个儿子陪着他，但前提是这样做不会太妨碍他们做其他事情。

詹姆斯的加入解决了自己的军衔问题。当时，他是海军陆战队的预备役军官，但为了成为罗斯福的助手，他被授予了中校军衔。后来，詹姆斯要求降职为上尉，这是因为他不想让自己在某个特定场合获得的军衔让他一直处于一个不属于他的位置。

让我特别感激的是，詹姆斯陪父亲一起赴行了。我之所以这么说，是因为根内里希在布宜诺斯艾利斯时突然去世了。他的去世令罗斯福非常悲伤。当然，这个突发事件使同行的所有人都非常震惊。得知这个消息后，我们非常悲痛，因为根内里希是我们忠实的朋友。

罗斯福的这次旅行激起了人民的热情，他深受触动。让他感到特别高兴的是，他能让人民感觉越来越幸福。这是他渴望看到的。

这次旅行和其他具有外交意义的旅行都是罗斯福与国务卿科德尔·赫尔和国务院协商后计划出来的。罗斯福的得力干将副国务卿萨姆纳·韦尔斯不仅对南美洲的事务了如指掌，还非常赞同罗斯福在拉丁美洲所做的工作，全心全意支持睦邻政策。罗斯福认为，副国务卿萨姆纳·韦尔斯在工作方面表现得非常出色，因此，每一步计划的制订都让他帮忙提供详细的背景资料。不过，我认为，罗斯福对拉丁美洲国家的政府和人民表现出的善意，对国务院在落实相关政策方面起到了很大的帮助。

回程途中，罗斯福在乌拉圭作了停留。他总是喜欢讲自己和乌拉圭总统[1]见面时的故事。第一次见面时，乌拉圭总统向罗斯福保证："不必担心发生在我身上的事情会发生在你身上。"自乌拉圭总统受到威胁后，如果再有枪击事件发生，罗斯福一定不会感到惊讶。美国总统并不会成为暗杀目标。罗斯福开车四处逛了逛，后来告诉我，他虽然不是被射击的目标，但当时忍不住在想自己是否会被误击。幸好，那天并没有人被枪击。

后来，罗斯福从乌拉圭前往巴西。美国总统的到访使巴西人民燃起了巨大热情，这使罗斯福再次感到十分高兴。巴西总统热图利奥·瓦加斯和夫人瓦加斯[2]还让罗斯福带给我一些礼物。前段时间，报纸专栏和广播还就此事发表了许多评论，所以我觉得有必要讲述一下整件事的来龙去脉。

热图利奥·瓦加斯夫妇询问了副国务卿萨姆纳·韦尔斯是否可以

---

[1]　即加布里埃尔·特拉（Gabriel Terra, 1873—1942）。——译者注
[2]　即达西·瓦加斯（Darci Vargas, 1895—1968）。——译者注

送些礼物给我，因为他们知道美国有一项规定，即美国总统和其他政府官员在任期内不能接受外国政府赠给他们的私人礼物。瓦加斯送给我一套经过手工锤打的漂亮银茶具，她和热图利奥·瓦加斯还从收藏品中挑选了一颗非常大的海蓝宝石送给我。那是世界上最大、最完美的宝石之一。罗斯福回来时把礼物带给了我。那些礼物让我印象深刻。不过，后来我意识到，只有在白宫或者在某些官方聚会上才能使用那么大套的茶具。在白宫时，我把那颗宝石一直存放在保险箱里。

罗斯福去世后，我把那套茶具送给了"富兰克林·D. 罗斯福"号航空母舰。我希望在这艘航空母舰投入使用后不久，当美国人驾驶这艘航空母舰访问巴西时，巴西人能在船上看到这套茶具。我相信他们一定会非常高兴。

我不知道怎样处理那颗海蓝宝石，因为我再也没有一个真正安全的地方存放它。我把那颗宝石交给了伯纳德·巴鲁克，让他打听一下它的价值。我曾经找过很多珠宝商估价，但没有一个珠宝商能告诉我那颗宝石的确切价格。当时，专栏作家德鲁·皮尔逊宣称我将把那颗宝石卖掉；那颗宝石是送给罗斯福的，而不是送给我的；那颗宝石至少价值25000美元。一想到我可能会突然受到指控，说我留存了一些实际上属于罗斯福的东西时，我就感到胆寒。于是，我立刻去问詹姆斯，因为罗斯福把礼物送给我时，他也在场。我问詹姆斯是否还记得那些礼物。詹姆斯立刻回答说，热图利奥·瓦加斯夫妇把那些礼物交给了他的父亲罗斯福，让他转交给我。我虽然意识到人们不太会相信詹姆斯的证词，但实在想不出其他的办法，因为罗斯福已经去世了。德鲁·皮尔逊一直坚持说，巴西现任外交部长曾告诉他，那颗宝石是送给罗斯福的。可能这位外交部长并不知道把宝石送给我和送给罗斯福有什么区别。

我并不想把那颗宝石放在海德庄园的总统图书馆，因为我觉得它与罗斯福的收藏品并没有什么关系。我希望能用它做一些有利于巴西人民的事。幸运的是，我发现萨姆纳·韦尔斯对那件事非常清楚。他知道是热图利奥·瓦加斯夫妇让罗斯福把礼物转交给我的。萨姆纳·韦尔斯告诉我，如果把那颗宝石和罗斯福的其他收藏品一起放在海德庄园的总统图书馆，巴西人民会非常高兴。现在，那颗宝石就放在那里。我觉得那颗宝石确实引起了人们的兴趣，也许它象征着巴西人民对美国的仁慈慷慨。在证明这一点上，那颗宝石确实起到了很好的作用。

罗斯福对我非常了解。那次旅行途中，他给我买了一枚很小的海蓝宝石吊坠。我偶尔会戴着它。罗斯福把它送给我时说："我给你买的这件礼物不会很显眼，因为我知道你永远都不会戴着那么大的宝石。"

当罗斯福问我过生日或者过圣诞节想要什么时，我总是说想要一些实用的东西，如毛巾、床单和枕套等，这让他很恼火。我对珠宝唯一的兴趣就是拥有上一代人传承下来的珠宝，要么是拥有我真正关心的人戴过的珠宝，要么是我爱的人送给我的珠宝。我喜爱珠宝只是单纯喜欢而已。我喜爱漂亮的东西，如果家里已经有那么多珠宝，我绝不会想到再去买珠宝。家里的年轻人纯粹是出于感情的原因才珍视属于家庭的物品，他们通常更喜欢现代风格的物品。

事实上，我很喜欢罗斯福偶尔送给我的那些便宜的礼物。我相信，正是他为我挑选了某些礼物，所以在我现在或者将来转送给孩子时，这些礼物才有一些意义。

罗斯福买礼物不需要花很长时间，因为他总会事先列出一长串自己想要的东西，既有手稿，也有印刷出来的清单。在罗斯福建造了温泉镇的小屋和瓦尔-基尔小屋后，他就觉得那些小屋需要的东西和他想要的东西多得数不过来。

罗斯福还在南美洲时，我开始了第一次真正的演讲之旅。汤普森小姐一直陪着我。春季时，我在中西部进行了四次演讲，但我对这四次演讲并不满意。这是我在 W. 科尔斯顿·利演讲局的指导下的第一次演讲之旅。从那以后，我的所有有偿演讲都是在 W. 科尔斯顿·利先生的指导下进行的。无论是从商业角度看还是从个人角度看，我与 W. 科尔斯顿·利先生的关系都越来越好。随着时间的推移，演讲对我来说变得越来越容易，尽管我站起身准备讲话时仍然会紧张。不过，讲话时，那种紧张感就消失了。在长时间的演讲过程中，我会看笔记，但从来不会照着稿子朗读，因为我发现在不照着稿子朗读时，自己会更容易思考，我的演讲会给人留下更深刻的印象。

　　旅行让我有机会参观各种各样的地方，见识和了解各种各样的人。空闲时，我总是尽可能多地视察政府实施的项目，常常是在没有事先通知项目负责人的情况下到那些地方去。这样一来，实施项目的人员就无法提前做好准备。我逐渐看到了罗斯福在执政头一百天里采取的行动获得的一些成果。在与全国人民会面和交谈的过程中，我充分了解了新项目对他们的重要性。显而易见，住房和农业贷款使许多家庭免受灾难。类似的例子还有很多。

　　当然，我旅行回来后总是会向罗斯福汇报自己的工作。除了我的报告能够对他有些用处，我还有一个很私人的原因想进行旅行。在华盛顿生活的这些年，我一直在为将来不在那里的日子做准备。我不想放弃自己在纽约感兴趣的工作，因为我觉得总有一天自己会回去。我从没预料到我们会在华盛顿生活这么多年。在华盛顿，我们有很多事情要做，但我有许多特权，这让我感到很快乐。不过，我一直期待着每四年结束时的离开，因为我不想因享受太多特权而被宠坏，也不想在离开白宫后对可能继续从事的活动失去兴趣。现在回想起来，这似乎很可笑，我不妨记录下来，毕竟这是我一直以来都在考虑的事情。

因为签订了演讲合同，我必须严格遵守时间表上的安排。这意味着我在做好工作的同时要遵守规定。此外，虽然我发现去演讲并不总是意味着我成功成了"非官方"人士，但我真的很喜欢到不太正式的场合中去。有时，我在其他地方得到了比在华盛顿哥伦比亚特区还要多的保护。在底特律，有一天深夜，当我们推开宾馆房间的门，把一些信放进邮筒时，突然有三个人从隔壁房间冲了出来，问出了什么事。我们这才发现他们是被派来保护我的便衣警察。

我在阿肯色州的小石城，市长派了两名高大魁梧的警察护送我。他们都骑着摩托车。一天早上，我决定去洗头，于是与一家理发店提前约好了时间。这两名警察护送我去了那里。我本以为他们只是把我送到理发店门口，但让我惊讶的是，他们竟然和我一起进了店。后来，他们坐在那里观看了我洗头的整个过程。大部分顾客应该会觉得很有趣。不过，有些顾客可能会对此非常厌烦。

在纽约，我可以在没有太多人注意的情况下四处走动。当詹姆斯在纽约的房子里住了一段时间后，我在市中心租了一间小公寓。房东是我的老朋友伊丽莎白·里德和埃丝特·莱普。后来，我的弟弟霍尔·罗斯福在同一栋楼里也租了一间小公寓。我在公寓的生活与在白宫的生活形成了巨大反差。我想正是因为这个原因，我更喜欢住在公寓里。我和汤普森小姐在公寓里待得很舒服，我们工作时几乎不会受到打扰。另外，我们还有机会见到老朋友，这让我们非常享受。

剧院是吸引我来纽约的原因之一。在华盛顿，看好剧的机会非常少。演出结束后，我通常会邀请全体演员到白宫吃晚餐。早年时，只要有可能，我就和罗斯福去国家剧场看他感兴趣的戏剧。罗斯福一直很喜欢看戏剧，后来他越来越忙，享受这些乐趣的机会也就越来越少了。

每年美国出生缺陷基金会举行活动期间，参加戏剧表演的演员就会从纽约来到华盛顿哥伦比亚特区进行义演。最初，罗斯福也会去观看演出。即便他后来不去了，表演结束后，我们也会举办一场晚宴。《家有老爸》上演的那一年，扮演戴①的儿子的那些小男孩给罗斯福带来了很多欢乐。当我带这些孩子参观白宫时，我想，其中那个最小的孩子应该对白宫非常感兴趣，因为他对这样一个故事印象特别深刻：1812年战争中，白宫被烧毁了。多莉·麦迪逊用刀把乔治·华盛顿的肖像画从画框中裁了下来，将其卷好，在英国人到达时顺利逃走，从而挽救了这幅画。这个小男孩喊道："她用的是哪种刀呢？"我怀疑罗斯福没有想过这个问题，心里就暗自窃喜，觉得终于有一个问题可以难住他了。我就甜甜地对孩子说："我不知道这个问题的答案，但我相信总统知道。我们去问问他吧。"于是，我们走过去问罗斯福这个问题。他稍作停顿，然后说道："嗨，当然是菜刀了！"

每次罗斯福过生日时，大家都非常忙碌。很多电影明星都会参加为脊髓灰质炎患者举行的活动。我觉得和电影明星一起吃午餐非常有趣。我想，这些电影明星应该都很喜欢我带他们参观白宫。孩子们如果在家里，便会帮助我做这个工作。这些电影明星非常大方地给白宫工作人员签了名。

晚上，我会在举办生日舞会的酒店里转一圈，然后通常会在许多电影明星的陪伴下及时回到白宫，收听罗斯福的广播讲话。我知道能够与这些明星合作让罗斯福很感动，也让他很感激。他借自己的生日帮助了脊髓灰质炎患者，能不高兴嘛！

我们入住白宫前，路易·豪表现出了他多才多艺的一面。他总是把大量时间和心思用在罗斯福的生日聚会上。只要他组织安排，生日聚会

---

① 即克拉伦斯·戴(Clarence Day, 1874—1935)。——译者注

就会非常有趣。他还专门为聚会写了一些诗和歌曲，安排每个人表演一些特技。

罗斯福总是会为我的生日聚会制订计划。他知道我不喜欢声张，所以只是简单地把我特别关心的朋友聚到一起，吃顿晚餐。聚会结束后，当不再是其他人关注的焦点时，我会感到很高兴。我想这是因为我还没有完全克服小时候就有的羞怯心理吧。

入住白宫的最初几年，我们觉得在华盛顿过节很重要，尤其是过圣诞节。婆婆萨拉和嫂子①总是来白宫过圣诞节。除了遵循那些白宫已经确立的传统，我们仍然努力保持自己的家庭传统。

圣诞节时，我们一家人会尽量聚在一起，直到孩子们结婚后从家里搬了出去。圣诞节的早上，每个人都会在长袜里找到礼物，这是我们的传统。孩子们早上一醒来，就会把我们叫醒。圣诞树通常在平安夜就准备好了。大一点的孩子会帮忙修剪圣诞树。罗斯福总是指挥我们把装饰品或者一串串金属亮片挂起来。他还一直坚持让我们使用蜡烛作为照明工具。罗斯福虽然了解许多先进的政治理论，但以许多奇怪的方式坚守着老传统。

在海德庄园，我们会在平安夜的晚会开始前点亮圣诞树，邀请那里的居民参加晚会。圣诞节当天16时左右，我们会为孩子们点亮圣诞树，把所有礼物堆在圣诞树周围。当孩子们还小时，我们在中午吃圣诞节大餐。他们长大后，我们就在晚上吃。后来，当孙辈们过来和我们一起过圣诞节时，我们就又改在中午吃圣诞节大餐了。入住白宫后，我们家依然保持着这些惯例，还增加了必须进行的正式的仪式。

圣诞节的前一天早上，我和罗斯福会为白宫所有文职人员和特勤人

---

① 即伊丽莎白·赖利（Elizabeth Riley），她是罗斯福同父异母的哥哥詹姆斯·罗斯福的妻子。——原注

员举行招待会。招待会上，罗斯福会给每人发一个小纪念品，祝他们圣诞快乐。下午，我们会为家政人员、司机、维修人员和警卫举办聚会。在下午的聚会上，这些工作人员如果愿意，可以带上自己的直系亲属。十二岁以下的孩子会收到一份礼物。每位工作人员还会收到一笔现金和一个装满糖果的丰饶角。我们通常会送给警卫一条领带或一条手帕、一个水果蛋糕、一个装满糖果的圣诞节丰饶角。

当然，这意味着事先做好大量组织工作。在旅行途中，如果我看到可以当作圣诞礼物送给别人的东西，就会买下来，派人送往白宫。白宫三楼有一个壁橱，我们称之为圣诞壁橱。东西一旦送到白宫，就会被存放在那里。

我会提前买几十个玩具，预订糖果、蛋糕及领带或者手帕。管家和接待员会提供给我员工及其家属的名单，上面写好孩子的姓名和年龄。初秋时，送给孩子的礼物都用薄纸包好，圣诞卡片内还附上了送给每个人的现金。这真是一项艰巨的工作，必须认真对待，因为我不希望任何人因我们的疏忽而被遗漏。起初，莫莉·萨默维尔夫人和缪里尔·伦德夫人负责这部分工作。莫莉·萨默维尔夫人离开后，缪里尔·伦德夫人和多萝西·道及后来的凯瑟琳·赫夫龙小姐在我们离开华盛顿前一直负责这项工作。起初，这些年轻的女士们因为习惯了只买个人用的包装纸和丝带，所以对我需要的纸、丝带、标签等物品的庞大数量感到震惊，但她们很快就适应了，知道必须大量采购这些物品。

当然，我还需要准备送给其他人的圣诞礼物。我经常站到凌晨，一直做这件我非常喜欢做的事情。当有朋友来白宫住时，我经常让他们用一个晚上的时间帮我把礼物包装好放在圣诞壁橱里。今年的圣诞节快要到了，有些朋友仍然会提起这件事。

威廉·里夫斯担任白宫园艺总管已有四十多年，和他的员工总是把白宫装饰得非常漂亮。他们把东厅里的那棵大树装饰成了银白色。那是我见过的最漂亮的树。

聚会当天，在东厅的东侧摆放了好多长凳。玩具和礼物是按照名字的字母顺序排列的；临近东厅的三张桌子整齐地摆放好，上面分别放上了装满糖果的丰饶角、装好钱的信封和蛋糕。在受到我和罗斯福还有其他家人的欢迎后，参加聚会的每家人都会在这个房间里转转。然后，每张桌子的负责人就会把礼物送给他们。我的孩子如果在家，也会帮忙。

当两个小儿子小富兰克林和约翰上寄宿学校前，也就是还在家时，我在纽约的妇女工会联盟俱乐部所在地为那些父亲生病或者因受伤而无法工作的孩子举办圣诞聚会。我觉得我的孩子应该知道这一点——并不是所有孩子都像他们一样幸运。参加聚会的孩子有三十五人至四十人。我给他们买了暖和的手套、毛衣、溜冰鞋、洋娃娃或者其他玩具。圣诞聚会上，我的孩子算是主人。我们准备了冰淇淋、蛋糕、热可可、橙子和苹果。我们知道，如果没有孩子，任何聚会都不可能是真正的聚会。一次聚会上，一个小女孩向小富兰克林要一件礼物，想带回家送给妹妹。因为她和妹妹只有一件外套和衣服，所以她们抽签决定谁能参加聚会，结果妹妹没能参加聚会。得知这种情况后，小富兰克林非常震惊。他愁容满面地来找我，不仅让我送礼物，还让我帮忙买衣服。在他的世界里，每个人都应该有衣服穿。

我每年都会举办这些聚会，甚至在儿子长大后依然如此。直到1941年就业人数达到顶峰时，这些聚会才停止。我发现人们不需要聚会了，就放弃了，此后再也没有举办过。

圣诞节的前一个星期，我通常会去海德庄园，用一天的时间把准备好的礼物送给那里的居民或者为我们服务的人员。我们如果在圣诞节后刚好回到海德庄园，就会在家里为当地人举办聚会。后来，宪兵学校在海德庄园建立起来。在海德庄园的总统图书馆，我们为驻扎在那里的士兵举行了两次晚会。当新兵第一次见到罗斯福时，他们常常忘记了该如何敬礼，总是用自己独创的方式端枪。罗斯福被他们逗乐了。

晚会开始时，我们一起唱了颂歌。士兵们还成立了一个合唱团。当我们在海德庄园时，这个合唱团总会挑一个晚上给我们演唱小夜曲。唱完颂歌后，大家走到圣诞树前，拿一个装满糖果的丰饶角和一个小纪念品。然后，我们一起跳舞，吃些点心。在约翰·戈尔登的组织下，我们通常会举办一些娱乐活动。不仅士兵们喜欢这些娱乐活动，罗斯福和其他家人也很喜欢这些娱乐活动。我记得一个叫弗兰克·帕克斯顿的先生非常厉害。无论我们给出哪一个美国地名，他都能说出一些关于那里的情况。士兵们都想用自己家乡难倒他，这非常有趣，但就连罗斯福都没能难住他。

在一个暴风雪的晚上，由于冰雪的缘故，无论是表演人员还是播放音乐的机器，甚至是受邀来跳舞的女孩，都要很晚才能到达。因此，在我们唱了一段时间的颂歌后，我让罗斯福和士兵们谈话，跟他们讲一些第一次世界大战的事情。罗斯福讲了起来。士兵们听得津津有味，问了他很多问题。当播放音乐的机器和姑娘们到达时，他们只好结束对话，这让士兵们有些失望。

在华盛顿，我在平安夜那天总是非常忙碌。我先要去参加由福利委员会在国家剧院为贫困儿童举办的聚会。然后，我和罗斯福会一起去祝福行政办公室的所有工作人员圣诞快乐。

午餐时间，我通常要去救世军总部。在那里先举行一个仪式，然后给人们分发食品篮。经济大萧条时期，我担心这样的仪式对我产生不好的、不符合基督教教义的影响。因为在分发食品篮前，总有人告诉那些可怜的人，他们对此应充满感激。但我知道如果我是他们，我一点儿都不会感激。离开救世军总部后，我会去美国志愿军协会。那里会举行同样的仪式并分发食品篮。然后，我会及时回到家中参加下午在东厅举行的聚会。

聚会结束后，我和罗斯福还有其他家人一起去点亮国家圣诞树。在那里，罗斯福会播送一条圣诞信息。然后，他会回到白宫，而我则会去一条小巷内。这条小巷其实就是华盛顿的贫民窟所在地。我们会在小巷中的一棵圣诞树前再次唱起颂歌。看着身边的穷人，我不禁想知道圣诞节对这些孩子来说意味着什么。

每当我回到家时，罗斯福都在给聚集在一起的家人朗读狄更斯[①]写的《圣诞颂歌》。他每年都会更改这本书中需要阅读的内容和略过的段落，但我认为他最喜欢的是关于菲茨威格这个人物部分的内容和圣诞晚会的故事。罗斯福总是津津有味地读这本书。他也很喜欢这部分内容：圣诞节早上，老吝啬鬼斯克鲁奇醒来了，朝窗外呼唤一个男孩，让他给鲍勃·克拉奇一家人买火鸡。罗斯福很有戏剧感，在读关于鬼魂的部分时总会加入大量的戏剧元素。事实上，每当罗斯福大声朗读这样的内容时，他都会直接表演出来。这就是为什么在小孩子甚至还没来得及理解书的意思前，罗斯福就能够很好地吸引住他们的注意力。罗斯福通常会在晚餐后朗读《圣诞颂歌》。然后，我们需要把长袜装满礼物。最后，我和汤普森小姐大概率总会去纽约市曼哈顿区的圣托马斯教堂参加午夜礼拜。

有两次圣诞节，我没在家。但每遇到如此情形，我会把一切提前安排好。有一次，小富兰克林住院了。于是，我匆匆赶往波士顿。小富兰克林是实验对象，他需要服用磺胺类抗菌药物。我们为他担心了一段时

① 即查尔斯·狄更斯（Charles Dickens, 1812—1870）。——译者注

间。过很长时间后，他才完全康复。

　　另一次是因为我的女儿安娜做了手术。她的身体还没有康复，不能回家陪家人过圣诞节，我坐飞机去了西雅图。那次旅行让我非常头疼。我一直在想，我会不会因为天气原因无法及时赶到那里，会不会在某个地方的宾馆里度过圣诞节。但幸好一切都很顺利，我及时赶到了西雅图，才尽量阻止了还未痊愈的安娜做一些事情。

　　第二次世界大战的最后两年，我们都是去海德庄园过圣诞节。儿子们无法陪在自己的孩子身边，所以孙子们就和我们待在一起。那时，孙子们更喜欢去海德庄园，而不是待在华盛顿。

　　圣诞节假期一过，我们就返回华盛顿了。罗斯福喜欢在白宫度过新年前夜。那一天，我们总是和一些朋友聚在一起。午夜时，在椭圆形办公室里，我们打开收音机，手里端着传统的蛋奶酒，等待午夜的到来。罗斯福总是坐在大椅子上。作为总统，他举起酒杯说："敬美利坚合众国。"所有人站在他的身后，说着同样的祝酒词。不知为什么，在白宫里，这些话语总是特别有意义，让人印象深刻，还给随后的个人问候增添了几分庄重感。

第10章　第二届任期（1936年到1937年）

无论是在吃饭时，还是在进行家庭谈话时，罗斯福对自己所做的工作都不会谈论太多。我们大多数人认为，罗斯福和家人在一起时应该暂时从工作中抽离出来。如果大家谈论到了某个话题，并且他询问了在场某些人的观点，我们就可以从中了解他的感受和其他工作人员提出的观点了。

我们常常发现，一旦有某项行政法案被提交国会审议时，晚上到罗斯福书房里去的国会议员就会多起来。罗斯福赞成的法案需要得到国会议员的支持。我很早就知道我必须评价他支持的法案。罗斯福非常认真地计算了某些行政法案获得的票数。这些行政法案被认为是"不可缺少"的法案。

只有"不可缺少"的法案才可能得到政府的支持。政府最初几年里采取的措施主要是经济或救济措施，后来则是防御措施。我经常会对各种各样的问题有强烈的看法，但由于政治现实，罗斯福常常不会支持他希望成功的事情。有时，这让我很恼火。拿西班牙内战来说吧，我们必须对此事保持中立。罗斯福清楚地知道，他希望民主政权取得成功，但他不可能让国会与他意见统一。当我对此抱怨时，罗斯福向我解释说，国际联盟要求我们保持中立。这样就可以证明他采取某些行动或者不采取某些行动是正当的。尽管罗斯福知道，在我看来我们在做错误的事，但他努力说服我相信这样做是正确的。罗斯福这样做也只是想安慰自己，因为他也不确定这样做是不是正确的。我觉得这就像在自我惩罚，并且这种惩罚已经出现了很多次。

我还记得我想得到所有人支持反私刑法案和废除人头税法案一事。尽管罗斯福赞成这两项法案，但这两项法案从未成为"不可缺少"的法案。当我表示抗议时，罗斯福只会说："我们要把重要的事情摆在第一位。我需要得到一些选票来支持更重要的法案。推行这些可能会造成内部斗争的法案，可能会导致我失去选票。"随着欧洲局势的恶化，备战是当务之急，并且备战法案一直都属于"不可缺少"的法案。罗斯福很清楚，如果政党分裂，那么备战法案将不会获得通过。

人们并没有意识到总统要承受多大的压力。各种各样的事情有时十分重要，因此，总统必须把这些重要的事情放在首要地位，而把内心的真实愿望放在次要地位。例如，战争的狂热气氛不仅影响了竞选演说，还影响到了某些行政法案的通过。

经常有人来找我，而我则可以争取让他们支持罗斯福向政府提出的某个建议。我虽然可以把情况告诉来找我的人，但我无论多么希望他们支持罗斯福，从来都不会要求他们这么做，因为我意识到他们可以从全局出发来考虑一些事情，而我可能会忽视部分因素。我会尽我所能帮助那些来找我的人，但我不会告诉他们罗斯福可能有的想法，包括罗斯福从来没有要求我不能向他人表达自己的想法这一点。我想，正是因为这个原因，尽管我向罗斯福提出了抗议，但我会更加谨慎。正如我说的那样，我觉得罗斯福知道自己计划中的要点，而我没有权利采取行动扰乱他的计划。

我向罗斯福提出了一个想法，那就是建立全国青年总署。当时，公共事业振兴署的负责人是哈里·霍普金斯，副署长是奥布里·威廉斯，也就是后来全国青年总署的署长。他们知道，我从一开始就对美国年轻人所处的困境深感不安，因为我已经就此事和他们谈过很多次了。有一天，他们对我说："我们来找您是因为我们觉得现在还不应该和总统罗斯福谈论这件事。"他们接着说："可能有很多人反对设立全国青年总署这样一个政府机构。这个机构的设立也可能会产生不良的政治影响。我们不知道美国是否能够接受这个机构。我们甚至不想问总统罗斯福，因为我们觉得不应该让他现在就必须做出正式的回答，即'行'或者'不行'。"

我答应他们尽量了解一下罗斯福的想法，并且把他们的意见和忧虑跟他讲讲。我一直等到平时与罗斯福讨论问题的时间，即在他睡觉前走进他的房间，然后叙述了整个想法。在罗斯福对此事有所了解后，我告诉了他哈里·霍普金斯和奥布里·威廉斯对建立全国青年总署的担忧。罗斯福看着我说："他们认为这样做是正确的吗？"我说，他们认为这个机构对年轻人会有很大帮助，但他们想告诉罗斯福的是，这样做从政治角度来看可能并不明智。另外，他们认为，德国曾把年轻人编成了团，因此很多人可能担心美国会做同样的事，应该不会赞成把年轻人编成团的做法。罗斯福说："如果对年轻人来说这是正确的事，那就应该这样做。我想我们能忍受得了批评。除了这种方式，我想我们还可以采取其他方式管理年轻人。"

第二天，我把罗斯福说的话告诉了哈里·霍普金斯和奥布里·威廉斯。不久，全国青年总署就诞生了。毫无疑问，这个机构帮助了许多年轻人。全国青年总署不仅提供了各种项目帮助高中生和大学生完成学业，还为走读生和非走读生提供了培训，补充了平民保育团的工作。

这件事让我感到非常自豪。我们尽管考虑了政治方面的因素，但还是做了正确的决定。实际上，这个机构在政治上很受欢迎，大大加强了行政管理。

随着时间的推移，我发现人们不再把我当作罗斯福的代言人。人们意识到我有自己的观点，并且罗斯福可能完全不赞同我的观点。后来，在陈述自己的观点时，我感觉更自由了。不过，我总是小心行事。例如，如果我对某件事情有所怀疑，有时就会给罗斯福看一篇我写的关于那件事的专栏文章。他唯一的建议就是让我改动某个词语，而这只是无关紧要的文风问题。当然，这种不插手的做法对罗斯福也有好处，因为这意味着我的专栏文章有时可以充当试探性的言论。如果我强烈表达的某个观点引起了激烈的反应，并且罗斯福很可能是赞同那个想法的，那么他就可以诚实地说，他对那件事没有责任，因为那些都是我的观点。

尽管罗斯福从未劝阻过我，也不会受到我想说或者想做的事情的干扰，但其他人对我的做法并不是很高兴。例如，我知道在社会工作领域，我的种族信仰和我举行的许多活动引起了斯蒂芬·厄尔利和马尔温·H. 麦金太尔的密切关注。他们担心我会在政治方面和社会方面对罗斯福造成不利影响。我想，他们会认为我在罗斯福不知情、不赞成的情况下做了很多事情。有时，斯蒂芬·厄尔利和马尔温·H. 麦金太尔会向罗斯福或者其他人夸大这些事情。我尽管当时就知道他们夸大了某些事情，但不会去解释，因为我和他们的基本价值观相差很大。我坚信自己的价值观。我觉得在日常交往中，我们最好礼貌一些。

我记得有一天下午，我在白宫为来自华盛顿哥伦比亚特区少年管教所的女孩举办了一次游园会。其中，大多数女孩都是有色人种。斯蒂芬·厄尔利认为，这样做从政治角度来看非常不明智。南部的报纸也进行了一些不好的报道。此外，斯蒂芬·厄尔利也不赞成我和美国青年代

1938 年 6 月，罗斯福总统及夫人在参加完
约翰·罗斯福和安妮·林赛·克拉克的婚
礼后准备离开马萨诸塞州纳罕特的教堂。
从左至右为：詹姆斯·罗斯福、罗斯福夫人、
萨拉·德拉诺·罗斯福、罗斯福总统和埃
利奥特·罗斯福

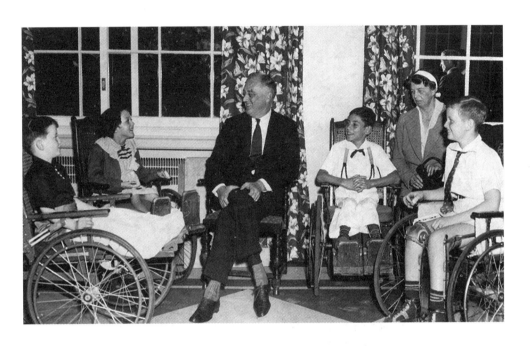

1938 年 4 月，罗斯福总统夫妇与一些患病
的年轻人在温泉基金会

1938 年 8 月，罗斯福总统及夫人在纽约州
的海德庄园参加家庭俱乐部组织的聚餐。
从左至右为：拉瓜迪亚的夫人、卡罗琳·奥
戴（坐在车里）、菲奥雷洛·拉瓜迪亚市长（踩
着汽车的踏脚板）、罗斯福总统及其夫人

1938 年 11 月，罗斯福总统与三位秘书在一起。从左至右为：罗斯福总统、玛格丽特·莱汉德、马尔温·H.麦金太尔和格雷丝·塔利

1938 年 4 月，罗斯福总统夫妇和哈里·胡
克刚参加完位于华盛顿的圣托马斯圣公会
教堂举行的复活节崇拜活动

1938 年 4 月，哈里·霍普金斯与罗斯福总
统夫妇离开佐治亚州的温泉镇，准备前往
华盛顿

1938 年 11 月，罗斯福总统夫妇与总统母
亲萨拉·德拉诺·罗斯福离开纽约州海德
庄园的投票地点

1938 年 11 月，罗斯福总统及夫人在佐治
亚州的温泉镇接受记者采访

1939 年，罗斯福总统在海德庄园签署总统
图书馆的契约，罗斯福夫人和弗兰克·C.
沃克在一旁注视

1939 年 11 月，罗斯福总统及夫人为总统
图书馆举行奠基仪式

1939 年 5 月，罗斯福总统及夫人在海德庄园接见来自挪威皇室的客人。从左至右为：罗斯福夫人、挪威王储奥拉夫、萨拉·德拉诺·罗斯福、王储妃玛塔公主和罗斯福总统。他们正坐在罗斯福家中的门廊上

1939年6月，罗斯福总统及夫人在华盛顿
联合车站迎接英国国王和王后。从左至右
为：国王乔治、罗斯福总统、埃德温·M.
沃森将军、罗斯福夫人和伊丽莎白王后

伊丽莎白王后与罗斯福夫人在华盛顿

1939 年 6 月，罗斯福总统及夫人在海德庄园车站的月台上向国王乔治和伊丽莎白王后挥手告别。这对王室夫妇即将前往加拿大

罗斯福夫人在白宫的门罗的房间里

1940 年，骑马回来后的罗斯福夫人站在白宫的南门廊上

表大会的成员一起工作。不过，罗斯福从来没有和我谈过此事。我总觉得，如果罗斯福的连任取决于我或者其他家人做的这种小事，他就不可能做美国人民希望他做的事。

我知道罗斯福对此也有同感。儿子埃利奥特和女儿安娜离婚的事情让许多政治顾问还有一些家人深感不安。他们觉得这会对罗斯福的政治生涯造成不利影响。每次罗斯福都尽其所能阻止离婚事件的发生，但当他确信孩子们已经考虑好并做出决定时就不再干预。他从来没有想过孩子们的生活应该服从于他的利益。罗斯福说，一个从政者的成败取决于他采取的政策取得的结果；从政者的孩子做某些事情或者不做某些事情的确会影响从政者的生活，但不应该与从政者的政治利益有什么联系。罗斯福说得很对。我想大多数美国人都会为罗斯福必须忍受这种焦虑而感到心痛。不过，他们也意识到，总统的家庭和普通人的家庭是类似的。在这个不确定的时期，许多家庭都面临着压力和紧张，这也许就是那个时代无法避免的事情。

有时，罗斯福会对批评置若罔闻。1937年，罗斯福要求詹姆斯来华盛顿哥伦比亚特区担任他的秘书，这使我非常震惊。詹姆斯当然很高兴，因为他一直对政治很感兴趣，并且认为这是一个帮助父亲罗斯福的好机会，自己也可以从中学到很多东西。此外，詹姆斯还能够在政府中真正发挥作用。但我当时就预料到了，罗斯福会因任命詹姆斯而受到攻击，并且詹姆斯也会受到攻击。担任秘书后，詹姆斯一定会开展一些必要的政治活动。我可以想象到，詹姆斯会令自己和罗斯福陷入困境。我竭尽全力向罗斯福提出抗议，告诉他这样做太自私了。我还和詹姆斯谈了谈，尽力劝他不要来华盛顿哥伦比亚特区。但他看起来并不反对罗斯福的决定。最后，罗斯福对我说："为什么仅仅因为我是总统就剥夺了詹姆斯来帮助我的权利？还要剥夺我和他在一起时的快乐？"这让我哑口无言。这件事看起来很难办，并且罗斯福说的话的确有道理。尽管如此，我还是很不开心，认为自己的担心不无道理。

詹姆斯的工作做得很好，对罗斯福有很大帮助，但他比其他秘书更容易产生嫉妒心和好胜心。当开始与国会人员共同工作时，他确实遇到了一些麻烦。由于紧张工作和心理焦虑，詹姆斯患上了胃溃疡，最后只能到梅奥医学中心去做手术。罗斯福带着平时与他随行的必要人员，在手术当天上午到达了医院。罗斯福非常镇静，因为他经常处于危机中；他闲聊时什么也不会想。我可以做到镇静，也能保持安静，但需要用全部的自制力来保持微笑并和别人交谈，并且我说话时需要集中全部精力。在我为担心命运的打击而积攒勇气时，我总是想自己一个人静一静。然而，在出现这样的情况时，我尽管心里会有些慌乱，但表面上仍然要像一台机器一样继续运作。我还记得那天上午，詹姆斯手术时我一直在外面等，手术结束后又等了好一会儿，直到医生拿着化验报告走过来，告诉我他的病情并没有恶化。医生告诉詹姆斯，经常神经紧张对他不好。詹姆斯接受了医生的建议，不再到白宫任职。

1937年，大概就是在罗斯福把詹姆斯带到华盛顿哥伦比亚特区时，罗斯福对改变最高法院的决定非常不安。他的顾问之间产生了分歧。有人认为改变最高法院的决定是非常不明智的做法。罗斯福认为，如果有进步意义的法案通过了，但最高法院宣布法案违宪，那有意义的法案就无法推行了。他还认为，随着年龄的增长，人们会变得过于保守，所以不应该让人们无限期掌权。

在我看来，关于最高法院的法案没有通过对罗斯福是一次真正的打击，但他并没有觉得遗憾，只是说："好吧，那我们就拭目以待吧。"后来，罗斯福还是一点点地地改组了法院。一天，罗斯福说，尽管关于最高法院的法案没有通过，但这场斗争是值得的，因为这件事使公众的注意力集中到了最高法院及其裁决上。罗斯福认为，引起公众的兴趣总会有些帮助。他坚信，当觉察到要守护自己的利益，当真正了解在紧要关头发生的事情时，人民就会发挥出集体的智慧。

我虽然完全支持罗斯福尽力在做的事情，但过去一直认为，只要等一段时间就可以省去很多麻烦，因为法院法官的离世和辞职罗斯福才有机会任命新的法官。不过，如果没有做出这样的斗争，也许辞职的人会更少。

1938年，即将进行国会选举时，我看到罗斯福再次陷入了困境。他对最高法院的看法与对保守派立法者的看法是一样的。罗斯福认为，如果让实现人民自由的计划继续进行下去，就必须有自由派议员。国会中民主党派人士虽然占多数，但他们并没有统一成一个战斗团体，而是分成了好几个派系。有时，在民主党内部，有些民主党人可能会与更保守的共和党人合作得更密切。这种情况就导致了总统顾问和内阁成员的意见出现了分歧，最终的结果就是罗斯福采取了清除异己的做法。

要是路易·豪还在世，如果罗斯福在这次国会选举中犯了政治性错误，我想，其中某些错误也许是可以避免的。路易·豪即使与罗斯福争论，也依然会对他忠贞不渝。他去世后，罗斯福再也没有一个像他一样的政治顾问了。他会为罗斯福做出理智、缜密的政治分析。罗斯福就算不同意他的观点，变得非常恼怒，但仍然十分尊重他的政治智慧。不管罗斯福是否会听从他的建议，至少他清楚地陈述和论证了不应采取某个有争议行动的全部理由。一旦罗斯福做出了决定，他就会忠心耿耿地努力帮助他实现目标。他尽管可能觉得采用某些方法甚至设立某些目标是不明智的，但还是会按照罗斯福决定的去实施。

罗斯福发现，哈里·霍普金斯像路易·豪一样，陪伴他、对他忠心耿耿，但哈里·霍普金斯没有路易·豪那样的政治智慧，不会像他一样仔细分析每一种情况。就像我前文提到的那样，路易·豪会一直争论，直到他觉得罗斯福已经看到了问题的所有方面。不过，哈里·霍普金斯并不会这样做。他会诚恳地发表自己的意见，但因为知道罗斯福不喜欢反对意见——有谁喜欢反对意见呢——所以他常常不顾自己的意见对罗斯福的意见表示赞同，或者通过间接方式努力说服罗斯福。哈里·霍普金斯会等到一个对他来说很好的时机提出一个话题。他如果不太了解这个话题，就会用其他人的观点支撑自己的观点，直到罗斯福完全被他说服。哈里·霍普金斯不像路易·豪那样强迫罗斯福听那些令人不快的论点，所以他的做法也就没有路易·豪的做法有价值了。

路易·豪比罗斯福年长，并且他在早期政治生活中的许多方面都给予了罗斯福非常大的帮助，所以在思想上他比哈里·霍普金斯更加独立。反过来，可以说是罗斯福"塑造"了哈里。在罗斯福的帮助下，他开阔了视野，也了解了许多关于国内政治和外交事务的知识。因此，对罗斯福来说，他的观点就没有路易·豪的观点那样重要了。

詹姆斯·法利会和罗斯福争论，但两人的争论大多数情况下都没有什么效果，因为詹姆斯·法利主张采取的行动总是政治上的权宜之计。爱德华·J.弗林会向罗斯福描述自己看到的真相，并且毫无畏惧地与罗斯福争论，但他并不总在罗斯福的身边。因此，在路易·豪去世后，罗斯福常常在没有全面讨论问题的情况下就做出了决定。

总体来说，我认为在清除异己方面，无论别人怎么说，罗斯福都会按照他一直坚持的行动路线采取行动。罗斯福这样做的一个基本理由就是，他认为国会里一定要有理解他、会为他的目标而努力的人。罗斯福知道，如果没有这样的人，那么他就要花费时间说服国会议员改变他们自己的意愿，利用压力让他们意见统一。这样一来，民主党派人士才能团结起来成为一个战斗团体。这既需要花费心思，也需要时间，因此，美国总统完全可以采用其他方式来达到这个目的。

当然，如果副总统、众议院议长、参议院和众议院的政党领袖、内阁成员能在国会中增强自身实力，那么很多事情可以由他们来做。但归根结底，总统要为其追随者的行为负责。当追随者不再追随总统时，总统就觉得自己的领导能力被削弱了。当然，在一个政党中，不可能存在完全一致的意见，特别是这个党派的人士在国会中占大多数时就更不可能了。但我们必须团结更多的人，这样才能让他们发挥作用。

当然，罗斯福并不希望国会在任何情况下都与他的意见保持一致。从毕生对美国历史的研究和亲身经历中，罗斯福深切体会到了开国元勋在美国政府中建立制衡机制的价值。罗斯福意识到，国会愿意投票支持一切必须行使的权力，以应对紧急情况。但在一个民主国家中，人们并不希望这种紧急情况持续下去。罗斯福知道，经常遭遇危机才能让我们尝试新鲜事物。不过，他也意识到，在尝试的过程中，新事物有时会夭折，这就必须改变方法或者目标了。罗斯福从不憎恨国会议员建设性的批评；他憎恨的是某些国会议员不了解国家的总体需要。这些国会议员狭隘的观点竟使他们在国家利益或者国际利益面前先考虑自身利益。就算危机过去了，罗斯福也不希望自己的计划被盲目地接受。他总是听取人民的意见，了解人民的看法，因为他相信人民的智慧才是根本。我认为，这种信念才是领导一个民主国家的基础。罗斯福总是说，没有领袖能遥遥领先于他的追随者。正是因为他觉得国会与人民关系密切，才非常尊重国会的所有提议。

很多人认为，罗斯福在1938年的选举中采取的行动犯了政治性错误。作为政治家，我还不能很好地了解别人的想法，但已经尽力去说明罗斯福坚持这样做的原因。我知道，当清除异己的活动失败时，罗斯福对此并没有后悔。罗斯福一直都在有可能犯错的情况下做事。每次事情失败后，罗斯福都做好了打算，准备重新开始。清除异己的活动结束后，人们告诉罗斯福，他犯了错误。这时，他会说："好吧，但现在已经无法挽回了。虽然我犯了错误，但我这样做有充分的理由。我过去的行为会对我们今后两年必须考虑的计划造成阻碍。现在，我们要努力把这种阻碍降到最低。"我从未见过有人比罗斯福更有信心、更具希望。

在第二届任期内，罗斯福与一些政府人员进行了密切合作。这些人是玛格丽特·莱汉德小姐找来的，因为她希望能找到像路易·豪那样的人帮助罗斯福。路易·豪曾亲自请来了雷蒙德·莫利。后来，斯坦利·海伊和托马斯·科科伦成了罗斯福的亲密顾问。有一段时间，威廉·布利特也担任了一些重要职位。人们经常去咨询他。

我认为玛格丽特·莱汉德小姐找来的这些人对罗斯福来说都没有太大的意义。我还觉得，这些人利用了玛格丽特·莱汉德小姐的友谊，他们觉得她对他们个人更感兴趣，而不是能为罗斯福的工作做出贡献感兴趣。他们想错了。玛格丽特·莱汉德小姐非常想看到罗斯福做的一切工作最后都能取得最好的成果。虽然有人偶尔愚弄玛格丽特·莱汉德小姐，但我一直等待着她醒悟过来。根据我多年的生活经验来看，我相信玛格丽特·莱汉德小姐会发现有人是在愚弄她。

我并不十分了解很多与罗斯福共事的政府人员。对我来说，结交真正的朋友从来都不是件容易的事，因为我成长在那个连别人的名字都不会随便称呼的时代。我总是或多或少地与罗斯福周围的人保持着正式的关系。不过，那几年里，我通过某些方式了解了一些人。

罗斯福非常喜欢国会图书馆馆长阿奇博尔德·麦克利什。我也非常钦佩阿奇博尔德·麦克利什和他的夫人。费利克斯·弗兰克福特是一位值得信赖的顾问。当然，在费利克斯·弗兰克福特担任了最高法院法官后，我们就不能像他在哈佛大学法学院担任教授时那样拜访他了。我一直都很敬佩费利克斯·弗兰克福特的夫人。她做了很多好事。尤其是第二次世界大战期间，她把一些英国孩子带进了家里。对任何人来说，这都不是一件容易做到的事。

我曾经说过，在内阁成员中，小亨利·摩根索夫妇是与我们关系最近的两个人。我和小亨利·摩根索的夫人还有许多共同的兴趣。首先，我们都对西弗吉尼亚州奥尔德森的女子监狱很感兴趣。那里有一位杰出的女性——玛丽·哈里斯博士。她是监狱负责人。哈里斯博士和那里的妇女做了很多重要的工作。许多妇女都是因吸毒或者帮助丈夫在山区经营毒品蒸馏而被判有罪的。在监狱里，她们的主要任务是做内务。所有内务都是由女囚犯完成的。不过，她们也有机会接受教育。我们发现，刚入狱时，许多妇女几乎没有受过教育，也不知道如何体面地生活。她们很珍惜回家的机会，希望能更好地承担起持家的责任。她们中有许多人，特别是山区妇女，不仅结了婚，还有很多孩子。

有一次，玛丽·哈里斯博士告诉厨师我要来。厨师问她，有多少士兵和我一起来，是否要为我们准备充足的食物。哈里斯博士告诉她，只有小亨利·摩根索的夫人跟我一起过来。厨师就说："天呐，总统真的那么信任我们，只让一个人陪他的妻子过来吗？"

有人向我介绍了一位正在修剪草坪的黑人妇女。她看起来很温柔。后来，我问别人她犯了什么罪。有人告诉我，她犯了谋杀罪，被判终身监禁。当然，因一时冲动而杀人并不一定意味着这个犯人有犯罪倾向，也不意味着犯人有可能再次杀人。无论如何，这个黑人妇女是最值得信任的犯人之一。我从来没有听说过她有任何暴力倾向。几年后，我又认识了一个朋友。她因向另一个吸毒者邮寄毒品而进了奥尔德森的女子监狱。她认识一位内阁夫人，写信问这位内阁夫人是否可以来见我，说明一下奥尔德森的女子监狱和类似的戒毒监狱的情况。这个妇女向我指出，对因犯判处的刑期太短无法达到真正的矫正效果，并且在强制中断吸毒者的毒品供给后，她们会特别痛苦。

有一次，我和小亨利·摩根索的夫人开车去了弗吉尼亚州，在威廉斯堡附近的某个地方遇到了桑福德·贝茨。当时，他是联邦监狱管理局的负责人。桑福德·贝茨把我们带到许多监狱里参观里。当时，他正努力在适当的安全条件下引进工业，为因犯提供一个介于规范的监狱生活和正常的需要谋生的社会生活之间的过渡阶段。我们还参观了里士满的监狱，但发现那里的教育体系特别差，并且犯人没有什么事可做，这让我们非常震惊。

我想起了汤普森小姐曾经讲过的一件事：当时正处于第二次世界大战期间，我和负责发展监狱工业的莫里·马弗里克一起参观了巴尔的摩的一所监狱。他希望我看到那里正在兴起的工业。为了那次参观，我一大早就离开了白宫，连早安都没来得及和罗斯福说。在去办公室的路上，罗斯福给汤普森小姐打了电话，问我在哪里。"夫人在监狱里。"她说。罗斯福说："我倒是一点儿都不惊讶，但她为什么去监狱呢？"

在内阁中，我们的另一位老朋友是弗朗西丝·珀金斯。我对她的工作非常感兴趣。尽管新闻界和许多其他人士对弗朗西丝·珀金斯非常不公平，特别是一些本应更了解情况的妇女团体，但她仍然取得了了不起的成就。

当然，我也很了解哈里·霍普金斯。在经济大萧条早期，大量的求援使我与救济项目的管理人员有了密切联系。哈里·霍普金斯全身心地投入了开展全国救援的组织工作中。我不仅钦佩他，还非常信任他，对他也十分有信心。

在哈里·霍普金斯的第二任妻子去世后，詹姆斯和妻子很快就把哈里·霍普金斯的小女儿黛安娜·霍普金斯[①]带到了家里，并且尽其所能地照顾她。他们要比我们更了解黛安娜。哈里·霍普金斯有许多朋友，如弗洛伦丝·克尔等。他们都非常照顾他的女儿黛安娜，对他也很忠诚。第二任妻子去世后不久，哈里·霍普金斯开始担心起自己的健康状况。我告诉他，我很高兴能够为黛安娜做一切我能做的事情。后来，她和我们在一起的时间越来越多，就像哈里·霍普金斯一样。她和哈里·霍普金斯起初只是在他们的家和白宫之间往返，但最终接受了罗斯福的邀请来白宫居住。

后来，我逐渐看到了哈里·霍普金斯的另一面。我想，在人们感到孤独时，寻求娱乐和消遣是一种很自然的行为。但让我们感到惊讶的是，哈里·霍普金斯似乎从与同性恋者的接触中得到了很多快乐，但这样的陪伴或多或少都是虚伪的。那些让他有奢华享受的人及那些他以前可能从不感兴趣的聚会，逐渐变得重要起来。我很喜欢最初见到的哈里·霍普金斯，而不是现在的他。不过，哈里·霍普金斯实际上非常优秀，有承受痛苦的勇气。对他来说，虽然实现个人抱负的机会已经没有了，但他非常热爱自己的国家，依然冒着减少寿命的危险为国家服务。

对罗斯福来说，虽然哈里·霍普金斯不如路易·豪那样明智，但他对罗斯福忠诚不渝。正如我前文说的那样，自路易·豪去世后，哈里·霍普金斯的陪伴让罗斯福再次得到了一些满足。

另一个我经常见到的人是奥布里·威廉斯。虽然他是一个理想主义者，但我认为他从来没有像哈里·霍普金斯那样在某些方面失去了价值观念。奥布里·威廉斯是一名优秀的管理者和组织者，但在政治上他并不是很明智。有一次，当我们在亚拉巴马州的伯明翰参加会议时，奥布

---

① 下文称"黛安娜"。——译者注

里・威廉斯对报社记者讲了一些让他非常痛苦的事。后来，奥布里・威廉斯来到我的酒店套房里，问我他是不是应该辞职。我告诉他，罗斯福不会认为他犯了很严重的错误。罗斯福虽然常常希望人们在说话前先思考一下，但明白这种习惯很难养成。对这件事，罗斯福发表的唯一评论是：“我当然不希望奥布里・威廉斯辞职。他太有价值了。经过了这件事，他会长记性的。这一切都会过去的。”事实证明，的确如此。

　　南方人类福利会议是在伯明翰举行的。尽管黑人和白人都参加了会议，但他们在会议地点被隔离开来。有一次，我和奥布里・威廉斯迟到了，就冲进了举行会议的教堂，坐在了黑人那一边。警察立刻提醒我们注意种族隔离的规章制度，告诉我不能坐在黑人那一边。我没有让步，而是要求演讲者面向所有群体讲话。在之后的一次会议上，我们听到消息说所有与会人员都会被捕入狱，因为我们违反了伯明翰针对黑人和白人分席而坐制定的最严厉的法律。然而，什么事情也没有发生。那天的会议进展顺利。

　　我非常喜欢弗洛伦丝・克尔和埃伦・伍德沃德，见到她们非常高兴。弗洛伦丝・克尔和埃伦・伍德沃德曾和哈里・霍普金斯一起从事救济工作，后来又在社会保障署工作。因为她们是妇女，所以在工作的过程中总会遇到一些阻碍。但两人的工作仍然做得非常出色。在政府部门中，我认识并钦佩的妇女还有儿童局局长凯瑟琳・伦鲁特、玛莎・埃利奥特医生、毕生从事工人教育工作的希尔达・史密斯、劳工部妇女事务局局长玛丽・安德森及教育家、全国青年总署黑人青年处处长玛丽・麦克劳德・贝休恩等。我非常想念她们。每当和这些妇女有交集时，我就十分高兴。

　　在与农业部门人员的合作过程中，我对 M. L. 威尔逊博士非常了解。他有很多优秀的品质，还是一名很有能力的政府官员。我非常钦佩他。在公共卫生局，托马斯·帕伦医生的工作能力非常出色，他直言不讳，敢于触及一些以前没有人敢公开谈论的禁忌话题。他为美国军队做出了巨大贡献。

除了纯粹的官方社交活动，我与内阁夫人一起进行的几次工作完全是白费心力。有一次我记得很清楚，从一开始，我就对华盛顿哥伦比亚特区的住房条件很感兴趣，并且认为改善住房是改善生活条件的基础。早年时，我曾问过内阁夫人是否会来听这一领域的权威人士针对华盛顿哥伦比亚特区住房问题发表的演讲，并且和我一起参观一些小巷和贫民窟。如果我和她们能就改善华盛顿的生活条件做出一些贡献，那么也许是件好事。

我们一起参观了贫民窟，但可以看出她们对了解贫民窟的居住条件都没有太大的兴趣。和我乘坐同一辆车的妇女礼貌地下车观察了贫民窟的情况，而和小亨利·摩根索的夫人乘坐同一辆车的妇女留在了车里。她们建议小亨利·摩根索的夫人向她们报告贫民窟的情况，因为"小亨利·摩根索的夫人已经习惯看到这种状况了"。当我们第二次见面时，内阁夫人们告诉我，她们的丈夫已经花费了很多时间调查贫民窟。另外，她们认为照顾好丈夫、履行好自己的职责才是内阁夫人最重要的工作。她们忙于华盛顿哥伦比亚特区的社交生活，认为自己不能从事视察贫民窟的工作，并且她们的丈夫也不会同意这样做。除了承担共同的社会责任，我再也没有和内阁夫人合作过了。只有在社交活动上，内阁夫人才会很配合，因为她们觉得自己在这个领域里才是对的、安全的。

虽然我喜欢这些妇女，但对她们中许多人不太了解。我想，这主要是因为我到了越来越难结交到真朋友的年龄，并且我总是喜欢关注年轻人和许多其他问题。此外，我还必须花时间承担自己的社会责任、处理信函及写作。所有这些工作都让我平时很难与人接触，而经常与人接触就很有可能拉近与别人之间的距离。

我从来都不知道什么是无聊，也不知道拥有大把时间是什么感觉。我总是很难找到时间去做自己想做的事。年轻时，我读了很多书，但近几年，我不得不去读了很多其他东西，而那些我想读的书往往会被搁置一旁。我有时觉得，如果在不受打扰的情况下，用一个下午或者晚上的时间去读书，以便获得纯粹的乐趣，那一定是一件非常愉快的事。在白宫，我经常为了处理信函而中途离开电影院，然后在结束前赶回去。我希望客人并不知道在此期间我曾离开过。我几乎从来没有时间去白宫外面看电影。即便是现在，我的生活和以前也没有什么不同。除了早晚的新闻广播，我只会偶尔听听自己特别感兴趣的节目。

我总是会见很多人，也许见这些人没有必要，也不是明智之举，但他们通常认为，在某些方面，我可以对他们提供一些帮助。我很少只是为了让自己开心而去会见某个人。这并不是说我在与这些人的接触过程中不怎么快乐，也不是说我在华盛顿哥伦比亚特区的官方生活外没有交到朋友。对我来说，工作和娱乐几乎总是混在一起的。即便是现在，我也很难把两者区分开。

在第二次世界大战爆发前的两个冬季里，我和汤普森小姐在佛罗里达州租了一所房子，租期为一个月。在那段日子里，很多朋友都来拜访我们。但我们每个冬季在那所房子里居住的时间都不到两个星期，所以后来把房子交给了一些朋友使用。在佛罗里达州时，我们总是在处理信函，然后把回复好的信函寄出去。虽然我们在那两个假期里要比在平时的假期里更加自由，但那并不是普通意义上的假期。

那几年，每个大家庭中注定会有很多人遭遇危机，这种危机还会暂时扰乱生活。例如，一个冬季的早晨，4时至5时，电话响了。我听出了那是罗斯福的声音。他说："我和埃塞尔·杜邦出了车祸，撞上了一辆停着的汽车。那个地方没有灯。因为路面结冰，我没刹住车。我们现在都在医院里。"当时，两人在弗吉尼亚州。罗斯福想让我过去接他们。我给车库打了电话，半小时后就出发了。几个小时后，我到达了医院。躺在床上的罗斯福并不记得自己给我打过电话，也想不出我怎么会碰巧去那里。车祸造成了他脑震荡。他给我打电话很可能是出于潜意识，这是他童年时就有的习惯，在遇到麻烦时会自动求助于母亲。

我开了另一辆车把罗斯福和埃塞尔·杜邦带回了华盛顿。那里已经为他们准备好了一切。接到通知后，小尤金·杜邦夫妇赶了过来，想看看女儿埃塞尔·杜邦受的伤是不是很严重。幸运的是，他们很快就康复了。

我已经习惯了应对家庭危机，因为我的外祖母信奉的准则对我影响很大。她的准则有点像演员相信的"这出戏必须继续演下去"。很多情况下，这对我很有帮助。如果是别人，那么在遇到一些事情时可能已经崩溃了。罗斯福认为，对有些事无须太担心，并且我是不会崩溃的。在政治领域和公共生活中，罗斯福要面对很多问题和情况，而我们对此无能为力。因此，我们只能尽量减轻自己遭受的冲击。

无论发生什么事情，我都要继续做好自己的工作。去华盛顿哥伦比亚特区前，我一直在为《女人的家庭伴侣》这本杂志撰写每周的专栏文章。此外，我还定期为该杂志撰写其他文章，还为其他杂志写了很多文章。当时，路易·豪算是我的代理人。但在我入住白宫后，很多杂志都邀请我为其写文章。因此，我有必要找一个作家代理人，否则路易·豪会非常忙。我会永远感激我与乔治·T.拜伊的合作。他从那时起直到现在一直是我的作家代理人。我和拜伊夫妇成了朋友。在很多方面，他们都给予了我帮助。不过，是路易·豪一直在鼓励我写作。

每周的专栏内容似乎很枯燥乏味。后来，一个具有创新精神的先生——《联合特稿通讯》的蒙特·布杰利想出了一个主意。他认为按照他的想法做会大大增加人们对专栏的兴趣。蒙特·布杰利说，如果我以日记的形式每天撰写一篇专栏，那么美国人民一定会非常感兴趣，因为他们对住在白宫里的人每天做些什么事很好奇。一开始，我觉得这是一件很可怕的差事，并且我对自己的写作方式非常不满。1936年1月，我与《联合特稿通讯》签订了一份为期五年的关于每日专栏的合同。该专栏的篇幅会比一般专栏短一些。或许正是因为这个原因，我撰写起每日专栏来更加容易。我觉得自己应该能在日常活动中找到一些公众感兴趣的事情。从那时起，我每个星期拿出六天的时间写每日专栏。我从星期日写到星期五，星期六休息。我如果外出，有时就需要提前写很多文章，因为外出时可能无法用通常的方式发送文章。另外，我会在每天早上或者中午写每日专栏，但如果第二天很忙，我就会在前一天半夜写完。每日专栏的文章必须在每天18时前发送出去。现在，这件事已经成了我的习惯。每次听到有人说这件事一定很难做到时，我总是会有点儿惊讶。我想我并不像我的朋友们一样，认为这是一件很难做到的事。

我告诉罗斯福，我正在考虑写每日专栏。他觉得这份工作需要我做的太多了，这样我可能就没法承担其他工作了。不过，除了抱怨我的工作量太大了，他非常赞同我写每日专栏。一段时间后，罗斯福因为对某些专栏作家非常恼火，就在记者招待会上针对所有专栏作家发表了贬损的评论。一位记者提醒他，他的妻子埃莉诺也在写专栏。罗斯福毫不犹豫地说："她和其他专栏作家完全不一样。她只是写日记而已。"

在许多地方和许多情况下，我都写过专栏，这意味着便携式打字机永远是我行李的一部分。我把内容直接口述给汤普森小姐。她用打字机记录下来，然后我再进行修改。最后，她整理出一份稿件，用电报发送出去。如果她没有和我在一起，那么我就要多花一点时间。因为我觉得要是其他人帮助我记录，我有必要看一下最后的稿件。但如果是汤普森小姐帮助我记录，我就不需要这样做。因为她会自己找出稿件中的错误，并且她对我说的事情非常熟悉，这样就能保证不会犯下严重的错误。写专栏时，我们可能正在野餐，正坐在岩石上、缓缓行驶的汽车上、火车上、飞机上或者轮船上，甚至会坐在驱逐舰上。有一次，我们住在肯塔基州乡下的一个旅馆里。那里除了床，竟然没有一处平坦的地方。我们只好把打字机放在床上。汤普森小姐只能跪在地上工作。在工作的过程中，总有人过来问我们是否写完了，因为找电报局把稿件发送给通讯社往往和记录稿件内容一样困难。

1943年，我去南太平洋进行了五个星期的旅行，但没有人和我一起，没有人担任我的秘书。每天晚上，在辛苦工作一整天后，我还要痛苦地用打字机打字。除非我能在白天坐飞机时把专栏文章打完，否则晚上很晚才能休息。很多年前我就学会了打字，但由于经常不练习，我打字的速度很慢，需要花很长时间才能把白天做的事情记录下来。

总体来说，我是一个能让人满意的作家，因为我没有给通讯社带来太多麻烦。那份为期五年的合同续签了，其中规定，在我离开白宫后，如果任何一方无法获得利润，那么我们就不再继续出版该专栏了。不过，事实证明，我们获得的利润更多了。当我做一些公众特别感兴趣的事，如出国旅行，专栏的销售额就会增加。增幅最大的两次是在英王乔治六世和王后访问期间及1942年我访问英国时。我发现，即使是在很难得到新闻报纸的困难时期，我的专栏也卖得很好。当然，我无法与沃尔特·温切尔、德鲁·皮尔逊、沃尔特·李普曼、韦尔斯先生、安妮·奥黑尔·麦考密克、阿瑟·克罗克这些受欢迎的作家竞争。

有一次，我把与《联合特稿通讯》签订的合同交给了我的私人律师。他对这类合同并不是很熟悉。他非常幽默，看完该合同后，他对我说："亲爱的，这种合同比婚前契约更糟糕。你逃不出它的手掌心了。"我与乔治·卡林签订了这份合同。我和他就像和乔治·T. 拜伊一样，不仅是合作伙伴，还是朋友。我相信乔治·卡林的判断。他对我的帮助很大，而我对他充满信心，也非常钦佩他。通过工作上的往来，我还认识了乔治·卡林的家人。我们之间的交往变得更亲密了。有一次，乔治·卡林全家，包括他五岁的女儿来华盛顿哥伦比亚特区看望我们。在我们参观林肯纪念堂时，他的女儿说的话成了一个很好的故事。小女孩站在雕像底部，抬起了头。当他们走得更近些时，小女孩对乔治·卡林说："爸爸，坐在他①腿上的感觉应该会很好。"

1945 年秋，乔治·卡林去世了。对此，我们深感悲痛。他离开得似乎太早了，因为在这个世界上他还有许多事情要做。他的接班人劳伦斯·拉特曼非常善良。在与《联合特稿通讯》联系的过程中，我一直都非常幸运。

1941 年到 1949 年春，我一直都在为《妇女家庭杂志》撰稿。1949年，我开始为《麦考尔》杂志撰稿，因为布鲁斯·古尔德夫妇和乔治·T. 拜伊建议我做这份工作。让我感到很幸运的是，这份工作让我与布鲁斯·古尔德夫妇建立起了友谊。事实证明，我撰写的专题文章非常成功，这是我真正喜欢的东西。不过，有一些问题也让我觉得很好笑。有时，人们很粗鲁，会问我一些私人问题。但总体来说，我觉得这些人是真心寻求信息或者寻求帮助的。问题是杂志社整理好后邮寄给我的。起初我无法相信人们真的会问我问题，就指责是编辑人员编造了这些问题。结果，杂志社给我寄来了提出这些问题的写信人寄给杂志社的信。编辑人员通常会挑出信中大家都提到的问题，然后将其整合成一个复合

---

① 指亚伯拉罕·林肯。——译者注

性问题。

在华盛顿哥伦比亚特区时，经常有人会问我关于政府政策的信息。那时，我很容易得到此类信息。我现在虽然有很多有不同兴趣和处于不同活动领域的朋友，也仍然可以得到许多其他人难以得到的信息，但获取信息要比以前难得多。当不知道问题的答案也找不到答案时，我就会坦率地讲出来。

偶尔，杂志社会寄给我一些信，因为杂志社认为我可能会单独回复写信人的问题。通常情况下，我确实是这样做的。

当我离开白宫时，我想自己以后收到的信应该会变得很少。的确，与以往相比，信变少了，但我还是收到了很多信。这是因为人们似乎认为我仍然能够做一些我不能再做的事。我不能再求助于政府机构了。我给相关机构邮寄了很多有意义的信。但只有当那些机构对这些信感兴趣时，其才会做出回复。我尽力回复了那些看起来很重要的信，但再也不能让白宫的工作人员做我曾经在白宫做的回复信函的工作了。我觉得，即便可以，那样做也没有什么真正的价值了。

第11章　皇家访客

CHAPTER XI　　The Royal Visitors

1938年夏，瑞典王储夫妇来到了美国。这是欧洲王室成员访问美国的开端。显然，欧洲人民普遍对欧洲大陆的不稳定和不确定性深感不安。他们正在世界各地寻找朋友，突然对美国产生了兴趣。

　　瑞典王储夫妇在美国各地旅行，参观瑞典人在美国的定居地。1938年7月，他们第一次来到海德庄园。在海德庄园，我们举办了一场晚宴。1939年5月，尼加拉瓜总统安纳斯塔西奥·索摩查和塞诺拉·德·索马萨访问了我们。我们为他们举办了晚宴并安排了音乐剧。第二天，我们招待了丹麦王储和王储妃英格丽德公主喝茶。1939年6月，我们迎来了一位来自南美洲的客人——巴西总统热图利奥·瓦加斯。他拜访了罗斯福。同月，挪威王储夫妇也到美国进行了访问。我们请他们喝了茶。与其他几对王室客人一样，他们参观了挪威人在美国的定居地，也来到了海德庄园，在那里稍作停留。

　　每次有客人来访时，我们都会与他们共进晚餐，还会在罗斯福在山顶新建的瓦尔-基尔小屋里进行野餐。用餐期间，我会安排一些人欢迎这些客人。在海德庄园，有许多挪威人住在我们附近，他们要求为挪威王储夫妇表演节目。我永远记得那是我们举办的最令人愉快的聚会之一。我们的邻居内莉·约翰内森为野餐准备了一些挪威菜肴。在绵延数英里的丘陵的背景下，其他挪威邻居在舞台上载歌载舞。另外，其他客人从哈得孙河上、下游区域赶来迎接这些年轻的王室访客。他们似乎很喜欢这些聚会。我们非常了解挪威王储夫妇及他们的孩子。在漫长的战争年代里，虽然挪威王储只是偶尔来这里，但他妻子和孩子住在美国。

访问期间，丹麦王储给我们留下的印象是，与当下出现的严肃问题相比，他对自己的假期更感兴趣。也许他对希特勒构成的威胁比我们想象中的要了解得少一些。我记得有一次我和他的谈话非常有趣。当时，我谈到了美国政府官员在旅行时不能隐瞒自己的身份，就像王室成员在欧洲度假时一样。他似乎觉得这样的规定属于冒犯行为，因为这样的规定侵犯了个人隐私。他认为，如果一个人想要隐瞒自己的身份，别人却故意揭露出你的身份，是一种冒犯。在美国，官职并不是继承的。人们不会因某人突然有了官职而觉得他有多大变化，并且人们很可能希望他像以前一样。但我觉得要向他解释清楚这一点几乎是不可能的。

罗斯福对这些访问表示欢迎，并且鼓励其他人来我们这里。他确信欧洲会有一些不好的事情发生，所以他希望与那些能够维护和坚持民主的人建立联系，并且希望在冲突发生时证明自己属于反法西斯同盟。

1939年春，乔治六世和王后莱昂决定访问加拿大。显然，他们也在为可能遭遇的打击做准备，并且他们清楚地知道，英国需要加拿大的全体公民献出自己的一份力量。罗斯福邀请他们到华盛顿哥伦比亚特区访问，主要是因为他认为我们很快就会进行一场生死存亡的斗争，而英国将是我们的第一道防线。另外，罗斯福希望他们的到访能成为美国人民和英国人民友谊的纽带。罗斯福知道，虽然美国人总批评英国人，并且表现得对他们很反感，但在危急时刻，一些更深层次的东西显露了出来。美国人民会和英国人民坚定地站在一起，对我们共同的传统和信念充满信心。罗斯福希望，乔治六世和王后的到访能让人们再次回忆起两国人民间深厚的感情。事实证明，在许多方面，这一做法取得的效果比预想的还要好。

乔治六世和王后为此次来访做了精心准备，但罗斯福总是表现得好像这只是两个非常优秀的年轻人和我们在一起一样。无论是在国务院的工作人员中，还是在乔治六世和王后的随行人员中都有礼宾员。我想，某些时候，罗斯福让他们不知道应该怎样做。

不过，有一个人认为此次访问应该是一件非常严肃的事情。这个人就是时任美国驻法国大使——威廉·布利特。他寄给了我一份秘密备忘录。这份备忘录是威廉·布利特根据乔治六世和王后在1938年访问巴黎时获得的经验编写的。备忘录中，非常微小的细节都被提到了。到现在为止，我仍然把这份备忘录看作是最有趣的文件之一。威廉·布利特甚至还列出了乔治六世和王后房间里应该陈列的家具，告诉了我浴室里应放些什么，床上的被子应如何折叠。布利特告诉我床上尽量都放一个热水瓶——尽管华盛顿哥伦比亚特区炎热的天气就会让乔治六世和王后无法忍受，但我还是照他说的做了。布利特还列了一件东西，但我一直都没找到，那就是王后的沙发上应该铺的亚麻毯。我问了身边很多人，但没有人知道那是什么。

我一直想问威廉·布利特，他在白宫时，是否发现浴室里缺少了某些他列为必需品的东西，如肥皂、玻璃杯、毛巾等。

查尔斯·哈姆林夫人给白宫送了一些很好的旧英国版画，放在了乔治六世和王后居住的房间里。这些版画至今仍挂在那里。

此次访问期间，发生了一件很有趣的事。一家公司担心乔治六世和王后不喜欢我们的茶，因为泡茶的水和他们在伦敦时用的不一样。那家公司分析了伦敦的水质，希望在美国能够生产同样的水。后来，该公司寄来了很多瓶其生产的水。医生坚持要检测这些水的水质。但我想，对乔治六世和王后来说，虽然使用波托马克河的水泡茶味道可能不一样，但更加安全。最后，我们依旧决定使用我们的水为他们泡茶。

伦敦警察厅的工作人员必须待在白宫里，并且乔治六世的房间外和王后的房间外都要安排一位通信员坐在那里。但我觉得这样做有点多余，因为他们的房间就在大厅两侧，中间只有几步路的距离。1942年，我在白金汉宫住了两个晚上。当我看到那所房子有多大时，才明白为什么房间外要安排通信员了。通信员通常在走廊等候，告诉客人去哪里，还会为人们传递信息。

在乔治六世和王后到访的前一天，我邀请了英国大使罗纳德·林赛的夫人来喝茶，问她是否得到了一些对我有帮助的指示。她是美国人，并且我们已经认识很久了，所以我们或多或少都会从同一个角度看待问题。她很幽默。回答我的问题时，她狡黠地看着我说："是的，艾伦·拉塞尔斯爵士一直和我们在一起。他告诉我们，用餐时，乔治六世的食物必须比王后的食物早到三十秒。他还补充说，乔治六世不喜欢刺山柑花蕾和牛油、羊油布丁。我告诉艾伦·拉塞尔斯爵士，美国人不常吃牛油和羊油布丁，我也从来没期待过乔治六世会喜欢吃刺山柑花蕾。我的丈夫罗纳德·林赛觉得我在说一些调皮的话，所以我语气严肃起来，向艾伦·拉塞尔斯爵士解释说，我们很少煮羊肉，并且不常用刺山柑花蕾作调味汁。"我给罗纳德·林赛的夫人读了那份从国外寄来的备忘录。和我一样，她也觉得那份备忘录很有趣。分别前，我们承诺与对方共享未来收到的所有指示，因为我们希望获得所有信息。

对这些非常正式的场合，国务院礼宾司司长乔治·T.萨默林总是会事先为我们制订出一份完整的计划。为了向大家展示他安排的一切让我们感到有多么舒适，我在本书的附录中附上了乔治六世和王后访问华盛顿哥伦比亚特区期间他为我们准备的计划表。

白宫的餐厅里有两张特制的高靠背扶手椅，一把给总统坐，另一把给总统夫人坐。用餐时，其他人是不能坐在上面的。在这种情况下，这两把椅子给我们的安排带来了一个大问题。只有国王和总统应该坐高靠背扶手椅吗？对王后来说，这似乎不礼貌，但我们不能把总统的椅子搬走。最后，罗斯福淡定地问了一个问题，从而解决了这个难题。他问道："为什么我们不能再买两把同样的高靠背扶手椅呢？"于是，我们新买了两把椅子。此后一切进行得都很顺利。

我告诉罗斯福，英国礼节规定总管家菲尔茨①要拿着秒表站在一旁。在罗斯福和乔治六世的食物端上来三十秒后，我和王后的食物再由另一位管家端上来。但白宫规定要先给总统端上食物。我询问了其他人应该怎样做。罗斯福坚定地看着我说："我们不需要菲尔茨使用秒表计时。到时，我和乔治六世的食物先同时端上来。接下来，再让人端你和王后的食物。"

接着，又出现了一个严肃的问题：乔治六世应该坐在罗斯福的右边，王后应该坐在罗斯福的左边，那么我应该坐在乔治六世的右边吗？还是应该遵循我们的惯例？这有点难办，但罗斯福最终还是决定按照我们的惯例，即乔治六世坐在我的右边，王后坐在罗斯福的右边。这样做的原因是：既然乔治六世和王后要会见很多人，那么把乔治六世夹在我们中间似乎不太合适，这样他就没有太多时间与其他人交谈了。后来，罗斯福向乔治六世解释了这一点。乔治六世非常愉快地接受了安排。

在这种大型的正式场合到来时，伊迪丝非常辛苦，需要在国务院和办公室之间来回奔波。汤普森小姐也忙得不可开交，许多从美国各地寄来的信和礼物都送到了她的办公室。我们要替那些人把信和礼物送给乔

---

① 即阿朗佐·菲尔茨（Alonzo Fields, 1900—1994）。——译者注

治六世和王后。当然，还有一些人被派去见罗斯福。因此，他的秘书非常忙。那几天，由于汤普森小姐的办公室里放了各种各样的东西，人们很难进出。

我们要为盛大的晚宴和随后的招待会做很多准备工作，这给我们带来了很多乐趣。大多数人认为我们至少应该安排纽约大都会歌剧院的歌手来唱歌，而我和罗斯福认为应该给乔治六世和王后看一些他们在英国见不到的表演。对他们来说，歌剧院的表演并不新鲜。我们觉得让他们欣赏一些美国的民间艺术肯定非常有趣。出于同样的原因，我们尽力为他们提供美国特色食物。前文中，我曾提到过一位年轻的朋友阿德里安·多恩布什。他一直在公共事业振兴署的工艺美术部做一些工作。我把他叫过来帮忙。白宫所有常规音乐节目都是由亨利·容格安排的，使用的演奏乐器是施坦威公司生产的钢琴。让亨利·容格十分震惊的是，我们计划举办民间节日活动。当然，这并不意味着我们不请著名的艺术家进行表演。劳伦斯·蒂贝特将演唱几首歌曲；凯特·史密斯将演唱《当月亮升起在山上》，这是乔治六世想听的歌曲之一；玛丽安·安德森同意除了演唱部分歌曲，还会唱一些黑人灵歌。我们还安排了来自南方的民歌歌手和舞蹈演员进行表演。

从加拿大总理麦肯齐·金那里，罗斯福得到了乔治六世和王后曾在加拿大旅行的消息。和其他人一样，麦肯齐·金希望此次访问能让乔治六世觉得意义重大。在与罗斯福的交谈中和他写给罗斯福的信中，他很可能强调了此次旅行中更加重要的方面，即他们必须与乔治六世讨论一些问题。在报纸上，对乔治六世和王后的报道十分精彩，讲述了许多感人的故事。这触动了美国人民，并且激起了他们的好奇心。他们乘坐火车来到华盛顿哥伦比亚特区时，人们对他们的兴趣空前高涨。

科德尔·赫尔夫妇和其他一些人在尼亚加拉瀑布会见了抵达的英国

王室成员，并且陪同他们乘坐火车前往华盛顿哥伦比亚特区。在王室成员抵达时和他们前往白宫的游行过程中，场面十分壮观。罗斯福一直很喜欢这样的场面，因为他喜欢演出，但我害怕这样的场面。我们在约定时间到达了车站，和接待委员会的政府官员一起待在总统接待室等候王室成员的到来。罗斯福将白宫的直属工作人员安排站在不显眼的位置，这样他们就可以观看接待的过程，并且参加返回白宫的游行。

接待结束后，我和罗斯福陪同乔治六世、王后检阅了车站前的仪仗队。英国国歌和美国国歌奏响，接着鸣放了二十一响的礼炮。之后，不可避免的就是拍照。最后，罗斯福和乔治六世、我和王后分别坐上了各自的汽车，在军队的护送下缓缓驶回白宫。一路上人山人海，我被王后的样子迷住了。她举止优雅，兴致勃勃地左右鞠躬，真诚地看向民众。我相信很多人都因此深受触动。

在此之前，澳大利亚、南非、新西兰和美国的国际羊毛秘书局通过我的朋友琼·汉密尔顿·罗兹，给我和王后送了一些轻薄的羊毛面料。当时，我们打算用这些面料制作我们第一次见面时穿的礼服。我做了自己的礼服，并且在见面那天穿上了。但因为天气太热，我很快就把礼服脱了下来。那天早上，王后也忍受不了穿着羊毛面料制作的礼服。即便是6月初，华盛顿哥伦比亚特区的天气也异常炎热。这种天气让她觉得很难受。

尽管天气很热，但在王后上车后，侍从还在她的膝盖上放了一个薄薄的毯子。她坐在一个垫子上。后来，我发现这个垫子里安装了弹簧，这样她不断鞠躬时就会容易一些。乔治六世那里做了同样的安排。

车队从东南门进入白宫，穿过了南入口。到达白宫后，我们立即在东厅为所有外交使团团长及夫人举行了人们熟知的"外交圈"活动。当时，英国大使罗纳德·林赛爵士担任使节团团长，由他向乔治六世介绍使团的团长及夫人，而罗纳德·林赛的夫人则负责向王后介绍。我和罗斯福并没有加入"外交圈"活动。活动结束后，乔治六世和王后到各自的房间里休息了几分钟，然后我们聚在一起吃了一顿非正式的午餐。在午餐会上，除了乔治六世和王后、罗斯福和我，还有麦肯齐·金、凯瑟琳·西摩女士、艾伦·拉塞尔斯爵士、皮尔斯·利中校、玛格丽特·莱汉德小姐、詹姆斯夫妇、埃利奥特夫妇和小富兰克林夫妇。

午餐后，罗斯福和乔治六世坐在一辆车里，而我和王后则坐在另一辆车里游览华盛顿哥伦比亚特区。路线是事先安排好的，这样人们就有机会见到乔治六世和王后了。当然，这意味着我和王后几乎没有交谈的机会，除非是在开车途中，没有人在人行道上排队时。途中，王后突然对我说："我在报纸上看到你因参加公共事业振兴署的工人会议而受到了攻击。让我惊讶的是，竟然没有人对攻击你的人进行批评。让有怨言的人发泄出来会更好。要是他们既能表达出对某些人的赞同，也能向政府首脑说出他们的不满，那是非常有价值的。"我觉得这一席话拉近了我和王后之间的距离。

我们参观了林肯纪念堂、圣彼得和圣保罗座堂、罗克河公园及其他景点。我们及时回到了白宫，让乔治六世和王后有时间换好衣服。16时45分，他们穿过了在南行政场地列好队的一队童子军，离开了白宫，前往英国大使馆参加游园会。他们走后，罗斯福就可以休息了。

在报社女记者中，游园会引起了很大轰动。她们都想受到邀请，但有些人并没有收到邀请函。就像华盛顿哥伦比亚特区发生的许多事情一样，这次风波比其他更重要的事件引起的评论还要多。

在我们外出时，家里发生了一些有趣的事情。管家亨利·内斯比特夫人很困扰。每次很困扰时，她通常都会去找汤普森小姐。有许多英国仆人住在我们的仆人房间里，她们都需要照顾，并且亨利·内斯比特夫人也希望自己能照顾到每个人。但这本身就是一个重担。亨利·内斯比特夫人觉得自己很难承受这个重担，而汤普森小姐就是她的避难所。在美国，人们为了对抗英国王室做出了巨大牺牲，但仍然有人敬畏王室及其周围的一切，或者是对他们有很大兴趣。亨利·内斯比特夫人向汤普森小姐报告说，在她看来，乔治六世的侍从总会提出无理的要求，并且很讨厌我们的食物。这说明，我们的工作人员和英国王室的仆人之间第一次出现了难以解决的问题。汤普森小姐不仅很幽默，还有一定的决断力。在亨利·内斯比特夫人问"我该怎么办"时，汤普森小姐说："如果你认为自己已经做了该做的一切，那么就跟乔治六世的仆人直接说出来吧。"即使是经验丰富的接待员过得也并不轻松，因为他们并不习惯仆人之间也循规蹈矩地遵守礼节。有一次，当一个侍女从王后的房间沿着二楼大厅中央向电梯走去时，一个接待员问她是否愿意告诉另一个侍女，王后想让那个侍女到她的房间去。这个侍女靠近接待员说："我是王后的侍女。"然后，她径直朝电梯走去了。由于炎热的天气和额外的工作，接待员已累得筋疲力尽。听到这句话后，这个接待员说了一句非常贴切的美国俚语："哦，原来你是个大人物啊！"

汤普森小姐永远不会忘记一件事，这件事是关于白宫的一个通信员的。那个通信员热衷于画画。因此，他为王后画了一幅几乎与真人一样大小的黑白肖像画，但画得不是很好。通信员请一个侍女把那幅画放在王后的梳妆台上，请求王后在画上签上名字，并且发表一下对那幅画的看法。看到那幅画时，王后叫她的侍女把画拿了下来。那个侍女后来叫了一位接待员来。接待员立刻认出了那幅画是谁画的，并且把画拿给汤普森小姐看，然后就走了。接待员回来时说："那个人是不好意思再提'亲笔签名'这个词了。"

游园会结束后，到了晚餐时间。乔治六世和王后已经换好了衣服，但他们看上去一点儿都不着急，这让人很不可思议。我被王后吸引住了。她的衣服上从来没有皱褶，头发也从不乱蓬蓬的。我不明白她的仪态怎么可能一直保持得如此完美。与王后在一起时，我对她的钦佩与日俱增。

晚餐和后来的聚会进行得很顺利。不过，也发生了一些折磨人的事情。玛丽安·安德森不愿意唱黑人灵歌。幸好我们及时发现了这一点，于是劝她，说来自英国的客人希望听到属于我们自己的音乐。有一次，我们不得不放慢迎宾队列的行进速度，因为炎热的天气和白天的劳累使王后感到头晕。由于演出结束后还要参加广播节目，劳伦斯·蒂贝特觉得自己会迟到，所以我们不得不重新安排节目，让她第一个唱。

联邦调查局接到通报称，有一个参与唱民歌的年轻人可能会做一些危险的事情。这项指控完全不真实，并且是一个想制造混乱的人提出来的。但既然联邦调查局向特勤人员报告了这件事，那么特勤人员就必须忠于自己的职责，按照上级的指示行事。晚餐后，当那个年轻人走进来时，特勤人员对他"搜身"。接着，伦敦警察厅的人员又对他"搜身"。这个年轻人吓得都不敢唱歌了。我希望这个年轻人在演出时不要伸手去拿手帕，因为我确定如果他这样做，那么特勤人员和伦敦警察厅的工作人员一定会向他扑过去。

当晚上床睡觉时，所有人一定都松了一口气，包括乔治六世和王后。

第二天早上，在离开白宫前，乔治六世和王后从一排报社女记者面前经过，向她们致意，然后前往英国大使馆，并且在那里接待了来自英国的人员。之后，乔治六世和王后前往国会大厦。在国会大厦，乔治六世和王后受到了副总统加纳[1]和班克黑德[2]议长的接见，并在他们的陪同

① 即约翰·南斯·加纳 (John Nance Garner, 1868—1957)。——译者注
② 即威廉·B.班克黑德 (William B.Bankhead, 1874—1940)。——译者注

下前往圆形大厅，在那里受到了参议院和众议院议员的接待。接着，在美国的"波托马克"号上，乔治六世和王后又和我们见面了。我们沿着波托马克河顺流而下，在船上吃了午餐。后来，我们到达了弗农山庄。在那里，人们照例举行了仪式。乔治六世向乔治·华盛顿的陵墓敬献了花圈。一些开车过去的人被介绍给了乔治六世和王后。剩下的时间越来越少，最后他们只来得及匆匆瞥了一眼弗农山庄的老房子和庭院。

回家的路上，我们在亨特堡稍作停留，参观了一个平民保育团营地。罗斯福未能与乔治六世和王后并行。我清楚地记得那次访问，它教会了我很多东西。

烈日下，男孩们站成了两列。乔治六世和营地的司令官一起走向他们。一个很大的布告栏上贴着美国各个营地的照片，从照片中可以看出他们做的各种工作，但乔治六世当时并没有停下来看那些照片。

我们沿着长长的队伍行走。乔治六世走到了男孩面前，问他们问题，而王后则和站在队伍中间的男孩说话。我当然是和王后走在一起。当我们走到第一列末尾时，司令官并不准备走到第二列去，但乔治六世已经转身，往第二列走去。乔治六世问了一些他很感兴趣的问题，如孩子们对食物是否满意、正在学什么、是否认为这有助于他们获得工作，最后还问了他们的收入是多少。乔治六世事先曾向我们解释过，他曾经建立过一个夏令营。英国矿区的男孩都去了那里，并且那个夏令营持续了很长一段时间。但让乔治六世深感不安的是，许多男孩根本想象不出干一整天活是什么样子，因为他们从未见过父亲干一整天活。这是因为许多英国矿工多年来一直在领失业救济金。这充分说明了英国采矿业的状况，但乔治六世似乎更关心的是对年轻人的影响，他想在英国建立一个像平民保育团一样有用的组织。

我们走到第二排的尽头时，司令官说："陛下[①]，天太热了，虽然孩子们已经把营房和食堂收拾好了供您检查，但如果您觉得在这样的阳光下穿过田野是不明智的做法，那么我们会理解的。"乔治六世回答道："如果孩子们希望我去，那么我当然会去。"从这可以看出乔治六世义不容辞的责任感。我和美国官员一起视察平民保育团的营地、全国青年总署开展的活动和其他项目时，没有发现他们也有这样的责任感。

　　烈日下，我和王后缓慢穿过了田野。接着，我看到了我见过的最彻底的检查。罗斯福和乔治六世看了看放置各种用品的架子。当他们听说是孩子们自己制作物品时，就把桌子倒过来看看是怎么做的，还看了看炉子上的锅碗瓢盆及菜单。离开时，他们几乎没有不知道的东西了。在孩子们睡觉的营房里，乔治六世摸了摸床垫，仔细检查了他们穿的鞋子和衣服。　最后，我们再次艰难地穿过田野，来到贴着照片的布告栏前。王后在我耳边轻声说，炎热的天气让她非常难受。她问我是否可以回到车里。我向她保证没有人会介意此事，于是我们回去了，但乔治六世还在那里仔细地查看每一张照片。

　　在安排好给乔治六世寄去全套照片后，车队出发前往阿灵顿公墓。在那里，乔治六世为无名士兵墓敬献了花圈。所有住在华盛顿哥伦比亚特区的居民都必须了解这座简单又令人印象深刻的纪念碑。这座纪念碑有哨兵全天候看管。从这座纪念碑出发，我们前往了加拿大十字纪念碑。在那里，乔治六世又敬献了花圈。然后，我们回到了白宫，参加花园里举办的茶话会。我们为英国客人准备了热茶，为美国客人准备了冰茶，希望他们能够喜欢。伊迪丝和汤普森小姐负责为客人倒茶。

　　罗斯福说乔治六世特别要求会见所有为经济复苏做出贡献并在政府

---

① 指乔治六世。——译者注

中实施新计划的机构负责人。为了这次会见，罗斯福还认真指导了我。我需要尽可能简短地概述每位负责人正在做的工作，然后根据具体情况，让每位负责人与乔治六世单独谈论大约三分钟，再把这位负责人带到王后面前，接着再把下一位负责人介绍给乔治六世。应该怎样设计每个人的介绍让我感到很害怕。我想知道如何将介绍浓缩成一个足够简短的说明。但很快我就发现，我的说明可能会非常简短，因为在我说出某个人的名字及他正在做的工作时，乔治六世似乎立刻就知道这个人是谁了，于是直接开始向他提问。罗斯福如果对某件事感兴趣，那么是不可能让任何人走的，但乔治六世要比他更加和善。我在心里说，乔治六世受到的训练更好。但我认为这可能会让人非常累。

在所有人的努力下，这次会面非常成功。乔治六世对负责人的了解给我留下了非常深刻的印象。后来在用餐时，我坐在了乔治六世旁边，请他告诉我是如何知道政府里每个人都在做什么工作的。乔治六世说，来美国前，他已事先了解了政府里每个人的姓名和职业。他设法拿到了相关材料，并且阅读那些材料是他此次华盛顿哥伦比亚特区之行的准备工作之一。

那天，我找了一个机会告诉王后，黛安娜是她曾经见过的哈里·霍普金斯的女儿，现在已经八岁了。知道王后来了，黛安娜就非常兴奋，因为她知道的唯一的王后就是仙后[1]，所以觉得这个王后也一定是仙后。王后立刻建议，在她和乔治六世离开白宫去参加晚宴时，让黛安娜在大厅里等她。于是，我和黛安娜坐在二楼的大厅里，等待乔治六世和王后参加完正式晚宴后从英国大使馆回来。乔治六世穿着华丽的制服，但黛安娜的眼睛只盯着王后看。王后穿着一件白色的闪光连衣裙，头戴

---

① 仙后是爱尔兰和英国民间传说中的人物，据说她统治着很多仙女。——译者注

一顶宝石王冠。她看起来真像是仙后，和黛安娜幻想中的相差无几。当我向乔治六世和王后介绍黛安娜时，黛安娜只向王后行了屈膝礼，忽视了乔治六世。乔治六世和王后对她说了几句亲切友好的话，然后坐上了电梯。几分钟后，我和她来到了接待员办公室。我把她这个充满幻想的小女孩交给了哈里·霍普金斯。我希望她永远不会忘记仙后真正的样子。我听到她对哈里·霍普金斯说："哦，爸爸，我见到仙后啦。"

我和罗斯福跟着乔治六世和王后去了英国大使馆。晚餐后，他们坐上了前往新泽西州的雷德班克的火车，接着他们坐船到了纽约，第二天去世界博览会参观。参观结束后，他们先和菲奥雷洛·亨利·拉瓜迪亚[①]市长一起驱车穿过纽约拥挤的街道，然后前往海德庄园。

在乔治六世和王后离开华盛顿后，我们乘火车去了海德庄园。我们有一天的时间为接下来他们与我们共度的二十四个小时做准备。罗斯福总是喜欢带他喜欢的人回家。他觉得乔治六世和王后到了海德庄园，他就会更加了解他们。

乔治六世和王后在纽约度过的那一天一定很有趣，但肯定非常辛苦。拉瓜迪亚市长每分钟都忙得不可开交。时间渐渐过去了，乔治六世和王后意识到他们到海德庄园要晚了，但直到他们真正出发时才有人告诉他们当时有多晚，因此，乔治六世坚持路上每隔一段时间就停下来打电话。

我们坐在海德庄园的总统图书馆里等待乔治六世和王后。罗斯福面前摆着许多鸡尾酒，而我的婆婆萨拉则坐在壁炉的另一边，满不在乎地看着那些鸡尾酒，告诉罗斯福，乔治六世会更喜欢喝茶。罗斯福和母亲萨拉一样固执，早就把鸡尾酒准备好了。最后，当乔治六世和王后到

---

① 下文称"拉瓜迪亚"。——译者注

达时，我在门口迎接他们，把他们带到了准备好的房间里。他们很快就换好了衣服，来到了总统图书馆。当乔治六世走近罗斯福和鸡尾酒酒桌时，罗斯福抬头看着他说："我的母亲萨拉不喜欢你喝鸡尾酒，认为你应该喝杯茶。"乔治六世回答说："我的母亲①也不喜欢。"然后，他喝了一杯鸡尾酒。

我记得当我们把两位邻居介绍给乔治六世和王后时，两位邻居都行了一个深深的屈膝礼。这让我非常感动。我本该发现，行屈膝礼对她们来说实在是太难了。

晚餐时，发生了两件吓人的事。现在回想起来，这两件事很有趣，但那时让我的婆婆萨拉非常尴尬。我们把白宫的黑人管家带去了海德庄园。萨拉有一个英国管家。当听说白宫的黑人管家要来帮助他，并且乔治六世和王后将等待黑人服侍时，这个英国管家感到非常震惊。因此，婆婆萨拉的管家决定在乔治六世和王后来这里前就去休假，以免看到他们受到那样的对待。

那天晚上，训练有素的白宫管家到底怎么了，我并不知道。婆婆萨拉把多余的瓷盘放在了一张餐桌上，那张餐桌平时不是很常用。晚餐吃到一半时，那张餐桌突然塌了，盘子哗哗地掉到了地上。我的婆婆萨拉努力用最有教养的举止来忽略这件事，但有人听到她的儿媳②说："我希望我的盘子没有坏。"有些盘子是她借给萨拉供那顿晚餐使用的。实际上，那些摔坏的盘子是其他人送给罗斯福的一套餐具中的一部分，并没有使用家里的古老瓷盘。

我们本以为一个晚上发生一次这样的事情就够了，但就在我们吃完晚餐去总统图书馆后，又发生了一件特别可怕的事。白宫的一个黑人管

---

① 即特克的玛丽。——原注
② 即伊丽莎白·赖利。——译者注

家端着放了玻璃酒瓶、玻璃杯、盛冰的碗等的盘子，从大厅门口的最后两节台阶上摔了下来，径直滑进了总统图书馆里。盘子里的东西都撒在了地板上。台阶下面留下了一大片水及一些冰块。当时，婆婆萨拉一定在想她的英国管家要是能留下来就好了。当时，我在专栏里写下了这件事，因为我觉得这件事真的很好笑。但萨拉对我的做法非常气愤，因为她觉得我把这件事公之于众了，而没有当作家庭秘密保守起来。

晚餐结束时已经很晚了。大家都很累，所以一些人先回去休息了，只剩下麦肯齐·金、乔治六世与罗斯福谈话。他们上楼休息时应该特别晚了。我真的很同情他们。第二天，麦肯齐·金告诉罗斯福，乔治六世昨晚敲了他的门，请他到自己的房间里谈话。肯齐·金还补充说，乔治六世昨晚说："为什么我的那些大臣不像总统罗斯福今晚那样和我谈话呢？我觉得他和我谈话就像是父亲在给儿子提出他认为最谨慎、最明智的建议。"

第二天，我们去了教堂。四面八方的人来到瓦尔-基尔小屋用餐。我让两个朋友在室外的壁炉上烤热狗。我们还准备了乔治六世和王后以前没有尝过的烟熏火鸡、美国不同地区使用的不同腌制方式制作的几种火腿、沙拉、番茄酱烘豆和达奇斯县亨利·摩根索农场制作的草莓酥饼。我还邀请了两个美国印第安人为客人进行一些娱乐表演。那位男士我以前没有见过，但我很了解阿塔洛亚公主。她来自俄克拉何马州的一个部落，是那个部落的公主。她的歌声很迷人，讲的故事也很动听。我相信客人们一定会觉得非常有趣。

在我们家里工作多年的员工还有所有客人都有机会见到乔治六世和王后。用餐和握手环节结束后，罗斯福邀请乔治六世和他一起去泳池游泳。我希望王后也能去放松一下。但我发现，王后不能冒着衣冠不整的风险去游泳，所以当男士游泳时，她一直和侍女坐在泳池边上。

与此同时，伊迪丝和汤普森小姐去了另一间小屋，准备给游泳的人沏点茶喝。由于几乎所有锅和壶都拿到了一个位于山顶的小屋里，这项工作做起来就有点困难，但伊迪丝和汤普森小姐最终还是设法准备好了热茶和冰茶。在持家方面，汤普森小姐比伊迪丝更有经验。伊迪丝坦率地说，她这一生从没做过菜，也没服侍过别人。

  安静地吃完晚餐后，我们把乔治六世和王后送到了海德庄园站。他们将乘坐火车离开。他们的行李及其他人的行李已经在火车上放置好了。他们向所有人道了别，正要上车时，王后突然回来对我说："开车送国王的那位司机在哪里？我想当面感谢他。"我找到了罗斯福的司机蒙特·斯奈德。王后因他开车非常小心谨慎而向他表示了感谢。我在心里想："王后多么善良体贴啊！什么样的教养才能让她做到这样呢。"

  火车启动时，乔治六世夫妇站在火车的后站台上。那些聚集在哈得孙河两岸和站在岩石上的人们突然开始唱起了《友谊地久天长》。这样的场景让人莫名感动——在暮色笼罩下的河边，火车缓缓驶出，许多人齐唱着《友谊地久天长》这首古老的歌曲，而这对年轻夫妇向所有人挥手告别。人们想到了笼罩在他们头上的乌云和即将面对的忧愁，转身离开了现场，心情沉重。

第12章　美国青年代表大会

CHAPTER XII　The American Youth Congress

许多人可能已经忘记了在大萧条初期我们是多么担心美国的年轻人。在那个关键时期，成长要比过去任何时候都困难得多。许多年轻人感到有必要离开家，因为他们找不到工作，不忍心吃掉家里仅有的一点点食物。从这可以看出年轻人是多么苦恼。

我觉得，在年轻人自助或者互助的过程中，长辈应尽其所能为他们考虑，并且给予他们帮助。我非常关注年轻人，这使我与各种青年团体建立了联系，也使我了解了许多年轻人。这些年轻人要么是由长辈带到华盛顿哥伦比亚特区的，要么是通过各种青年组织来到这里的。

当然，我相信这些年轻人有权发表自己的意见。作为民主国家的公民，他们有权为信仰而奋斗。因为经济状况不好，年轻人的政治权利和公民权利似乎处于次要地位，但在这个时期他们已经变得成熟了。我们必须恢复年轻人对民主的信心，满足他们的需要，否则，他们会寻找其他地方，确保自己可以拥有基本权利和自由。

在那个动荡的时代，最著名的青年组织之一就是美国青年代表大会。它遍布美国各地，与其他青年团体密切合作，如南方青年理事会和黑人青年大会。

在华盛顿哥伦比亚特区举行的一次会议上，美国青年代表大会的负责人过来找我，告诉了我他们想做的事情。渐渐地，我开始与美国青年代表大会合作。在我看来，这样做很好，因为通过这种方式我就可以了解年轻人的情况和想法。美国青年代表大会请我帮助该组织做各种各样的事情，并且在许多问题上征求我的意见。我尽力为他们的会议寻找发言人，并且亲自参加会议，还捐给了该组织一些钱。

后来，我对美国青年代表大会的一些人有了深入了解。我喜欢该组织里的所有年轻人。美国青年代表大会是一个充满理想、勤奋工作的团体。我不知道该组织的成员是否从一开始就受到了共产主义的启发。在我与美国青年代表大会共事一段时间后，有人开始对我提出指控。我让美国青年代表大会的许多负责人来到了我在白宫的起居室里，告诉他们，我既然在积极帮助他们，那么就必须确切地知道他们的政治立场。我很清楚，对我的指控很有可能是诬告，因为任何自由主义者都可能被贴上流行的政治标语的标签，无论那个标签是什么。

我告诉那些加入美国青年代表大会的年轻人，如果他们中有人是共产主义者，那么我会非常理解他们，因为他们是在这样一个困难时期成长起来的，因此，一切能为他们带来更好条件的思想都会吸引他们。我认为自己必须了解真实情况。如果我们要一起工作，那么我必须知道我们真正一致的地方和不同的地方。我依次要求每个人诚实地告诉我他信仰什么。每个人都说自己和共产主义者没有联系，从来没有参加过任何共产主义组织，对共产主义思想也没有兴趣。我决定相信这些年轻人的话，但我知道真相迟早会被揭开。

就像最近一本书中提到的那样，也许一部分年轻人让特勤局非常担忧。但我必须说的是，他们从来不会让我和罗斯福感到担忧。我们很清楚，这些年轻人除了伤害自己不会伤害别人。

我非常确信美国青年代表大会正在成为共产主义主导的团体。这些年轻人的言行越来越符合共产主义的政党路线，但一些小事让我产生了怀疑。后来，罗斯福与美国青年代表大会进行了第一次直接接触。当然，一般来说，罗斯福很少有时间为个人甚至是特定的群体做出什么贡献，但在我的要求下，他会见了美国青年代表大会的一些成员，和他们一起讨论了一些特定问题。1940年2月10日，美国青年代表大会在华盛顿哥伦比亚特区组织了一次游行，并且举办了一场会议。我觉得可以请罗斯福为他们讲话，于是安排了他在白宫南门廊处与这些年轻人交谈。那天下着雨，南边的空地上站着一群被雨淋湿的人。他们非常难受，但我敢肯定，他们一定很期待受到赞扬。不过，和他们期待的恰好相反，罗斯福告诉了他们一些真相。尽管那些真相可能令人难以接受，但罗斯福认为告诉年轻人这些真相是明智的做法，这样他们就会了解其他人，甚至了解那些富有同情心的人对他们的行为产生的感受。虽然罗斯福的善意和体谅显而易见，但他觉得有必要针对这些年轻人承担的责任和对待生活的态度说些比较刻薄的话。

　　这些年轻人并没有什么心思听罗斯福的警告，不管他的警告有多么善意。他们竟然还向他发出了嘘声。虽然我很理解这些年轻人在那个场合下的感受，但我对他们的无礼和对罗斯福的不尊重感到愤慨。不过，罗斯福非常平静。他和蔼地笑着对我说："我们的年轻人总是捉摸不定，不是吗？"

　　从那时起，我认识了约瑟夫·P.拉希[①]。他后来成了我真正的朋友和支持者。几个青年组织的负责人需要接受戴斯委员会的质询。拉希就是负责人之一。他曾是美国学生联合会的组织者和执行秘书。但后来他

———————

① 下文称"拉希"。——译者注

被免去了职务。不过，由于没有人接替他的职位，美国学生联合会里也没有其他人可以代替他，因此，他必须接受戴斯委员会的提问。我很少见到比他还难过的人。拉希尽管刚刚被一个人数较少但组织良好的团体赶下了台，但还必须承担起为整个团体辩护的责任。即便最后辩护失败了，他还是觉得团体中大多数人并不是共产主义者。在听证会上，拉希故意表现得非常轻率以保护自己。这让他受到了戴斯委员会的厌恶和指责，但因为我了解当时的情况，所以仍然非常尊重他。

那段时间，拉希过得非常艰难。他对青年人的问题和共产主义团体做了非常多的研究，知道共产主义在困难时期对人们有什么样的吸引力，但他认为这并不是解决问题的办法。后来，拉希认识了我。他很信任我，但因为不能背叛其他年轻人，所以他很小心，从不搬弄他人是非。但当我偶尔和其他年轻人在一起时，拉希的愤怒向我暗示了当时真正发生的事情。他会问其他年轻人为什么不告诉我某些事情，或者问他们一些尖锐的问题。他经常用很不高兴的表情让我提高警惕。

戴斯委员会的大部分听证会我都听了，并且一直听到了最后。我听说，如果接受提问的人看起来影响很小或者支持他的人很少，那么戴斯委员会的问题就会充满敌意，给人的印象就像是某个人被带到了法庭上，并且这个人事先就已经被判为罪犯了。我不喜欢的一种做法是恐吓别人，而不是努力获取事实。有一次，当我觉得戴斯委员会问的问题非常刻薄时，我就要求坐在新闻记者席上。我拿了一支铅笔和一张纸。这时，戴斯委员会提问的语气立刻发生了变化。我并不知道提问者觉得我要做什么，但我的行动确实达到了自己想要的效果。

因为不喜欢美国也采取盖世太保的做法，我从来不喜欢类似的国会委员会。我认为采取盖世太保的做法没有必要。我对盖世太保是否伤害过真正有权势的人有些怀疑，但非常确定的是，该组织伤害了许多无法自卫的无辜者。

有一次，我和罗斯福得到了一份认为是共产主义组织、颠覆组织和反美国组织的机密名单。这份名单由联邦调查局编制，供戴斯委员会使用。该名单上的任何一个团体，或者是对其中任何一个团体有过贡献的人，都受到了怀疑。为两个或三个"可疑"组织做过贡献的人也被列在了上面。我们发现其中有亨利·L. 史汀生[①]、诺克斯[②]及我的婆婆萨拉。当看到萨拉的名字时，我和罗斯福觉得特别好笑。如果有人告诉萨拉，因为她给了一个看似无辜的救济组织五美元或十美元，戴斯委员会就轻易认定她属于颠覆组织的人，那么她一定会非常震惊。

我知道曾经发生过这样一件事：戴斯委员会宣称一个年轻人与西雅图的一个颠覆组织有关系，该委员会强烈要求政府部门开除这个年轻人。但这个年轻人说，他从来没有去过西雅图，是该委员会认错人了。幸运的是，这个年轻人的上司非常相信他，能够证明该委员会的判定是错的。如果他的上司不公正，那么这件事会对这个年轻人造成伤害，并且戴斯委员会并不会对此负责。

我曾经直截了当地问过戴斯委员会和联邦调查局，这两个机构轻率地为年轻人下结论的依据是什么。这两个机构告诉我并没有什么依据。最近，华盛顿州有一位女士写了一本书，书中说小马丁·戴斯先生给了我一些信息，但我并不想看。然而，事实是这样的：我邀请他共进午餐，并且明确地向他询问一些信息，但他从未把相关信息给我。

美国青年代表大会强烈反对"帝国主义战争"和为任何战争做准备。当苏联成为德国的盟友时，美国青年代表大会坚持和平的呼声越来越高。因此，在美国青年代表大会举办了一次会议后，我派人请该组织

①　下文称"史汀生"。另外，单独使用"史汀生"的地方均指此人。——译者注
②　即弗兰克·诺克斯（Frank Knox, 1874—1944）。——译者注

的负责人过来，和他说，在外交事务上，我们显然要分道扬镳了。美国青年代表大会谴责了任何帮助其他国家对抗德国的行为。

过了不久，我邀请了美国青年代表大会的一些负责人来海德庄园过夜。我坦率地告诉他们，我不能再与美国青年代表大会合作了。不过，我答应每月会给他们一点钱。1940年夏，碰巧在同一天晚上，埃利奥特回到了海德庄园，告诉我他要加入空军，因为他的良知促使他这样做。在我和埃利奥特讨论了一些家庭的问题后，一场激烈的争论接踵而至——埃利奥特捍卫自己的立场，而美国青年代表大会的代表则捍卫他们的立场。

在我决定离开美国青年代表大会后，该组织的年轻人就指责我被"出卖给了资本家"。他们中的一些人利用和平团体在白宫外进行示威抗议。然而，当得到德国入侵苏联的消息时，美国青年代表大会又召开了一次群众大会，强烈要求与苏联合作，同时要为战争做更充分的准备。美国青年代表大会甚至给我发了一封电报，上面说道："现在，我们可以再次合作了。"这场战争突然不再是帝国主义战争了，美国青年代表大会也不在白宫外示威抗议了。

当然，我再也没有和美国青年代表大会合作过。我无法相信该组织会诚实地对待我。

美国青年代表大会的许多年轻人都入伍了。我对了解他们的职业生涯很感兴趣。不出所料，有些年轻人的日子不好过，但有些人过得很好。拉希属于后者，但他面临了一些困难。这些困难是加入美国青年代表大会的年轻人遇到的普遍困难。拉希总会受到怀疑，还会受到军队情报部门的密切监视。他受到怀疑的一个原因是，他早些时候曾在西班牙与西班牙忠诚派一起待过一段时间。当然，在西班牙作战是许多年轻人、信仰理想主义的自由主义者及真正的共产党员的出路。但人们认为，一个年轻人在西班牙入伍标志着他将永远是共产主义者。拉希受到怀疑的另一个原因是，人们都知道他是我的朋友，并且他经常来白宫看望我。很多人都觉得，认识我是达成几乎所有目的的捷径。但其实，这常常会带来更多害处，而不是好处。

当我回顾自己与美国青年代表大会的联系并努力在脑海中进行总结时，我想到了这一点：经历的过程往往是痛苦的。国会举办的十分困难的会议之一是在华盛顿哥伦比亚特区召开的一次大会。当时，那些年轻人完全不赞成政府的政策。早些时候，在一次会议上，拉希发了言，表达了他对政府政策的支持。当时，台下的倒彩声持续了十五分钟，然后他才继续讲话。

我知道就算我同意改天发言，仍然会面临同样的境遇。约翰·卢埃林·刘易斯[1]和罗斯福在某个意见上早就发生了分歧。美国青年代表大会把刘易斯当作杰出的劳工领袖。他们讨好他，以寻求他的支持。他将在我之后发言。当我站起来准备讲话时，大家都向我发出嘘声，但这对我来说并没有什么影响。我等到人们能听到我说话时说，既然他们请我来发言，并且我也听了所有其他发言者的发言，那么我想，换过来，他们也有义务听我发言。我说，等我发言结束后，他们可以用任何方式表达自己的感受。当刘易斯来到讲台前时，他们大声地为他欢呼，这也许是为了表达他们的真实感受。

我想说清楚的是，我非常同情这些年轻人，尽管他们经常惹恼我。我永远都不可能忘记他们在成长过程中遇到的那些非同寻常的困难。我从来没有对他们中任何一个人有过丝毫怨恨，相反，我非常感激与他们在一起的这段经历。我与美国青年代表大会的合作最后失败了，但是我

---

① 下文称"刘易斯"。——译者注

知道，这不会是最终结果。事实上，在理解我在联合国会议上见到的一些策略上，我与美国青年代表大会的合作有着很高的价值。

第13章　第二届任期（1939年到1940年）

CHAPTER XIII　Second Term: 1939—1940

1939年夏，我们在海德庄园度过了很长一段时间。我一直都很享受在海德庄园的日子。我的姨妈戴维·格雷的夫人①和我们一起住了一段时间。我的婆婆萨拉出国了；小儿子约翰和妻子安妮也出国了。1939年早春，约翰和安妮失去了他们的第一个孩子。安妮的母亲幸好陪在她身边。与此同时，我急急忙忙赶去波士顿和约翰一起照顾安妮。对任何一对年轻夫妇来说，失去第一个孩子都是可怕的打击。我非常同情约翰和安妮。我想起弟弟霍尔·罗斯福和他的妻子失去第一个孩子时，还有我们失去六个月大的孩子时的那种心情，再次沉浸在悲伤中。

　　1939年夏，约翰和安妮都在国外，这让罗斯福对母亲萨拉要出国旅行稍微没那么担忧。罗斯福觉得自己无法阻止母亲萨拉出国，但自从她在巴黎生病后，他就一直很担心她出国旅行。事实证明，那是萨拉进行的最后一次旅行，因为第二次世界大战于1939年9月爆发了。她和约翰还有安妮一起坐船回了家。当一家人平安到家时，我和罗斯福都松了一口气。

---

① 即莫德·利文斯顿·霍尔，她是本书作者的母亲安娜·霍尔·罗斯福的妹妹。——译者注

罗斯福的姨妈大部分时间都住在巴黎。尽管罗斯福和威廉·布利特一直催促她回来，但她还是拒绝回家。在希特勒的军队进驻巴黎前，她刚刚离开那里。

　　当希特勒的军队攻入波兰的消息最终传来时，罗斯福在海德庄园给我打了电话。电话打来时大约是5时。当时，乔治·S.亨廷顿夫人和我在一起。她是我的一位老朋友。我、乔治·S.亨廷顿夫人及汤普森小姐根本无法入睡，因为我们感觉灾难即将来临。我们担心的事情最终发生了。我们似乎知道，美国迟早会与所有欧洲国家一同卷入漩涡。我觉得罗斯福的观点是：战争可以避免，因为他总是说希望我们能够避免战争。尽管人们希望能够出现一些奇迹，但我有一种感觉，战争一旦开始，世界上没有哪个地方可以不受影响。

　　1939年9月的每一天我都忍不住想起当时与乔治六世和王后道别时的情景，想起他们站在即将出发的列车后站台上。当时，我都哽咽了。现在，英国人民马上要做出最终决定了。我记得我回顾了自己在第一次世界大战中感受到的一些事情——当时，我有一种强烈的预感，罗斯福可能会离开海军部，尽管别人劝他留下来。当度过了1918年的夏季后，我很焦虑。我知道如果战争继续下去，那么他一定会辞职去服役。让我感激的是，我的孩子还太小，不能参与战争。我渴望在家里做一些自己力所能及的事，因为我不能离开我的孩子，但又忍不住觉得我应该到真正的危险地带做些什么。所有那些军事冲突和我曾感受到的焦虑就像万花筒中的碎片一样印入我的脑海。

　　我不知道这场战争会带来什么。我的儿子们长大了，可以积极参战了，看来我又可以"舒舒服服"地待在华盛顿哥伦比亚特区观战了。当那些你爱的人处于危险中或者可能处于危险中，而你必须安全地、无所事事地在一旁看着，你就会有一种想要加入他们的冲动。很长一段时间过去了，事情一件件地陆续发生。我们将要再次进行选举，并且开始接收许多来自被占领国家的难民。作为个体，我们所有人要逐渐习惯其他国家发生了战争的事实，并且为我们自己将要面临的灾难做好准备。

当我回顾1939年这一整年时，罗斯福做的主要工作在我看来是尽力避免欧洲发生全面战争，并且让我们意识到做好准备的必要性。也许罗斯福可以避免一些不必要的麻烦，但人们并不愿意看到美国总统没有尽他所能阻止这件危险的事情发生。1936年，罗斯福就开始采取行动了。1939年和1940年的行动只是这一行动路线的延续。例如，在1935年伦敦海军会议失败后，罗斯福立即从国会拿到了资金以建造战舰和飞机。1937年，在芝加哥，罗斯福发表了隔离演说，警告美国人民国外的政治局势正在不断恶化，美国正面临着危险。他努力说服美国人民相信美国应该坚定、积极地维护和平。那次演讲引起的反对声特别大，因而罗斯福意识到，人们还没有准备好"跟随激烈的步伐走向国际合作"。在1938年捷克斯洛伐克出现危机的整个过程中，罗斯福继续努力挽救和平，向希特勒和其他国家元首发出了呼吁。慕尼黑会议召开后，罗斯福指责内维尔·张伯伦的软弱。但罗斯福说，英国的防御减少了这么多，也许是因为首相张伯伦认为没有其他事情可以做了。确保其他国家不会发现美国像英国一样毫无准备是罗斯福当时最关心的事情。

1939年1月，罗斯福向国会申请调动资金，以扩大美国空军规模和建设新的海军航空基地。4月，罗斯福警告美国人民，欧洲即将爆发全面战争。他以个人名义向希特勒和墨索里尼发送了信息，呼吁他们承诺十年内不攻击或者入侵其他国家。8月下旬，苏联和德国签署了《苏德互不侵犯条约》。当时，罗斯福正乘坐"塔斯卡卢萨"号在加拿大近海捕鱼。一听到这个消息，他就匆忙返回了华盛顿哥伦比亚特区，向希特勒、意大利国王维托里奥·埃马努埃莱三世和波兰总统莫希奇茨基发出了和平呼吁，敦促解决但泽–波兰走廊问题。第二天，罗斯福又给希特勒发送了另一条信息。后来，希特勒入侵了波兰。罗斯福确信和平很难再维持下去，便于9月21日敦促国会废除中立法中对禁运武器的规定。西班牙内战时，罗斯福曾很不情愿地签署了该法案。12月，罗斯福任命迈伦·C.泰勒作为美国在梵蒂冈的特别代表。

罗斯福和教皇庇护十二世之间往来的信目前已经发表了。在我看来，尽管美国的一些新教团体不是很认同罗斯福对迈伦·C.泰勒的任命，但这样做是明智的。这是美国为战争做准备的一个初始阶段。不过，总体来说，大家对这一任命非常认可。迈伦·C.泰勒非常有名，很受人尊敬。我想大多数人都认为教皇庇护十二世可以成为当时维护和平的有力力量，并且我们应该与他有一些直接联系。罗斯福并不认为迈伦·C.泰勒担任的外交职位会永远存在，只是觉得在紧急时期，有必要设立该外交职位。

1939年年中，持续关注战争和努力备战算是让人觉得不那么艰难的工作了。4月30日，罗斯福宣布了世界博览会开幕。我有幸多次参观了世博会。让我很高兴的是，世博会是在战争爆发前举行的。这样一来，人们就可以广泛参会了，我也能看到许多国家的产品和艺术文化了。我喜欢去不同的餐馆享受各种各样的美食。我还记得自己在法式餐馆的阳台上愉快地用了餐。在灯光的照耀下，喷泉中的水柱显得五彩缤纷。

1939年5月1日，罗斯福为莱茵贝克邮局揭了幕。莱茵贝克邮局坐落在据称是纽约州最古老的酒店——比克曼阿姆斯酒店旁边。它是一座用粗石砌成的简单灰色小楼，看上去已经很旧了，好像一直矗立在那里一样。艺术家奥林·道斯是哈得孙河古老家族中的一员。他在莱茵贝克和海德庄园的邮局墙壁上都画了壁画，把当地村庄的历史以绘画的形式展现了出来。从历史和艺术的角度来说，这些绘画将成为这些村庄的一笔财富。

罗斯福对海德庄园周围的城镇和村庄里的所有公共建筑都很感兴趣，并且总是主张用他喜欢的灰色粗石建造达奇斯县的建筑。从海德庄园周围的学校和邮局等建筑中就可以看出罗斯福对这类建筑的喜爱。

1939年，罗斯福说服了母亲萨拉，把邮局路上的一处房产转让给了美国政府。弗兰克·沃克领导了一个由许多朋友组成的委员会，以募集资金在海德庄园建立一座图书馆。战争对这一举动产生了影响。很长一段时间以来，罗斯福都认为，如果一个国家的重要文件和收藏品没有全部放在一栋大楼里，那将是一大优势。他意识到，一旦发生战争，欧洲各国将不得不分散其藏品，因为不分散收藏的话，一枚炸弹就可以摧毁整个国家的历史记录。罗斯福还意识到，国会永远不可能拨给国会图书馆足够的资金，让公共文件能够持续、快速地更新，并且把公共文件提供给那些想研究这些问题的人。罗斯福还认为，如果与某一特定时期有关的所有记录都放在一个地方，了解该时期就会更加容易。罗斯福打算把自己的文件和许多其他有趣的东西都放到一个图书馆里。他相信自己能说服同时期其他活跃的人也这样做。

我永远不会忘记1939年11月19日罗斯福为他的总统图书馆奠基时的喜悦和自豪。那是一个非常简单但令人感动的场合。对历史的认识和感悟让他更加高兴，因为他知道，在他自己的土地上将矗立起一座建筑，记载着他曾经参与过的特殊历史时期。

1940年，即将进行总统大选。与其他所有选举年份一样，这一年同样存在诸多不利之处，并且似乎发生的一切都必然带有政治倾向性。尽管欧洲战争正在不可阻挡地向前推进，希特勒似乎席卷了面前的一切，但一些人只关心罗斯福的举动会对民主党在选举中获胜的几率产生什么影响。

1940年，罗斯福采取了一些措施。尽管每项措施本身似乎不重要，但所有措施加在一起能使国家为即将面临的严峻考验做好准备。1940年2月，罗斯福敦促立即购买战争物资。1940年4月，他确定了作战区域。1940年5月，他要求拨款十亿多美元用于国防。这些做法是合理的，因为希特勒的行动非常迅速。

　　对位于白宫的我们和英国人民来说，敦刻尔克大撤退是一个悲伤和焦虑的时刻。该事件被完整报道后，所有美国人民都十分钦佩被围困在敦刻尔克的人们表现出的英雄主义及英国皇家空军保卫国家的大无畏精神。我们了解了丘吉尔用语言表达出的勇气和坚韧。他的演说展示出了在敦刻尔克大撤退后的几个月里英国人民的精神状态。

　　我想正是出于对英国人民良好精神状态的钦佩，罗斯福才在墨索里尼攻击法国时强烈抨击他。罗斯福的一些顾问恳求他不要在弗吉尼亚州夏洛茨维尔发表的演讲中使用"暗箭伤人"这个大家都很熟悉的词语，但他一时冲动说了这个词。这其实显示出了罗斯福对英国人民精神的赞扬，但他认为，在墨索里尼的领导下，这种精神从未出现在意大利人民身上。

　　此次演讲是在弗吉尼亚大学法学院的毕业典礼上进行的。1940年，小富兰克林刚好从这所学校毕业。这次旅行很奇怪：我们都去了弗吉尼亚大学法学院。虽然参加儿子小富兰克林的毕业典礼很正常，但那不是一个正常、愉快的场合。这个时代充满了邪恶。罗斯福的演讲不仅仅是一次在毕业典礼上进行的演讲，还是一次面向全国人民发表的演讲。这次演讲让我们离全面战争更近了一步。

　　演讲结束后，我立刻去了海德庄园，而罗斯福和小富兰克林继续留在华盛顿哥伦比亚特区。那时我知道，那些认为战争不可避免的人说服了罗斯福：他如果被提名，那么不应该拒绝竞选第三个任期。

关于第三个任期的事情已经说了太多了，因此，我只能发表自己的看法。我从未问过罗斯福，他的政治意图是什么。事实上，我从来都不想让罗斯福去华盛顿哥伦比亚特区，所以我会加倍小心，完全不表现出自己赞成他在这件事上的决定。

罗斯福身边有很多人都在担心。有人担心他会竞选；有人担心他不会竞选。人们之间的气氛有时十分紧张。双方都有人来找过我，但我什么都没说，因为每个人都有权规划自己的生活，特别是在这样重要的事情上。

罗斯福特别喜欢1940年举办的那次烤肉晚宴。他被画成了斯芬克斯[①]，嘴里叼着一根长长的烟斗。那张用混凝纸画的半身像现在还放在海德庄园的总统图书馆内。

虽然我从来没问过罗斯福真正想做什么，但从他在不同时期讲述的一些小事中，我清楚地知道，他真的很想回到海德庄园，希望自己成为一个退隐的老政治家。罗斯福希望自己能够坐在一旁提出一些批评和建议。他一生中有无数的事情要做——写海军题材的文章，翻阅他的文件、信，等等。罗斯福在海德庄园有一个图书馆，甚至他都找好了一份离开白宫后要做的工作。我记得，罗斯福每隔一段时间都要为纽约的一家大杂志社写一篇文章或者长篇社论。他建造了瓦尔-基尔小屋，如果有很多人来我和家人住的大房子时，那么他就可以在瓦尔-基尔小屋中隐居。当有报纸称那是他"梦想中的房子"时，罗斯福很生气，尽管那的确是他梦想中的一部分。

综上所述，我有充分的证据证明罗斯福不想再竞选了。然而，随着时间的推移，越来越多的人来找我，说罗斯福必须参选，因为战争即将

---

① 斯芬克斯是神话中出现的一种生物，有人、鹰、猫或者羊的头，狮子的身体和鹰的翅膀。——译者注

来临。其他所有可能被提名、被选举的人都没有像罗斯福一样的威望和能力度过那场危机。

看到真的没有人准备接替罗斯福的位置后，我深感不安。有好几次，我问罗斯福，是不是应该努力帮某个人做好参选的准备。他总是微笑着说，人们必须自己做准备，而他能做的就是给他们机会，看他们能否成功。我觉得罗斯福无意中影响了周围的人。只要他在，任何人都难以替代他。不过，我最终意识到，毕竟选举是人们曾经做过很多次的事情了，况且没有人能给别人除机会以外的东西。

我并不是说罗斯福没有认真考虑接班人。他的确认真考虑了这件事，也完全赞同任何人都有权担任总统这个观点。尽管哈里·霍普金斯身体不好，但罗斯福还是鼓励他应该怀有远大的志向，直到他的病确实成为他实现抱负的阻碍。我想罗斯福最终应该认为国务卿科德尔·赫尔是下任总统的最佳人选。在处理国内事务上，罗斯福和科德尔·赫尔的意见并不总是一致。但未来，总统需要了解外国事务，并且需要具有处理外交事务的经验。在这方面，科德尔·赫尔非常优秀。此外，科德尔·赫尔了解国会，并且人们敬佩他的勇气和正直的品格。

我听到许多人讨论过可能的候选人。这些候选人的优点和缺点总是会被清楚地展示出来——这并不总是罗斯福说的。随着总统提名大会时间的临近，我们可以看出，提名其他候选人非常困难。首先，民主党派没有找到其他可以执政的候选人；其次，有些心思缜密的人担心战争有可能会发生。

显然，在总统提名大会真正开始前，罗斯福将被提名并参选。我想他已经被说服了，他如果被提名，那么是不会拒绝的。我相信罗斯福不是真的想被提名。他如果没有被提名，那么会很满意，也会过得很幸福。然而，当你处在国际事务的中心时，就会出现一种特别迷人的东西，这种东西导致你几乎想象不出该如何以其他方式生活。我想，罗斯福的心里有一个巨大的"跷跷板"：一边是逐渐蔓延的疲倦感，他渴望待在家里，成为自己的主人；另一边是势不可当的兴趣，是毕生工作的动力源泉，是在那个关键时期了解和参与世界事务的渴望。

很多年前我就觉得，世界上没有什么东西是非黑即白的。有时候，一个人连自己的感受也说不清楚。

最后，我对罗斯福说："你已经下定决心，即使被提名也不去参加总统提名大会，但你会通过广播讲话。这就是说，我也不需要去参加总统提名大会？"罗斯福非常坚定地说，他已经决定好了，我和他都不应该去。我告诉罗斯福，如果这样，那么我会去海德庄园，住在瓦尔-基尔小屋里，再把大房子收拾好。这样一来，总统提名大会结束后，他就可以在那里住一段时间。

我和汤普森小姐去了海德庄园。那里还有一个年轻朋友和我们在一起。生活过得很平静，直到突然有一天电话响了。弗朗西丝·珀金斯给我打来电话。她说："这里的情况看起来很糟，总统提名大会的气氛很不好。罗斯福总统如果想提名亨利·A. 华莱士[①]，那么应该来芝加哥。但如果他不来，那么我想您应该来。"我告诉弗朗西丝·珀金斯，我没有去的必要，并且她应该告诉罗斯福她的感受。如果有人要去，那么应该是他。我觉得自己无能为力。挂电话前，弗朗西丝·珀金斯说要和罗斯福谈谈。然后，她给罗斯福打了电话。罗斯福说自己不会去参加总统提名大会，但如果他被提名，那么他希望华莱士能成为他的竞选伙伴。

第二天，弗朗西丝·珀金斯又给我打了电话，说罗斯福告诉她，她如果觉得有必要，那么可以让我去。我说："罗斯福也许愿意去。不

---

① 下称"华莱士"。另外，本书单独使用"华莱士"的地方均指此人。——译者注

过，我怎么知道詹姆斯·法利对这件事有什么看法呢？除非罗斯福要求我去，否则我肯定不会去。我知道我现在出现了反感情绪。哈里·霍普金斯一直在处理事情，也许他处理得不太得体，但我不打算再自寻烦恼了。"弗朗西丝·珀金斯还想知道如果詹姆斯·法利要求我去，那么我是不是会去。我说我应该先问罗斯福。在弗朗西丝·珀金斯说完后，我给罗斯福打了电话，告诉他弗朗西丝·珀金斯说了什么，并且问他我需要做什么。罗斯福说："你去也许会很好，但我认为没有必要。"我说："如果詹姆斯·法利要求我去，你认为我按照他说的做是明智的吗？"罗斯福回答说："是的，我想是的。"

接下来，我开始等待。直到上午晚些时候电话铃响了，詹姆斯·法利邀请我去参加总统提名大会。他很忙，所以他让我在他说完后和洛雷娜·希科克谈谈。当时，洛雷娜·希科克和查尔斯·米切尔森正在为民主党全国委员会做宣传工作。洛雷娜·希科克告诉我，她觉得我去参加总统提名大会非常重要，并且詹姆斯·法利真的很希望我去。

我打电话给美国航空的 C. R. 史密斯先生，问他是否要去芝加哥。C. R. 史密斯先生说他第二天要去。我就问我可不可以和他一起去。他告诉我，他会派一架小型飞机接我去沃平杰斯福尔斯机场，这个机场距离海德庄园约十五英里。然后，我给罗斯福打了电话，告诉他我做了什么。罗斯福说，总统提名大会期间，小富兰克林会和他待在一起。随后，小富兰克林将去纽约市，和我一起前往芝加哥。我说，我觉得没有必要让小富兰克林也去，所以这件事就暂时搁置了。

我们通过收音机收听了总统提名大会。在罗斯福被提名后，大家都在欢呼，但我觉得兴奋是属于别人的，与我无关。

第二天，我去了沃平杰斯福尔斯机场。小飞机已经着陆了。驾驶飞机的飞行员是 C. R. 史密斯先生的私人飞行员，他允许我沿着哈得孙河自己驾驶一段时间，这真的让我非常兴奋。抵达纽约后，我就看见小富兰克林向我走来。我想说的是，我很高兴他在我身边。我们见到了C. R. 史密斯先生，随即离开，下午晚些时候到达了芝加哥。在机场，詹姆斯·法利迎接了我。他说，女记者也在机场，让我马上去见她们。我告诉詹姆斯·法利，我没有什么好说的，但他坚持认为我最好见见她们。我接受了采访，但尽量少说话。

后来，我和詹姆斯·法利开车驶入芝加哥市。路上，他告诉我，自总统提名大会开始后，罗斯福就再也没有和他谈过，也从来没有告诉过他希望谁成为副总统。那时，我才知道罗斯福和詹姆斯·法利之间发生了这样的事。我很惊讶，因为我一直把詹姆斯·法利当作自己真正的朋友。他告诉我为什么他认为杰西·琼斯、班克黑德、保罗·麦克纳特或者其他候选人应该获得提名。他还说，埃利奥特当时是得克萨斯州居民，也是该州代表团的成员，并且他正计划提名杰西·琼斯。

我说在任何事情发生前，詹姆斯·法利都应该先和罗斯福谈谈。我直接去了法利的办公室所在的酒店，打电话给罗斯福。我把法利说的话告诉给他，还告诉他，我刚刚才知道他很久都没有和詹姆斯·法利谈过了。我建议罗斯福和法利谈谈，说出自己的感受。我没有对任何候选人表示过偏爱。在法利的书中，他描述了此次总统提名大会，但就涉及我的那部分内容来说，他的描述是他对我说的话的印象，而不是我的原话。法利引用了我对罗斯福说过的话——"我和詹姆斯·法利谈过，并且我同意他的看法：华莱士不会当选。我知道，杰西·琼斯会增加自己的票数，赢得商业界的支持，并且得到党内人士的捐款。"法利曾经对我说过这些话，而我非常认真地重复了他说的话，但从来没有对这类事件表达过自己的偏好或者观点。我相信在提名总统候选人或者副总统候选人的事情上，我依然选择做自己。

当詹姆斯·法利接通电话时，罗斯福明确地告诉他，华莱士是他希望能够成功竞选总统的人。法利心不在焉地和他争论。最后，罗斯福说，必须是华莱士竞选成功。显然，罗斯福当时觉得，如果华莱士碰巧被推上了总统的座位，那么他值得人民的信任，也会执行我们的外交政策。当时，罗斯福的这种感觉非常强烈。他愿意支持竞选伙伴华莱士，从而给华莱士一个证明自己能力的机会。当罗斯福说完必须是华莱士时，法利说："您是老板。如果您这样说，那么我会尽我所能提名华莱士，但必须尽快行动了。"法利对我说，他必须制止埃利奥特，因为埃利奥特将提名杰西·琼斯；保罗·麦克纳特实力也很强大，因此，我们必须尽快赶到会议厅。我们立即开车前往那里。我看得出来詹姆斯·法利很不安。

一到会议厅，詹姆斯·法利就把我交给了弗朗西丝·珀金斯和洛雷娜·希科克，然后就不见了。我立刻走到座位上，找到小富兰克林，让他去找埃利奥特，因为我担心埃利奥特会提名其他人，这与他父亲罗斯福的愿望背道而驰。找到埃利奥特后，我们和他谈了一会儿。这时我才发现，法利已事先找到他，并且告诉了他那个消息，所以他并没有提名其他人。

我看到爱德华·J. 弗林和许多人在附近走动。他们中有许多人和我简单地说了几句话。在一片混乱中，弗兰克·沃克突然走到我面前说："我们认为现在是您讲话的时候了。"

我想，我一定要把话说得简明扼要。我没有做准备，但决定根据在酒店了解到的谈话内容进行一次简短的讲话。如果罗斯福觉得第三个任期的压力对任何人来说都太大了，并且华莱士是我们这个时代能够承担起总统这个职位的最佳人选，那么华莱士有权得到罗斯福的帮助。任何人都不应该只考虑自己，而应该考虑自己将要承担的工作。

实现这个目标的唯一方法就是说服大会代表团为了国家的利益而放弃所有个人的利益，并且使他们意识到我们面临的局势中存在的潜在危险。我说话时，台下一片寂静。我说完后，台下非常混乱，并且大家十分震惊。

然后，投票开始了。我和小富兰克林一直根据名单进行计票。有一段时间，华莱士获得的票数不是很多。大会显然是无序的，走廊里挤满了支持不同候选人的团体。当时，场面非常混乱。不过，有消息传开说，华莱士将成为总统候选人。华莱士的夫人伊洛坐到了我的旁边。我想知道她以前试没试过按照名单计票。伊洛看上去非常不开心，问我："您认为他们为什么这么反对华莱士？"我没来得及解释说，可能是因为大多数人都是被人派来为其他人示威的。

最后，华莱士被提名为罗斯福的竞选伙伴。这个消息一宣布，我就离开了会议厅，并且请伊洛替我向她的丈夫华莱士表示祝贺。我直接开车回到了机场，然后坐上了飞机。当飞机开始在地面滑行时，一个人疯狂地向我们招手。飞机只好停了下来。那个人赶来告诉我，回去接罗斯福打来的电话。罗斯福通过电话告诉我，他听了我的讲话，觉得我说得很好。哈里·霍普金斯也打来了电话，正等着和我说话。接通电话后，他说的与罗斯福说的差不多。之后，我飞奔回机场，坐飞机离开了。

第二天早上，我到达了拉瓜迪亚机场，然后直接开着自己的车回到了海德庄园，正好赶上9时的早餐。我觉得这一切仿佛就是一场梦，还有点儿梦魇的意味。不过，我必须尽快回到现实中来，写下每日专栏，就好像过去的十八个小时不是我经历的最漫长的十八个小时一样。

与罗斯福再次见面时，我把整件事情说了一遍。我告诉罗斯福，即便他和詹姆斯·法利之间的裂痕已经很深了，他也不应该不告诉法利他的想法，更何况法利只是不愿意给他打电话而已。罗斯福一直坚称，哈里·霍普金斯没有加入正式的组织，也没有职务权限。哈里·霍普金斯只是在独自行动。我相信这次罗斯福并没有插手，是因为他不想采取行动。只有当罗斯福迫不得已需要做些什么以顺应事情的发展方向时，他才会采取行动。我参加了副总统提名大会，和詹姆斯·法利进行了交谈，还给罗斯福打了电话从而迫使他明确说出他想要什么，但罗斯福从来不和我多说这些。有好几次罗斯福对别人说："埃莉诺的讲话真的是恰到好处。"罗斯福觉得如果其他人认为某人做得很好，那么这个人应该凭借自己的感受去了解自己做得怎么样。

这一切都发生在1940年7月。竞选活动实际上是从9月开始的。9月2日，在田纳西州查塔努加附近的奇克莫加大坝举行的庆典活动上，罗斯福发表了讲话。这让他有机会开车进入大雾山，参加大雾山国家公园的落成典礼。罗斯福非常喜欢这座国家公园。我以前在春天的时候去过那里，告诉过他那里有美丽的野花，但再去的时候，公园变得和以前不一样了，但还是很美丽。在回家的路上，我们在西弗吉尼亚州的查尔斯顿稍作停留，参观了一个国防工厂。

1940年9月3日，罗斯福宣布了一份协定，即美国向英国派遣五十艘超龄驱逐舰，以换取纽芬兰、西印度群岛的海军和空军基地。9月16日，罗斯福签署了《征兵服务法案》。那时，我开始觉得战争离我们很近了。从个人角度来说，战争的确已经来临了，因为埃利奥特入伍了。他接受了一些航空训练，希望能够加入空军。埃利奥特的眼睛不是很好，但他得意扬扬地告诉我，他刚买了一种新镜片，戴上后他能够正常驾驶飞机，并且他获得了民用飞行员的执照。

不久，埃利奥特被任命为上尉，被派往莱特菲尔德。不出所料，他在1940年的总统大选中受到了攻击，因为他被任命为上尉。这是反对派希望能够击败罗斯福的众多借口之一。在我看来，因父亲罗斯福竞选第三个任期而受苦，对埃利奥特来说完全是不公平的，但在政治战略中，从来就没有公平可言。我和罗斯福早就学会了接受类似的人身攻击，但当埃利奥特看到背景和资历不如他的人与他级别相同，并且受到任命的方式与他完全一样时，他非常痛苦。

我非常憎恨类似的对罗斯福和孩子们的批评，但我一直告诉自己，我们如果学会接受这样的事情，就会变得更强大。怨恨这个世界上发生的任何事情都是没有用的。人们必须学会把发生的一切看作是人生教育的一部分，并且通过这些来塑造自己的良好性格。同时，那些针对我个人的攻击会把我逗乐，尤其是很多妇女佩戴的那种大的竞选徽章，上面写着"我们也不想要埃莉诺"。

罗斯福周围的一些人非常反感我的堂姐爱丽斯·朗沃思[①]。爱丽斯·朗沃思总是在各种竞选活动中说一些令人不快的话，但我和罗斯福并不介意。在罗斯福第三次竞选时，朗沃思就特别直言不讳。竞选结束后，当社交季节来临时，朗沃思像往常一样被邀请来参加外交招待会。罗斯福的助手埃德温·沃森想知道朗沃思是否会恬不知耻地去参加。事实上，沃森断定朗沃思不会去。但罗斯福确信她会去，所以两人打了赌。在外交招待会当晚，当爱丽斯·朗沃思的名字被叫到时，罗斯福冲着沃森狡黠地笑了笑，大声说道："你输了！"

正是在那场竞选中，华莱士写给尼古拉·洛里奇的信被曝了出来。人们一想到可以借这件事来对付华莱士就非常兴奋。我不太了解他，但我的感觉是，他跟洛里奇通信只是为了满足自己的求知欲。华莱士不够现实，无法理解那些没有同样好奇心的人是怎样看待那些信的。所以我认为华莱士的主要问题之一是不切实际。他不能揣摩普通人的反应。华

---

① 爱丽斯·朗沃思是埃莉诺的伯父西奥多·罗斯福的长女。——译者注

莱士也许太理想化了，这导致他成了一个糟糕的政治家。

当华莱士于1944年再次被提名时，那些到全国各地了解人民想法的人反映说，大家强烈认为华莱士太不切实际了，因此，不会给他投票。不管怎样，罗斯福对华莱士的信心在那一次发生了动摇。罗斯福说，华莱士本有机会崭露头角，但由于他未能让民主党派的领导人信服他是副总统之位的合适人选，我们便无法猜测谁会成为副总统候选人。罗斯福有一种宿命感，如果有工作需要他做，那么他就会去做。他认为，如果不这样，那么领导人有权选择他们认为能够继任的人。

在1940年的这场竞选中，罗斯福除了进行广播讲话，并不打算进行演讲，但最终他还是被说服做了几次演讲。罗斯福非常喜欢温德尔·威尔基，从来没有像对待其他对手那样强烈批评过他。我也不记得他在私下谈话中说过任何贬损威尔基的话。但这并不意味着罗斯福认为民主党不应该继续执政。我认为温德尔·威尔基是个勇敢、真诚的人。我喜欢他坚持某些原则的方式。

1940年的竞选行程非常短。1940年10月10日，罗斯福启程前往宾夕法尼亚州的匹兹堡、俄亥俄州的扬斯敦和代顿。13日，他返回白宫。23日，他去了费城。27日，他去了纽瓦克和纽约。28日，在纽约的麦迪逊广场花园，罗斯福发表了讲话。29日，他去了波士顿。31日，他返回白宫。11月1日，罗斯福启程前往布鲁克林、罗切斯特、布法罗和克利夫兰；3日，他返回华盛顿哥伦比亚特区，当晚前往海德庄园。像往常一样，我们在海德庄园度过了选举日。

罗斯福对成功总是很有信心，尽管他说在计票前永远不能确定是谁当选。不过，这是罗斯福最不确定能否获胜的一次，不仅因为候选人温德尔·威尔基非常强大，还因为从来没有一个人连续三次当选，而这将会成为一个更大的障碍。像往常一样，我希望罗斯福能赢，因为这是他想要的。如果他输了，我会为他感到遗憾。不过，我一直都知道，罗斯福如果输了，还可以继续过完美、充实的生活。如上所述，罗斯福是一个达观的人，他能够接受并充分利用发生的一切。

第14章　战争到来（1941年）

CHAPTER XIV　　The Coming of War: 1941

1941年初似乎和往常一样进展得很顺利。2月，卢森堡女大公夏洛特来白宫进行访问。我们照例举行了聚会。同月，哈里·霍普金斯被派往英国，这是为了保证罗斯福和英国政府的私下交往，因为老约瑟夫·P.肯尼迪大使已经卸任了，但新的大使还没有委派。我想起了哈里·霍普金斯曾在考察欧洲各国的生活状况时对美国的一些外交官表现出了强烈的厌恶之情。考察回来后，他对我说："那些外交官都忙于社交，没有时间了解工人的工作环境或者农业情况。"在1941年的那次旅行中，哈里·霍普金斯的身份是半个外交官。派哈里·霍普金斯去的目的之一是让他了解我们在战争中可能起到的作用。

　　有一天，温德尔·威尔基前来拜访罗斯福。当他坐在白宫二楼罗斯福的书房里等候时，住在白宫里的人都想要看看他。我本来也能去，但直到罗斯福后来告诉我，我才知道温德尔·威尔基前来拜访了。

　　1941年3月，我和汤普森小姐去了佛罗里达州。我们从3月6日一直待到了3月16日，而罗斯福乘坐游轮去了海上。我想这应该是罗斯福最后一次乘坐游轮了，因为战争正在逼近，他不能再到危险的水域中巡航游玩了。

　　在乘坐游轮回家的路上，罗斯福在北卡罗来纳州的布拉格堡停了下来。我在那里遇到了他。布拉格堡这个军事基地的规模让我惊叹不已。那时我便清楚地意识到，战争即将来临。

在一次短暂的演讲之旅中，我于1941年4月14日飞往洛杉矶，参加了詹姆斯和罗梅勒·施奈德的婚礼。回去的路上，我和汤普森小姐发现，转机时，我们刚好有足够的时间写专栏，于是我在华盛顿哥伦比亚特区机场乘坐汽车时口述了专栏，并且在我们飞往北卡罗来纳州前把专栏发送了出去。那次旅行的最后一程乘坐的是私人飞机，否则我们就要失约了，因为我已经和人约定好在夏洛茨维尔见面。当我们到达那里时，等待我们的人都舒了一口气，因为所有人都对我乘坐私人飞机一事感到非常紧张。

1941年6月是很艰难的一个月，因为玛格丽特·莱汉德小姐生病了。玛格丽特·莱汉德小姐病了很长一段时间，并且这是她最后一次生病。即便如此，白宫的生活还是要继续过下去。6月17日，荷兰女王储朱丽安娜[①]和丈夫伯恩哈德亲王来到白宫进行了访问。1941年夏，我们还接待了很多其他客人，包括1941年8月来访的肯特公爵乔治王子和10月来访的蒙巴顿伯爵夫妇。后来，温莎公爵夫妇与罗斯福共进午餐。

1941年6月至7月，我去了坎波贝洛，准备把我们在岛上的别墅移交给国际学生服务处管理的一家机构。那时确实度过了一段愉快的时光。6月18日至29日，我们工作很努力，过得很开心。那年夏季，我回家了两次。7月初，当我要回坎波贝洛时，我的婆婆萨拉想去那里的房子里住上一段时间，就和我一起回去了。我开着自己的小车带上她。女仆和司机开着车跟在后面，行李放在他们的车上。我和汤普森小姐很担心，因为萨拉的身体状况看起来不是很好。我们在路上住了两晚。第一

---

①　1948年，威廉明娜即位，称朱丽安娜女王。——译者注

天晚上，我们住在波士顿。第二天，萨拉想在马萨诸塞州的纳汉特看望约翰·伯蒂格和安娜的儿子约翰·罗斯福·伯蒂格[1]，也想在贝弗利看望小富兰克林和埃塞尔·杜邦的小儿子克里斯托弗·杜邦·罗斯福。于是，我们在纳汉特和贝弗利停留了一会儿。晚上，我们在缅因州巴斯郊区的一个避暑胜地停了下来，为萨拉点了一份清淡的晚餐。我鲁莽地为其他人点了龙虾。当萨拉坚持把她那份清淡的晚餐和龙虾一起吃掉时，我很担心。还好我们到达坎波贝洛时，她没有明显的不良反应。然而，当我1941年8月再去坎波贝洛时，我觉得萨拉的身体真的不太好。医生建议她回海德庄园去。

1941年8月初，在神神秘秘地进行了多次磋商后，罗斯福告诉我，他要去科德角运河旅行，因为他想去钓鱼。说完这些话后，罗斯福笑了。我知道他并没有告诉我所有实情。

当罗斯福不愿告诉我某些事情时，我已经学会了从不问他。第二次世界大战还在继续，我几乎不想问他任何问题，我非常喜欢这样做。我平时会见到很多人，可能会和他们说一些不该说的事，所以我常常求罗斯福不要告诉我任何秘密。很多时候，不知道有什么事情正在进行中是不可能的，但如果我不愿意弄清楚究竟发生了什么，我的了解其实非常有限。

罗斯福邀请了一些朋友。最初的几天，这些人和罗斯福一起乘坐游艇前往科德角。媒体报道了此次旅行。科德角运河岸边有很多人都看见了他，然后就没有消息了。后来，罗斯福特别喜欢和其他人讲述自己是如何从游艇换乘上"奥古斯塔"号的故事。"奥古斯塔"号最终驶入了阿真舍港。在那里，罗斯福与丘吉尔进行了会晤。

---

[1] 下文称"伯蒂格"。——译者注

我们经常讲起那次会晤的事情。当时在场的小富兰克林和埃利奥特讲述得要比我好得多。对这两个孩子来说，能和父亲一起进行会晤的确是一个惊喜。当时，埃利奥特做的工作让他非常兴奋。入伍后，埃利奥特被派往莱特菲尔德接受训练。接着，他受到委派，需要加入一个团队，前往甘德湖一带。根据自己在坎波贝洛的生活经历和与父亲一起钓鲑鱼的经验来看，埃利奥特对1941年4月甘德湖一带的情况有了比较清晰的认识。但这个团队的其他男孩从未去过那里，他们刚从佛罗里达州的训练场出来就直接去了甘德湖，并没有意识到等待他们的是寒冷、大雪和雨夹雪的天气。那次的经历让这些男孩非常不愉快。甘德湖没有机场，所以这些男孩需要新建一个机场。每个星期都会有一列火车运来甘德湖一带所需的石油。紧挨着甘德湖的是一个小规模的加拿大营地，但除此之外，附近其他地方并未受到文明的浸染。上述这些情况导致了许多不愉快的事情的发生，并且甘德一带场疾病肆虐。当时，埃利奥特给我寄了几封信，说他很沮丧。当指挥官派埃利奥特于1941年5月初或者1941年6月初到华盛顿哥伦比亚特区的办公室里等待，直到拿到必要的医疗用品和娱乐设备时，他高兴极了。当埃利奥特到华盛顿哥伦比亚特区时，我们还去看望了他。再回去时，埃利奥特就感觉好多了。他知道，他们如果不能离开，那么至少可以在营地里娱乐一下。

　　后来，埃利奥特和一个小组侦察了一些紧急备用飞机场。他们发现了以前没有进行测绘的山脉，还经历了一些其他有趣的事。后来，埃利奥特给我们看了一些照片，照片里的甘德湖是我见过的它最好的样子。

　　由于埃利奥特当时就在纽芬兰，他于1941年8月接到了命令前往阿真舍；而他的父亲罗斯福和丘吉尔当时就在那里会晤，讨论了《大西洋宪章》的相关事宜。埃利奥特不知道为什么自己突然被派往阿真舍，当看到所有船都停在港口时，他非常惊讶。

同样的惊喜在等待着小富兰克林。当时，他在海军预备役服役。在美国加入第二次世界大战前，小富兰克林就被召入海军，在一艘驱逐舰上担任执行官，护送商船前往英国。这是一份令人极不愉快的工作。冬末春初时，北大西洋区域非常寒冷。小富兰克林一直央求全家人给他寄去暖和的衣服。他还给我们讲了去缅因州波特兰的故事，那里几乎全部被冰雪覆盖着。当时，小富兰克林的船有幸被派去保护罗斯福和丘吉尔。到了阿真舍后，他得到消息称，需要在"某某"舰上向总司令报告。他十分不安，心想："我做了什么？"他没有想到，自己并不是要向总司令恩斯特·金上将报告。上船后，小富兰克林看到了父亲罗斯福，这对他来说是巨大的惊喜和安慰。

回来后，罗斯福似乎很高兴，因为《大西洋宪章》已经签署并公布了。他和丘吉尔有机会了解彼此，互相产生了好感。罗斯福以前见过丘吉尔，但并不真正了解他。罗斯福觉得这次会晤打破了僵局。他说自己以前觉得丘吉尔是像约翰牛[1]一样的人，但现在他知道了，丘吉尔是一个他真正可以合作的人。

在没有被公众发现的情况下，罗斯福进行了那次旅行[2]，这让他有一种强烈的满足感。在科德角运河，罗斯福的游艇安静地航行了一整天。船上有一个和他身材差不多的男子，戴着一顶压得很低并遮住了眼睛的帽子，坐在甲板上挥手致意。每当说起这个故事时，罗斯福总是咯咯地笑个不停。他很喜欢制造类似的神秘小事件。当然，如果让一个善于讲故事的人来讲这样的故事，就更完美了。罗斯福恰好是那个善于讲故事的人。当不想谈论严肃的话题时，他常常会和别人讲这样的故事。

---

[1] 约翰牛一般来说代表英国人，具体来说代表英格兰人，在政治漫画和类似的绘画作品中出现较多。约翰牛通常被描绘成是一个居住在乡村、快乐、实事求是、健壮的中年人。——译者注

[2] 指前文与丘吉尔会面一事。——译者注

见面结束后，罗斯福与客人分享关于它的故事时就不会存在什么不利影响了。

有时，我觉得罗斯福很不谨慎。他会把自己对别人说的话说出来，或者把内阁会议上发生的事情说出来。罗斯福似乎相信他的客人永远不会把他们在桌旁听到的话说给别人听。后来，我逐渐意识到，罗斯福这样做有他的理由。这其实是一种考验人的方式。无论如何，罗斯福从来不会讲有可能真正造成伤害的事情。如果有事情被传了出去，他会很清楚是谁说出去的。如果报社记者知道了某件事，通常情况下，找到那个报社记者就可以知道是谁把事情传出去的。虽然这在某个特定的场合可能无关紧要，但知道谁有可能泄密还是很有好处的。

对大多数人来说，比别人了解当前发生的事情更多，似乎是一种巨大的诱惑。很少有人愿意表现出自己知道的比实际知道的少，也很少有人会诚实地说："我见到了总统，但他连一点儿有意义的事情都没告诉我。"不知道为什么，人们似乎觉得，比别人了解得少就贬低了自己的重要性。

每当发现有人有这样的弱点时，我就会想起路易·豪，他总是认为人最好表现得愚蠢一些，因为这样的话人们就会远离你，你也就不可能泄露任何不该泄露的信息。我越来越谨慎，希望自己知道的秘密越少越好。汤普森小姐的办公室就在二楼电梯附近的大厅旁。她几乎成了一个隐士。她这样做就是为了告诉大家，自己对罗斯福的事情一无所知。

即便是在记者招待会上，人们也非常清楚这一点：国家事务不在我的管辖范围内，而是由罗斯福在记者招待会上进行处理的。偶尔，有人会问我对某件事的看法。我就会告诉他们我的想法。后来，有人和我说，一个好记者是不能错过我的记者招待会的，因为我经常预先说出罗斯福的观点。事实上，我和罗斯福很少讨论这些话题，只有当我觉得有理由表达自己的观点时，才会回答关于国家事务的问题。我想，长时间的相处会让人们在某些问题上的想法一致，这样的巧合并不会让人感到很惊奇。

从阿真舍回来后，罗斯福越来越忙。但还好他决定周末，即1941年9月4日去海德庄园。从坎波贝洛回来后，除了有点感冒，萨拉的身体似乎恢复了，但后来病情又恶化了。1941年9月7日，萨拉离开了人世。这让罗斯福非常悲痛。尽管在某些方面他与母亲萨拉渐行渐远，在后来的几年中，他们就处理公共事务采取的政策经常出现分歧，但两人的关系仍然非常亲密。

萨拉一直希望能在海德庄园自己的房间里去世，死后从简葬在教堂墓地，与那些多年来为她工作的人葬在一起。萨拉的愿望我们都帮她一一实现了。

萨拉去世后，我们发现了一份备忘录，她要求我们按照罗斯福出生时的样子重新布置她的房间，把她的家具从后来住的房间里搬回去。当然，我们按照萨拉说的做了。我觉得萨拉应该意识到了她心爱的房子迟早会变成博物馆。有生之年，萨拉一直非常反对这个做法，一直尽力让我保证以后会住在海德庄园的房子里。萨拉认为我的孩子连同他们的家人都应该和我一起住在那里，觉得这样做没有什么不妥。虽然我觉得罗斯福一直都想住在海德庄园的那座房子里，但我们从来没给过萨拉任何承诺。我很肯定，如果罗斯福去世比我早，我永远不想住在那么大的房子里。我非常现实，知道不能指望任何一个孩子离开他们的家和我生活在一起。

在萨拉去世的那晚，我的弟弟霍尔·罗斯福突然病得很重。霍尔·罗斯福在海德庄园有一所小房子，离我在海德庄园的小屋不远。我们把他送到了波基普西的瓦萨医院。在给萨拉举行葬礼的那天，在霍尔·罗斯福的坚持下，我又把他送到了华盛顿哥伦比亚特区的沃尔特·里德医院。在第一次世界大战期间服役时，霍尔·罗斯福曾在那里接受过治疗。因此，他希望让同一个医生继续为他治疗。

参加完萨拉的葬礼后，我们尽快赶回了白宫。接下来的几个星期，我亲眼看着弟弟霍尔·罗斯福离我远去。大多数人会平静地接受被人遗忘直到死去，但他是那么坚强，他的内心支撑他活了很久。当我走进房间时，他偶尔会认出我来。1941 年 9 月 25 日，他去世了。他的葬礼在白宫举行。我和罗斯福把他的遗体带回了纽约的蒂沃利，把他安葬在了霍尔家族的墓地。

失去一个兄弟就会使家庭纽带破裂，这让人觉得很悲伤，但对我来说，失去弟弟就像是失去了一个孩子。我刚结婚时，他就和我们住在一起。从那时起，我和罗斯福就成了他最亲密的家人。霍尔·罗斯福尽管非常渴望独立，但不管发生什么事，他总是会来寻求我们的帮助。看着他这样一个拥有美好心灵的人逐渐走向堕落，我非常焦虑。他体格健壮，所以他确定自己可以恢复自制力，但有时他会让自己放松一下。习惯一旦养成是很难摆脱的。从根本上说，他缺乏自制力。他体力充沛、精力旺盛、头脑聪明，但他从来没有做到过完全自律。每当对自己需要承担的责任感到厌烦时，霍尔·罗斯福就会将它们抛掷一旁。他认为，让他违背自己的心意做任何让步都是不公平的。抱着这样一种态度，他的第一次婚姻触礁了。毫无疑问，有很多因素导致了他婚姻的失败。但我始终觉得，最主要的因素就是他缺乏自制力，不愿意妥协或者根据别人的需要做出调整。事实上，他很难注意到其他人的观点。只有当他对一个人的人格力量的尊重超出他实现特定目标的本能欲望时，他才会注意到其他人的观点。

霍尔·罗斯福是这个世界上最慷慨的人，他从不吝惜钱财。第一次离婚时，他把自己继承到的所有东西都给了前妻和他们的孩子，并且重新开始了自己的生活。他并不缺乏自信，并且他如果真正关心某个人，就会展现出极大的忠诚和奉献精神，但他的缺点同样很明显。他想要停止酗酒，但当他意识到自己根本无法做到这一点时，就彻底放弃了。他的第二任妻子和他在一起时很不开心。离婚后，他把他们生的三个小女孩留给她抚养，但并未给她们提供充足的物质生活条件。我认为他和第二任妻子之间产生分歧并不全是他的错，但在很难看出双方谁有责任的情况下，他与生俱来的缺点是导致问题出现的主要原因。

我很疼爱弟弟霍尔·罗斯福。当我回顾他的一生时，我觉得他并未完全实现自身价值，所以不禁为他感到悲伤。我知道他一定因自己没有利用好先天的优势而常常感到沮丧、失望。

对许多人来说，霍尔·罗斯福是一个特别热情的朋友。他很爱孩子，也一定很想念自己的孩子。尽管他给我带来了许多心痛的时刻及许多让我感到尴尬和焦虑的时刻，但在他的一生中，我和他的关系一直都很亲密。在社会服务领域，他做了一些非常出色的工作。当已故的弗兰克·墨菲担任底特律市长时，他在底特律做的救济工作取得了辉煌的成就。我相信，弗兰克·墨菲也是这样认为的。霍尔·罗斯福很有个性，曾一度靠津贴生活。事实上，只有那些需要救济的人才会靠津贴生活。他这样做的目的是想确切地知道那些人必须经历什么。对他来说，物质上的东西并没有什么意义，除非他需要这些东西来帮助别人。他如果不能轻易、迅速地得到物质上的东西，那么就会变得不耐烦。

我的弟弟霍尔·罗斯福有一颗善良、慷慨的心，经常被那些知道如何利用他的人利用。他尽管会怀疑我身边的人，但很信任自己关心的人，并且渴望帮助别人。然而，这常常让他陷入困境。

悲伤本身和失去所爱的人都是难以令人忍受的。当悲伤夹杂着遗憾和一丝悔恨时，难免会让人感到一丝丝苦涩。日复一日，这样的苦涩就会变得越来越难以忍受。我想1949年秋季我在民防署拼命地工作，应该是为了麻痹自己吧。

1941年9月22日，我同意由拉瓜迪亚市长负责开展一些活动。这些活动不是很严格的防御活动，而是为了保护所有平民而联合起来开展的必要活动。在活动开展的第一个星期里，我不可能帮上什么忙，但从弟弟霍尔·罗斯福的葬礼回来后，我就开始认真工作了。

小亨利·摩根索的夫人自愿做我的助手。我很快就发现，拉瓜迪亚市长把他不想参与的每一项活动都推给了我所在的部门。他是纽约市长，不能把全部时间都用于组织平民防卫这项工作。举行的几次小组会议给我留下了一种非常匆忙的印象，并且我觉得我们做出的决定都没有经过仔细考虑。各部门的负责人，包括我在内，常常不愿意和拉瓜迪亚市长讨论我们希望能够安排下去的一些事情。我不禁意识到，他对民防那些引人注目的方面，如城市是否有良好的消防设备，要比鼓舞士气更感兴趣。

当我住在纽约第十一街的小公寓时，有一天，我邀请了拉瓜迪亚市长和我共进午餐，因为有件事我特别想和他谈谈。我打算准备一顿简单的午餐。但在准备的过程中，那位断断续续为我工作了许多年的女仆十分心烦。她去找汤普森小姐，说她不能做午餐。汤普森小姐问那个女仆其中的原因。她说："是因为市长。我不能给市长做饭。"汤普森小姐提醒女仆说，她已为罗斯福做过饭了，并且拉瓜迪亚市长不是一个挑剔的人。在准备午餐的过程中，那个女仆得到了一些帮助，并且只花了一点时间就准备好了。吃完午餐后，拉瓜迪亚市长准备离开。这时，他说："我妻子①从不问我去了哪里，也不问我看见了谁，或者我做了什么，但她总是问我吃了什么。今天我可以实话实说了，我中午吃得并不算太多！"

我每天都在民防署工作很长时间，深夜还要辛苦地在家里完成自己的工作。在白宫，每小时都有人巡逻一次，看一切是否正常。一天早上，罗斯福对我说："我听说你昨天晚上根本没睡？"我一直在处理信函，没有注意时间。当发现天突然变亮时，我就觉得再去睡觉就没有什么意义了。巡逻人员透过门缝看见我屋里的灯还亮着，并且听见我在走动，就把这件事和我的家人说了，又有人把这件事告诉了罗斯福。不过，我并不总是通宵工作。

我很快就发现，我非常担心的一件事是真的：我无法担任政府职务，即使没有工资和费用，因为不能给国会中的一些共和党成员，甚至给我们党内一些反对某些政策的人员提供挑剔的机会。我不太在乎别人说我什么，但我如果发现自己任命的某个人仅仅是因我的任命而遇到了麻烦，那么就会非常介意。例如，我任命了一个年轻的舞蹈家梅里斯·钱尼。我认识梅里斯·钱尼有一段时间了。我要求她为避难室的儿童设计一个娱乐活动。我曾在英国见过类似的活动。设计这样的活动需要运用节奏和动作的相关知识，还要真正了解儿童，只有这样才能在避难室的密闭空间中找到适合儿童进行的活动。在我任命了梅里斯·钱尼后，她即刻遭到了攻击，并且那些攻击完全是不公正的。这可能会让人们以为，国会认为跳舞是不道德的行为。当梅尔文·道格拉斯自告奋勇去做一份他完全可以胜任的工作时，有人就攻击了他，说他是一名共产主义者。

---

① 指玛丽·费希尔。——原注

尽管出现了这些麻烦，但我希望在珍珠港事件发生后的那个晚上，我和拉瓜迪亚市长前往美国西海岸能提供一些帮助。如果仅仅因为我去了西海岸就能够推动那里的工作，进而可以消除当时人们普遍存在又无法控制的恐惧感，继而对我的国家有所帮助，那么这次旅行就能证明我在民防署的短期任职是有用处的。

　　珍珠港日[1]平静地来临了。我们期待午餐会上有很多人能聚集到一起，但当罗斯福在午餐前不久发来消息说可能不会和我们一起吃午餐时，我很失望，但并不觉得惊讶。这段时间以来，罗斯福越来越焦虑，他常常会在最后一刻告诉我，他不能去参加某个安排好的大型聚会了。人们当然想听罗斯福讲话，但他脑子里有那么多秘密，在说话前他必须仔细想好每一句话，这本身就很累人。此外，焦虑的心情和潮湿的天气导致罗斯福的鼻窦炎犯了。他每天都需要进行治疗。我一直很担心这种持续的治疗方式。我觉得这种治疗方式虽然暂时可能会起到一些作用，但从长远来看，一定会对鼻子造成刺激。罗斯福有时独自一人在书房里吃饭，有时和哈里·霍普金斯或者和一个秘书一起吃饭，有时可能和一个他想私下交谈的人一起吃饭。

　　那时，有许多关于珍珠港日的报道，其中一两篇报道与其他报道略有不同。此外，我对罗斯福没来与我们共进午餐这件事记忆犹新。罗斯福的表姐埃伦·德拉诺[2]、表姐夫弗雷德里克·B. 亚当斯[3]及他们的儿子、儿媳、女儿和我们一起度过了那个周末。我知道他们会因为罗斯福不在那里而感到惋惜。

---

① 珍珠港日指1941年12月7日，日本突袭夏威夷珍珠港。此次袭击使美国于1941年12月8日对日本宣战，从而使美国加入了第二次世界大战。——译者注
② 埃伦·德拉诺的父亲沃伦·德拉诺四世是罗斯福的母亲萨拉的哥哥。——译者注
③ 1907年，埃伦·德拉诺嫁给了弗雷德里克·B. 亚当斯。——译者注

1941年12月7日，哈里·霍普金斯和罗斯福一起在书房吃饭，而我们三十一个人一起吃饭。午餐结束后，日本偷袭珍珠港的消息传来了，但直到上楼时我们才知道。这个消息是接待员告诉我的。它太惊人了，现场一片寂静。接着，我们在一种与世隔绝的状态中继续工作。我送走了客人，一直等到罗斯福独自进了书房。我意识到他正在专心思考接下来应该采取的措施。在考虑好以前他都不会谈论当前发生的事情，所以我就回去工作了。

　　15时过了几分钟，战争部长史汀生，海军部长诺克斯，约翰·R.贝尔达尔上将，罗斯福的海军助手，罗斯福的秘书马尔温·H.麦金太尔和斯蒂芬·厄尔利，以及格雷丝·塔利小姐，都到了白宫二楼的书房里。不久，乔治·卡特利特·马歇尔将军和国务卿科德尔·赫尔也来了。后来，当我和罗斯福有机会谈话时，我认为，他尽管很焦虑，但比之前平静多了。我想我们应该镇静地接受战争已成定局这个事实。除了接受这个事实，我们别无他法。从现在起，以后的日子看起来会很困难、很危险，并且与之前长时间存在的不确定性相比，这提出了更加明确的挑战。

　　在这种时刻，当一个人一遍又一遍地回忆已经发生的事情和设想未来可能发生的事情时，我好奇的是，他因国家而产生的焦虑和他个人的焦虑是怎样同时存在的。对妇女来说，个人的焦虑会更加突出。但我知道，在白宫，个人的焦虑必须放在次要位置。我开始想我是否应该为了民防署到西海岸去。拉瓜迪亚市长立刻做出了让我去西海岸的决定。

　　1941年12月7日下午，我坐在起居室里处理信函，但我对往来于罗斯福书房的人非常警觉。下午晚些时候，罗斯福去了医生的办公室里治疗鼻炎。19时，查利·费伊过来和他谈了一会儿。晚上，罗斯福在书房里吃了晚餐。和他一起用餐的人还有哈里·霍普金斯、格雷丝·塔利小姐和时任海军陆战队上尉的詹姆斯。接着，副总统华莱士、内阁成员和国会领导人不停地进入罗斯福的书房，直到午夜过后。副国务卿萨姆纳·韦尔斯和罗斯福在一起待了一个小时。最后来的两位是默罗①和威廉·多诺万，午夜过后很久他们才离开。

1941年12月8日，所有人都很忙碌。9时，我像往常一样去了民防署，但在12时前赶回了白宫，准备和罗斯福一起去国会大厦，听他向国会联席会议发表讲话。我好像重新回到了那一天：伍德罗·威尔逊向国会发表讲话，宣布美国正式加入第一次世界大战。现在，美国总统是我的丈夫罗斯福。我有生以来第二次听到总统向国会说，我们的国家正处于战争中。这让我非常难过。我记得第一次世界大战时，我很担心罗斯福和弟弟霍尔·罗斯福，但现在，我的四个儿子都到了入伍的年龄。

那是一个非常庄严的时刻。我们尽力把能带的人都带到国会大厦。詹姆斯和妻子罗梅勒·施奈德、当时和我们在一起有一段时间的老朋友查尔斯·哈姆林夫人、威廉·菲利普斯大使、伍德罗·威尔逊的夫人、哈里·霍普金斯、格雷丝·塔利小姐、罗伯特·E.舍伍德、塞缪尔·罗森曼、斯蒂芬·厄尔利的夫人、伊迪丝·汤普森小姐及秘书们和助手们，全部从白宫前往国会会聆听罗斯福的讲话。那是一个令人赞叹的时刻，一个团结就是力量的精神盛行的时刻。那时没有了批评，并且人们接受了这样一个事实：作为一个国家，我们必须面对发生在自己身上的事情。

我们知道，日本偷袭珍珠港阻碍了美国的发展进程。我们还知道，我们需要花数月的时间组建起军队。我们有可能会撤退，因为我们是一个爱好和平的民族，美国并不想为战争做准备。有些国会议员反对我们

---

① 即爱德华·R.默罗 (Edward R. Murrow, 1908—1965)。——译者注

在太平洋的岛屿上加强防御，投入必要的资金。有人支持其国会代表，因为他们认为日本并不想和我们开战。许多人认为，只有美国坚持备战，日本才会迫不得已向我们开战。在今天看来，人们的这种想法真是大错特错。但在珍珠港事件发生前，人们还看不出来他们的想法是错误的。许多爱国人士真诚地认为，日本并没有计划对我们发动战争。他们觉得在中国发起战争才是日本人感兴趣的事情，况且中国的战争离他们很遥远。他们并没有意识到，日本计划在太平洋实现完全统治，而美国是日本实现该计划的阻碍。

回顾过去，我们很容易看清楚当时模糊不清的事物。罗斯福早就怀疑日本有强烈的统治野心。我记得，早在担任海军部助理部长时，罗斯福就开始关注关岛还有太平洋的其他岛屿了。罗斯福对日本产生怀疑是因为他考虑了这个问题：对美国来说，怎样才能让太平洋变得很安全？对我们在太平洋实行的所有军事演习来说，日本始终是我们的对手。但任何敢于表达这种怀疑的人立刻就会被称为好战分子。美国周边地区都发生了战争，但大多人仍然认为，美国不可能发生战争。一厢情愿是我们容易犯的错误。在罗斯福向国会发表讲话后，战争对整个国家来说就成了残酷的现实。

从国会大厦出来后，我径直回到了民防署，在那里待了一下午。我还在白宫安排了一次会议。玛丽·麦克劳德·贝休恩将在会上发言，但我并没有参加那次会议。我于17时45分到了家，然后和汤普森小姐于19时10分到达了华盛顿哥伦比亚特区机场，准备和拉瓜迪亚市长一起出发前往西海岸。当我离开时，我瞥见了埃利奥特。他和另外两名空军军官，即G. E. 达尼少校和基利中尉到达了华盛顿哥伦比亚特区机场，准备在白宫过夜。G. E. 达尼少校是得克萨斯州凯利菲尔德航空学校的校长；基利中尉是一名教员。埃利奥特正在接受航空训练，毕业前准备进行最后一次飞行。由于战争的原因，埃利奥特的课程进度加快了，因此，学生比原计划提前了两个星期毕业。紧接着，埃利奥特开始在西海岸执行巡逻任务。

坐上飞机后不久，我们的晚餐被端了过来。不巧的是，我们遇到了气流。那时，拉瓜迪亚市长正在吃饭。一整杯牛奶溅到了他的衣服上，他只好早早上床睡觉了。幸运的是，我和汤普森小姐在上飞机前吃了晚餐。当我们在一个很小的前客舱里工作时，飞行员告知我他们刚收到消息：旧金山的一家报纸宣称旧金山市被日本人轰炸了。飞行员要求我把这个消息告诉拉瓜迪亚市长，所以我在飞机下一次着陆前叫醒了他。他把头伸出床帘，像个丘比特娃娃一样看着整个世界。在我告知这个消息后，他让我在飞机着陆时给华盛顿哥伦比亚特区的机场打电话核实一下情况。他说："如果这是真的，那么我们就直接飞往旧金山吧。"这是拉瓜迪亚市长一贯的作风。他说的这句话让我很开心。人们有时会被他激怒，但不得不佩服他的正直和勇气。打电话核实后，我发现这是一个未经证实的谣言，于是回到了飞机上，告诉了大家这个消息。拉瓜迪亚市长决定继续前往洛杉矶。在打电话前，我告诉了身边的人，未来发生的事情是不确定的。我对汤普森小姐说，如果西海岸真的被轰炸了，那么我会在下一站马上把她送回去。拉希正准备去洛杉矶的西方学院演讲。我告诉他，要是真的发生了轰炸，他就该回去了，因为在那种情况下，没有人想听演讲。

在继续行进的过程中，我们收到了指示。飞行员接到命令说让我们在棕榈泉降落，但我们最后只能降落在洛杉矶一个几乎空无一人的机场里。由于大多数航班都已经停止运行了，那里所有的一切都笼罩在神秘之中。

拉瓜迪亚市长和大家谈了一天关于消防设备和防卫准备的事情，

但大家并不是很想听。由于市长不能去圣迭戈，他在洛杉矶时就下了飞机，而我自己去了那里。这就意味着在接下来的行程中，他会走在我前面。这样一来，我就可以知道他对访问过的官员产生的所有影响了。拉瓜迪亚市长十足的勇气和无所畏惧的精神影响了所有人，但我并不知道我们的所有计划，包括我们的计划真正起了多大作用。由于设备短缺，人们无法做必要的准备。拉瓜迪亚市长开始组织医生和医疗用品，还做了大量工作推动消防部门的改组。我和大家谈了谈其他行动。在这次旅行中，我去的最远的地方是西雅图。因为我每天都要工作一整天，并且天黑后就没有飞机了，所以我需要乘坐夜间火车到达下一站。火车上所有灯都被遮住了，甚至连火车头上的灯都是暗的。我也看不到外面的灯光。这样的感觉很奇怪。

离开白宫前，我告诉亨利·内斯比特夫人要为白宫订购遮光窗帘。大家几乎立刻就在财政部的地下室里修建了避难所，并且每个人都拿到了防毒面具，还举行了防空演习。我很高兴没能参加演习。过去，罗斯福常拿避难所开玩笑，对小亨利·摩根索说："除非你允许我用你金库里的所有金子来玩扑克，否则我是不会去避难所的。"

1941年12月15日14时左右，我回到了华盛顿。我已经离开白宫七天了。在此期间，我在不停地旅行和工作。贾斯廷·W.波利尔法官、贝蒂·林德利和安娜·罗森堡都在帮助小亨利·摩根索的夫人工作。1941年12月15日17时，这些妇女过来告诉我从民防署得到的最新消息。我们讨论了一些计划和政策，然后闲聊了一会儿。但我对闲聊越来越不感兴趣了。我从来没有遇到过比当时还让人讨厌的媒体，但我没有予以理会。我知道总有一天我会摆脱媒体的。如果媒体没有对罗斯福造成伤害，那么我对媒体也就没有什么感觉。罗斯福一直都很平静，没有受过媒体的打扰。

关于哈里·霍普金斯住在白宫的流言不绝于耳。有些人认为，哈里·霍普金斯既然没有担任正式的职位，就不应该在政府的资助下住进白宫。当然，许多人对白宫的所有权很感兴趣。他们随时可以向总统和他的妻子表达自己的想法，但似乎从未理解也从未相信过，白宫里所有人吃的食物都由总统买单。前文中，我曾解释过这一点。因此，哈里·霍普金斯在白宫生活并没有给纳税人带来额外的负担。

我会把关于哈里·霍普金斯住在白宫一事的评论转达给罗斯福，因为我觉得他有权知道人们进行了这样的评论。但我事先就很确定，罗斯福不会理会这些评论。我在前面提到过，罗斯福想把詹姆斯带到华盛顿哥伦比亚特区做他的秘书。我告诉罗斯福，如果那样做，他肯定会受到批评，结果他的一番话让我哑口无言。这次罗斯福和我说："现在的工作很艰巨。我需要哈里·霍普金斯的帮助，需要他留在白宫里。"从那时起，我就只做必要的安排，再也不和他谈论这个话题了。

自从生病后，哈里·霍普金斯常常不讲理，还容易发怒，所以安排他的生活起居并不容易。不过，白宫的工作人员可以处理一切事情。上到首席接待员和亨利·内斯比特夫人，下到侍从和女仆，我一直都非常感激这些人的配合。毫无疑问，他们常常会感到疲倦、烦躁，但一切必要的事情他们总能做好，并且看上去非常平静。

哈里·霍普金斯确实做到了罗斯福期望的一切，甚至做得更多。战争一打响，哈里·霍普金斯就意识到了形势的严重性，把作战放到了首位。就哈里·霍普金斯来说，提供战争需要的一切才是最重要的。罗斯福也是这样想的。但我有种感觉，正是为了实现罗斯福新政中确立的社会目标，才培养了我们勇于面对战争的精神。我相信，让人民感受到我们在打仗的过程中依然在为同样的社会目标而奋斗是一件十分重要的事。显然，如果世界由希特勒统治，自由和民主将不复存在。我认为，无论是在战争时期还是在战后时期，我们必须继续为多数人的权利而奋力斗争。我想看到我们不仅能够在军事医学领域解决医疗问题，还能够解决儿童和青少年的医疗问题。我认为在战后应该为实施广泛的健康计划打下基础。不过，哈里·霍普金斯并不想花费时间和精力考虑这个问题。他觉得不能把资金用于任何与战争没有直接关联的事情上。哈里·霍普金斯的想法可能是对的，但我永远不可能完全同意他的观点。

与以往相比，日本偷袭珍珠港后，白宫集中于备战。优先供应分配局开始开会。罗斯福和军人及安娜·罗森堡等进行的商讨越来越多。通过安娜·罗森堡，罗斯福可以与劳工进行密切联系。关注劳工问题仅次于军事行动，是我们在备战中考虑的十分重要的因素之一。

苏联大使前来拜访了罗斯福两次。第二次世界大战期间，挪威王储妃一定深受战争困扰。她来白宫获得了一些安慰，并且我们就局势进行了讨论。另一位访客是哈里·霍普金斯的儿子罗伯特。后来，罗伯特很快就入伍了。哈里·霍普金斯还有一个小儿子，叫斯蒂芬，十七岁了。他大概在同一时间也入伍了，但入伍后不久就在太平洋遇难了。我一直觉得，他那么年轻就战死了，真是太让人难过了。斯蒂芬和罗伯特是哈里·霍普金斯与第一任妻子的孩子。哈里·霍普金斯的第一次婚姻以离婚而告终。我不禁对他的妻子表示出极大的同情。她把两个孩子抚养长大，现在却看到他们被大肆宣扬，只是因为他们的父亲哈里·霍普金斯恰巧住在白宫而已。

作为父亲，罗斯福和哈里·霍普金斯都不愿意看到自己的儿子去打仗，都想代替儿子。作为政治家，他们希望儿子能为国家尽己所能，并且希望自己能与他们并肩作战。哈里·霍普金斯非常希望按照罗斯福的建议去出差，而罗斯福自己也坚持要去出差。我个人觉得，他们这样做的一个原因是，潜意识里，他们非常渴望服兵役，与儿子共同经历遇到的危险。

与此同时，我继续在民防署工作，并且组织了一个青年部。该青年部由简·西弗——现在她是詹姆斯·H.拉塞尔夫人了——负责，她是一个非常优秀的青年工作者。我还尽力让内阁夫人负责安排大批涌入华盛顿哥伦比亚特区的女孩到各部门工作，但没有成功。

我在民防署工作的整个过程都是不幸的。我一直不愿意接受这份工作，但在哈里·霍普金斯和另一位顾问的坚持下，只好接受了。罗斯福告诉我，他虽然觉得我去民防署工作会对拉瓜迪亚市长有所帮助，但对我是否接受这份工作持中立态度。当发现我接受了这份工作而引起人们的争论时，拉瓜迪亚市长非常震惊。一些国会议员认为我做了"糟糕透顶"的事，但我并没有因他拒绝为这些事负责而责怪他。在他从民防署辞职后，我帮他找到了接替者。国会中不断高涨的攻击浪潮终于让我相信，我不能继续在民防署任职了，所以1942年2月20日我也辞职了。这给兰迪斯[①]法官留下了一个非常棘手的问题，但他处理得很好。

在此期间，西奥多·德赖尔过来告诉我关于德国的情况，并且给我看了一些他拍摄的内容。西奥多·德赖尔是一名记者，是最后一批离开德国的人。当我在专栏里写下他来访的事情时，排字工人以为我搞错了，就把他的名字改成了西奥多·德莱塞。西奥多·德赖尔非常生气，给我发了一封电报，说："请您把专栏改正一下。我不会像西奥多·德莱赛那样，死在离白宫一英里的地方。"我写信解释说，这并不是我的错。直到德国袭击苏联后，西奥多·德赖尔才给我发来电报，要求我加入他领导的一个委员会。在西奥多·德赖尔去世后，他的遗孀写信给我

---

①　即凯纳索·芒廷·兰迪斯 (Kenesaw Mountain Landis, 1866—1944)。——译者注

说，之前是他搞错了，并且他真的不讨厌罗斯福，也不讨厌我。

一听说珍珠港遭到了袭击，丘吉尔就下定决心来美国。现在这件事早已成了历史。他的旅行是"最高机密"。直到他将要抵达美国时，我们才知道他来访的消息。

在丘吉尔来访的前几天，罗斯福派人请汤普森小姐到他那里去，问她我邀请了谁到家里过圣诞节，还要求她给他看看受邀来白宫吃晚餐的客人名单。在我们入住白宫的这些年，罗斯福从来没有注意过这些细节。这是他第一次向汤普森小姐提出这样的要求。我之前说过，罗斯福指望着我能记住邀请别人的事情。这一次，他没有解释什么，也没有暗示会有什么不寻常的事情发生，所以我和汤普森小姐只是认为他突然对此产生了好奇心而已。

当我们得知丘吉尔将于1941年12月22日来访时，大家都开始忙着准备。我们不得不把二楼詹姆斯·门罗的房间改成地图室和英国代表团的办公室，并且把这个房间的床挪到了其他地方，以便为所有到这里过圣诞节的客人腾出地方。当我确切地知道圣诞节那天会有多少英国人住在白宫时，我赶紧派人给他们买礼物，然后把礼物放在圣诞树周围。在华盛顿哥伦比亚特区，我们能在最后一刻买到礼物很不容易——毕竟到12月23日，商品就全部卖完了，但我觉得我们买得还不够多。

1941年12月22日是难忘的一天。罗斯福见到了苏联大使、中国大使和荷兰大使，还安排了很多其他活动。18时前，罗斯福离开去会见了丘吉尔。18时30分，他们一起回到了白宫。白宫里住满了人，但和丘吉尔一起来的人只占了很小一部分。我们第一次见到了丘吉尔的助手P.C.汤普森司令和秘书约翰·马丁。这两人都住在白宫里，后来成了我们真正的朋友。P.C.汤普森司令也叫"汤米"，所以汤普森小姐听到丘吉尔喊这个名字时，必须多加小心，不能随便作答。两名伦敦警察厅的工作人员和一名男仆也住在白宫。

罗斯福让我在西厅为英国客人准备好茶点，但他们一到，我就发现他们更喜欢口味重一些的茶点。1941年12月22日晚，我们十七个人一起吃晚餐，包括英国大使、哈利法克斯夫人、马克斯·艾特肯、国务卿科德尔·赫尔夫妇、副国务卿萨姆纳·韦尔斯夫妇和哈里·霍普金斯等。22时，男士们一起去商量事情了，而女士们则一直聊到午夜后，直到她们的丈夫有些不好意思地来接她们回家。那天，我从纽约乘夜间火车回到了华盛顿哥伦比亚特区，一天中大部分时间都是在民防署度过的。我参加了救世军举办的圣诞聚会、天主教慈善机构举办的圣诞聚会，还参加了小巷里举办的圣诞树活动。这些都是我在当天本来就很繁重的官方活动上额外增加的一些活动。我还记得那天晚上，时间渐渐过去了，我坐在那里尽力和客人交谈时，突然发现自己睡着了。

1941年12月23日早上，罗斯福继续做他的日常工作，而我去了民防署。11时30分，我赶了回来，与罗斯福一起接待办公室的工作人员，并且祝他们圣诞快乐。那一年，这句"圣诞快乐"听起来是多么空洞啊！在白宫吃过午餐后，我回到了民防署。16时45分，我准时回到了白宫，接待了苏联大使马克西姆·李维诺夫及其夫人，还问候了许多之后来喝茶的人。在这之前的16时，举行了记者招待会。记者招待会结束后，罗斯福、丘吉尔和一些顾问开始坐下来集中精力工作。晚餐时，我们只有十一个人。餐后，这些人又继续工作了。

在丘吉尔此次来访和他后来的所有来访期间，罗斯福每天都要工作到很晚。丘吉尔每天下午都会睡很长时间，所以他可以在晚上精力充沛地工作，一直到深夜。在他睡觉时，罗斯福不得不把所有日常工作都完成。即便最后休息了，如果有重要的信或者消息传来，罗斯福也会被叫醒。几乎每次用餐时都有人给罗斯福打电话，询问一些紧急的事情。在丘吉尔离开后，罗斯福总要花上几天时间补觉。

这是第一个没有婆婆萨拉的圣诞节。因为罗斯福的缘故，我害怕过这个圣诞节。但客人的突然涌入加上日益增加的工作量使罗斯福几乎不可能过多地沉浸在自己的悲伤中。嫂子①像往常一样来到这里，但我仍然很难相信那天是圣诞节。尽管黛安娜在我们这里，但没有一个孙子孙女和我们待在一起。平安夜的那天上午，我照例参加了为贫困儿童举办的聚会，然后到民防署待了几个小时，接着去了美国志愿军协会。16时，在东厅，我和罗斯福接待了住在白宫里的人还有他们的家人。挪威王储夫妇、他们的孩子及奥斯特加德夫妇和韦德尔先生都是我们的客人。白宫聚会结束后，我们一起去白宫的南场地观看了点亮圣诞树的活动。这是我们第一次装饰南场地的树。我们以前总会在拉法耶特广场举行庆祝活动前就装饰好那里的圣诞树。在南门廊处，罗斯福发表了讲话。我们的祈祷和演唱颂歌的活动也照例进行了播送，但我们心里没有多少快乐的感觉。外面十分寒冷，我们回去喝了杯茶后，才感觉很开心。

1941年12月24日晚，丘吉尔的老朋友伯纳德·巴鲁克和我们一起吃了晚餐。之后，罗斯福和伯纳德就去工作了。1941年的圣诞节，我还有一些圣诞长袜要装，虽然数量不多。之后，我和汤普森小姐照常去了圣托马斯教堂参加午夜礼拜。我一直很喜欢平安夜举行的午夜礼拜活动。经过了一晚上忙碌，午夜礼拜可以给人一点休息的时间，让人思考一下圣诞节的真正意义。正是由于圣诞节的存在，才出现了礼物。

圣诞节当天，我们在白宫所有客人的陪同下，去了铸币循道会大教堂做礼拜。这些人中有我们的正式客人及哈里·霍普金斯、黛安娜、嫂子②和哈里·胡克。我们共有十九个人一起共进了午餐。下午，军事人

---

① 即伊丽莎白·赖利。——译者注
② 即伊丽莎白·赖利。——译者注

员会见了其首领。到16时30分，我们才装饰好圣诞树。所有挪威王室成员都加入了我们，因此，孩子就多了起来。那天晚上的圣诞晚餐规模是我们有史以来规模最大的——共有六十个人坐在餐桌旁。晚餐后，我们观看了一场电影。来访的客人还演唱了颂歌，但男士们一直工作到次日1时后。

1941年圣诞节，我的朋友梅里斯·钱尼和我们一起吃了晚餐，还在白宫度过了圣诞节的夜晚。在丘吉尔到达白宫那天，作家路易·费希尔的儿子乔治·费希尔在白宫过夜。乔治·费希尔没想到自己在这里会遇到一群重要的人物。有人告诉他必须穿晚礼服。他好不容易才从朋友那里借到了，但穿上后并不尽如人意。

几年前，我从路易·费希尔那里了解到了一些关于苏联的情况。他告诉我，他的妻子伯莎·马克和两个儿子——乔治·费希尔和维克托·费希尔按规定不能离开苏联和他一起来美国。费希尔问我有什么办法可以让他的儿子离开苏联。我和罗斯福商量了这件事。罗斯福建议，既然法规规定费希尔的家人无法离开苏联，那么我可以请康斯坦丁·乌曼斯基大使到白宫来，请他到我的起居室喝茶。再由我把整件事告诉他，看看他有什么反应。我接受了这个建议。康斯坦丁·乌曼斯基大使说他会了解一下情况。但直到有一天我碰巧和他在从纽约到华盛顿的飞机上相遇，他才告诉我相关的情况。那次飞行很不平稳，我们都不想说话。但就在我离开机场前，他走过来对我说："您感兴趣的人很快就能到美国了。"

很多人指责我没有分寸感，因为我经常把他们口中"不重要"的人物带去见重要的人物。事实上，"不重要"的人物通常早就受到了邀请，或者我们允许他们随时到白宫来。尽管有时白宫里人满为患，并且我能明显感觉到白宫的一些工作人员不赞成让其他人来这里，但当重要人物来访时，我仍然希望我的朋友能来，并且我会设法让他们进到白宫来。战争年代，官员间的来来往往很神秘，为他们做安排从来没有现在听起来这么简单。官员们突然来了又走，而我们事先没有得到任何消息。这就常常导致我的约会互相冲突。如果我事先知道会有什么事情发生，可能就不会邀请其他人来了。

我记得丘吉尔第一次来访时，我邀请了路易·阿达米克夫妇、我的表弟①及其他几个人于1942年1月13日共进晚餐。当然，在我邀请阿达米克夫妇时，我并不知道丘吉尔会到访白宫。我还邀请了罗斯福的一个远亲和一个年轻的英国女孩来白宫。这两人都在英国大使馆工作，我觉得他们对面见丘吉尔会很感兴趣。晚餐后，我带着阿达米克夫妇、我的表弟和汤普森小姐去费城听了演唱会。那天晚上很有趣。

我邀请阿达米克夫妇来白宫是因为我读了阿达米克撰写的一本书《双向通道》。这是一本很有趣的书。因为我一直在寻找新的灵感引起罗斯福的兴趣，就把这本书给罗斯福读了读。后来，丘吉尔也来到了这里。我想，如果我把这本书给他看，应该会为晚餐增加一些乐趣。

当我听说阿达米克根据这顿晚餐写了一本书《白宫的晚餐》时，没有人比我更惊讶了。阿达米克似乎认为那天晚上的每一个细节背后都有某种特殊的意义。这个例子很好地说明了有些人就是可以用极少的素材创作出数量众多的作品。在书中，阿达米克写了一个十分贬低丘吉尔的故事。事实上，整本书的内容都是反对英国和反对丘吉尔的。丘吉尔对此表示强烈不满，在英国起诉了阿达米克。英国的诽谤法与美国的有些不同。

当然，与阿达米克在书中描述的内容恰好相反，那天晚上大家都很

① 即门罗·道格拉斯·鲁滨孙（Monroe Douglas Robinson），他的母亲科琳·罗斯福·鲁滨孙是本书作者的父亲的妹妹。——译者注

随意。我发现自己很难像阿达米克一样，非常拘谨地在白宫生活——事实上，在白宫的日子里，我从来没拘谨过。十二年过去了，我仍然在做一些在很随意的事情，但我从未意识到这些事情对其他人来说有多么重要。

1942年1月1日，我们带着丘吉尔和一大群人去了弗吉尼亚州亚历山德里亚的基督教堂参加新年的宗教活动。乔治·华盛顿曾经去过那个教堂，所以丘吉尔很想去看看。我记得自己当时递给了罗斯福一些钱募捐，我知道他很少带钱。当我这样做时，我在想丘吉尔是不是有同样的习惯。但我确信如果他有同样的习惯，他的助手会为他准备的。当别人按照惯例处理这样的小事时，人们总会习惯性地希望他们把这些事情做好。我和玛格丽特·莱汉德小姐总会提前准备好，因为罗斯福经常忘记带钱。当需要钱却一分都拿不出来时，他常常会很惊讶。当我们不在时，罗斯福就会向根内里希或者特勤局的迈克·赖利借钱。

在丘吉尔访问美国期间，英国政府与美国政府进行了多次磋商。美国政府所有部门的代表都参加了会议——我们不仅叫来了国务卿科德尔·赫尔和副国务卿萨姆纳·韦尔斯，还请来了军事部门的一些人员、负责发展美国航运设施的埃默里·兰德上将及与罗斯福经常在一起工作的国会领导人。英国的代表有在公共关系中起到重要作用的人物，如马克斯·艾特肯、阿瑟·索尔特爵士等。

在罗斯福和丘吉尔的首次会谈中，摆在他们面前的事实是，两国都要进行一场旷日持久的战争，并且中间会遇到许多阻碍。作为各自国家的领导人，罗斯福和丘吉尔必须准备好鼓舞人民的士气。他们要向各自的人民说明，军队的训练和武装必须经历一段很长的时期，而在这段时期内，生产将是最重要的事情之一，同时人们必须有耐心，相信我们能"坚持到底"。这并不是一件容易的事，也不是人们希望做的事。

我一直很钦佩丘吉尔鼓舞士气的方式。在某些方面，他对英国人民比罗斯福对美国人民更加直言不讳。英国人民离危险又近了一步。我想正是出于这个原因，英国人民才会更好地理解他的做法。

第15章　局势已经明朗 _(1942年)

CHAPTER XV　　The Pattern Is Set: 1942

第一次世界大战后十分困扰我们的一件事是，特勤局坚持认为不应该允许公众参观白宫一楼，而我和罗斯福急切地希望公众能对白宫产生兴趣。我们看到来白宫参观的人数逐渐增多就很高兴。来访者的人数每年都在增加。尽管白宫的工作人员觉得要接待大批来访者很难，但我们很喜欢接待他们。在第二次世界大战爆发前的一两年里，春季时，游客应当按照哪种路线参观白宫有时确实是个问题。不过，战争一旦开始，特勤局就不允许公众参观白宫了。所有在白宫工作或者居住的人都必须录入指纹，在进门时出示通行证。我们需要在名单上列出所有即将来访的客人，还需要注明客人是谁，来干什么。然后，接待员再把情况告诉门口的警卫。白宫的大门一直紧锁着，只有一条路可以进出。这些预防措施让我和罗斯福感到恼火，但不管我们愿不愿意都必须遵守规定。采取这些措施其实是有缘由的，因为特勤人员确实抓到了一些精神失常的人，他们特别想见总统。一次，一个妇女很想进来。在警卫阻拦她时，她狠狠地咬住了警卫的大拇指。后来，这名警卫只能去医院接受治疗。

　　把炮兵安置在房顶和白宫的东西两翼使我们忍无可忍。这样做看起来很可笑。不过，我确实认为不允许飞机在白宫上空飞行是很有道理的。罗斯福也同意这个命令，因为这样除了可以防御敌机，还能防止他在夜间被飞机的轰鸣声吵醒。我认为，即使是在战争爆发前，下达这样的命令也很好，因为许多人驾驶飞机经过白宫时都想飞得尽量低一些。尽管我们反对这样做，但这些规定的确很有必要。任何人担任美国总统期间都必须受到保护，但任期前后可以由他自己做好安全防范。

1942 年，我们第一次在白宫宴请内阁成员。我前面说过，在前几届政府中，每位内阁成员都会轮流为总统和总统夫人举办一次晚宴。但由于很难为罗斯福做类似安排，所以大家一致决定在他担任总统期间，所有内阁成员每年共同举办一次晚宴。晚宴通常在酒店举行。但 1942 年，特勤局认为总统前往酒店并不安全，所以那次晚宴就在白宫举行了。那天晚上，罗斯福非常开心。晚宴上，他说：“此时，希特勒如果在白宫上空扔下一枚炸弹，那么就能一下子炸死这么多重要的人。这是一个多么好的机会啊！要是除了弗朗西丝·珀金斯，我们都被炸死了，那么我们就会有一位女总统了。”

回想那些日子，我印象很深的是自己需要做好三件事：在民防署工作、履行公务、照常料理家务。我特别想知道，我当时是怎么完成所有工作的。与此同时，罗斯福与内阁成员、军事顾问、外国外交官和劳工代表的交流越来越多。一天早上，他会见了约瑟夫·史迪威少将、希腊部长和戴维·杜宾斯基。

1942 年 2 月 20 日，我在民防署度过了漫长的一天。最后，我参加了在礼堂为工作人员举行的聚会。就是那天，我从民防署辞职了。我想再也没有比从肩上卸下这份重担更让我高兴的事了。后来，我偶尔听到有人说，人们正在做的某件事一定会让我恼火，或者是某些变化一定会让我感到惋惜。但事实上是，一旦不再负有某项责任，我就不愿批评那些已经做完的事。我很高兴把那份工作交给了别人。我在民防署时已经尽了最大努力。虽然以后我不在那任职了，但只要我还担任政府职务，哪怕是作为一名志愿者，我也会尽我所能给公众提供一种可以接近总统的方法。从政治上说，在战争时期攻击总统是不明智的做法。尽管我在民防署任职的时间很短，但那是我最不后悔的一段经历。

　　1942年上半年，来访白宫的客人发生了变化。这让我觉得很有趣。在我看来，我们在接下来几年里熟悉的所有人是在此时来到白宫的。对那些迟早会受到战争蹂躏的国家，其王室成员也出现在白宫，寻求援助。我们为所有来访白宫的客人准备了一顿正式的晚餐。当然，除了晚餐，他们还得到了什么，我并不知情。

　　在所有客人中，最有趣、最特别的一位是亚历山大·伍尔科特。1942年1月，亚历山大·伍尔科特来到了白宫，与我们一起待了四天。我怀疑亚历山大·伍尔科特在普通家庭做客时是不是会让主人觉得很厌烦。我这样说是因为伍尔科特需要许多普通家庭难以提供的东西。例如，他想随时喝咖啡，还会邀请客人到他的卧室或者起居室里用餐，这样他就可以和客人单独待在一起了。由于工作和各类约会，我大部分时间都不在家里。但有一天傍晚，我回家了。这时，伍尔科特正准备出门去赴约。当我进门时，他说："欢迎您的到来，快请进，在这里别拘束。"

　　1942年，来访的客人中还有加拿大总理麦肯齐·金和曼努埃尔·奎松夫妇。1942年5月，在翻译官帕夫洛夫先生的陪同下，苏联外交部长维亚切斯拉夫·莫洛托夫来到了白宫。因为他们来白宫时我没在家，所以他们参加了只为男士举行的晚宴。第二天早上，维亚切斯拉夫·莫洛托夫和帕夫洛夫先生来到了我的起居室谈话。莫洛托夫谈到了苏联和美国的社会改革，并且希望我能尽快访问苏联。我听说了一件事。这件事让大家觉得很好笑。白宫的一个仆人打开了莫洛托夫的包，发现里面有一大块麸皮面包、一个香肠卷及一把手枪。因此，这个仆人非常震惊。特勤局的人员不喜欢携带手枪的来访者，但那次他们什么都没说。莫洛托夫显然认为自己需要做好防护工作，并且他可能饿了。我非常喜欢莫洛托夫。帕夫洛夫先生的英文给我留下了深刻的印象。他告诉我，他的英文是跟在苏联留学的美国学生学的。帕夫洛夫先生的英文说得非常地道，我认为这要归功于他有一双好耳朵。我想莫洛托夫也能听懂英文，因为他经常不等翻译官帕夫洛夫先生开口就开始回答问题了。

1942年6月10日，希腊国王乔治二世来到了白宫。6月14日，在白宫的国宴厅举行了国旗纪念日仪式。这次仪式让人印象深刻。国务卿科德尔·赫尔和另外二十七个国家的外交代表出席了此次仪式。

1942年春，我在纽约待了很久，把我们的房子和婆婆萨拉的房子都清空了。从1908年起，我们就住在那两所房子里。这些年来积累的东西可想而知。萨拉从不扔掉任何东西，这真的很了不起。

罗斯福从1932年起就不住在那两所房子里了，但他能确切地告诉我他想要那两所房子里的哪样东西及它所在的位置。1942年春，在那两所房子里，罗斯福待了大约两个小时，注意到了所有重新摆放的物品。例如，刚到那里，罗斯福就问我，他母亲萨拉书房里的一幅画放到哪去了。那幅画我送给了小富兰克林。我和汤普森小姐把那两所房子里的所有东西都列了清单，还把存放物品的板条箱、盒子和桶都做了标记。这样一来，这些东西就可以存放在海德庄园的图书馆了，罗斯福可以慢慢拆开它们。但事情并不像我们希望的那样顺利发展。罗斯福后来特别想要其中的一两件物品，但那时这些物品还没有归置好。直到我有时间去地窖里的板条箱和盒子里找，才找到了罗斯福想要的东西。

1942年6月21日至25日，丘吉尔先生又访问了白宫。他与罗斯福之间的友谊和感情随着他每一次访问而不断加深。这与官方交往完全不同。显然，英国和美国在任何情况下都需要合作。由于罗斯福和丘吉尔先生私交甚笃，美国和英国就可以紧密团结起来投入战争之中，从而更有利于双方。除了讨论战争这一首要问题，他们还有许多相同的爱好：他们热爱海洋和海军，懂历史，在文学方面有一些相似的品位。每当丘吉尔先生恰如其分引用罗斯福最喜爱的利尔[①]的打油诗时，罗斯福总是特别开心。他和丘吉尔先生都读过很多传记。他并不像丘吉尔先生那样对艺术很感兴趣，但两人都喜欢去户外。无论是在乡村还是城市，他们都可以尽情地享受生活。我想，这两人的友谊会随着对彼此能力的尊重而逐渐加深。但他们并非在所有事情上都持一致意见。我听到罗斯福说过一些话，他说那些话有时是因为恼怒，有时是因为必须面对无奈的现实。

我记得很清楚，当丘吉尔先生决定在希腊和巴尔干半岛发动进攻时，罗斯福很愤怒。罗斯福说，尽管这样做在战略上可能会帮助英国，也可能让我们赶在苏联军队前抵达柏林，但这意味着牺牲许多人。罗斯福认为这样做没有必要。因此，他不会让那么多人冒险。

我还记得托布鲁克沦陷的那一天。当消息传来时，丘吉尔先生正和我们在一起。听到这个消息后，他虽然很震惊，但第一个反应是："现在，我们该怎么办？"对罗斯福和丘吉尔来说，没有他们应付不了的情况。我从来没有听到这两人说过"我们最终会被打败"这样的话。这种态度也影响了其他人。他们身边的人都不敢说"我害怕"或者类似的话。我并不是说他们遇到的困难少。我记得在诺曼底登陆日那天，罗斯福特别紧张地等待消息。那时，他提到的唯一一件事就是："我想知道林纳卡先生最后会怎么样。"林纳卡先生是参加第一次世界大战的一名

[①] 即爱德华·利尔 (Edward Lear, 1812—1888)。——译者注

海军退役老兵，曾为罗斯福看管过种植园。此时，他重回海军服役了。在诺曼底登陆日那天，他指挥了一艘登陆艇。

罗斯福知道也理解丘吉尔先生的处境。有一次，我说，对丘吉尔先生来说，最艰难的时期是在战后。罗斯福似乎很认同我的说法。对丘吉尔先生来说，战前的世界是一个美好的世界。他尽管可能意识到没有办法再回到战前的世界了，但还是想回到以前。在一次不经意的谈话中，丘吉尔先生向我坦言，世界永远回不到原来的样子了。他甚至说，他唯一想做的事就是待在办公室里，直到看见士兵们回家，直到他们有住的地方。

在回应我说的那句话时，罗斯福说："你说的对。对丘吉尔来说，这很难。不过，我相信，等战争结束后，让斯大林先生明白一些事情会更容易一些。"

罗斯福经常说，第二次世界大战结束后，丘吉尔就会退休。但我猜测，罗斯福希望自己、丘吉尔先生和斯大林先生至少在第二次世界大战结束后的一小段时期内仍能继续执政，讨论制定政策问题。罗斯福认为战后世界的发展更具社会主义倾向，所以丘吉尔可能很难适应新环境。在一次会谈中，斯大林先生对罗斯福说了一些话。罗斯福将这些话一直记在心里。我觉得让他产生希望的是：在战后，共产主义可能具有更大的灵活性，或者至少在那个信仰共产主义的领导人斯大林身上，我们有可能会看到更大的灵活性。罗斯福一直在想，如果丘吉尔、斯大林或者自己出了什么事，各自的国家会发生什么事。斯大林说："我把苏联的一切都安排好了。我很清楚会发生什么事。"罗斯福说："这在很大程度上取决于我们如何相处。您觉得美国和苏联可能以同样的方式看待问题吗？"斯大林回答说："你们一直以独特的方式看待美国政府及其承担的责任，也一直以独特的方式生活着。我认为，随着资源的开发和人民生活的改善，苏联人民很有可能发现自己的想法和你们的想法越来越接近，而你们可能会接受我们的一些想法。"

当然，这是一次随意的谈话。后来，罗斯福对我重复了一遍斯大林说过的话。在这里，我又复述了出来。斯大林的话确实体现了一定程度的灵活性，也让罗斯福相信，领导人之间可以建立起信任，他们至少可以找到一种共同在世界上生活的方式，同时每个国家能够按照最适合自己的方式发展。

罗斯福认为英国和苏联的想法也会越来越接近，但丘吉尔可能会觉得某些进展难以接受。我觉得罗斯福从来没有认为美国与苏联的想法达成一致是一件容易做到的事，但他对斯大林很有好感。每当想起斯大林时，罗斯福就会相信这一点：本来不可能发生的事其实有可能发生。

罗斯福非常相信自己能够理解别人，并且让别人了解我们的动机、需要和现实情况。当其他国家的首脑不愿意来白宫时，罗斯福还愿意与他们会晤，是因为他觉得通过面对面交往比通过信或者电话联系更能说服他们。我听一些政治家说，美国总统出国去见世界上最顶尖的政治家是不明智的做法，因为美国几乎总是在签署协议时吃亏。我不想赞同这样的说法，这样的说法是对自己缺乏信心的表现。我觉得罗斯福接受了其他国家高官说的话。他相信只要自己信守诺言，其他人也会信守诺言。但他从不轻易忽视违约行为，对不履行协议的人很严厉。

罗斯福喜欢英国人，也了解英国人，知道他们的缺点。我记得一件小事，从中可以看出罗斯福的个性。财政部长小亨利·摩根索给罗斯福看了一封英国财政大臣金斯利·伍德寄来的信。他带着英国人的傲慢态度，在收信人的位置写上了小亨利·摩根索，但没有加上他的官方头衔。小亨利·摩根索没有注意到，因为他更关心信的内容。但罗斯福立刻就注意到了这一点。后来，小亨利·摩根索把写好的回信拿给他看。罗斯福说："这封回信的内容没有什么问题，但你犯了一个错。"小亨利·摩根索尴尬地问："我犯了什么错？"罗斯福说："这封回信应该写给某某先生，不带头衔，就像他写给你的那样。"当金斯利·伍德再寄来回信时，信上明确写好了称谓，是给财政部长小亨利·摩根索的信。

我将永远感激丘吉尔在第二次世界大战期间发挥的领导作用。他的讲话不仅振奋了英国人民，还振奋了美国人民。显而易见，丘吉尔从未抛弃对罗斯福的真挚感情，同时他得到了回报。他们能拥有这样一份友谊真是很幸运。如果没有这段友谊，第二次世界大战就更难打赢了；如果两人不愿见到对方，对彼此的正直和能力都没有信心，英国和美国可能也不会取得胜利。

1942 年 6 月，在丘吉尔离开白宫的前一天，年轻的南斯拉夫国王彼得二世来到了白宫。后来，罗斯福对我说："那个年轻人[①]应该忘记自己是国王，去工作。从长远来看，他去工作的话会过得更好。"现在，当看到彼得二世和王后及其孩子在一起时，我就想起罗斯福对我说过的话。只是坐在王位上等待，并不是一件好事。

1942 年春，挪威王储妃和她的孩子及其他一些家人和我们一起住在海德庄园。第二次世界大战期间，每年春季，她会和我们一起去某个地方避暑，秋季则回到华盛顿过冬。因此，我们非常了解他们。我也永远不会忘记自己在抚养王室子女方面学到的一些东西。哈拉尔王子[②]似乎一点儿也不惧怕寒冷。他刚来时虽然身体很虚弱，但后来能在很冷的水里游泳。我想哈拉尔王子应该从水里出来暖和一下，但有人告诉我，挪威的水更冷，他必须适应寒冷。

---

① 指南斯拉夫国王彼得二世。——译者注
② 1991 年，哈拉尔王子成为挪威国王，称哈拉尔五世。——译者注

那段时期发生的事情太多了，因此，个人事件几乎都被淹没在一大堆事件中。最悲伤的一件事发生在1942年6月底。亨利·帕里什因心脏病突发去世了。他对我一直很好。在他去世的第二天，我急忙乘夜班火车去看望他的夫人。她是我的表姐，也是我的教母。之后，我回到华盛顿赴了几场约，又乘夜班火车去纽约参加了葬礼。接着，我去了纽约市的蒂沃利，在教堂附近的墓地安葬了他。霍尔家族的人都去那里了。

　　1942年来看望我的人，让我想起很多他们做过的事情。例如，查尔斯·陶西格经常来看我。在加勒比地区，他为罗斯福做了很多事。此外，还有约翰·伊尔德，他的努力将会改善华盛顿哥伦比亚特区的小巷和住房条件。美国公谊服务委员会的克拉伦斯·皮克特在许多方面帮助了我，把我介绍给了许多对人民有价值的企业。国会女议员玛丽·诺顿也做了很多事情。我还认识了一些劳工领袖，如丹尼尔·托宾、菲利普·默里、威廉·格林、悉尼·希尔曼和戴维·杜宾斯基。还有一些年轻人，如詹姆斯·凯里和沃尔特·路则。在劳工运动中，这些人很快就发挥了重要作用。在改善种族关系的过程中，威尔·亚历山大教会了我很多东西。另外，我将永远感激老朋友伯纳德·巴鲁克。他为我感兴趣的很多企业提供了建议和帮助。无论别人怎么指责、讥笑伯纳德·巴鲁克，他都不会觉得伤了自尊或者受到了别人的轻视。只要有人向伯纳德·巴鲁克寻求帮助，他总是愿意效劳。伯纳德·巴鲁克是我认识的人中最有智慧、最慷慨的一个，从来不会忘记或者忽视任何朋友。

　　给我和罗斯福带来最大欢乐的客人是约翰·戈尔登。他总是不辞辛劳地演出，并且帮忙寻找一些罗斯福感兴趣的东西。罗斯福曾告诉戈尔登，他看过的第一部戏剧是《黑巫师》。那次，罗斯福没有得到父母的允许就偷偷溜出去看了。戈尔登找到了那部戏剧原来的剧本，将其精心装订好，送给了罗斯福。这让罗斯福非常开心。戈尔登还为军人做了大量工作，为他们拿到了免费的戏票和电影票，为入伍军人写的最好剧本进行了颁奖，还举办了一场演出，得到的收入支援了陆军和海军的救济工作。

自1942年6月，我们见到路易丝·梅西的次数逐渐多了起来。到最后，哈里·霍普金斯才告诉我他早已告诉罗斯福的事——他要和路易丝·梅西结婚了。他说，罗斯福让他和路易丝·梅西都住在白宫里，问我对此有什么想法。当然，我觉得这件事需要和罗斯福商量一下。我去找罗斯福，问他是否想过让一对夫妇及黛安娜留在白宫意味着什么，并且他是否意识到这对他们来说意味着什么。在我看来，被迫在别人的房子里开始婚后生活是一件非常困难的事，即便那所房子是白宫。罗斯福最后说，那时世界上最重要的事情就是战争，因此，让哈里·霍普金斯夫妇留在白宫非常有必要。我想在这里说的是，虽然这是一件非常困难的事，但路易丝·梅西做得非常好。

1942年7月30日中午，哈里·霍普金斯和路易丝·梅西在白宫举行了婚礼。参加婚礼的人很少——只有两家的几个家人。我们举办了一场小型午餐会，14时30分时为他们的家人送别。

路易丝·梅西以前一直在纽约当助理护士，后来到华盛顿继续工作。这意味着她每天早上很早就要离开白宫，下午很晚才能回来。除了做好自己的工作，她还设法与黛安娜建立亲密的关系，努力把一个几乎像流浪儿一样渴望亲情的孩子变成一个能真正感受到家和爱、有安全感的孩子。这真的很了不起。当哈里·霍普金斯和路易丝·梅西搬进自己的房子时，黛安娜很开心。黛安娜有了安全感，这让人非常感动。

当然，住在白宫和住在其他地方有很大不同。在私人住宅里，人们因为经常接触就很有可能会产生摩擦，但在白宫不会。接待员和工作人员会尽力满足客人的需求。当我和路易丝·梅西为各自的事情忙碌时，偶尔会在大厅碰到对方。只要愿意，我们会一起吃晚餐。住在一起没有让我们的生活变得复杂。

事实上，我并没有和哈里·霍普金斯一家保持很亲密的关系。我发现，来白宫住的客人有时会问很多问题，他们对路易丝·梅西的了解甚至比对我的了解还要多，这让我感觉很开心。就像我前面说的，此时我开始觉得自己对哈里·霍普金斯的某些方面很不了解。我们如果关系不是很亲密，那么也许可以相处得更好。

每当照顾别人的孩子时，我总是很小心，不让他们对我产生依赖，因为只要他们的父母还活着，那种依赖应该只存在于他们之间，也就是父母和孩子之间。我的表妹伊丽莎白·亨德森在上学时一直和我们住在一起。我没有让她对我产生依赖。同样，我没有让黛安娜对我产生依赖。我是不能代替她们的家人的。

1942年8月，荷兰女王威廉明娜第一次访问了我们。她由范·布策拉尔男爵夫人、约恩克海尔·乔治·范·泰茨和亨德里克·范·厄延将军陪同。参加过我的记者招待会的人都非常想见威廉明娜。尽管我一直怀疑自己能否让女记者见她，但威廉明娜在抵达美国后的第二天早上就参加了记者招待会。在举行招待会的过程中，她谈到了纳粹统治下的荷兰人民患结核病的人数在不断增加，但她说完这些话后就后悔了，因为担心纳粹会报复她的人民。我只好追上那些女记者，坚决要求她们不许公开威廉明娜谈到的一切关于荷兰结核病的内容。记者招待会结束后，我陪威廉明娜去国会大厦会见了罗斯福，还一起参加了美国潜艇被移交荷兰舰队接管的仪式。罗斯福和威廉明娜都通过广播发表了讲话。之后，威廉明娜上船去和接管那艘潜艇的荷兰船员讲了话。然后，我们登上了"波托马克"号，在船上吃了午餐，并且沿波托马克河去了弗农山庄。

那天晚上，威廉明娜在荷兰大使馆用了晚餐。1942年8月7日上午，她参加了罗斯福的记者招待会。当然，罗斯福的记者招待会比我的重要得多。罗斯福和威廉明娜事先安排好了准备讲的内容，两人都表现得很好。他们还与军事当局一起召开了会议。那天晚些时候，威廉明娜离开时，罗斯福送她上了火车。

　　这是罗斯福第二次会见威廉明娜。他们第一次见面是在威廉明娜和女王储朱丽安娜住在离海德庄园不远的马萨诸塞州时。当时，和我们住在一起的挪威王储妃和罗斯福一起去拜访了威廉明娜。挪威王储妃总是津津乐道地说，在见到威廉明娜时，罗斯福非常紧张，因为他听说她是所有君主中最令人敬畏的。每次见面后，罗斯福对威廉明娜的尊敬都会更深一层。我和罗斯福都非常喜爱威廉明娜。

　　8月底，我经常去海德庄园，而罗斯福偶尔会去香格里拉[①]和海德庄园，但我们从来没有离开过华盛顿太长时间。

　　夏季，国际学生服务组织在华盛顿举行了一次会议，邀请了许多其他国家服过役的年轻人来这里。我见过很多来自英国和苏联的年轻人。我很喜爱他们。当部分英国人驻扎在美国时，我再次见到了他们。后来，我还在访问英国时见过其中一些人。有一位是彼得·科克伦上尉，他娶了克里斯托弗·莫利的女儿路易丝·莫利，他们是我最喜爱的一对年轻夫妇。我还见过理查德·迈尔斯中尉和斯科特·莫尔登司令，但没有听到关于柳德米拉·帕夫利琴科中尉、尼古拉·格拉萨夫琴乔和弗拉基米尔·普切林采夫这几个苏联年轻人的消息。

　　对我来说，接下来一件非常重要的事情是：罗斯福认为我应该接受伊丽莎白王后的邀请，去英国视察妇女在战时所做的工作，并且去看望

————————————
① 戴维营的旧称。——原注

驻扎在英国的美国军人。起初，我并不知道罗斯福急于让我去英国的一个原因是：那些军人将很快前往北非发动攻击。

第16章 访问英国

CHAPTER XVI   Visit to England

每次来白宫访问时，丘吉尔都会问罗斯福什么时候访问英国。但有人觉得罗斯福想去英国是为了庆祝胜利，无论是庆祝将要取得的胜利还是已经取得的胜利。我认为罗斯福从来没有想过我会有什么好的理由在战争期间去英国。我想，如果罗斯福访问英国，那么我会以妻子的身份陪同。

不过，伊丽莎白王后显然想让我去英国访问，因为她试探性地询问了罗斯福：我是否有兴趣去了解一下英国妇女在第二次世界大战中起到的作用。英国人把我访问英国看作是一个可以把这件事介绍给美国人的机会，因为王后知道我经常写专栏、发表演讲。我觉得她想到的是我能接触美国人民。

当罗斯福问我对访问英国一事有什么想法时，我向他保证，如果他认为我访问英国会对他有所帮助，那么我很乐意去。罗斯福知道入侵北非的行动即将开始。他说，除了视察英国妇女的工作，他还想让我去看望美国军人，给他们捎个口信。我在前文说过，由于在第一次世界大战期间我需要照顾年幼的孩子，不能去国外真正参与作战，这让我感到很遗憾。我最近在民防署工作，这段经历让我相信，待在白宫会妨碍我在第二次世界大战中做真正有意义的工作。我很钦佩并羡慕小西奥多·罗斯福的夫人[①]。她在两次战争中都经营了一家俱乐部，目的是为军人组织社交活动。她的这项工作做得非常出色。凭着惊人的毅力和精力，小西奥多·罗斯福的夫人建立起了俱乐部。去英国时，我还参观了她的俱乐部。做好一项具体工作真的令人很有成就感。当我去参观时，一直跟随我的报社记者问我们是否谈论过政治。他们很想找一些令人激动的事情报道。

英国之行似乎给了我一个机会做一些可能有用的事。我立刻问汤普森小姐是否愿意和我一起去，因为我不想强迫她冒险。她非常愿意，并且和我一样都没有考虑可能会面临的危险。我想，对所有人来说，在这样的时刻最应该有的想法是：在事情真正发生前，从不想有什么事情会发生在自己身上。从理论和理性的角度看，人们已经意识到了发生某件事的可能性。但就我个人来说，做一些可能会给别人带来危险的事并不是勇气的象征。很简单，就像大多数人一样，我不想看到自己从地球上消失。如果这真的发生了，那么我别无选择，只希望自己能够镇静地接受这件不可避免的事。

在罗斯福告诉哈里·霍普金斯我愿意去英国后——我认为哈里是第一个提出让我去英国的人，我收到了一份正式的邀请函。紧接着，我预订了一架商务飞机，付了旅费。有人告诉了我一些关于行李数量的规定。1942年10月21日，我在指定时间到达了长岛机场，与女子陆军团第一指挥官奥维塔·卡尔普·霍比上校、她的助手贝蒂·班德尔中尉、国务院的一位信使和美国出口公司的一位副总裁约翰·E. 斯莱特一起前往英国。这是直达航班。我们受到了贵宾般的待遇，并且飞行过程中只发生了一件惊险的事。当时，我们得到允许，可以俯视下面的一个船队。

[①] 即埃莉诺·巴特勒·罗斯福 (Eleanor Butler Roosevelt, 1888—1960)。——译者注

1940 年 3 月，罗斯福夫人在白宫的阳台上
向参加一年一度滚彩蛋活动的孩子们挥手

1940 年 2 月，罗斯福夫人冒雨在白宫外的
小路上观看美国青年代表大会成员游行

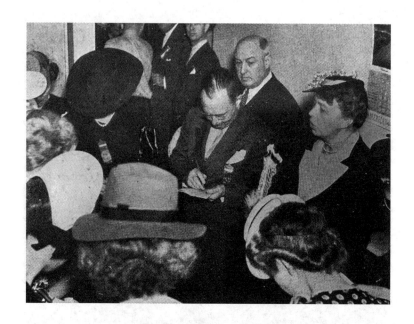

1940 年 7 月，罗斯福夫人到达芝加哥，准
备在民主党全国代表大会上发表讲话。她正
被一群记者包围着

1942 年 10 月，罗斯福夫人与马尔维娜·汤
普森到达英国

1942 年 10 月，罗斯福夫人与丘吉尔夫人
从多佛返回伦敦

1945年1月，罗斯福总统及夫人与十三个孙辈在第四届就职典礼上合影。前排从左至右为：克里斯托弗·罗斯福（小富兰克林的儿子）、安妮·斯特吉斯·罗斯福（约翰的女儿）、约翰·罗斯福·伯蒂格（安娜的儿子）、小埃利奥特·罗斯福、凯特·罗斯福（詹姆斯的女儿）、萨拉·罗斯福（詹姆斯的女儿）。坐在安妮·斯特吉斯·罗斯福后面的是黑文·克拉克·罗斯福（约翰的儿子）。后排从左至右为：罗斯福夫人、巴兹·伯蒂格（安娜的儿子）、西斯蒂·伯蒂格（安娜的女儿）、威廉·唐纳·罗斯福（埃利奥特的儿子）、钱德勒·罗斯福（埃利奥特的女儿）、戴维·博因顿·罗斯福（埃利奥特的儿子）、罗斯福总统和富兰克林·D.罗斯福三世

法拉在罗斯福总统的葬礼上

1948 年，罗斯福夫人和法拉、塔马斯在海
德庄园小屋的起居室里

那些船看起来就像是海洋上的一个个小点。我们很难相信它们都处于危险中——有些船可能突然会被鱼雷击沉。

我们第一次遇到坏天气是在爱尔兰的福因斯。我们本打算在那转乘另一架飞机飞往伦敦，但当飞机降落时，一艘小船从岸边开了过来。我们得知飞往伦敦的航班因为天气原因取消了。当时，正下着倾盆大雨。当我们从飞机上转乘敞篷船准备上岸时，我才想起来装雨衣和雨伞的包都放在飞机上。我新买的一顶帽子也被大雨浇湿了。因此，我上岸时看上去有点儿邋遢。汤普森小姐和我一样。我们按照指示上的要求做了，只把最基本的必需品带到了机舱里。

我的姨夫戴维·格雷就在那艘小船上。他当时是美国驻爱尔兰大使，特别关心我在爱尔兰登陆的事。在确保所有女军人换掉军装后，我们才敢上岸。她们如果穿着军装上岸，就会被拘留，因为爱尔兰的那部分地区是保持中立的。但这有点儿像闹剧，因为爱尔兰当局对有些罪证视而不见。

我的姨妈[①]正等着迎接我们。我对姨夫戴维·格雷有点恼火，因为他坚持不让任何人知道我在爱尔兰。许多乘坐飞机的美国乘客因为天气原因都被滞留在爱尔兰。当我从船上站起来时，有人说："哎呀，那是埃莉诺。"听到这句话后，姨夫戴维·格雷走得更快了。当我们在美国出口公司的办公室吃过早餐后，他催促我去阿代尔勋爵夫妇的家里。我在那里一直待到了第二天早上，直到丘吉尔派飞机来接我们。飞机安全降落在了内陆。之后，我们又登上飞机出发了。这次是在布里斯托尔着陆。在那里，首先映入我们眼帘的是一座被轰炸后的城市。我看到了一片片废墟，街道上竟然没有一所房子完好地矗立在那里，这让我非常震

---

① 即莫德·利文斯顿·霍尔。——译者注

惊。但我只是简单地看了一眼。美国驻英国大使约翰·怀南特[①]接见了我们。然后，我们坐上了丘吉尔的专用火车前往伦敦。

在我离开美国前，哈里·霍普金斯告诉我不要太在意怀南特，并且要我向埃夫里尔·哈里曼咨询所有事情。我认识怀南特很长一段时间了。我和罗斯福都非常尊敬他，也非常钦佩他。我对哈里·霍普金斯的建议没有做出回应，只说埃夫里尔·哈里曼还是个小男孩时我就认识他了，因为他是我弟弟霍尔·罗斯福的密友，也是同学，所以我当然希望能在伦敦见到他。不过，我下定决心要向怀南特咨询，并且采纳他的建议。我确信埃夫里尔·哈里曼不会赞同哈里·霍普金斯的想法，因为他在伦敦，知道怀南特在英国官员中享有多高的声誉。一直以来，哈里·霍普金斯都倾向于依赖自己的朋友，他更了解哈里曼，但我想他从来没有真正了解过怀南特。

在怀南特见到我们后，我就没有那么焦虑了。在火车上，我们仔细商讨了拟定的行程。我觉得这有点费事，但后来行程中又增加了许多我起初做梦都没想过要做的事。怀南特告诉我，伊丽莎白王后和斯特拉审阅了我的行程表。斯特拉会在我访问英国期间照顾我一段时间。怀南特说，第二天早上会来接我。在我们离开白金汉宫后，他的公寓和女仆将供我们使用。我没有意识到要保护自己，但丘吉尔和怀南特都觉得我住在怀南特的公寓里要比住在酒店里更安全。

一想到要去白金汉宫，我就很担心。但最终我告诉自己，一定可以度过这特别的两天。我下定决心，即便我不是来旅游、享受的，也要让每一刻都过得有意义。虽然有些情况我可能不熟悉——这会让我有种不满足感，我也不知道什么行为是得体的，但我还是会尽己所能，保持镇

---

① 下文称"怀南特"。——译者注

定。然而，当我们接近伦敦时，我变得越来越紧张，我在想自己究竟为什么会被诱骗来进行这次旅行。其他人都把我当作"贵宾"，因为我的丈夫——罗斯福是美国总统。

最后，火车进站了。地上铺好了红毯。火车站站长和警卫长看起来非常神气，就像政府的高级官员一样。他们告诉我该下车了。乔治六世和王后及美国所有高级军事官员都站在那里。所有人中，我觉得自己真正认识的人只有斯特拉。显然，我掩饰了自己的紧张。后来，汤普森小姐告诉我，只有我的沉着和冷静才能让她不紧张。

在正式问候结束后，乔治六世和王后带我坐上了他们的车，而汤普森小姐则由王室的侍女和两位男士进行接待。我们一同前往白金汉宫。

乔治六世和王后对我非常友好。他们访问美国期间，我就有一种感觉：他们虽然是一对年轻迷人的夫妇，但不得不经历一些非常困难的时刻。此时，这种感觉再次向我袭来。我意识到他们已经经历了一些事，并且急于向我述说。我与乔治六世和王后接触了这么长时间，对他们特别尊敬。我并不总是同意乔治六世夫妇针对国际问题发表的观点，但他们在最困难时为人民做出了极大贡献。我和他们在一起时，看到了他们的工作做得非常出色，这让我非常钦佩他们的品格及尽职尽责的精神。

到达白金汉宫后，乔治六世和王后把我带到了准备好的房间里，对我说，我只能在起居室里和外间生一堆小火。他们希望我不会太冷。在他们指了指窗户上的弹痕后，我才发现房间里窗户上的玻璃都碎了。他们用木头、明胶和一两块小玻璃代替了原来的玻璃。后来，王后告诉我曾有一枚炸弹直接扔进了乔治六世的房间里，把那个房间都炸毁了。她还带我去看了那个房间。乔治六世和王后告诉我，开灯时必须拉好几层窗帘，还通知我，晚餐时门外的通信员会带我去客厅用餐，接下来的时间让我自己安排。

在我看来，白金汉宫是一座巨大的建筑。我住的那间套房太大了。埃利奥特看到后说，过了这段时间，我就得把白宫那条长长的走廊当作我的卧室了，因为我住的那间房似乎再也不够用了。房间里的衣柜很棒——我相信所有人都渴望家里能拥有那样的衣柜。可惜的是，我的行李重量被限制在五十五磅，所以我那几件衣服挂在衣柜里看起来很可怜。我不知道当女仆打开行李时会有什么感受。一件晚礼服、两件日常礼服、一套西装、几件衬衫、一双平常穿的鞋和一双搭配晚礼服穿的鞋，这些就是我在访问白金汉宫时放在衣柜里的全部物品。报社的一位女记者想写点更吸引人的内容，后来就报道说我日常穿的那双鞋的鞋底都磨破了。白宫首席接待员看到了这个报道，体贴地给我送来一双鞋。

第一天晚上吃晚餐时，除了我，还有其他客人，包括丘吉尔夫妇、史末资[①]将军及其上尉儿子、皮尔斯·利中校、蒙巴顿伯爵夫妇、怀南特、斯潘塞伯爵夫人[②]、埃利奥特和汤普森小姐。晚餐后，我们看了诺埃尔·科沃德导演的电影《与祖国同在》，其中，一部分内容是根据蒙巴顿伯爵指挥海军作战的故事改编的，另一部分内容是根据敦刻尔克的故事改编的。这部电影的主角就在现场，因此，我们观看电影时的体验很新奇。此外，我们都知道这部电影一定会打动所有人。在这些人的陪伴下，观看这场电影是一次非常感人的经历。

英国人做的一切和人们的期望相差无几。与其他普通家庭一样，英国王室对供暖、用水和食物数量也有严格的限制。我的浴缸边有一条很明显的黑线，这提示我洗澡时用水不应超过此线。我们的食物是用金盘和银盘盛的，但在战时，我们和其他家庭吃的是一样的面包。除了王室偶尔会吃一些储存的野味，我们吃的所有食物和其他食堂提供的一样。

---

① 即扬·史末资 (Jan Smuts, 1870—1950)。——译者注

② 即辛西娅·斯潘塞 (Cynthia Spencer, 1897—1972)。——译者注

第二天早上，怀南特过来接我去美国大使馆参加记者招待会。面对众多记者，我感到惶恐、焦虑，但我显然不能说任何使其他人焦虑的话。

我和怀南特的友谊是在我访问英国时开始真正建立起来的。他是一个腼腆的人，但学识渊博、想象力丰富，这让他能够了解从来没有遇到过的情况。怀南特很在乎朋友，这使他能够完成许多超出他能力范围的事。他渐渐爱上了英国和英国人民。那些在战争期间肩负重担的政治家信任并依赖他。我知道有很长一段时间，他几乎每天5时左右就会去见安东尼·艾登。我尽管知道怀南特不是那种立即对丘吉尔产生好感的人，但知道丘吉尔真的很尊敬他、爱戴他。

怀南特为我的旅行做了规划，还告诉了我一些事情。这使我能更好地为英国人民做一些事情。如果没有怀南特的帮助，那么我可能不会做得那么好。我对他的善意感激不尽。他是个无私的人，很少考虑自己，总是想要帮助朋友。他让我在伦敦时感到既舒适又愉快。我会永远想念他。他成了我时常盼望见到的人之一。我无法形容他带给朋友的是什么，甚至不知道他是否把我当作熟人，但我非常珍惜他给予我的东西。我觉得他照亮了黑暗的地方。他不停地工作，希望为子孙后代创造一个更加美好的世界。

在乔治六世和王后的陪同下，我第一次真正看到了这座被摧毁的城市——到处是瓦砾。我们去的第一个地方是圣保罗座堂，因为乔治六世和王后想满足那些拯救了圣保罗座堂的民众的意愿。他们非常忠诚，希望乔治六世和王后到圣保罗座堂去。另外，我可以站在台阶上看看现代战争能给一座著名的城市带来什么。

我们驱车数英里，穿过城市的贫困区。那里的人们已经被疏散。有些街道上布满了弹坑，满目疮痍。当我们开车进城时，市长会见乔治六世并请他到城中来，仪式照常举行。这是一个古老的习俗，即使在战争时期，人们依然坚守着这个习俗。城市遭受的重创让我震惊。尽管到处是轰炸后的景象，但我们还是按照真正的英国方式和市长一起喝了茶。

在那次访问中，我见到了很多王室成员，其中大多数都在流亡。他们中很多人曾去过美国，但有些人我并不认识。我还见到了苏联大使伊万·麦斯基夫妇。伊万·麦斯基很有教养，也很有趣，但后来他似乎从外交舞台上消失了。

在契克斯，我度过了一个周末。契克斯是阿瑟·李勋爵交给英国政府供英国首相使用的乡村地产。在那里，我看到了丘吉尔和他的孙子在地板上玩游戏。我觉得两个人长得非常像。但丘吉尔说，孙子长得不像他，并且和其他婴儿没有什么区别。我记得第二天吃早餐时，丘吉尔对桌子上的食物很不满意，这也说明英国的处境非常艰难。

丘吉尔的夫人很有魅力，看起来非常年轻。有人觉得，她在公共生活中必须扮演一种角色，这个角色是她生活中的一部分，但人们想知道真正的她是什么样子的。她非常谨慎，从不公开发表任何意见，也不与任何政治组织有联系。我觉得我在英国遇到的所有公职人员的夫人都是这样的。随着这些年来我见到她的次数增多，我对她的钦佩和喜爱与日俱增。她以一种尊贵、充满魅力的形象扮演好了自己的角色。

出于安全考虑，我必须有一个化名。一个很有幽默感的人——我怀疑是罗斯福——认为"罗弗"这个名字很适合我。汤普森小姐则是"罗弗的助手"。美国驻英国大使馆的年轻人建立了一个叫"罗弗的骑兵"的假想组织。罗斯福则是这个组织的"创立者"。

有一天，吃完午餐后，我们原计划去视察埃利奥特所在的分队。这个分队驻扎在一个叫"斯蒂普尔莫登"的地方。为保护我，开车的司机是伦敦警察厅的一名工作人员，并不是真正的司机。结果我们迷路了，无法找到营地的位置。出于安全原因，我们在路上询问的所有人都不曾告诉我们怎么去那里。最后，我们只得打电话给美国大使馆。那个打电话的人说"罗弗把小狗弄丢了"，然后问了路！

我和丘吉尔的夫人一起去了一家妇产医院，还去视察了服兵役的一些妇女是怎样接受训练的。我记得，在一次访问中，空袭警报响了起来，但那些妇女仍在继续做手头上的事情，并没有在意。我看到有些妇女在学习检修各种卡车和其他汽车，驾驶各种车辆。我甚至还看到有些妇女在枪械队里，帮助男人装枪。我参观了一些工厂。妇女在工厂里做各种各样的工作。我还看到了一群女孩。她们的工作是驾驶飞机，从英国的一个地方飞往另一个地方。由于在英国把飞机集中到一处并不是明智的做法，当飞机降落后，这些女孩就需要接管飞机，将其开到伪装好的地带或者是修理厂。

一天，我们和丘吉尔的夫人一大早乘坐丘吉尔的专用火车出发了。我们的第一站是坎特伯雷。坎特伯雷大教堂的牧师接待了我们，带我们穿过了大教堂。尽管人们都知道坎特伯雷遭到了严重的破坏，但还好大教堂没有遭到炸弹的袭击。我们还去参观了一个妇女协会。豚鼠俱乐部正在举办展览。其中，一只年轻活跃的猪叫"罗斯福"，一只兔子叫"埃莉诺"。最后，我们去了多佛尔，参观了拿破仑·波拿巴时代的战俘在阿瑟尔洞穴中建造的避难所。

那次旅行中，我参观了各种类型的红十字会——美国红十字会、英国红十字会和圣约翰协会。当时，美国红十字会驻英国的委员哈维·吉布森十分活跃。他正在扩大红十字会组织，这非常引人注目。我尽管偶尔听线人说某个俱乐部正在做一些有损人民士气的事，但总体来说，还是认为红十字会至少在提供娱乐设施方面上做得非常出色。在美国红十字会的一些俱乐部里，我偶尔遇到了来自波基普西或者来自美国其他地方的男孩。他们曾在美国见过我。由于身处战火纷飞的异国他乡，我们见到对方时就有种亲密的感觉。我们如果在美国的某个地方相遇了，那么永远也不会有这样的感觉。

这次访问英国期间，我记下了所有和我交谈过的男孩的姓名和家庭地址，以便我返回美国后给他们写信。访问还没结束，我就已经收集了不少这样的信息。

我还参观了美国军人的驻地，最后在巴德明顿与特克的玛丽共度了一晚。这是罗斯福特别希望我做的事，因为乔治五世和特克的玛丽在萨拉访问英国期间对她很好。我想罗斯福觉得特克的玛丽在某些方面和他的母亲萨拉很像，所以特意让我去见她。

当准备去见特克的玛丽时，我又像到达白金汉宫前那样紧张了。有人告诉我，我们必须在18时到达——不是在18时前五分钟或者后五分钟内到达，而是在18时整到达。让我惊讶的是，特克的玛丽还在门口迎接了我，把我带到了起居室。那是我在她的房子里能够看到的唯一一个小房间，房间里的火很旺。在我们谈了一会儿后，她就把我带到了给我准备的房间里。这个房间虽然冷冷清清，却摆满了奇本德尔式家具。她还带我去看了看洗手间，那里也很冷。

汤普森小姐的房间和我的房间一样冷。我们换好衣服，准时下楼去吃晚餐。晚餐时，我坐在特克的玛丽的左边；玛丽长公主坐在她的右边。其他人还有亨利·萨默塞特公爵及其夫人玛丽·萨默塞特及特克的玛丽的那些掌管巴德明顿的年轻亲戚。我们都坐在桌子两旁。除了这些和我一起吃晚餐的人，我还见到了诺克斯将军——他似乎是那里的管家、侍候特克的玛丽的一位侍从和一位侍女。

晚餐的氛围不是很轻松。用餐时，我集中精力和其他人交谈。晚餐后，我们进了客厅，站了十五分钟。特克的玛丽看起来非常尊贵，戴了许多珍珠项链和闪闪发光的手镯、戒指。她穿了一件黑色天鹅绒晚礼服和一件白鼬皮夹克。后来，她请我去起居室，并且问玛丽长公主是否愿意陪我们同去。汤普森小姐和其他人留了下来，但她很快就离开那里了。当特克的玛丽礼貌地让我去睡觉时，我去看望了汤普森小姐，发现她已经躺在床上了。躺在床上是我们唯一的取暖方式。但话说回来，我真的很喜欢那次访问。我非常钦佩特克的玛丽，也非常喜爱她。

即便是第一次去，我也能感受到特克的玛丽对别人的体谅和对自己斯巴达式[1]的要求。她对待客人非常得体，并且做好了每一个细节。例如，我离开的那天早上，特克的玛丽不到9时就起床了，到门口为我送行，和我们一起拍照。这说明她非常自律。她以同样的态度履行了自己的所有义务。我们家人对特克的玛丽表现出的一丁点儿友好都会让她十分感激。我很高兴能够认识她。

在那次访问中，我听到了一个关于特克的玛丽的故事。我非常喜欢这个故事。一次，在开车途中，特克的玛丽接了一个美国士兵。在这个美国士兵上车后不久，特克的玛丽就问他知不知道她是谁。他说："不知道，夫人。"特克的玛丽决定不说出自己的身份，因为她知道他很容易就能发现自己是谁。她又问了他一些问题，包括他的家庭、在军队的生活、英国人怎么样等一些问题。当他下车时，特克的玛丽改变主意了，说："我是特克的玛丽。"这个美国士兵回应说："哦，是您！我来自密苏里州。您得给我证明一下我曾遇见过您。"于是，特克的玛丽给了那个士兵一些小物品来证明此事。

特克的玛丽让我给罗斯福带回去一张她的照片。照片上的特克的玛丽戴着帽子、面纱和手套，正在锯树上的一根枯枝。拿着锯子另一头

---

① 斯巴达是古希腊的一个强大城邦。斯巴达人不追求舒适奢华。斯巴达式的要求指生活简朴。——译者注

的是一名通信员，他是个年轻的澳大利亚人。特克的玛丽让我告诉罗斯福，她和他一样关注树木保护，所以想送给他这张照片来证明这一点。那次旅行结束后，我想我带回去的东西中最令罗斯福高兴的莫过于那张照片和特克的玛丽让我转达给他的话。罗斯福一直觉得特克的玛丽是个了不起的人。

在斯特拉的带领下，我参观了许多大学和数不清的工厂，并且在庄园里待了一段时间。那时，庄园都用于农业发展。此外，我还参观了乡下的房子。房子的主人只使用了房子的一小部分空间，剩下的房间都被改造成了托儿所，收留无家可归或者受伤的儿童。我看到了女子志愿服务社成员的工作方式。她们需要履行数不清的职责——从搬进刚刚受到轰炸的城镇，为那里的人们准备食物、提供洗衣服务等，到为从一个工厂搬到另一个工厂的工人提供宿舍。

一个招待过我的女主人告诉我，一次，她邀请了附近一个营地的一些美国军官于18时30分来家里喝鸡尾酒。从这件事就可以看出英国人和美国人在生活习惯上的不同。这个女主人不知道那些军官18时吃晚餐，而那些军官不知道英国人直到20时或者20时30分才吃晚餐。军官们很愉快，在那里一直待到了近23时。但女主人的家人都饿了，那些辛勤工作的男士并不是很开心。

旅行结束前，我得了一场重感冒。我到现在还能记得那次感冒让我特别不舒服。无论在哪里，物品都很短缺。人们连面巾纸都买不到。直到我们在北爱尔兰登陆，在伦敦德里的海军上尉家中过夜时，我才从那里的海军医院拿到了一些纸巾。

我们的一天通常从8时开始，直到午夜结束。我太兴奋了，甚至没有意识到自己的身体正逐渐变得疲惫。我每天只要有时间就会写专栏文章。有时房间里太冷了，汤普森小姐的手指冻得几乎不能动弹。

虽然我每天需要做的事情都不一样，但模式差不多是固定的。也许人们从日记中可以清楚地知道我们的生活究竟是什么样的。1942年11月11日这一天和平常一样。从多样性和趣味性来考虑，这一天算是比较典型的一天。

8时30分，在伦敦德里，我们和妇女军事组织的一些军人共进早餐。9时30分，我们视察了海军基地。一家修理厂的工人给了我两个烟灰缸，一个是为罗斯福准备的——上面刻着"老板"，而另一个则刻着"罗弗"。

11时，我们在伦敦德里广场稍作停留，参加停战纪念日的庆祝活动。无数人看着我献上美国军队赠予的花圈。其中，一个人是蒙哥马利的夫人。我见到她感觉很荣幸。她那个有名的儿子"蒙蒂"[①]和她长得很像，脸部线条很有特点。

伦敦德里市长希望我能在他的书上签名。签完名后，我们参观了海军医院。在一个仪式上，人们送给我一根橡木棍，送给罗斯福一根手杖。

爱尔兰的人民比英国人民受到的限制少得多。人群失去了控制，并且警察似乎无法应对这种情况，因为人们都挤在我们周围。但在英国，警察只需要礼貌地要求人们不要靠近我们就可以了。

这里的海军医院建在一些尼森式半筒形铁皮屋里。医院管理得很好，每个小屋的两端都有为军官和重病患者提供的私人房间。我从来没有意识到在尼森式半筒形铁皮屋里能够建造出

---

① 即伯纳德·蒙哥马利（Bernard Montgomery, 1887—1976）。——译者注

这么小的厨房。厨房虽然小，但够用了。手术室也一样。

戴维斯上尉是那里的医生。他让我告诉麦金太尔医生，他唯一的要求就是留在这里。上尉喜欢自己的工作，并且做得很出色。有一些很优秀的战地医务兵可以帮助他。戴维斯上尉似乎很反对成立海军护士队。他说，妇女在军队中没有位置，尤其是在伦敦德里。他找不到安置她们的地方。从谈话中可以看出，他并不是很喜欢妇女。

午餐时，我坐在德里主教旁边。餐毕，我们立即乘飞机前往苏格兰的普雷斯蒂克。15时45分，飞机降落，我们刚好赶上喝茶的时间。后来，我们出发前往格拉斯哥，途中停下来参观了一些妇女协会。在一个地方，当地妇女给了我一些苏格兰酥饼，让我带回去送给罗斯福。这些酥饼是她们用攒下的紧缺的原料制作而成的。当我把这些酥饼送给罗斯福时，他非常感动。

在格拉斯哥，我们先去了美国红十字会，彻底地考察了该机构。休息了一会儿后，我就开始写专栏。晚餐后，我和一些士兵喝了咖啡，这真的很有趣。后来，我们参加了商船招待所的开业典礼。我仔细巡视了一遍招待所，然后通过无线电说了几句话。让我感到难过的是，鲍勃·特劳特准备通过无线电采访两位水手，但因其他人的发言时间太长这一计划被迫取消。

21时30分，我们到达了G.&J.韦尔公司的工厂，花了一个小时的时间在工厂里巡视，接着在一片漆黑中驾车驶向了罗尔斯工厂。在那里，23时值班的妇女大约有七百五十人。她们聚集在一个房间里。巡视完工厂后，我进行了简短的演讲，但在我之后发表演讲的那位先生称赞了所有人。等他讲完后，我觉得我们都不需要回家睡觉了。这次一共有五个人进行了演讲。最后，我们于24时左右到达了韦尔勋爵的家中。我们见到了他的家人，吃了一些点心，又聊了一会儿，然后才上床睡觉。我不知道第二天早上我还能不能起来，因为我很疲倦，感觉脚好像都不是我的了。

尽管很害怕自己起不来，但第二天一大早我就起床了，准备去参观一个炮兵队。参观完以后，我们坐上船，沿着克莱德河顺流而下。那是一条人工河，窄得我都可以清楚地看到两岸，还能看到造船厂内工人正在做的工作。造船真的是一项不一般的工作。工人知道我在船上，就一直看着我们。我只好冒着严寒站在甲板上，先站在船的一边朝工人挥手，然后再到另一边去挥手。我从来没感觉那么冷过。最后，我们在约翰·布朗的造船厂上岸了。"玛丽王后"号和"伊丽莎白王后"号就是在那里建造的。我巡视了一艘正在建造的大型航空母舰。尽管克莱德河的上下游区域还在遭受轰炸，但造船厂的工作仍然在稳步推进。让我非常高兴的是，哈里·劳德爵士为我们唱了歌。那些挤在一起准备聆听我讲话的工人也一起唱了起来。

这是一个正处于战争中的国家，人们正面临着很多不确定的因素和巨大的压力。然而，让我常常感到惊奇的是，这里的人民在战后的岁月里依然能够坚韧不拔，依然能够接受单调乏味的生活。不过，我其实不应感到惊奇。尽管他们遭遇了这么多事情，但我在和他们谈话时就知道：他们会继续生活下去，为国家努力工作。在几乎所有苏格兰群众和英国群众面前，许多问题都显然有了答案。

一个工人曾告诉我，他觉得最困难的事是，你明明知道炸弹正落在你家附近，但还要继续工作；你不知道当你白天或者晚上工作结束，准备回去时，你的家和家人还在不在那里。当我和一些每天给码头工人做饭的妇女一起吃午餐时，她们告诉我："过去，我们常把码头工人看作是这里最粗暴的人，有点儿怕他们。但现在我们认识他们了，以后就不会害怕了。"

在这里，妇女的家庭背景虽然差异很大，以前也从未一起工作过，但此时她们一起工作，就像男人一起并肩战斗一样。我们一直认为，这些不列颠群岛的人民是有阶层意识的。他们几乎固化在自己的阶层内，很少能从一个阶层跳转到另一个阶层。然而，因为战争，他们紧紧团结在了一起。在这个紧密团结的群体中，曾经的许多区别都失去了意义，新的价值观由此产生了。

有一对老夫妇每晚都住在伦敦的一个地下避难所里。他们很容易就能搬到乡村去，但依然选择住在那里。那对老夫妇告诉我，他们之所以住了那么久，是因为他们喜欢白天的时候出去，坐在自己原来的房子里——尽管房子已经被毁坏的不能住了，但他们宁愿晚上回到避难所，也不愿意搬走。

在参观一个中心时，我看到那些因受到轰炸而无家可归的人们在领取衣服、家具和其他用品。一个年轻妇女抱着一个孩子。另一个孩子拽着她的裙子。这个妇女非常高兴地对我说："虽然这是我们第三次遭受轰炸，但政府给了我们一些帮助。你们美国人还给我们送来了衣服。我们相信自己能渡过难关。没有人受伤才是最重要的。"

回到伦敦后，我和丘吉尔夫妇一起吃了晚餐。那次晚餐的规模不大，宴请的客人还有信息部大臣布伦丹·布拉肯、妇女陆军部队司令登曼[①]、英国红十字会的安杰拉·佩里、我在美国见过的蕾切尔·克劳迪

[①]　即格特鲁德·登曼（Gertrude Denman, 1884—1954）。——译者注

女爵士、总参谋长布鲁克[①]、小亨利·摩根索和汤普森小姐。

晚餐时，我和丘吉尔在西班牙忠诚派的问题上出现了一点分歧。他问小亨利·摩根索，美国是否向西班牙捐赠了"足够的"物资及这些物资是否安全抵达了西班牙。小亨利·摩根索告诉他，他希望如此。我说，我们应该在西班牙内战期间做些什么来帮助西班牙忠诚派，但现在为时已晚。丘吉尔说，在德国和意大利的军队进入西班牙帮助佛朗哥以前，他一直在支持佛朗哥的政府。我说，我不明白为什么西班牙忠诚派得不到帮助。丘吉尔回答说，如果这个政府胜利了，那么他和我会是最先失去理智的人——因为反对我们这种人的情绪会蔓延开来。我说我失去理智不重要。然而，他说："我不想你失去理智，我也不想让自己失去理智。"他的夫人隔着桌子探身说道："我想也许埃莉诺是对的。"这时，丘吉尔非常恼火，说："一些信仰我已经坚持六十年了，现在并不想改变。"随后，他的夫人起身，示意晚餐结束。

晚餐后，布伦丹·布拉肯坐在我的旁边，告诉我他准备带我们去他家。晚餐时，他对汤普森小姐说，他对美国了如指掌，也非常了解美国人。布伦丹·布拉肯认识的美国人显然是伯纳德·巴鲁克、费利克斯·弗兰克福特一类的人。到家后，布伦丹·布拉肯和我们谈了好一会儿。据说，他是和丘吉尔关系最密切的人。人们都知道他非常聪明。小亨利·摩根索告诉我，布伦丹·布拉肯给他提供了很多信息，他在一个小时内了解了很多信息。我对后一句话提出了质疑。尽管我认为布伦丹·布拉肯很聪明，也很高兴有机会与他交谈，但我觉得布伦丹·布拉肯太轻易就同意我的观点了，他或多或少是个机会主义者。

在我动身回家的前一天，我和姨妈莫德·格雷、汤普森小姐开车去

---

① 即艾伦·布鲁克（Alan Brooke, 1883—1963）。——译者注

了温莎城堡,想向伊丽莎白王后汇报我的行程。当我们在起居室里谈话时,乔治六世带着孩子进来了。他一整天都在视察空军部队。我和乔治六世都患了重感冒,因此经常会擤鼻涕。在我们开车离开温莎城堡后,姨妈莫德·格雷用震惊的语调对我说:"亲爱的,我这辈子从来没有这么丢脸过。你用的是那些脏兮兮的小纸巾,还把它们揉成一团,而国王[①]用的是那么漂亮的纯亚麻布手帕!真不知道他们会怎么想!"

随着返程时间的临近,罗斯福、怀南特和丘吉尔讨论了我应该怎样回家一事。我和汤普森小姐来英国时乘坐的是美国出口公司的飞机。我们本应按原路返回。但在每年的那个时候,由于天气原因,商务飞机要经过葡萄牙及非洲和南美洲,不沿北方的航线飞行。怀南特和丘吉尔指出,虽然我可能并不担心德国人发现我在飞往里斯本的飞机上,并且迫使我们降落,但这会危及其他乘客的生命。最后,在他们通过电话商谈了多次后,罗斯福让步了——他不想让我乘坐军用飞机回去,说:"我不管你们怎么送埃莉诺回家,只要送她回来就行。"

在埃利奥特和他的军队去非洲前,我就和他道别了。当看着埃利奥特离开,我的心情非常沉重。最后,我们于1942年11月15日乘坐夜班火车去了普雷斯蒂克。16日,我们坐上了飞机。当我们上飞机时,机组人员看起来都很惊讶。但直到飞机安全飞到空中,经过大海时,有个人才对我们说:"我们以为等的是两位将军,没想到是两位女士。真不知道你们是什么身份。"

其他乘客是飞机驾驶员,他们运送了一架轰炸机,也准备回美国。飞机上的暖气系统出了问题。我们尽管盖了很多毯子,但还是冷得要命。我们在午餐时间从普雷斯蒂克出发,到11月17日2时左右在甘德湖

---

① 指乔治六世。——译者注

着陆，这期间我们一直没有东西吃。尽管地面上有很多雪，但地上似乎比飞机上暖和多了。我们吃饱了，身体也暖和了。由于机翼结冰耽搁了一段时间，之后飞机才起飞。不过，18日上午我们安全抵达了华盛顿哥伦比亚特区机场。罗斯福正在那里等着接我们回去。

我的第一次战时旅行结束了。

第17章 战争继续(1943年)

CHAPTER XVII　Getting on with the War: 1943

当我们从伦敦回来后，过了几天，华盛顿的一位专栏作家在报纸上发表了一篇文章。文章里写道，汤普森小姐想向我请几天假去看望生病的母亲。然而，我说："哎呀，我不知道你还有母亲，但我怕我们太忙了，所以你现在还不能离开。"

这件事真是太荒唐了。不过，我和汤普森小姐都没有生气。汤普森小姐给这位作家写了一封信。信是这样写的：

> 您的专栏文章写了我请求休假几天和所谓的埃莉诺的答复一事。这件事刚刚引起了我的注意。
>
> 您应该知道，我的母亲于1928年就去世了。为了不混淆您文章中所说的到底是我的父亲还是我的母亲，我再告诉您一下，我的父亲是1932年去世的。没有什么比看望我的父母然后再回去工作更让我满意的事了。如果您能告诉我如何做到这一点，我将不胜感激。

不用说，这位作家没有回信，专栏也没有更正。

从英国回到家的那天，我们为厄瓜多尔总统[1]准备了一顿丰盛的晚餐。他是我们的客人，准备在白宫住一晚。我本来希望至少能有一个晚上可以和家人聊聊天，因为我已经离开好几个星期了，但这是公众人物很难享受到的快乐。然而，罗斯福无法改变几个星期前就做出的安排。

第一天晚上结束后，我们确实度过了一段平静安宁的时间。然后，我们回到了海德庄园过感恩节。

我很快意识到，罗斯福马上就会去旅行，并且我不能随行。关于他旅行的细节，我最好知道得少一些。罗斯福的第一次旅行是在圣诞节和新年假期结束后。他于1943年1月9日启程前往佛罗里达州的迈阿密，于12日前往卡萨布兰卡。这是罗斯福第一次乘坐飞机横跨大洋进行长途旅行。我本来希望他能喜欢坐飞机，但他比以前更讨厌坐飞机了。我尽力告诉罗斯福，云像海浪一样有趣，但他总说："觉得云有趣的是你。在飞机上坐一段时间后，云就让我觉得厌烦了。"

在战争期间乘坐飞机确实会带来一些人身危险，但罗斯福从未考虑过这一点。对总统来说，无论做什么都存在危险。很久以前，在安东·瑟马克市长遇害时，罗斯福就和我说过，这种危险是我们无法避免的。你无法保护一个不在乎自己安危的人。不过，既然不愿生活在无端的恐惧和忧虑中，唯一可行的做法是，你要把所有职业风险抛诸脑后，继续做必须做的工作。就卡萨布兰卡的那次旅行来说，罗斯福当时在做一件史无前例的事，他知道一定会有人批评他。这是一个他不能不考虑的问题。那次旅行的所有安排都是由特勤局负责的。关于罗斯福离开白宫一事要尽量保密，代表总统位于白宫的旗帜不能取下来。我还是继续做自己的日常工作，就像他还在白宫一样。

---

[1]　即卡洛斯·德尔里奥（Carlos del Río, 1893—1969）。——译者注

就在罗斯福刚刚离开华盛顿后，我去车站等火车。火车晚点了，所以我去总统候车室待了一会儿。当时，总统候车室被改造成了军事信息交换处。我给无数人签了名，并且和尽可能多的人交谈。得知火车很晚才能到达时，我准备走回家，但那天的天气不是很好。一位年轻的一等兵问，他能不能和我一起。当我们沿着宾夕法尼亚大道行走时，我问他什么时候坐火车离开。他表示直到傍晚前他都没有什么事可做。于是，我邀请他到白宫吃午餐。我觉得邀请一个穿制服的人到白宫吃午餐并没有什么不妥之处。但当我把他带进来，宣布他将留下来吃午餐时，我从警卫和其他工作人员的脸上看出他们极不赞成这样做。他们知道我不认识这个年轻人，认为把一个陌生人带进来非常危险，但我并不这样觉得。因为罗斯福不在，我、路易丝·梅西、黛安娜和汤普森小姐不会给他提供任何有价值的信息，并且我们也不可能成为他攻击的目标。午餐结束前，白宫所有工作人员都很紧张。后来，这个年轻人安全地返回了车站。他似乎太激动了，迫不及待地想把他的好运和别人分享。他将此事告诉了他见到的第一个报社记者，然后我的电话开始响了起来。我原以为自己只是做了一件很友善的事，但当报社记者都变得兴奋起来时，我才意识到我自己错了。

当罗斯福不在白宫时，我仍然像平常一样参加各种活动。在条件允许的情况下，我会去瓦尔-基尔小屋和纽约的公寓。平时，我、路易丝·梅西和黛安娜都在白宫里。当然，路易丝·梅西在焦急地等待哈里·霍普金斯的消息，就像我在等待罗斯福和其他人的消息一样。

旅行回来后，罗斯福讲了很多故事。他特别喜欢告诉我们，他是如何用丘吉尔口中的"坏小子"戴高乐将军来取笑丘吉尔，让丘吉尔不高兴的。尽管戴高乐将军应听从丘吉尔的指示，但事实证明，让他出席会议是一件很难做到的事。罗斯福的戏谑背后有一个严肃的目的，因为当时英国正在为戴高乐将军提供活动必需的资金，罗斯福觉得，如果丘吉尔施压，戴高乐将军就会去卡萨布兰卡。戴高乐将军最后参加了卡萨布兰卡会议。当时拍下了他和亨利·吉罗将军握手的照片，也进行了所有人认为有益的谈话，但那次会议并不是很愉快。当我问罗斯福关于这些将军的问题时，他说了一句让我很感兴趣的话："亨利·吉罗将军是那种热爱自己国家的法国军人。他绝不是一个政治家，而是一个好士兵。戴高乐将军是一个军人。一方面，他忠于自己的国家，另一方面，他是一个政治家和狂热分子。我觉得他身上有着独裁者的气质。"当戴高乐将军来美国时，罗斯福只见过他一次。我从未听罗斯福说过他改变了对戴高乐将军的看法。我觉得他们并没有真正了解对方。

罗斯福还喜欢讲乘坐吉普车去看望美国士兵的事。那些士兵见到罗斯福，脸上满是惊喜。后排有一个士兵大声叫道："天哪，是总统！"听到这句话，罗斯福非常开心。但由于士兵大叫违反了纪律，指挥官非常恼怒。

罗斯福谈到的另一件事是：在他停留的地方，人们的生活状况差得惊人。罗斯福毫不含糊地告诉丘吉尔，他此行到过的所有殖民地上，英国人都没有努力改善当地人的生活条件。罗斯福同意我的看法，即美国对利比里亚也负有重大责任，但从未履行过。让我特别高兴的是，爱德华·斯蒂纽斯现在已着手实施当时与罗斯福讨论的利比里亚计划。他成立了一家公司，开发利比里亚的自然资源。当初，他从卡萨布兰卡回来后与罗斯福进行交谈时，这个计划还只是一个梦想。

当罗斯福在卡萨布兰卡时，埃利奥特在非洲执行任务，小富兰克林恰好在前往卡萨布兰卡的驱逐舰上，所以两人都陪伴了罗斯福一小段时间，这让他很开心。小富兰克林并不知道父亲罗斯福在卡萨布兰卡。当小富兰克林得到消息称，他要向总司令报告时，他依然以为总司令是指恩斯特·金上将，就像大西洋会议那次一样。到达卡萨布兰卡后，小富兰克林才发现，父亲罗斯福在那里。当时，他都惊呆了。

对罗斯福和孩子们来说，他们的见面意义重大。罗斯福每次回家都会讲很多他和孩子们在一起时说过的、做过的事。当孩子们回首往事时，那些重逢时刻对他们的意义甚至比当时更加重要，因为当时他们只顾自己手头上的工作。现在，孩子们很喜欢讲自己曾和父亲罗斯福在一起时的所有细节。对我来说，孩子们和罗斯福能够在外面见到对方，我总会心存感激，这意味着我能从孩子们那里得到有关他们父亲的第一手消息。他们的信写得很好，但他们都太忙了，写信的时间都很晚，并且没有时间写那么多内容。

1943年，罗斯福错过了自己生日，直到1月31日，他才从卡萨布兰卡回来。2月1日，罗斯福向参议院外交委员会成员、副总统华莱士和众议院议长^①及参议院和众议院的议员做了报告。罗斯福偶尔设法在海德庄园过周末，但那时他非常忙。

1943年2月初，我去了缅因州的波特兰，在那里遇见了卡里·博克。卡里·博克带我去卡姆登参观了造船厂。他在那里建造木船。这是罗斯福非常感兴趣的事。那些船的建造方式和我们早期的造船方式是一样的。缅因州的许多老水手不出海时就是木匠和造船工。他们的手艺已经搁置了很多年了，现在他们又重操旧业，觉得自己又受到了重用。

1943年2月底，我和女子陆军团第一指挥官奥维塔·卡尔普·霍比上校一起飞往艾奥瓦州的得梅因，视察女兵的训练营。那段时间，我还到密苏里州哥伦比亚市的一所大学进行了演讲。之后，我回到白宫。接下来，我有充足的时间为迎接蒋介石夫人做准备。1943年2月17日，蒋

---

① 即阿道夫·J.萨巴思（Adolph J. Sabath, 1866—1952）。——译者注

夫人到达白宫，和我们会晤。在蒋夫人刚到美国时，我去见了她。她虽然当时在纽约的医疗中心接受治疗，但之前就同意了见我。在我看来，她非常焦虑，承受了很大的痛苦。她几乎不能忍受任何东西触碰她的身体。很长一段时间以来，医生都束手无策。我想这是由于她长期焦虑导致的。

蒋夫人躺在病床上，显得那么瘦小、娇弱。我很想帮助她，就像照顾我的女儿安娜一样。我偶尔会带人去看望她，因为我觉得她如果只看到我会觉得厌倦，并且很多人都急着见她。

出院后，我们先让她在海德庄园住了一阵，然后再去华盛顿。她在我们海德庄园的家里待了几天，然后在两名护士和她的外甥孔（令侃）先生、外甥女孔（令俊）小姐[①]的陪同下来到白宫，一直待到了2月28日。她身体虚弱，应该好好休息，不要想那些让人忧虑的事。但她觉得自己必须去见美国政府和军队中能对中国有帮助的重要人物，履行一些义务。

我永远不会忘记那一天。在我和她一起会见了参议员后，她向众议院发表了演讲。她穿着旗袍，身材瘦小。但她身边都是高个子男人，所以她进来时非常引人注目。她知道这一点，因为她很敏锐。她发表了一场精彩的演讲，以一种不同寻常的方式表达了她对民主的理解。从理论上来说，她知道什么是民主，但她认为当时在中国实现民主并不是一件容易的事。

当蒋夫人在白宫时，我看到了她的另一面。那些与她交谈过的人做出的反应让我觉得很有趣。人们觉得她聪明又迷人，但都有点儿怕她，因为当她为中国和她丈夫的政权需要的一切进行斗争时，她就成了一个

---

① 　孔令侃先生和孔令俊小姐的母亲宋霭龄是宋美龄的姐姐。——译者注

冷静的政治家。她的小手如天鹅绒般柔软，嗓音极其低沉温柔，但她的决心坚如磐石。

与人们谈话时，蒋夫人有时会表现出一种对残忍漫不经心的态度。这让我很惊讶，尽管她在和我交谈时从有过这样的表现。我为罗斯福刻画了一个如此甜美、温柔又令人怜惜的形象。当他发现这位女士的另一面时，他就嘲笑我缺乏洞察力。罗斯福觉得发现她的另一面很有趣。记得在一次晚宴上，发生了一件让罗斯福特别开心的事。当时，约翰·刘易斯正在美国组织煤矿工人罢工。罗斯福转身问蒋夫人："如果像刘易斯这样的劳工领袖在中国做这样的事，你会怎样处理？"她一言不发，但那只漂亮的小手悄悄地伸了上来，在喉咙上划一下——这是一个非常有表现力的手势。罗斯福看了我一眼，确定我看见了，然后继续和别人谈话。他事后非常喜欢对我说："怎么样？温柔甜美的人也有想不到的另一面吧？"

蒋夫人对我们的儿子詹姆斯很好。1941年，罗斯福派詹姆斯和另一名海军陆战队军官去全球视察战争进展。从中国和非洲回来后，詹姆斯进行了报告。我第一次听说有人真的遭到了飞机的扫射。当时我在民防署工作，詹姆斯劝告我，必须训练人们抵抗噪声的能力。噪声会让人发疯，有时还会让人紧张得要命，所以人们宁愿站起来成为扫射的目标，也不愿意在地上多躺一分钟。

詹姆斯有充分的理由感谢蒋夫人。自做胃溃疡手术以来，他就必须非常注意自己的饮食，这让他在旅行的过程中会遇到一些困难。他去见蒋总司令和蒋夫人时，身体状况也不太好。她很快就明白了这一点，亲手为詹姆斯准备了适合他的食物。在詹姆斯离开中国前，这些食物帮助他恢复了健康。我想大家应该可以理解，从那时起，蒋夫人在我心中就占据了一个特殊的位置。

刚到白宫时，宋美龄的两位年轻秘书——孔小姐和孔先生造成了一些混乱，因为孔小姐坚持打扮成男士的模样。男仆以为孔小姐是孔先生，于是打开了孔小姐的行李。但让他们困惑的是，他们打开的竟然是一位女士的行李。后来，男仆去了接待员办公室，说我弄错了客人信息。罗斯福也被孔小姐的着装弄糊涂了。晚餐前，大家都来到了罗斯福的书房。当孔小姐走进房间时，罗斯福说了一句"我的小子"来欢迎她。哈里·霍普金斯立刻写了一张纸条递给罗斯福："这位是孔小姐。"罗斯福试图掩饰一下自己的失误，淡定地说："我总是把所有年轻人都称为'我的小子'。"但所有人都很清楚，孔小姐的着装完全把他弄糊涂了。我觉得孔小姐并没有因罗斯福的错误而感觉受到了冒犯，那就是她想给人们留下的印象。她讨厌成为女孩。

　　孔小姐和孔先生给我们的印象是，他们觉得我们和大多数美国人一样，看不起他们，所以很想消除美国人的这种想法。有时，孔小姐和孔令侃先生似乎很敏感，不想表现得很友好。星期天的一次晚餐上，哈里·胡克恰巧也来白宫访问。孔小姐想给他留下深刻的印象，于是告诉他，她是孔子的第七十六代直系后裔。这把哈里·胡克吓了一跳。在蒋夫人一行的访问即将结束时，我觉得我们成功改变了孔小姐对我们的态度，因为她对汤普森小姐非常热情，邀请汤普森小姐去中国参观，对我也非常友好。

　　孔小姐和孔先生都对白宫的规定非常恼火。例如，当有人来见蒋夫人或者白宫其他人时，必须通知接待员。当时，发生了一件非常糟糕的事。蒋夫人的医生从纽约来到白宫，在门口等了一段时间。有人问接待员，我是否和那位医生有约。最后，我们才发现是蒋夫人在等那位医生。我们浪费了那位医生很多时间。不礼貌地对待一个在医学界享有如此高地位的人，这让我感到惊骇。但这并不是白宫工作人员的错，他们只是在遵守规定而已。

在蒋夫人到达两天后，西欧米伽成就奖委员会给她颁奖了。该委员会早就决定把1943年的成就奖颁给蒋夫人。该奖项每年颁发一次，颁给那些在工作中有杰出贡献的女性。这样做的目的是鼓励年轻女性开启自己的职业生涯。我是西欧米伽成就奖委员会的成员。让我高兴的是，蒋夫人是该奖项的获奖者。

离开我们后，蒋夫人乘专列在美国进行了一次长途旅行，去了西海岸，然后回到了白宫。对她来说，这是一次艰苦的旅行。旅行回来后，蒋夫人非常仔细地询问了汤普森小姐。我和汤普森小姐走的几乎是同样的路线，只是比蒋夫人启程晚了几天，所以我走到哪里都能听到人们在谈论她。让蒋夫人不解的是，尽管同行的有四十人，但她觉得该做的事永远都做不完，而我们只有两个人，究竟是怎么做到的。蒋夫人还问汤普森小姐，是谁帮助我们收拾行李。汤普森小姐说，我们自己收拾自己的东西。然后，蒋夫人问是谁负责接电话。汤普森小姐说，我们谁离得近，就谁接电话，并且我经常冒充她。蒋夫人又问是谁处理邮件和电报。汤普森小姐回答说，我们一起处理。接着，蒋夫人又问，谁来照看我们的衣服。汤普森小姐告诉她，如果衣服需要熨烫，我们就会让酒店的男仆帮我们熨烫。最后，蒋夫人问了关于我的安全问题。汤普森小姐解释说，我们认为自己不需要"保护"，因为所有人对我们都很好。当然，在不同的城市，有人会被派到火车站迎接我们或者是为我们送行。如果我们要穿过一大群人，就会有人开车带我们去，这完全取决于当地政府的考虑。

我从来没有要求过或者想要获得保护。在我去过的所有地方，从来都没有发生过不愉快的事。人们可能有点过于热情，但他们的行为充满善意。我觉得这是因为他们爱罗斯福。曾有人把我的毛皮围巾扯下来一块，那就权当给人们留作纪念了。但再没有比这更糟糕的事情发生。

我们不需要保护，这是蒋夫人无法理解的。不过，当我们考虑到当时中国的混乱状况和那里战争的程度、持续时间，就不难理解为什么她很难理解美国的安全状况了。

我意识到，在现在的民主社会中，我和蒋夫人对个人责任和义务的理解有着天壤之别。在未来的世界中，人人平等是主要目标。也许我们对未来世界的设想也会有很大的差异。尽管如此，我非常喜欢蒋夫人，将永远怀着这样的心情思念她。我很高兴她后来又回到了美国。

1943 年 4 月，我和罗斯福进行了一次短途旅行，参观了墨西哥的一些军工厂，在蒙特雷待了几个小时，会见了墨西哥总统[①]。这次旅行对我来说很有趣，因为这是我第一次去墨西哥。在蒙特雷，我们检阅了墨西哥士兵。学校的孩子们还表演了健美操和舞蹈，十分引人注目。

我对蒙特雷的印象非常模糊，因为我们的车开得很快，对该地只是匆匆一瞥。我们看到的是人群，而不是城市本身。不过，我们能感受到墨西哥人的热情，就像我们在所有人一起参加的那次晚宴上感受到的一样。墨西哥人非常友好。那种墨西哥式的热情给我们留下了深刻印象。回来后，我有这样一种感觉，墨西哥人的民族精神与我们相近。我想，罗斯福早就觉得墨西哥人很友好，但对我们许多人来说，这还是一种新的体验。

4 月，我的女儿安娜和她的儿子伯蒂格前来探望我们。那时，安娜的丈夫约翰·伯蒂格参军去了，他曾在第一次世界大战中服过役。虽然现在他已超出服役年龄，但由于我们的儿子都在服役，他觉得自己也必须去服役，否则罗斯福可能觉得他没有尽到责任。我能理解约翰·伯蒂

---

① 即曼努埃尔·阿维拉·卡马乔 (Manuel Ávila Camacho, 1897—1855)。——译者注

格的感受，但一直都不能确定他的想法是否准确。不过，在我看来，在第二次世界大战中，年轻人远比年长者更适合打仗。那些有稳定职业的人需要履行更多的义务，需要留在家里，把工作做好。我非常清楚约翰·伯蒂格的感受，所以尊重他的决定。

像其他美国人一样，我们急切地等待着儿子们的来信。海军偶尔会进入港口，我们时不时能瞥见海军，但很少有机会见到埃利奥特。5月23日，他给我写了一封信。我想把这封信附在这里，因为许多家庭一定会收到类似的信。与许多年轻人一样，他觉得自己比长辈和更优秀的人知道更多的事。这封信的具体内容如下：

最亲爱的妈妈：

我收到了袜子。袜子非常漂亮，尺寸也刚刚好。同时，非常感谢"汤米"。

我知道您担心我们这些待在世界各地的孩子。别担心我，我过得很好。前几天，前几天，我的飞机被撞毁了，只剩下了机尾，还好我利用机尾侥幸逃脱了。机尾落在了另一架飞机上。着陆五分钟后，另一架飞机的机尾掉落了。不管怎样，如果有什么事情发生，您要记住，在这样的紧要关头，没有人能问该怎样逃生。

我们现在正攻打德国人，并且将在一年半内打败他们。再过一年，我们就能打败日本人。我们的空军很棒，但唯一阻止空军发挥更好作用的是，我们的空军不是一支独立的空军。我知道父亲不喜欢这个想法，但他错了。英国皇家空军和英国陆军作为独立个体进行作战，比我们整个作为一支部队进行作战配合得更加紧密。虽然有地面最高指挥官的帮助，卡尔·安德鲁·斯帕茨将军的工作还是完成得很出色。从战术方面来说，他是一位优秀的将军。

估计我很久都不能回家了，所以我会继续写信给您。妈妈，您的来信里还提到了其他家人的消息。我喜欢您的来信。

您亲爱的儿子埃利奥特

我还附上了一封詹姆斯写的信。无论从什么角度看，这封信都更有趣。当时，詹姆斯正和卡尔逊[①]"突击队"在一起。

加利福尼亚州旧金山

1942年7月29日星期三

最亲爱的妈妈：

能通过电话和您交谈真是太棒了。您就是世界之巅，我希望您一直都是。这次我们进行访问是因为我们即将开始的第一项工作。从现在起，我们大约要离开八天，全部工作结束大约需要三个星期。真正开始工作那天是生日会。我们需要庆祝一下！我请了五天假，因为有些事只有我和罗梅勒·施奈德才能解决。对我们来说，最重要的是1942年9月1日以后的日子。坦白地说，我的肠胃越来越差。我的体重也有点儿变化。现在，我的身体里聚集了越来越多的"气体"，这让我不太舒服。我最初自愿参与这项工作，是因为我觉得去一线工作是我的任务，并且我担心自己如果不早点去，我的身体以后可能就不允

---

① 即埃文斯·卡尔逊 (Evans Carlson, 1896—1947)。——译者注

许我再去一线工作了。

对我来说，战争并不是一件光荣或者令人兴奋的事。在家里，有很多事可以做，可以远离战争。但无论是对是错，我觉得参战都是我的责任。现在，我有机会和那些与我一起工作的兄弟并肩战斗，给予他们信心，并且领导年轻人。但妈妈，如果我们以良好的状态战斗到最后，我的大脑就会告诉我，战斗到精疲力竭的地步是很愚蠢的。如果我的身体越来越差，我的判断力和领导力也会越来越差。最终，我会成为团队的累赘。另外，在这一切结束后，我或许就不再有机会成为一个有用的公民了。不幸的是，我还需要休息、喝牛奶、吃不油腻的食物来保持身材。某些东西是前线找不到的，所以前线的人只能学着适应前线的生活。有人可能会说，前线应该有好的医生和医院。但这不是重点，也不是让我恢复健康的方法。因此，我得出了一个结论，如果可能，我最好只在家里接受培训或者做些文书工作，过那种正常、稳定的生活。在埃及、米德韦、夏威夷的工作及现在这份工作，应该让我体会到一些作为教师和培训官的价值。乔·费根将军告诉罗梅勒·施奈德，他的新工作是在加利福尼亚州圣玛格丽塔的海军训练中心当主任。乔·费根将军很乐意帮我找一份新工作。出于各种原因，我不想留在华盛顿，更想到西海岸去。当然，只要有一份真正的工作，旧金山、洛杉矶或者其他地方我都可以接受。

妈妈，从兴趣的角度考虑，离开军队这件事我想了很久。但毕竟其他军官都不会像我一样因为眼睛和胃存在问题而离开军队。至少在下一项工作完成时，我觉得自己经受住了考验。

所以无论我能做什么或者我应该做什么，我都不想因身体不适而离开军队。我真的觉得自己有很多事可以做。父亲曾告诉我，他永远不会为儿子向别人要求什么。他说得很对，他确实不应该那样做。

爱你的詹姆斯

约翰和小富兰克林写的当然是他们在海军服役的经历。我想他们寄给我的一些信非常生动地描绘了人们长期在海上生活的状况。约翰寄来了以下这封信：

"大黄蜂"号航空母舰
8月12日

亲爱的妈妈：

非常感谢您的来信。我一直想写信，但不知为什么，我似乎只想给安妮写信。我们前几天收到了PM杂志和1942年7月10日发行的《泰晤士报》，这让很多人都非常高兴。我们很喜欢这两样东西，因为它们很好地补充了我们从《时代周刊》和每日广播的新闻中获取的信息。妈妈，我希望您能写信给在6月19日的战斗中遇害的那个枪手的妻子。那个小伙子非常能干，当时是主操作员。那天，我们坐的船非常幸运。日本人似乎把我们单独挑了出来，结果我们在那次行动中对舰队起到了重要作用。

我们远离文明社会已经有三个半月了。军官和船员曾上过一次岸。但那个地方很糟糕。我们举行了啤酒聚会——这不算什么娱乐活动，但至少是一种消遣。从最开始出发到上个星期，我们每天的的行动几乎是一样的。我们会抽出一些时间装载炸弹和粮食。

我们都对父亲很恼火。他既然要去珍珠港，为什么不乘坐一艘更好的船去呢？我们可以提供最快的水陆和航空运输服务。此外，如果我们只是为了暂时放松一下，也会很乐意回家看看的。不管怎样，我们希望能在明年3月或者4月前回去。那时，"大黄蜂"号航空母舰需要彻底检修。

告诉弗兰克，他如果想把船开到我这来，需要通知我一下。我一直都没有见到乔，因为我们离他驻扎的地方太远了。在这里，我遇到了不少人，但很难到处走动，因为湖实在是太大了，并且小船间的距离都很远。

据我们所知，父亲不会太反对，但我需要知道真实情况。某种程度上，我很高兴自己远离了竞选的喧嚣。除了远离安妮和孩子，我其实不太介意按照现在的方式生活。我们大部分时间都很无聊，但可能会有令人兴奋的事情发生。我的炮兵们配合得十分默契。在受到攻击的情况下，他们仍然能继续工作，可以做人们希望他们做的所有事情。但如果我们被调回美国，所有人一定都会非常高兴。现在我们最好还是继续战斗，而不是躺在那里等待。我们谁也不明白为什么现在家里的人都这么乐观。这里看起来很好，我们一直都有进展，但仍然有一段艰难的路要走。

妈妈，我希望您今年夏季不需要做太多事情，这样就可以在海德庄园休息一下了。

非常爱你的约翰

下面是小富兰克林的来信：

"乌尔维特·M.穆尔"号

1945年5月27日

亲爱的妈妈：

今天是我们连续第六十九天在海上执行这项任务。我的同伴应该开始感到紧张了——我猜"那位老兵"也是这样。我愿意为连续睡五个小时付出任何代价。我越来越担心，并且我们遇到的问题开始增多。由于缺乏维护和检修，机器零件和各种小装置开始出现故障，食物也异常匮乏——我们已经没有鸡蛋和肉了。所以您可以看到让驱逐舰在海上待这么长时间是非常困难的。不过，现在的前景还是非常好的。两个星期内，我们将回到前方基地休息，彻底检修设备。我们将是我们师最后一艘出发的船。到那时，我很肯定"乌尔维特·M.穆尔"号将保持驱逐舰连续出海最高时长的世界纪录！这就像古老的帆船传说"八十五天绕角"一样，只是那时的人们不必担心这些该死的"疯猫"——我们对日本自杀机或者神风特攻队的飞机的称呼。日本这个国家把人的生命看得如此廉价，想想还挺有趣的。

非常爱你的小富兰克林

我相信，战争时期，每个母亲与孩子告别时都和我有同样的感受。我有种感觉，这可能是我最后一次和孩子告别了。这就像是一种预兆，提醒我做好准备。如果孩子战死了，再也回不来了，那么我要怎么活下去。生活还是要继续，我必须做自己需要做的事。从那时起，我开始以一种惊奇的眼光看待美国所有妇女。她们肯定和我有相同的感受，所以我开始钦佩起她们的勇气来。父亲有同样的勇气，但相比之下，他们更能接受战争的发生。也许父亲更能为儿子履行职责而感到自豪。男人不像女人那样本能地反抗战争。

在第一次世界大战期间，我有一种强烈的感觉，我很想做一切可能阻止战争继续发生的事，但在第二次世界大战期间，我的感觉没有那么强烈。在第二次世界大战中，我和其他妇女一样，内心某些东西正在逐渐消亡，所以我很同情她们。我一直在祈祷，希望能阻止这种被称作战争的愚蠢行为重演。

我努力信守对自己的承诺，但这个世界朝着和平前进的步伐就像是一个孩子在地上爬行，行动非常迟钝、缓慢。不过，只要我们能保持这样的力量和信念，那么取得的进步就能促使我们加倍努力。

1943年5月是非常忙碌的一个月。玻利维亚总统[1]和外交部长在不同时间访问了白宫。捷克斯洛伐克总统贝奈斯[2]和加拿大总理麦肯齐·金分别与我们共度了一晚。后来，利比里亚总统[3]和候任总统W. V. S. 杜伯曼访问了我们。由于他们来白宫进行了访问，罗斯福在从卡萨布兰卡回来的途中访问了利比里亚。

我们很喜欢利比里亚总统和W. V. S. 杜伯曼。当W. V. S. 杜伯曼准备换衣服去吃晚餐时，他发现自己只有棕色的鞋子。于是，他打电话给在布莱尔宫的男仆。男仆告诉他，他随身带的鞋子只有他脚上的那双。我真希望自己当时能知道这件事，这样我就可以告诉他，罗斯福和我的儿子偶尔会发生同样的事，因此，他丝毫不必担心。我记得当我和詹姆

---

① 即恩里克·佩尼亚兰达（Enrique Peñaranda, 1892—1969）。——译者注
② 即爱德华·贝奈斯（Edvard Beneš, 1884—1948）。——译者注
③ 即埃德温·巴克利（Edwin Barclay, 1882—1955）。——译者注

斯一起去参加柯立芝总统的葬礼时，詹姆斯曾发过一封电报，要求把他在北安普敦穿的早礼服寄给他。等衣服寄到时，他发现虽然裤子和背心都没有问题，但外套是他晚礼服的外套。所以他只好整天穿着大衣！

罗斯福访问利比里亚的真正目的是讨论美国如何帮助利比里亚。后来，正是因为访问中开展的会谈，人们在医疗领域才取得了一些进展。

1943 年 7 月的一天上午，我突然接到电话。有人非常谨慎地告诉我，小富兰克林的船在一次交战中被轰炸了。事实上，那艘船目前正安全地驶入巴勒莫。那个人告诉我的消息只有这些，所以我去了罗斯福的房间，问他知不知道更多的消息。罗斯福说，他也是刚刚才知道此事，但会设法了解更多的消息。过了很久，我才知道一些细节。那艘船被轰炸后，被带到了巴勒莫，但在那里它仍然不时遭受炮击。它和另一艘船连在一起，所以两艘船上都有人受伤。小富兰克林的运气很好。他把一个男孩抬到了另一艘船的医生那里，救了那个男孩的命。当时，小富兰克林并没有注意到自己的肩膀被击中了，但直到今天，他肩膀里的一些弹片仍在提醒他这件事。

几个星期后，小富兰克林告诉我，那个男孩的命保住了，但失去了一条腿。当时，那个男孩在贝塞斯达海军医院休养。有一天，我们请他吃了午餐。我们觉得他是一个特别好的男孩，非常勇敢。

最后，小富兰克林的船去马耳他进行了修理。小富兰克林得到消息说要去见父亲罗斯福时，他还在马耳他，而罗斯福正在去开罗的路上。因为有机会见到父亲罗斯福，小富兰克林很高兴。但当罗斯福说，想让小富兰克林作为他的助手和他一起去旅行时，小富兰克林拒绝了。小富兰克林的船修好后，他就得返航了。他知道返航的途中会让人很焦虑，因为那艘船不可能处于最佳的适航状态。小富兰克林觉得回去的途中船上不能没有他，毕竟他和船友们一起经历了这一切。

针对小富兰克林最应承担什么职责，罗斯福和他发生了争执。小富兰克林到底应该对他的船负责，还是应该在父亲罗斯福的旅行途中帮助他？前者最终获胜了，所以罗斯福给了他一封命令信，让他返回船上去。但小富兰克林意识到自己不能向任何人出示那封命令信。为保证罗斯福的安全，所有人都不能知道他在哪个地区。由于小富兰克林不能出示那些可以让他优先返回的命令，他在返回马耳他的途中度过了一段既有趣又艰难的时光。

　　在等待小富兰克林那艘船的消息时，我不禁想到，除了收到的官方通知，其他人几乎无法获得任何消息。那些人该有多难熬啊，他们只能等待报纸或者官方渠道提供更进一步的消息。我不知道我们得到消息的速度有多快，但那次经历确实让我意识到，无论什么时候都有必要尽快告诉人们当前正在发生的事。

第18章 访问太平洋地区

CHAPTER XVIII   Visit to the Pacific

我不记得罗斯福第一次建议我去太平洋地区进行友好访问是什么时候。他虽然觉得澳大利亚和新西兰很远，并且访问它们的人很少，但认为我去访问它们是一个很好的想法。由于澳大利亚和新西兰都遭受了攻击，这里的人们一直处于紧张和焦虑中。我们只好派遣许多美国军人去澳大利亚和新西兰——军人的大量涌入加剧了人们的紧张和焦虑。澳大利亚军人和新西兰军人经常在非洲和意大利作战。美国军人的涌入虽然让澳大利亚人和新西兰人得到了一些安慰，但会造成干扰。我此行的另一个原因是，我收到了许多新西兰和澳大利亚妇女的来信。在信中，她们说既然我视察了英国妇女正在做的工作，那么我可能也有兴趣去她们的国家看看妇女正在做些什么——只是路途有些遥远罢了。

　　我立刻强烈请求让我在瓜达尔卡纳尔岛和其他岛屿会见美国军人。我去过美国西海岸的一些医院。一些伤员来自瓜达尔卡纳尔岛，另一些伤员来自海军陆战队第一突击队——詹姆斯曾在这里服过役。我坦率地告诉罗斯福，如果我无论如何都要去太平洋地区，而我又不能参观那些照顾病人和治疗伤者的地方，我很难继续访问下去。罗斯福实在没办法了，只好写信让我带给海军上将小威廉·哈尔西。他在信中写道，"如果她去瓜达尔卡纳尔岛不会妨碍作战，"就愿意让我去那里。

霍奇森上校后来与我一起在联合国服务，但这时他正安排我访问澳大利亚。我从他那里得知，罗斯福告诉澳大利亚总理约翰·柯廷和小威廉·哈尔西上将，无论他写了什么或者说了什么，都不允许我去瓜达尔卡纳尔岛，因为那里太危险。但霍奇森上校没有勇气告诉我这件事，他很清楚，如果不让我做某些事情的话，我是根本不会去访问的。

我不知道约翰·柯廷先生和小威廉·哈尔西先生对他们收到的两个互相矛盾的信息有什么看法，但我已经把信送出去了。这时，詹姆斯在夏威夷，我其余的儿子都在大西洋的另一边。不过，我确实有一些年轻的朋友在太平洋地区。拉希当时在气象局工作，另一个叫塞西尔·彼得森人在瓜达尔卡纳尔岛工作。但就在我离开前，我才知道他们都在瓜达尔卡纳尔岛。

1943年8月17日，罗斯福准备去魁北克参加会议，而我要去旧金山。我们先在海德庄园待了一会儿。我们决定对我的访问保密，我还是照常处理日常事务。英国首相丘吉尔当时正和我们在一起。一天吃晚餐时，我偶然提到，我第二天将要启程前往西南太平洋。英国首相听完，一脸惊骇——现在他仍然偶尔谈起当时的震惊——然后问道："你对旅行做了什么计划？"我说所有计划都定好了，行程也安排好了。丘吉尔问谁和我一起去，我说没有人和我一起去，因为我从英国回来后就受到了很多批评。我想，这次旅行我还是尽量少占点儿地方，免受一些批评，因为我知道我得坐军用飞机去。后来，我很后悔。我发现有些专栏作家一点儿都不友善，所以还不如带几个人去——没有什么比他们说的话更让人讨厌了。丘吉尔坚持要用电报通知所有在太平洋地区的英国人。在太平洋地区，无论我到哪里，英国人对我都是最好的。我一直很感激丘吉尔。

行程一确定下来，我就去见了美国红十字会主席诺曼·戴维斯。我问他，如果我去检查红十字会的各种设施和出现问题的地方，对他是否会有帮助。我希望能用这种方式证明我是去认真工作的，而不是在战区到处乱跑惹事。诺曼·戴维斯立刻说会有很大帮助，他一直计划派人去视察红十字会的工作。他问我是否愿意穿上红十字会的制服，回来后向他汇报。我和罗斯福商量了他的提议，这样做似乎有很多好处。首先，穿制服意味着我的行李更少，乘飞机时这是一个大优势；其次，穿上熟悉的制服，我更容易到医院里去见这里的军人。罗斯福认为这是个好主意，所以我自费买了一套能找到的最薄的制服和一套很厚的制服，然后带上一件暖和的外套，以防遇到极端天气。我认真视察了我访问过的每个地区的红十字会。诺曼·戴维斯先生因让我穿红十字会的制服而遭到了批评，我希望我的报告能对他有所补偿。

罗斯福认为，我坐军用飞机去，所以我不应该保留旅行期间通过写专栏获得的收入。我计划把一半收入捐给红十字会，另一半收入捐给美国公谊服务委员会。我回去后再把写文章赚的钱捐给这两家机构。后来，我发现诺曼·戴维斯先生领导的董事会中一些共和党人担心，如果知道我把钱捐给了红十字会，在政治上强烈反对罗斯福的捐款者就不会继续捐款了。因此，我们从来没有解释过我为什么穿制服或者财务上有什么安排。不过，我觉得现在说出实情已经很安全了。

我自费乘坐一架商务飞机飞到了旧金山，飞往夏威夷前，在这里待了一天。乔治·杜尔诺曾经在华盛顿的一家报社工作，从那时起我就认识他了。后来，乔治·杜尔诺在空中运输司令部担任机长。他奉命和我一起从旧金山出发。我们大部分时间都在同一架飞机上，其他乘客或者是官员或者是信使，飞往不同的目的地。我们还带了邮件和各种货物。

我第一次看到夏威夷是在清晨。飞机着陆后，我匆忙进了一辆汽车，汽车直接开往沃尔特·瑞安准将的家。我到现在仍然记得早餐时在花园里吃的菠萝及其他各种新鲜的水果。参观了夏威夷后，我们准备去参观罗斯福说的"保卫供应路线的岛"。在这些岛上，人们必须时刻保持警惕，但他们几乎看不到任何东西，所以既很难保持士气，也很难对正在做的工作保持兴趣。空中运输司令部的哈罗德·L.乔治将军不久前发现，连邮件也没有定期送达这些岛，但这一问题很快得到了整改。

一份安全的工作不是年轻士兵期望的或者想要的。人们能够感受到士兵的紧张。医生在努力做好自己的工作，对士兵进行彻底体检，矫正士兵的牙齿或者身体上的缺陷，那里的士兵过着一种很不正常的生活。红十字会的成员正在努力设计各种娱乐方式。我乘坐的飞机降落在第一站——圣诞岛时，我才第一次意识到生活有多么不正常。一个年轻的中校看着我说："你是我十个月来见到的第一个白人妇女。"

旅行期间，我一次次希望能变成士兵渴望见到的母亲、爱人或者姐妹。我要告诉自己我是一种象征，要让他们知道统帅罗斯福非常愿意派他的妻子给他们捎口信，让他们有种满足感。但我非常清楚这些年轻人真正想要什么，而我对此无能为力。

在圣诞岛，我第一次遇到了热带虫子。年轻的中校把自己的住处让给了我，但我忘记问他岛上是否有什么需要注意的生物。吃完晚餐后，我走进房间，打开了灯，发现地板上满是红色的小虫子。我吓得差点儿尖叫起来，但我立刻想起了自己是岛上唯一的妇女，一声尖叫无疑会引起人们的警觉。于是，我跺了跺脚，小虫子都跑进了地板的缝隙里。

我看到了士兵们在岛上做的一切，我去其他岛上也是如此。从一开始我就听从了儿子们的劝告。虽然他们自己就是军官，但一点儿没有显示出自以为是的态度。儿子们建议道："妈妈，你不要每顿饭都和军官一起吃。你要和军士一起吃饭，让军士开车送你，还要和士兵一起吃饭。"做到最后一点的唯一办法就是早点起床，6时前和士兵一起吃早餐。我尽可能经常这样做。每次和士兵谈话我都能了解很多。在最开始的尴尬消失后，我们就敞开心扉畅谈起来。于是，我深入了解了许多美国公民的生活。

当然，几乎所有岛上士兵的生活模式都相同。每天晚上放电影。即使热带的阵雨倾盆而下，人们也会把雨衣领子翻起来，坐着看电影，并把电影设备盖好。开展其他娱乐活动在很大程度上取决于特殊服务人员和红十字会的创造力。回家后，我向有关人员提出了很多改善岛上设施的请求。在太平洋地区，航运一直是个难题。当红十字会或者其他机构被指控不称职时，这些机构的工作人员发出了巨大呼声：军事当局安排的船位不足。当然，这是可以理解的，因为军事当局关心的主要是让士兵吃饱穿暖。直到士兵们在太平洋地区驻扎了一段时间，我们才意识到供应速度有多慢。在我看来，海军医院里的设备精良，但和海军军医长麦金太尔谈论海军医院时，我才了解到，一开始他并不知道多久需要补给一次。这让我非常震惊。

很少有人意识到组织运送货物的供应点有多么复杂。我的小儿子约翰曾经在旧金山补给仓库任梅奥上将的军官。如果不是约翰，我永远也不会明白这一点。从油箱到最小的螺母，所有东西必须装到船上，还要保证每样东西从船上卸下时不会干扰其他货物。装载货物要有计划地进行，并且必须很小心。仓库要规划好，里面会堆满各种各样的东西。经过仓库时，我想有的企业会不会也在某个地方把这么多物品堆到一起。

离开旧金山时，我就知道自己应该再打一次破伤风针。我已经打过了几次，后来去了博拉博拉岛的海军医院又打了一次。此后，我就再不用想这件事了。后来，我的胳膊肿了好几天，我这才知道生病究竟会有多不舒服。然而，面对这种情况，我无能为力，只好努力忘记疼痛。我已经做好了所有日程安排，所以必须按照计划执行。

出发前，我就已经计划好了，去十七个岛上访问。此外，我参观了新西兰的首都惠灵顿和其他许多城市及澳大利亚东海岸的大城市和北部的许多营地与医院。

我曾经想知道，飞行员是如何在辽阔的海洋中发现那些像小点一样的珊瑚岛的。飞机需要在离水域很近的地方降落，刚开始这让我觉得很奇怪，但后来我就习惯了。

我身边没有秘书，所以我不得不在晚上或者白天的航班上写专栏。我打字很慢，几乎每天都用两个小时的时间。不过，我坐长途飞机时经常有充足的时间写完两三篇专栏文章。这使我在日程过于紧张时也能按时给通讯社交稿。虽然这才过去不长时间，但我现在非常怀疑自己还能不能在晚上保持清醒，把工作做完，然后第二天一早起床，继续坚持一整天，就像从前一样。在这种情况下，我瘦了大约三十磅①。回到家时，我觉得比以往任何时候都累。但我没有生病，并且工作也完成了——其他的都不重要了。

到达努美阿，见到小威廉·哈尔西上将时，我出示了罗斯福写的信。小威廉·哈尔西上将最近还说当时有多害怕我过来。但他其实并没有我害怕。尽管如此，我决定，如果可能，我会尽我所能去瓜达尔卡纳尔岛。小威廉·哈尔西上将拒绝告诉我他是怎样决定的，但毫不含糊地告诉我，我必须先去新西兰和澳大利亚，他会在我返回时做出决定。在我离开前，小威廉·哈尔西上将的态度有了一点儿变化，也许我参观过的医院及其他地方传来了一些好消息。无论如何，小威廉·哈尔西上将派了一个年轻助手和该地区红十字会的负责人科莱塔·瑞安和我一起前

---

① 磅，英美制重量单位，1磅约合0.45千克。——译者注

往新西兰。

　　无论走到哪里，我都会遇到以前见过的人。当发现乔特学校的罗伯特·阿特莫尔在努美阿管理红十字会时，我特别惊讶。在大萧条时期，我在美国的多次旅行都产生了不可预见的效果，这在我走进医院病房时就显现出来了。我偶尔和一个病得很重的人聊天时，他说最后一次见到我是在他的毕业典礼上或者是其他场合上。如果我能回忆起他家乡的一些事情，他的脸上就会露出喜色。这时，我觉得我每天走那么远的路是非常值得的。

　　访问新西兰首都惠灵顿期间，我与总督①夫妇住在了一起。后来，我在斐济时，也和他们住在一起。这两次访问都很愉快，当然我必须完成常规工作。特别是在新西兰，我尽力了解了新西兰人和他们正在做的事情。我还见到了生活在这里的美国人。

　　虽然美国那时只在新西兰有休息营和医院，但从新西兰来的大批美国士兵先涌入了瓜达尔卡纳尔岛，后来又涌入了太平洋的其他地区。我看到了这样做的结果。当我到达新西兰时，一些新西兰士兵回来了。我还收到了一封有趣的信，写信人恳求我不让美国士兵丢下那些爱上他们的女孩不管。当我和一些新西兰人谈到这封信时，有人给我讲了一个故事，说明了美国士兵和新西兰士兵的区别。一天，一个美国士兵坐在公共汽车上，发现自己恰好坐在一个漂亮的金发女孩后面。于是，他俯身说："这位天使，你是从哪个天堂掉下来的？"这样的开场白新西兰士兵可能永远都想不到。

　　"在红十字会里，一个女孩走过来对我说：'这里有一个男孩说他不想和您说话，甚至不想和您待在同一个房间里，因为他知道您主张

---

　　①　即西里尔·内维尔 (Cyril Newall, 1886—1963)。——译者注

所有来太平洋的海军陆战队士兵在回国后需要隔离六个月，然后才能回家。'"这是我在离家前听到的一个故事。我之前和罗斯福说，如果这个故事传开了，那我去旅行就没有什么意义了；如果士兵们信以为真，那我也做不成什么事了。罗斯福劝我不要理会这件事。后来我和士兵谈话时，提到了这个故事。我还补充说，一些男孩给家里寄去了信，他们的家人又把信转寄给了我。我告诉士兵们我有多么惊讶，因为我从来没说过那种话。我说，我有一个儿子也在海军陆战队工作，他不会准许我产生这种想法。过了很久，我问了问，发现军士和士兵基本都知道这个故事。一些年长的军官认为这个故事可能是东京玫瑰播报的。天知道它是怎么传开的！这件事真的困扰了我很长时间，并且世界各地的人都知道同样的故事。在意大利服役的美国伞兵抱怨，我对他们也说过同样的话，我去加勒比海地区时又听到了这件事。显然，这是一种恶意的造谣，目的是阻止我在家里、医院、旅行途中与其他人进行有效的接触。

在新西兰期间，我访问了毛利人的家乡罗托鲁阿。毛利人盛情款待了我们的军人。毛利人是岛上的土著居民，就像美国的印第安人一样。导游兰吉负责带我参观。她非常出色，才华横溢，风趣端庄。罗托鲁阿有间歇泉和热水池，就像小型黄石公园一样。在这里，各家各户将一盆盆的食物放置在热水池上，利用地热煮食食物。我愚蠢地问，这样做是不是不太好，因为孩子可能会偷别人家的盆。兰吉郑重地告诉我，这里的居民教导过孩子不要偷窃。我的确应该受到一点责备，因为我非常希望美国的孩子受到的教育也是成功的。毛利人在教育孩子这方面非常出色。

新西兰人从美国进口了许多东西，并声称从我们国家运来的所有鱼或者猎物一旦适应了环境，在新西兰生长得比在美国还好。因此，你如果在新西兰钓鱼或者打猎，可能会钓到美国产的鱼或猎到生活在美国猎物，但比你在美国能找到的同种类的鱼或猎物大得多。

当我到达澳大利亚时，霍奇森上校、R. L. 艾克尔伯格中将和他的助手C. E. 拜尔斯准将正在等我。他们告诉我，我的旅行计划得很好。我在堪培拉与总督①夫妇一起度过了一段时间。他们对我很友好，不仅让我的访问很有意义，还让我觉得很愉快。我对他们做的一切永远感激不尽。我向广大群众发表了讲话，还参观了许多医院、美国护士的休息处和士兵的娱乐中心。澳大利亚人口并不多；尽管许多地区到处是美国士兵，许多小镇和村庄也充斥着美国士兵，但澳大利亚人民的热情好客人人皆知。一个又一个男孩告诉我，他们在澳大利亚居民的家里受到了非常热情的款待，在新西兰也是如此。和澳大利亚的人口数量比起来，澳大利亚的美国士兵可以说是很多了。尽管如此，美国士兵仍然面临着巨大的压力，但他们凭借顽强的意志承受住了这种压力。

我带去了一部根据法拉的故事拍摄的电影。此外，我还带去了在英国旅行时拍摄的短片。所有人都渴望看到我在英国的所见所闻和所做的事情。他们对我和乔治六世及王后的纪录片非常感兴趣。

我在参观一个护士休息处时，有人告诉我，在澳大利亚旅行非常困难。澳大利亚各州比美国各州更坚持自己的主权。在我看来，各州拥有的主权实在是太大了，每个州都有各自的铁路轨距。在每一条州际铁路上，所有货物都必须卸下来装载到另一条铁路的火车上，所有乘客也都必须换乘。每州都有自己的总督，当然还有一个负责所有州的总督。澳大利亚各州不仅模仿了美国政府的结构，首都堪培拉还模仿了美国的首都。堪培拉是一座美丽的城市，我相信那里以后会变得更加美丽。

我在护士休息处问一个年轻的护士她最反感的是什么。我告诉她，

---

① 即亚历山大·霍尔-鲁思文（Alexander Hore-Ruthven, 1872—1955）。——译者注

我知道她来的时候已经意识到了会有危险，但我想知道什么才是最难应对的。她看着我，毫不犹豫地说："房子的地板中央有只老鼠，不管我发出多大噪声，它都不会动。"在岛上的医院里，人们每天都能看到老鼠、昆虫和蛇。有个女孩告诉我，一天早上她醒来时发现，一条蛇盘在她的帐外。她一直不敢起床，直到有人来把那条蛇赶走，她才起了床。

那里的许多女孩都在医院工作。医院有时连水都没有。每个病人每天只有一杯水用来饮用和清洗。道路非常泥泞，即使穿着美国大兵的长筒靴，把裤腿塞进靴子里去，也很难走动。虽然这些女孩需要面临很多困难，但我从来没有听到她们真正抱怨过。

恩迪科特·皮博迪牧师多年来一直是格罗顿学校的校长。我在访问期间，他的女儿正在澳大利亚担任护士。我尽管很想见她，但还是没能见到。我见到了表妹多萝西·鲁滨孙·基德尔，她的丈夫一直都是外交使团的成员，而她当时正驻扎在澳大利亚。我还见到了许多我认识的人，当然，还有无数在休息营和训练营里的男孩。我曾有一些机会和其中一些男孩真正地交流过。

在澳大利亚北部，我看到了士兵进行丛林战的训练。我对这件事特别感兴趣，因为在离家之前，一个愤怒的妇女给我写了一封信。信中说，她的儿子正在路易斯安那州的沼泽地接受某种训练。在她看来，那种训练是残忍的、不人道的，并且是没有必要的。我沿着澳大利亚的丛林小径跟在那些士兵后面，看到教官教他们如何保持静止、如何隐藏自己、如何发现敌人、如何埋伏起来。那里已经设下了陷阱，如果士兵没有按照指示行动，就会被"困住"，标上"死"的记号。我真希望在我回那位母亲的信以前就见到这一切，也许我就能向她解释，他的儿子在路易斯安那州的沼泽地接受训练是为了保证他将来的安全。

在澳大利亚的一个红十字会里，我和一些年轻人进行了一次有趣的谈话。他们中大多数人都是空军，其中，一些人来自西弗吉尼亚州，所以后来我们的讨论就转向了刘易斯和煤矿工人罢工事件。我告诉这些年轻人，我曾在医院里见过一个生病的男孩。那个男孩看着我说："我来自西弗吉尼亚州，是个矿工。不是那些矿工错了，矿工真的有苦衷，并且那些矿工不了解政府的政策，您是知道的。"这些年轻人认为在美国不应该有人罢工。自从我了解了他们的想法后，我就很高兴自己对矿区有足够的了解，进而我才意识到罢工甚至不完全是刘易斯的错。那是我们所有人的错，我们早就应该注意到矿工的工作条件，并且我们不应把这件事留给刘易斯一人处理，让他独自为矿工的利益而奋斗。但那些当过矿工或者父亲当过矿工的孩子很难向同伴解释战争期间煤矿工人罢工是有正当理由的。

我每次进行简短的演讲时，孩子们都会被召集起来，站在阳光下。我知道他们很讨厌这样做，所以我总是感觉有点抱歉。我在红十字会的房间里、食堂里或者医院里和那些孩子偶然谈话时，总是希望能引起他们的兴趣。我还记下了无数个孩子的母亲、妻子、恋人和姐妹的名字，准备回家后给她们写信。

我一直都在讲述这个真实的故事——我回去后，打电话给华盛顿哥伦比亚特区的一个女孩，告诉她我是谁，并和她说她的未婚夫让我捎口信给她。她说："别开玩笑了。你骗谁呢？"直到我给她寄了一张小纸条，她才相信我在电话里说的是真的。

澳大利亚之行快结束时，我碰巧登上了一艘被困在某个港口的驱逐舰。我发现那艘驱逐舰是"赫尔姆"号，它正是以伊迪丝的丈夫詹姆斯·M.赫尔姆上将的名字命名的。"赫尔姆"号驱逐舰停靠在华盛顿哥伦比亚特区时，我曾和伊迪丝一起参观过。"赫尔姆"号驱逐舰上的许多船员此时都已经离开了，但仍然有一些人记得我。我们能够再次团聚，这让大家都很开心。

在澳大利亚的最后一晚，我和道格拉斯·麦克阿瑟将军的夫人吃了晚餐。麦克阿瑟将军当时正在新几内亚岛。他认为我不应该去那里，因为那里太危险了。我向R.L.艾克尔伯格将军、C.E.拜尔斯准将道了别。我把他们两人当成了我真正的朋友，我非常感激旅途中他们对我的体贴和展现出的善意。他们一定很高兴"摆脱"了我，但他们从来都没有把这种情绪表现出来。我只希望他们觉得我做得很好，足以证明他们所花的时间和精力是值得的。

回到努美阿后，我仍然不知道自己会不会得到允许去瓜达尔卡纳尔岛。如果不能去，我应该准备回家了。最后一天晚上，在我完成了小威廉·哈尔西上将为我安排的所有任务后，他平静地宣布，我应该准备第二天早上8时动身去埃法特岛了。我之前不想提那个岛的名字，因为日本人从来没有轰炸过它，并且我们的一些最大的医院就建在那里。小威廉·哈尔西上将希望日本人不知道我们在那里建立了医院。从埃法特岛出发，我将前往圣灵岛，然后到达瓜达尔卡纳尔岛。可以肯定的是，我第二天早上准时收拾完毕了。

因接下来的几天是我整个旅程中最忙的几天，从很多方面来说也是最有趣的几天，所以我那段时间写的日记可能值得一看：

> 我们没坐正常大小的飞机，因为正常大小的飞机太大了，不能在某些小岛上降落。科莱塔·瑞安小姐在这里监管西南太平洋的红十字会，她和我一起进行了这次旅行。科莱塔·瑞安小姐希望自己可以获得允许在当前没有红十字会的地方新建一些红十字会。11时左右，我们在埃法特岛登陆了，感觉就像走过了数英里长的医院病房。我对岛上工作人员预防疟疾和维持

健康的环境所做的工作印象深刻。16时30分左右，我到达了圣灵岛。这是海军、空军的总部，也是海军舰艇和一些陆军人员的集合地。海军在总车站对面的一个小岛上建了一个很棒的娱乐场所。我在到达圣灵岛的第一个小时内看到了很多东西。下午晚些时候，海军上将举行了一场招待会。他和我们一起用了餐，还看了电影。我在那里和士兵们说了几句话，上床睡觉的时候已经快23时了。

我在1时被叫醒了，因为我们要在1时30分坐飞机出发。我和科莱塔·瑞安坐在两个正对着的座位上，座位刚好在炸弹舱的上方。有个年轻人非常关心我们，在我们感觉冷的时候递来了毛毯，还给我们送来了咖啡。原来，他是火奴鲁鲁（檀香山）的市长斯坦巴克十九岁的侄子。令人难以置信的是，这些像他一样的男孩还很年轻，但作战的责任使他们很快变得成熟起来了。到了6时，我们到达了瓜达尔卡纳尔岛，与指挥官在机场吃了早餐。指挥官是小威廉·哈尔西上将的好朋友。有一次他迷路了。大家都出来找他，包括小威廉·哈尔西上将本人。

接着，一些军官过来接我们。当我们开车离开时，一些人开着卡车来到我们面前。卡车上载的是在场地上工作的士兵。于是，我和科莱塔·瑞恩探过身去挥手。起初，士兵脸上写满了惊讶，接着一个男孩用非常洪亮的嗓音说道："天哪，那是埃莉诺。"我一直都不太确定我应该把这句话当作一种赞美还是应该为此而感到羞愧。但他们看到了妇女，这显然让他们很高兴。我们只好笑着继续挥手致意。指挥官显然对我受到这样轻率的对待感到震惊。我尽量使自己相信那是对我的夸赞。

自从我们占领了瓜达尔卡纳尔岛的一部分以后，岛上有了很多改进的地方。我都一一进行了参观。有人认为日本人仍在瓜达尔卡纳尔岛的另一边，并且仍然会有空袭事件发生。

在瓜达尔卡纳尔岛上，我永远不会忘记的一件事就是去墓地参观。那里的小教堂是当地人为士兵建造的，他们还造了一座祭坛和一些雕刻得很漂亮的器具，并用对他们来说有特殊意义的符号——各种各样的鱼来装饰教堂。鱼意味着长寿、永恒。走在坟墓中间，我意识到尽管这些男孩的宗教背景不同，但他们依然能够团结一致，这让我很感动。有些男孩已经战死了，他们的军官晚礼服挂在了十字架上，头盔也会挂在那里。他们的一些朋友在十字架上刻上了信仰犹太教、基督教或者新教的标志。底座上刻着朋友发自内心的话语，比如"他是个了不起的人""有史以来最好的朋友"等。

墓地一直受到精心的看护。旗帜在坟墓上空飘扬着。牧师告诉我，他为墓地拍了照片，并把那些照片寄回了美国，寄给了那些悲伤的家庭。

这次旅行中，医院和墓地在我的心中和脑海中紧密地联系在一起。当我甚至和那些身体健康、体格健壮、正在接受训练的男孩交谈时都会想起这两个地方。

在瓜达尔卡纳尔岛，就像在许多其他地方一样，我在心里祈祷着人类精神文明能够不断向前发展，希望在未来解决争端时不再使用武力。

我要求派人去找拉希和塞西尔·彼得森。我和塞西尔·彼得森谈了一会儿，午餐前我又和拉希谈了几分钟。不过，我安排他在我正式访问结束后，坐吉普车来接我。那时我可以和他谈上一个小时。和军官们一起吃完午餐后，我又立即进行了巡视。我们没能进入医院所有病房里和病人交谈，因为我从16时30分到17时30分休息了一个小时，去了拉希所在的气象站，这样我就可以把我和他谈话的事情告诉他的夫人特露德·拉希了。17时30分，我去吃了晚餐。晚餐是已经安排好的，然后我赶往医院准备视察剩下的病房。就在我们开车进入医院所在的院子时，空袭警报突然响了起来。这意味着我们必须带着所有能走路的病人去医院地下的避难所里。有一段时间气氛特别紧张，但有一个人开始唱起了歌，大家就都跟着他一起唱了起来。等危险解除的信号响起后，我走遍了以前没有探视过的病房。我很想看看警报对于那些不能离开病床，无法去避难所的病人有什么影响。我只看到有两个人受到了严重的影响。一个是黑人男孩，他躺在床上，把头从一边转向另一边，呻吟着，似乎完全失去了知觉。一个可爱的小护士坐在他的旁边努力让他安静下来。另一个是白人男孩，他在小房间里来回踱步。我努力和他交谈，想让他停下来，但那是不可能的。我最后只好放弃了。

我回到了客用小屋，洗了个澡，然后坐在门廊上休息，等待拉希过来。虽然他来晚了，但我们的确有机会长谈了。回去后，我很有兴趣地把这件事告诉了特露德·拉希，直到拉希离开了。我睡了几个小时，凌晨4时起床，5时准时出发离开瓜达尔卡纳尔岛，返回圣灵岛。

我在圣灵岛与科莱塔·瑞安小姐分别了，不久后我听说她成功地建立起了红十字会。

我们在返回夏威夷的途中又经过了圣诞岛，因为原计划走的路线发生了袭击事件，大家觉得走那条路不安全。我在圣诞岛停留的时间很短，因此，只去看望了一个男孩。医生非常担心他。在医院里，我让这个男孩向我保证，如果我回去后能够尽力见到他的母亲，他也一定要尽力康复。后来我的确见到了他的母亲，并且幸运的是，这个男孩也康复了。他回到美国后还去看望了我。

这次我在夏威夷待了几天。我在这里看到了士兵们在真正的枪林弹雨中进行训练。这给我留下了特别深刻的印象。我还参观了许多医院，看望了一个来自纽约州的戏剧团。朱迪丝·安德森在一家医院举行的午餐会上遇见了我。当时，她和莫里斯·埃文斯在岛上出演了莎士比亚的戏剧——《麦克白》。演出非常成功。朱迪丝·安德森很满意地告诉我，有些男孩在外面等待着，问她"莎士比亚是谁"。这是他们第一次看到真人表演戏剧，他们希望戏剧团第二天晚上再来，因为那些男孩觉得自己还没能充分理解剧中的所有内容。很少有演员见过像他们这样的观众。我想朱迪丝·安德森小姐和莫里斯·埃文斯先生在旅途中所付出的一切都得到了回报。

我启程回家了。我一直都记得，我们在加利福尼亚州降落后，还要坐在飞机上。工作人员把我们隔离起来，用消毒液把我们喷了个遍。

我在旧金山停留的时间很短。在一家旅馆里，我的外孙女过来和我一起吃了午餐，我再次坐上了飞机，直接飞往纽约，见到了詹姆斯和汤普森小姐。

我去了夏威夷、圣诞岛、彭林岛、博拉博拉岛、阿伊图塔基岛、图图伊拉岛、萨摩亚、斐济、新喀里多尼亚岛；新西兰的奥克兰、惠灵顿和罗托鲁阿；澳大利亚的悉尼、堪培拉、墨尔本、罗克汉普顿、凯恩斯、布里斯班；埃法特岛、圣灵岛、瓜达尔卡纳尔岛和沃利斯。

第二次战时访问结束了。

第19章　富兰克林战时第二次及我第三次出访: 德黑兰与加勒比地区

CHAPTER XIX　Franklin's Second War Trip and My Third: Teheran and the Caribbean

我讲述了自己两次前往世界部分地区访问的故事。那些地区当时正在发生战争，并且人们完全可以在医院里看到战争的结果。我想我应该谈谈那些旅行给我留下的印象。

　　起初我几乎无法忍受医院。当然，日复一日地在医院病房里走几英里，我有些劳累。但身体的劳累与我看到的那些可怕的浪费现象和内心燃起的对战争的痛恨相比简直微不足道。我想知道，为什么人们不能一起围坐在桌旁解决分歧，从而让许多国家的无数青年免遭苦难。

　　在精神病院接受治疗的是那些因亲身经历战争而在精神上受到影响的士兵。这些医院最可怕。当然，我可以告诉自己，这些士兵如果遭受其他变故，也可能会精神崩溃。如果我们国家的年轻人很容易患上精神疾病，那说明我们的文明一定出现了问题，我们应该努力找出原因并解决。在我看到那些精神崩溃的人后，那种恐惧的情绪让我彻夜无眠。

　　我极不愿意看到任何人，尤其是我关心的人，无论是因喝酒还是因情绪不稳定而失去自控能力。过度饮酒是一种情绪不稳定的表现。过度饮酒的人与那些真正失去理智的人相比只差了一步。当在精神病院的病房里走来走去时，我不停地对自己说："为什么会这样呢？"

有时我会去其他医院。我在医院里只赞赏士兵的英勇行为,不表现出对他们的同情,这很难做到。我知道对他们表示同情是他们极不愿意看到的。那些士兵很勇敢,随时都表现出自己愉快的一面。他们这样做只是不想让别人对他们产生同情而已。

我曾在旧金山的一家医院里遇到过一个年轻的海军陆战队队员,他在太平洋打仗时失去了一只胳膊和一条腿,因此,需要做很多手术。最后,他安上了假肢,在所有病人的欢呼声中走进了病房。他还和另一个残疾的男孩一起去了旧金山。那个男孩虽然失去了双臂,但仍然可以背他的同伴。几个月后,当我再次去那个医院时,有人告诉我那个年轻人还在,并且让我和他谈谈医生让他做的事情。他答应我做个"乖孩子"。就在我最后离开白宫前,我听说他已经结婚了,准备买一所小房子,并且他还有一辆自己叔叔送给他的车。那时,他已经是一个成功的保险推销员了。

我在华盛顿哥伦比亚特区的沃尔特·里德医院遇到了一个非常勇敢、坚强的年轻人。他为所有人树立了光辉的榜样。这个年轻人希望成为一名职业钢琴演奏家,所以一直都在学习音乐。在战争早期,在一次登陆过程中,他的双手被严重烧伤,他几乎不能用手做任何事了。这对他是一个残酷的打击。当我和这个年轻人谈话时,他说,通过练习,自己也许还能再弹钢琴,但他不喜欢在医院里练习,因为他很害羞。我建议他到白宫去,那里有三架钢琴,并且他可以单独待在一个房间里。在我的极力劝说下,这个年轻人最后接受了邀请,准备定期到白宫去。有一天,他要求见我,见面后他非常兴奋地告诉我他终于弹高八度了。接着,他让我听他演奏。演奏非常优美,但我为他感到心痛,因为失去双手,他永远都不能成为一名职业钢琴演奏家。他仍然继续学习音乐,现在已经是一名音乐老师了。

我在医院里见过很多男孩。他们中很多人现在都过着幸福的生活，日子过得很有意义，但他们每天都背负着战争带来的创伤。这些年轻人一生都要忍受残疾带给他们的苦难，但他们非常勇敢。我觉得这对一些诗人来说是一个可以描写的主题。虽然发动战争是为了保卫人民的自由，但我们发现，这些士兵遭受的苦难并没有完全得到回报。所有经历过战争的人都有义务确保战争最后能带来回报，这是我们对成千上万的士兵应承担的义务。如果我们不能实现他们做出牺牲的真正目的——为了换取一个和平的世界，一个人们无需担心侵略、物资匮乏的自由世界，那我们就失败了。这是最近一次战争给我们民主国家的公民提出的挑战。在实现这些目的以前，我们不会偿还债务。

这些是我访问南太平洋后产生的想法。我后来去加勒比地区进行的访问很有趣，并不惊心动魄。太平洋之行给我留下了一些印记，我永远不会忘记。正是因为美国必定有成千上万的人会受战争的影响，所以我希望我们最终能建设好未来。为了这样的未来，很多人遭受了苦难，甚至献出了自己的生命。

有一个变化让我对未来充满了希望。妇女总是在战争中脱颖而出。在第二次世界大战中，她们比以往承担了更多责任——工厂、农场、商界和军队中总能看到她们的身影。妇女是国家生活中不可或缺的一部分。英国、澳大利亚、新西兰、法国、欧洲所有被占领的国家及苏联和美国都是如此。妇女也已经意识到自己必须参与到国家的政治生活中去。在欧洲各国，与战前时相比，在公共生活中发挥积极作用的妇女多了起来。我相信我们也将看到亚洲地区发生的巨大变化。对我来说，这样的迹象让人充满了希望，因为女性也将为和平而努力，就像她们为战争而努力一样。

1943年11月9日，白宫东厅举行了一项仪式。罗斯福为此感到非常自豪。他计划详细，因为四十四个国家准备签署联合国善后救济总署的协议。罗斯福认为在这样的特殊场合，签署仪式要隆重。我特别高兴能有机会亲眼见证这个庞大组织的成立。这一组织在解散之前将救济很多人。该组织的第一位管理人员是前纽约州州长赫伯特·H.莱曼。他和罗斯福在一起共事了很多年，罗斯福对他的能力非常有信心。赫伯特·H.莱曼先生建立组织和开展工作的方式证明了他的组织能力非常出色，对工作很有耐心。他在美国和许多其他国家遇到的困难迫使他必须谨慎选择组织成员。组织成员需要具备高级的谈判技巧，在这方面赫伯特·H.莱曼先生自己就很擅长。

在这件大事发生的当天下午，我有幸邀请了恩尼·派尔来喝茶。他写了一篇关于我访问加勒比地区的专栏文章。如果我也写，我觉得我写得没有他写得好。恩尼·派尔说，他看到自己上衣的肘部磨破了，但我一直没有注意到。不过，我确实注意到了他那张非常迷人、敏感的面孔，我真希望我们能有更多见面的机会。我读过恩尼·派尔在不同前线写的专栏文章，对此总是赞不绝口。我告诉恩尼·派尔，他应该为太平洋地区的人民做他为非洲和欧洲地区的人民做的事情。在我看来，他笔下的军人比其他任何作家笔下的军人都更加人性化。恩尼·派尔的去世和另一位极其优秀的战地记者雷蒙德·克拉珀的去世对我们来说都是巨大的损失。这说明了这样一个事实：他们虽然并不是战斗部队中的一员，但甘愿冒着风险，甚至不顾自己的生命安全，他们这样做的目的只是为了让国内民众了解战争的进展而已。

11月11日，罗斯福开启了第二次战时之旅。他在开罗会见了蒋总司令和蒋夫人。这是他第一次会见蒋总司令。蒋夫人担任翻译。埃利奥特奉命陪同父亲罗斯福。在意大利服役的约翰·伯蒂格也被安排陪同他。丘吉尔在开罗会见了罗斯福。他们的会谈进行得很顺利。

当时苏联没有和日本开战，斯大林元帅不愿与中国政府首脑会晤。因此，在开罗会谈结束后，丘吉尔先生、罗斯福、埃利奥特和约翰·伯蒂格前往德黑兰会见了斯大林元帅。这是斯大林元帅和罗斯福的第一次会面。罗斯福希望双方能表现出善意，并理解对方。当罗斯福事先谈起那次旅行时，他对会见斯大林元帅的想法很感兴趣。他认为这是一个挑战，因为苏联政府的代表对此非常怀疑。罗斯福意识到斯大林本人在指挥苏军和制定作战战略方面负主要责任，他极不情愿地同意了自己不会去比德黑兰还远的地方。尽管罗斯福对此只字不提，但我知道他将竭尽全力赢得斯大林元帅的信任。这样的话，两国政府将会建立起更好的关系。

罗斯福在德黑兰待了一天后，斯大林坚持说，有谣言称伊朗本土人民发生了动乱，因此总统必须与斯大林待在同一地区。丘吉尔先生就住在斯大林的隔壁，这样苏联士兵保护他们就会更加方便。

后来，罗斯福告诉我，他们第一次见面时，他觉得斯大林元帅很不信任他。他离开时不知道自己能否消除这种不信任感。他还补充说，自己决定严格遵守诺言。罗斯福希望英国也能这样做，还将尽一切努力帮助英国履行承诺。他觉得，只要我们信守承诺，就能增强斯大林的信心。虽然他的人民站在我们这边，但他仍然不完全信任我们。苏联需要我们的一切帮助，我们能够利用强大的生产力帮助苏联，我们也非常感激苏联的战斗，因为苏联牵制了那么多德国部队。

罗斯福很喜欢与斯大林的第一次接触。对他来说，遇到新朋友总是一种挑战，他知道必须赢得苏联领导人的支持，而那次见面尤其重要。我知道斯大林元帅的个性给他留下了深刻印象。罗斯福回来后，总是小心翼翼地描述斯大林元帅，说他又矮又壮，还很有权势，斯大林元帅给人的印象是他比实际要高大得多。罗斯福还说，斯大林元帅之所以能够领导苏联人民，毫无疑问，这是因为苏联人民信任他，相信他有一颗善良的心。很难形容是什么赋予了一个人领导才能，但我很确定罗斯福觉得斯大林元帅有这种才能。

我经常想，斯大林、丘吉尔和罗斯福这三个人以截然不同的方式证明了自己是卓然出众的人。他们现在团结在一起，准备取得这场战争的胜利。不管怎样，三人都带领自己的人民，毫不吝啬地发挥出了自己的力量，激发了人民的信心，也让人民更加尊重他们。

斯大林元帅可能很难忘记英国的伟大领袖曾经说过的一些话。事实上，我们在第一次世界大战结束时与英国一起占领了苏联北部的一部分领土，这让我们很难建立起友好关系。苏联自1918年以来一直处于孤立状态，但在1933年，罗斯福承认了苏联。我相信罗斯福在德黑兰一定会让斯大林元帅感到他的善意是真实的。那次会晤过后，三人间的合作越来越密切。

会晤结束后，罗斯福总是描述苏联的那些领导人举行的豪华宴会。食物的数量，尤其是酒的数量给他留下了深刻印象。但他最喜欢讲的是这个仪式：丘吉尔先生送给了斯大林先生一把非常漂亮的宝剑。罗斯福说，显然，这让斯大林非常高兴。他表达了自己的喜悦和感激之情。这个仪式过后，他们三人一起拍了合照。我看到了照片，斯大林先生看起来特别高兴。

12月17日，罗斯福返回了华盛顿。这次旅行让他非常兴奋。他有了新的兴趣，身体似乎也比以前更好了。因为罗斯福对见到的一切和遇到的所有人都很感兴趣，所以每次旅行都会对他产生这样的影响。

罗斯福不在时，路易丝·梅西和黛安娜搬进了自己的房子里，这让她们非常兴奋。哈里·霍普金斯在那次旅行后也搬去了那里。罗斯福临走前就知道他们要搬家的决定，认为自己不能反对，因为哈里·霍普金斯和路易丝·梅西想拥有自己的家是一件很正常的事情，何况战争也快要结束了。哈里·霍普金斯的健康状况很差，那次旅行对他造成的影响再加上原有的疾病让他很难像住在白宫时那样与罗斯福密切合作。他和我们在一起时，经常和罗斯福一起吃饭，有时他会在睡觉前去一趟罗斯福的房间讨论国内政策，后来开始讨论战争问题。两人总是事先谈好旅行的事情。我敢肯定哈里·霍普金斯在每次出发前都会得到一些具体的指示。

12月初，安娜和她的孩子来看我们。孩子非常想去海德庄园，罗斯福同意在那里过圣诞节。我们为行政办公室的工作人员和家政人员举行的聚会在12月23日举办，这样罗斯福就可以在当晚离开了。在海德庄园，我们为家中的工作人员举办了一场圣诞树晚会，我们还在总统图书馆里为那些在军警学校上学的士兵举办了两场晚会。家人都聚在一起，我们也有机会见到孩子们，大家都很开心。对我们来说，有女儿安娜和孙辈的陪伴让我们很高兴，但如果儿子们都能暂时来我们这里休假，那就更让人高兴了。这一年，小富兰克林一家、约翰一家还有安娜和她的孩子都和我们一起度过了圣诞节。

我们回到华盛顿后，在1944年1月迎来了约翰的妻子安妮和她的孩子黑文和婴儿尼娜。她们在这里住了很久。约翰乘船去试航了，他想让安妮把孩子都安顿在白宫，这样她就可以在他进港后和他待在一起，哪怕只有一天。

在这之前发生了一件有趣的事，我们一直很喜欢这个故事，罗斯福也很喜欢。像往常一样，他每讲一次曾经发生在自己身上的故事都会润色一遍——因为他很喜欢讲关于自己的故事。一天晚上，就在安妮和孩子们准备来之前，约翰给我打了电话。当时我出去了，所以他和躺在床上的父亲罗斯福讲了。约翰先告诉了他安妮什么时候到，然后说到的时候必须准备好什么东西。最后，约翰还说："一定要订购尿布服务。"罗斯福从来没有听说过尿布服务，他问："你说什么？"约翰回答说，"尿布服务"，并解释了这是什么，他说要订购两百块尿布。这让罗斯福很困惑，他问："孩子出现了什么问题吗？我们总是把尿布煮一下再用。"约翰说："噢，爸爸，现在人们都不再那么做了。我的孩子也没有什么问题。我只是想把尿布准备好而已。"罗斯福把这件事认真地记在了心里。他对这件事非常感兴趣，所以在等待把事情告诉我时，他心里已经想好了第二天早上的对话内容。罗斯福心想："我会打电话给弗莱基（路易丝·哈克梅斯特，她是话务员负责人），对她说：'弗莱基，马上给我接尿布服务的电话'，弗莱基会说：'总统先生，您说什么'，然后我会回答：'尿布服务，弗莱基，我不知道这是什么，但请给我接它的电话。'接着我在接听尿布服务的电话时会说：'我是美国总统，我想订购两百块尿布，请帮我送到白宫。'"罗斯福脑子里已经仔细想好了这一切，然后就熄灯睡觉了。第二天早上他特别忙，就连我也很晚才去见他。我们谈了几分钟，突然他的脸上露出了一种恐怖的表情，说："哦，我完全忘了尿布服务的事了。"我并不知道约翰打来了电话，就迷惑地望着他。最后，罗斯福告诉了我整件事，还重复了他想象中的对话。幸运的是，那段对话还留在他的脑海里。罗斯福总是很喜欢讲这个故事。他还说，如果我没有出去闲逛，接电话的人应该是我。

1944年1月初，约翰·伯蒂格从意大利回来了，带着他的家人回到西雅图待了一段时间。但在2月20日，安娜和小伯蒂格来到了我们这儿。约翰·伯蒂格恰巧要在华盛顿驻扎一段时间，安娜和小伯蒂格就多待了一阵。那时安娜的两个孩子都住在寄宿学校里。安娜来到这里给罗斯福带来了很大帮助。自从玛格丽特·莱汉德小姐生病以来，尽管格雷丝·塔利小姐接替了她的位置，工作也很出色，但仍有一些不足。只有住在白宫的人才能真正做好。现在安娜把她的不足补上了。由于罗斯福太忙了，安娜就代替他见那些他没有时间见的人，还和他们进行了交谈，最后她把谈话的大致内容转告给了罗斯福。安娜还负责罗斯福的饮食。医生认为罗斯福应该请一位营养师来设计菜单。保持安娜和脾气暴躁的厨师间的和平绝非易事。不过，安娜也忙着维持厨师和亨利·内斯比特夫人的关系。事实上，安娜在很多方面都帮助了罗斯福。她把每件事都做得干净利落，并且为所有与她接触的人带来了欢乐。有她在身边，所有人都更加快乐了。

罗斯福一直坚持要举行教堂礼拜仪式，以纪念第一次就职典礼。1944年3月4日，仪式在白宫东厅举行。我曾坐飞机在加勒比地区飞行了一万三千英里，这次我和汤普森小姐在仪式结束后又立即出发了。罗斯福坚持让我再去加勒比地区访问一次。他认为，由于加勒比地区的战争已经结束了，驻扎在那里的士兵可能会觉得自己身处穷乡僻壤之中，而他们想去其他地方做更重要的工作，这可能会让他们感到恼火。但我们必须派人在那里看守潜艇，因为通往欧洲、亚洲和非洲的交通太繁忙了。罗斯福想让那里的士兵知道总统了解所有的情况，也理解他们，他还想让士兵知道他们仍然在做一项至关重要的工作，即使他们不在前线，也不会被人遗忘。

我有点厌倦了针对我旅行的批评，但罗斯福一直认为我访问南太平洋很成功，那次访问完成了他希望做的事。正是因为这样，我决定去加勒比地区再次访问。罗斯福针对此次访问制订好了计划。我决定带汤普森小姐和我一起去。从1944年3月4日到28日，我们一直乘坐飞机旅行。那段时间，我们访问了古巴的关塔那摩、牙买加、波多黎各、维尔京群岛、安提瓜岛、圣卢西亚、特立尼达岛、帕拉马里博、巴西的贝伦、纳塔尔和累西腓、拉瓜伊拉、加拉加斯、库拉索岛、阿鲁巴、巴兰基亚、巴拿马运河区、萨利纳斯、加拉帕戈斯群岛、危地马拉、古巴的哈瓦那。我们从哈瓦那直接乘飞机回到了家。

在古巴的关塔那摩，海军很希望罗斯福能过去休息和参观。他们把我带到了为罗斯福准备好的房间里。我很肯定罗斯福不会去，但我饶有兴趣地检查了房间，发现一切都很舒适，也很方便。我知道，如果罗斯福能说服那些关心他安全的人，让他们相信他去是安全的，他会很高兴与海军取得联系。看到那些军舰执行作战任务也会让他很满意。

在牙买加，我在军营的上校家里住了一晚。看完电影后，我和士兵聊了一会儿，然后进行例行检查。第二天晚上，我和总督约翰·哈金斯夫妇一直待在一起。约翰·哈金斯的夫人当时正在进行几个项目，包括一个婴儿诊所和一些奶站项目。开展这些项目是为了帮助当地穷人。那里的穷人普遍认为，如果他们生的孩子越多，就越有可能进入天堂，接近上帝。在未来，这样的想法可能是对的，但当前，这样做并没有什么帮助，因为人们常常无法维持生计，许多孩子营养不良。我看到一个三十六岁的妇女生了二十三个孩子！

波多黎各热闹非凡，在我看来这根本不像我十年前去过的那个极其宁静的地方。当我第二次访问时，岛上的总督是雷克斯福德·特格韦尔。他和夫人让我们在福塔雷萨这座历史悠久的房子里感到很舒适。总督在波多黎各尝试了他在第一次调查中感兴趣的一些想法，阿德里安·多恩布什正在研究开发波多黎各拥有的材料——竹子、甘蔗、棕榈等的新用途。

波多黎各的年轻男子都被征召入伍了。我至今还记得一个经营奶站的妇女的泪水及她为儿子的安全向我恳求的情景。后来，我发现她的儿子驻扎在附近的一个岛上。波多黎各群岛上人显然不想离开他们的家乡，他们即使不得不回到像世界上所有贫民窟一样糟糕的地方，也仍然想回到家乡去。

加勒比地区的所有岛屿都很有魅力，在那些岛屿上生活可能会很愉快。但在战争条件下，我想知道士兵是否有时间欣赏月光照耀下的棕榈树。这两者的结合是那么绝妙。由于士兵忙着修路和修建营地、改善恶劣的卫生条件，他们觉得，生活一点儿乐趣也没有。

坐在前往巴西北部和沿着海岸飞行的航班上，我看到了真正的热带丛林。我在心里默默祈祷，希望我们的飞机能安全降落在贝伦，别降落在我们飞行的丛林地区。

贝伦是一座有趣的城市，那里有古老的教堂和马赛克瓷砖砌成的瓦房，风景如画。但我想我并不喜欢长时间住在那里，因为那里的气候又热又潮湿。港口里挤满了渔船，上面住着成群的男女老少。渔船并不是我心中舒适干净的居所。

在贝伦，一些巴西政府官员的夫人迎接了我。美国大使卡弗里夫妇也在贝伦与我会合了。这些人陪同我访问了纳塔尔和累西腓，这让我很高兴。在这两个地方和在贝伦时一样，我看到了所有陆军和海军的活动，也检查了娱乐设施。

我对巴西渔民的坚韧惊叹不已。他们乘坐小船出海，就像几根钉子把他们钉在一起一样。小船实际上不过是有帆的木筏而已。渔民送给了我一个模型，让我带回去给罗斯福。他们知道美国总统对模型和渔民的航海技能非常感兴趣。

累西腓的机场对我来说有一种特别的吸引力。人们正是从那里出发，长途跋涉穿过海洋的。我曾和一个男孩聊了聊。他在去印度之前正在接收最后要求运输物资的订单，到达印度后会乘坐飞机沿着驼峰航线飞行。这对他来说是最危险的一次旅行。这个男孩刚回到家休假。他告诉我在返回家附近一个基地的途中，当他乘坐飞机低空飞越中西部的一些国家时，低头对自己说道："我希望我能对下面的人说：'你们知道你们有多幸运吗？你们过着多么美好的生活啊！与我在印度和中国见到的数百万人相比，你们是多么安全啊！'"在印度，他和许多男孩一样，目睹了饥荒。我想他们中应该没有人会忘记这件事。

巴西人民对我没去他们美丽的城市里约热内卢感到遗憾。罗斯福曾认真地对我说过，我只能去参观美国士兵驻扎的地方，而里约热内卢只在美国军舰偶尔去那里时才作为基地。

在英属圭亚那，我和老前辈威廉斯少校一起从乔治敦乘短途飞机出发。威廉斯少校当时正为丛林里和高山上的探矿者以及农民定期提供飞机服务。他想带我去看内陆最壮丽的景观之一——埃塞奎博瀑布。据说这是世界上最高的瀑布，但雾太浓了，我并没有看见。不过，威廉斯少校能驾驶飞机沿小河飞得很低，让我看到各处的小居民点。他解释说，如果有人生病或者需要什么东西，他就会降落在小溪旁，接上他的乘客或者运送他们想要的东西。在我看来，这里的生活似乎是一种奇特的开拓者的生活，这样的生活一定会让很多人着迷——有不少男女老少都把家安顿在这片荒野上。

在一家医院里，我遇到了一个男孩。他也听说了太平洋地区流传的那个隔离故事，他很聪明，怀疑那个故事的真实性。我们之间的交谈非常愉快。

库拉索岛给我的印象是太荷兰化了。当时还是女王储的朱丽安娜曾经访问过这里。她的来访使人们非常兴奋，还因此受到了鼓舞。当德国入侵荷兰时，库拉索岛的总督把自己的家人留在了荷兰。总督告诉我，他的妻子对他说："我会照顾好孩子的。如果你留在这里，德国人会把你关进监狱，你在战争期间就无法再为国家出力了。"她把他赶出了荷兰。和许多其他人一样，在德军占领荷兰期间，总督很难得到有关妻子的消息。这些妇女的勇气是多么惊人啊！想象一下，她需要面对一支入侵的军队，还需要照顾和保护五个年幼的孩子。

罗斯福允许我去一个严格来说并不是军人服役的地方——委内瑞拉。到达机场后，我们开车沿着一条非常陡峭的路前往加拉加斯。罗斯福说这是他见过的最美的路之一。我开车经过时的确很赞同他的看法。有人告诉我们，这条路是人们徒手修建而成的，耗时七年。建造这条路和实施公共事业振兴署的项目很像。在那里我了解到，委内瑞拉的妇女正在逐渐意识到她们需要更好地照顾和喂养儿童。

委内瑞拉总统夫妇为我举办了丰盛的晚宴。有人告诉我，桌上装饰的加上被灯光装饰得极其闪亮的树木里，共有四千朵兰花。正是在这次旅行中，我第一次见到这么多兰花。我之前竟然从未想象过这些花能如此美丽。这么奢侈地用兰花来装饰似乎不太道德，但它们生长得如此茂盛，我们只好把它们视为花园里一种普通的花，而不是一种奢侈品。

在哥伦比亚短暂停留后，我们飞往巴拿马运河区。在空中，我可以清楚地看到巴拿马运河。乔治·H.布雷特将军和特雷恩上将已经计划好了那里后的行程。我很高兴能够去看望在孤零零的营地里驻扎的男孩。我们乘坐鱼雷快艇视察基地，尽可能多地去看望我们的士兵。

在巴拿马，我竟然收获了意外之喜。就在我到达的那天，"大黄蜂"号航空母舰正在通过巴拿马运河。我的儿子约翰刚好在"大黄蜂"号上。他那时正担任助理供应官。由于约翰在岸上有四个小时的停留时间，他去看望了我。那是我在战争结束前最后一次见到他。

离开巴拿马运河区后，我在厄瓜多尔短暂停留了一段时间。有几个士兵驻扎在那里。然后，我们又飞往加拉帕戈斯群岛。很多人认为没有必要去那里。美国劳军联合组织的演艺人员也收到过这样的劝告，这让演艺人员很失望。不过，加拉帕戈斯群岛是罗斯福坚持要我去的，因为那里的士兵可能过着世界上最乏味、最艰难的生活。参观后，我意识到罗斯福是对的。陆军士兵驻扎在一端，海军驻扎在另一端。除了几株矮小的仙人掌，岛上什么也没有，那里也几乎终年无雨。由于没有淡水，人们只能把海水蒸馏后再使用。那里的动物只有鬣蜥（看起来像微型恐龙）和两只山羊。山羊的角被海军涂成了红色和绿色。没有人知道它们吃的是什么。此外，我在岛上几乎看不到其他生物。海军士官们修建了一个娱乐场所。我们受邀参观了那里。门上的牌子把我们逗乐了，上面写着"请进，女士"，而去过岛上的女性只有我和汤普森小姐两个人。

我很同情那些每天搭乘航班往返于三角区——加拉帕戈斯群岛、厄瓜多尔和危地马拉的男孩。他们长时间守卫着巴拿马运河的入海口，很少看到多少船舶，因而很难保持警惕。一些士兵已经在高射炮阵地驻守了四十二个月。回到家后，我告诉罗斯福，士兵在那些偏僻的地方驻扎太久了，尤其是在加拉帕戈斯群岛。

危地马拉海岸站的气候很糟糕。士兵们觉得酷热难耐。那里的昆虫和爬行动物让人难以忍受。娱乐室的门上有一块牌子："被遗忘者之家。"不过，危地马拉城气候宜人。如果只是游览，我愿意花更多的时间参观这个古老的首都和一些印第安村庄。

危地马拉总统豪尔赫·乌维科在宫殿里举行了一次非常正式的招待会。大家都按照礼仪就座，并按等级或者职位分别向我表示敬意。宫殿很豪华，室内采用了多种红木装饰。有些红木和我们的松木一样轻。当我在美国军官的护送下进入大楼参加招待会时，一个手电筒灯泡爆炸了。我还没来得及喘口气，危地马拉的士兵就跑了进来。美国军官抓住我的手臂，带我匆忙离开。这个声音听起来像是一声枪响，不过，并没有人遇险。

那次旅行让我觉得很贴心的是，尽管女厕很简陋，由士兵把守，但我们找到了女性需要的一切——优质的肥皂、毛巾、发夹、面巾纸、鞋刷、衣刷、扑面粉和粉扑。显然，有人想得非常周到，尽力为我们提供可能用到的一切。我不禁想，那位负责的官员一定有位体贴的妻子，让客人感到非常舒适。在其他地方，军官的生活非常简朴。一个军人把自己的房间让给了我们。房间里有两张行军床，但只有一张床上铺着薄薄的床垫，另一张床上放着衣服。那里没有衣柜，倒是有一个电冰箱。喝的东西都放在里面。如果我是他，我很想把饮料换成其他一些便利设施放在卧室里。

由于这次旅行基本不会遇到敌人，我的行程在出发前就公之于众了。无数士兵的母亲、妻子、情人和姐妹写信恳求我去看看她们想见的人。我离开家时，随身带了档案卡片，上面有要求我查找的士兵的姓名和证件号码。我每到一个地方，就把驻扎在那里的士兵的卡片交给一位军官，和他说，如果可能，让我见见那些士兵。接下来，那些年轻人就会收到通知。通知没有任何解释，只要求他们在指定的时间到达某个地方——通常是军官的房间。那些士兵去时不仅非常紧张，还很忧虑。但当我出现时，他们看起来总是很惊讶，同时大大松了一口气。回到家后，我需要给成百上千的人写信，因为在旅途中，我遇到的许多其他男孩都请求我写信给他们的家人。

在这次旅行中，我也设法与士兵、士官和军官一起用餐。这意味着早餐时间是在5时55分，不是在6时；中午吃正餐；17时或17时30分吃晚餐。某个地方的波多黎各士兵非常友好。早餐时，他们为我和汤普森小姐按照他们喜欢的方式准备了咖啡——里面主要加了糖和罐装牛奶。

一些高级军官非常坦率地告诉我，他们没有料到我的访问会给他们带来欢乐。无论我走到哪里，人们都会用最高级别的礼仪接待我，考虑得也非常周全。弗里大使、一些将军还有海军上将非常友好地写信给华盛顿，说我的访问对他们很有帮助。我一直希望能够给他们带来一些快乐，并给予他们一些鼓励。这也是罗斯福建议我进行此次访问的目的。

返回途中，我们在哈瓦那停留了一段时间。像在其他国家一样，我需要会见政府官员或代表。这总是能给我一个机会了解这个国家，并表达美国人民对南方邻国的善意。

总体来说，这次访问时的天气非常好。我非常谨慎地遵守机组人员对于到达和离开时间的规定。我不记得这次访问中有哪一次是因天气原因而耽误了行程。我们一共飞行了一万三千英里，徒步走过了无数医院病房、营地等，最后回到了华盛顿。

两天后，我和汤普森小姐就觉得这次旅行似乎是很久以前的事了。像往常一样，累积的工作需要我们集中精力才能补上。我们还没有来得及汇报所见所闻和在旅行途中做的事情，就开始忙着处理日常事务了。

第20章　最后的任期（1944年到1945年）

CHAPTER XX　　The Last Term: 1944—1945

在1943年至1944年的整个冬季里，罗斯福时不时发着低烧。他可能是在旅途中染上了疾病，也可能是因在海德庄园时，奶牛把波状热①传染给了他。如果是这样，情况就很糟糕了。但我想，如果没有人能够准确知道为什么某些病症会复发时，人们就会考虑所有的可能性。罗斯福看起来非常痛苦。多年来，他一直承受着压力。这样想来，人们也就不觉得他生病是一件令人惊讶的事了。1944年4月9日，罗斯福决定去南卡罗来纳州乔治敦的赫布考种植园，与伯纳德·巴鲁克住在一起。伯纳德·巴鲁克曾表示愿意接纳罗斯福的全部随行人员。

伯纳德·巴鲁克非常独立。在政策方面，他与罗斯福的意见并不完全统一。有时，就像任何一位总统身边经常发生的那样，罗斯福周围的人开始嫉妒像他这样的外部顾问，因此双方很难保持友好关系。如果罗斯福觉得某个人可能对他有所帮助，就会对与那个人有关的故事或者谣言置若罔闻。伯纳德·巴鲁克是那种既往不咎的人，因此，他总是随时准备好在有需要时为人们提供帮助。在我和罗斯福认识他的这些年中，

① 波状热，常被称为马他热、布鲁氏菌病、地中海张弛热，是一种宿主广泛由布鲁氏菌引起的传染病。——译者注

我们的个人关系一直都很好。

赫布考正好适合罗斯福居住。他热爱那个乡村和那里的生活，住了将近一个月。有一天，我和安娜还有澳大利亚总理约翰·柯廷夫妇乘飞机去赫布考吃午餐。我回家时就觉得搬到赫布考是罗斯福做得最正确的决定。我一直很感谢伯纳德·巴鲁克为他提供了一个假期。

1944年6月6日是一个非常重要的日子。我们很早就知道，军队一直在为反攻做准备，但一切都是保密的。这一时刻到来时，罗斯福通过广播为诺曼底登陆日祈祷。几个小时以来，我们的心都与海滩上的人们连在一起。消息一点点传来了。尽管我们的损失给许多家庭带来了悲痛，但登陆终于成功了，欧洲真正开始解放了，这给了人们巨大的安慰。

选举准备在1944年的秋季前进行。我知道，只要战争还在继续，只要罗斯福的身体状况足够好，他就会再次参选，这是意料之中的事情。许多医生被叫来给他做一次全面的体检。在这个特殊时刻，很难把工作移交给别人，所以我们最终决定，罗斯福如果同意遵循医生提出的某些规定，就可以继续工作。

最近有一本杂志刊登了一篇文章，作者是一位医生，他并没有透露信息的来源。这位医生说，罗斯福在白宫任职期间中风了三次。我想，他如果说的是真的，应该咨询了给罗斯福检查的医生。我问过麦金太尔医生，罗斯福以前中没中过风。他向我保证从来没有。如果不是我们中的某个人，别人不可能说他中风。我们总是和他在一起，注意到了有些事情不对劲。我不相信进行检查的医生告诉了那位医生，罗斯福中风了，我也不相信一直和他在一起的麦金太尔医生还有在温泉镇陪伴他的布鲁恩[1]医生怀疑他中风了，但没有告诉我，却告诉了

----

① 即霍华德·布鲁恩（Howard Bruenn, 1905—1995）。——译者注

那位撰写文章的医生。

这篇文章的言外之意是，罗斯福的家人知道他中风三次，但隐瞒了公众。我想在此声明，罗斯福的所有家人，包括我在内，从来不知道他中风了，也没有某位医生告诉他，医生怀疑他中风了。我很肯定，罗斯福是绝对不会允许医生对任何有可能影响他的精神，继而导致他无法继续工作的事情不屑一顾的。这样的事情无法想象。

罗斯福的身体情况很不好，但我们跟谁也没有说过。因为我们觉得，如果继续任职是他的职责，我们除了让他尽可能轻松地工作，别无他法。

7月7日那天，我在海德庄园，戴高乐将军和罗斯福在白宫共进了午餐。我们想知道那次访问是否会改变罗斯福对戴高乐将军的看法。会面很愉快，但那次会面显然是完全正式的。我看不出罗斯福的态度和以往有什么不同。

从1944年7月15日到8月17日，罗斯福去太平洋进行了访问。他曾多次去过欧洲，现在想与太平洋地区的军官建立个人联系，重温他们的作战计划。因此，罗斯福在夏威夷安排了一次会议。之后他从夏威夷出发，前往阿拉斯加州和阿留申。就在这次旅行中，一个非比寻常的故事被凭空捏造出来了：法拉被留在了其中一个岛屿上，而一艘驱逐舰受指派回去接法拉。尽管我们认为这个故事是共和党总部某个聪明的年轻人编造出来的，但我和罗斯福都不知道它是从何而来。不过，我在旅途中再也没有听说过类似的故事。

罗斯福不在时，安娜和她的丈夫约翰·伯蒂格都住在白宫里。她的孩子和我一起住在海德庄园度过了夏季的大部分时间。像往常一样，我们迎来了很多客人。1944年7月，我去北卡罗来纳州的朱纳卢斯卡湖，向卫理公会女教友发表了演讲。无论我去南方哪里都非常犹豫。多年来，我一直坚信有色人种应该拥有充分的公民权，但这引起了极大反响。许多反对我的人在信中和社论中找到了发泄的出口，尤其是在选举年代。因此，我认为自己对维护有色人种的公民权起不到什么作用。但那些妇女十分坚持让我去南方。我很庆幸自己去了，因为我在那里很开心。她们似乎认为我的到来是值得的。我非常钦佩佐治亚州亚特兰大的 M. E. 蒂莉夫人，她非常有勇气。

M. E. 蒂莉夫人是卫理公会妇女组织的执行秘书。有人告诉我，每当她听说有人动用私刑时，就会自己或者和一个朋友一起去调查情况。只有南方的妇女才敢这样做。但在我看来，即使是南方妇女，也需要极大的勇气——不仅要敢于付诸行动，还要有道德上的勇气。M. E. 蒂莉夫人是一个基督教教徒，信仰基督的所有教义，包括所有男人都是兄弟的观念。她尽管是南方的一个白人妇女，但非常痛恨有人常把南方白人妇女作为对黑人滥用私刑的借口[①]。后来，M. E. 蒂莉夫人在哈里·S. 杜鲁门总统的民权委员会任职。她工作非常出色，赢得了北方人和南方人的钦佩。

8月2日，玛格丽特·莱汉德小姐去世了。我们为此感到悲痛。不久前，我去波士顿参观切尔西海军医院时还见到了她。她和罗斯福一起工作了很多年，忠心耿耿，几乎作为家庭的一分子和我们生活在一起。罗斯福如果不能参加她的葬礼以表示最后的敬意，会很难过。但我不得不一个人去，因为罗斯福没能及时赶回来。

9月10日，魁北克有另一场战争会议。丘吉尔夫妇准备同去，罗斯福邀请我一起参加。起初国务卿科德尔·赫尔夫妇打算去那里，但科德

---

① 在种族歧视根深蒂固的美国社会，白人女子与黑人男子之间的性关系是最让白人憎恨的，是美国主流社会的禁忌，并成为对当事黑人实行惨无人道的私刑的重要因素。——译者注

尔·赫尔觉得自己身体不太好。后来,罗斯福邀请小亨利·摩根索,准备商量一下战后对德国实施的计划。

罗斯福急切地希望德国无法再次发动战争。我听到他讨论了很多计划,甚至有将德国分割成最初的公国的想法。罗斯福意识到德国的工业力量位于鲁尔,就仔细地考虑了国际社会控制该地区的可能性。但无论他最后是否做出了决定,我都不记得他说起过这件事。

毫无疑问,罗斯福与小亨利·莫根索讨论了所有想法,包括让德国成为一个比过去更依赖农业的国家、只允许德国发展保证自给自足的必需产业,并确保欧洲其他国家的经济不再主要依赖德国。

我认为在这里有必要回顾一下小亨利·摩根索在1947年发表在《纽约邮报》上的文章。文章讲述了1944年罗斯福本人在国外时和在美军占领德国期间英国的不同派别对待处置德国的态度。小亨利·摩根索说的话很重要:

听到三巨头已经专门指示欧洲咨询委员会研究分割德国的问题,我感到很惊讶。斯大林决定让德国再也不能扰乱欧洲的和平,因此,他强烈赞成分割德国。罗斯福完全支持斯大林,但丘吉尔不情愿地同意欧洲咨询委员会考虑这一提议。让我和安东尼·艾登惊讶的是,欧洲咨询委员会正在兴高采烈地制订计划,不是为了分割德国,而是要维护德国的统一。怀南特去过德黑兰,但由于他没有收到国务院关于沿德黑兰路线前进的指示,他觉得国务院可能并不知道三巨头的决定,并且向上级通报这样的事情并不在他的职责范围之内。

因此,当我在1944年8月17日飞回美国时,情况就是这样。国务院正讨论在国际大家庭中重组德国。让英国财政部很感兴趣的是把德国作为战后市场。欧洲咨询委员会漠视从德黑兰发出的指示，该委员会正在计划维护一个统一的德国。

小亨利·摩根索的文章中并没有介绍任何不同寻常的情况。显然，无论是在美国还是在英国，即使是最高级别的政府官员，他们的想法也不一致。这一切的最终结果似乎是：总统罗斯福的想法没有实现——欧洲战区最高指挥官艾森豪威尔[1]将军和他有着同样的想法。

小亨利·摩根索希望阻止战争，因此，财政部决定研究这一问题，让总统罗斯福从中受益，即使这样的问题可能有点儿超出了财政部的权力范围。

后来，小亨利·摩根索设立的财政部小组委员会起草的第一份备忘录成了"摩根索计划"的基础："该计划旨在摧毁德国的军火工业，在国际上控制鲁尔和莱茵兰的重工业，并重新安置德国人。"

当小亨利·摩根索向罗斯福提出这个计划时，罗斯福强调了在心理上对付德国人的重要几点。我想人们现在可能还记得很清楚。

第一，不应该允许德国制造飞机，包括滑翔机。

第二，不应该允许任何人穿制服。

第三，不应该允许德国人进行任何形式的游行。

罗斯福认为，禁止穿制服和禁止游行比其他任何事情都更能让德国人意识到他们已经被打败了。

我认为应该根据从那以后人们写的文章和现在发生的事情重新阅

---

① 即德怀特·戴维·艾森豪威尔（Dwight David Eisenhower, 1890—1969）。——译者注

读小亨利·摩根索撰写的文章。文章清楚地介绍了魁北克会议的背景及小亨利·摩根索如何到那里去的。在魁北克会议召开前一个月，罗斯福收到了国务卿科德尔·赫尔、史汀生和小亨利·摩根索的备忘录。他们是罗斯福设立的内阁委员会的成员。成立内阁委员会的目的是商讨战后如何处理德国。所有事情都经过了仔细考虑，因此，可以推测，罗斯福认为小亨利·摩根索的计划更适合形势的发展。小亨利·摩根索清晰地讲述了他和弗雷德里克·林德曼对财政部备忘录和财政部计划的考虑。他说，弗雷德里克·林德曼可以被称为是"丘吉尔的个人智囊团"。小亨利·摩根索还讲述了丘吉尔自己的备忘录。丘吉尔对备忘录进行了口述，并且小亨利·摩根索拿到了文本。罗斯福表示完全同意该备忘录。我在这里引用一下：

  总统罗斯福和首相丘吉尔在会议上谈论了防止德国重新武装应采取的最佳措施。此次会议谈论的一个重要问题是未来如何处置鲁尔和萨尔兰。

  德国发展冶金、化工和电力工业，极有可能会威胁到世界和平。痛苦的经历已经让我们深刻领悟到了这一点。我们还必须记住的是，德国人已经摧毁了苏联和其他邻国友邦的很大一部分工业。只有根据公平的原则，这些受害国才有权拆除德国的那些机器，以弥补他们遭受的损失。这样看来，鲁尔和萨尔兰的工业必然会停止，关门大吉。有人认为，应该把这两个地区置于世界组织的管理下，并且世界组织应该监督拆除德国的工业设备，并确保这些工业不会通过某种秘密手段再次兴起。

  这项计划旨在摧毁鲁尔和萨尔兰可能用于战争的工业，将德国转变为一个以农业和牧业为主的国家。

首相丘吉尔和总统罗斯福就这一计划达成了一致。

同意

罗斯福

丘吉尔

1944年9月16日

在那之后，高层间似乎出现了普遍的问题。当太多不准确的新闻泄露出来时，困难似乎普遍出现了。小亨利·摩根索对战争部长史汀生寄给他的信十分感激，这一点儿也不奇怪。对于一个儿子在前方作战的人来说，对小亨利·摩根索的种种指控肯定令他难以忍受。

小亨利·摩根索讲述了在罗斯福去世前一晚和他进行最后一次谈话的情景。罗斯福仍然坚决强调"不能因心软而改变阻止德国和德国人再次成为侵略者的必要条件"。小亨利·摩根索认为该观点在波茨坦协定中已经体现的很明确。后来出现的问题不是由波茨坦协定造成的，而是由于没有达成进一步协定造成的。仔细分析已经发生过的许多事情，人们很可能会发现丘吉尔总是倾向于对德国采取不是很严厉的态度。随着他对苏联的恐惧加剧，他的这种情绪自然会加剧。

英国政府的更迭并没有改变这一政策，只是把对苏联的畏惧从一个领导人身上转移到了另一个领导人身上而已。无论谁执政，英国的外交政策都大同小异。我认为，现在显而易见的是，英国人认为德国是一个缓冲国和售卖英国商品的市场，这个国家并没有一个日益强大的共产主义国家更令人畏惧。美国有很多人有同样的想法。其中，很有可能有一部分人在国务院任职。这个想法可能并不是占主导地位的想法，但可以肯定的是，人们思想上的分歧依然存在。我们必须记住，有些人习惯支持英国人，也有一些人习惯不支持英国人，这样的斗争可能一直都会持续下去。

在《罗斯福与霍普金斯》一书中，罗伯特·E.舍伍德写道："根据我个人了解到的情况，我可以证明史汀生说的话是真的：罗斯福虽然曾同意在提案上签上自己的姓名，但后来毫不掩饰后悔之意。事实上，在魁北克会议结束六周后，即在1943年10月20日，罗斯福对这件事做出了反应：他放弃了所有处置德国的具体计划。在一份写给科德尔·赫尔的备忘录中，他表示：'我不喜欢为一个我们尚未占领的国家制订详细的计划'，还补充说，具体计划'取决于我们和盟友进入德国后了解到的情况，但我们现在还没有到那里去'。"

我从未听罗斯福说过他改变了对这个计划的态度。我认为，新闻报道带来的影响让罗斯福觉得，当时放弃实施最终决定的方案是明智之举——这就是他写给科德尔·赫尔的备忘录中所讲的事情。顺便说一句，我不同意罗伯特·E.舍伍德的说法。他认为罗斯福之所以没有让哈里·霍普金斯加入战后租借规划临时联合委员会，是因为有人告诉他，哈里·霍普金斯太容易受英国或者其他盟友的影响，让他作为美国代表不是很可靠。罗斯福总会告诉哈里·霍普金斯他在一切问题上的立场。他非常了解哈里·霍普金斯，也非常确定自己可以让哈里·霍普金斯按照自己的方式行事。不，是环境把他们分开了。就像我曾经说过的，哈里·霍普金斯已经不住在白宫了，他的身体状况也很不好，已经承担不起曾经肩负的重任了。罗斯福有太多事情要做，无论和某些人的感情有多深，他都没有时间维持任何不符合他工作要求的个人关系。罗斯福在这方面态度很强硬，但符合当时的需要。

我曾多次听到伯纳德·巴鲁克说过，"不管谁受苦，都不是总统的错"。在这件事上，小亨利·摩根索受了很多苦，但对我来说，这并不意味着罗斯福的态度发生了根本性的改变。我认为能证明这一点的是，在最后一次谈话时，罗斯福鼓励小亨利·摩根索写一本关于德国的书，概述小亨利·摩根索的观点——罗斯福有些观点与小亨利·摩根索相似，尽管在某些细节上可能有所不同。

当我们在魁北克参加会议时，丘吉尔向我们展示了诺曼底登陆港的模型，这是为了让罗斯福了解如何使用这个模型。我们很感兴趣，罗斯福尤其如此。他还坚持要把模型带回到华盛顿，放在战争部，让所有军官能看到。

在魁北克，住在老堡垒里是一种新奇的体验。我喜欢在堡垒周围散步，特别是沿着城墙散步，这样可以俯瞰河流。麦肯齐·金先生也在那里，还有加拿大总督[①]和他的夫人艾丽斯公主。他们都很善良。一天下午，他们带着我和丘吉尔的夫人去乡下兜风。我们还参加了野餐茶话会，这让我非常开心。我永远都不会忘记那一天。

我和丘吉尔的夫人受到邀请用法语通过收音机讲话，还一起参加了许多娱乐活动。1944年9月18日，罗斯福和丘吉尔夫妇回到了海德庄园。他们在那里休息的时间一定很短，因为大选即将开始了。

在华盛顿卡车司机联合会举办的晚宴上，罗斯福发表了讲话。这拉开了竞选的序幕。丹尼尔·托宾是一个年迈而热情的民主党追随者。我一直认为，正是在这次晚宴上，罗斯福为托马斯·杜威的竞选失败埋下了伏笔，因为他讲述了那个令人气愤的故事，即法拉被留在了岛上，纳税人花了数不清的钱找回了它，共和党人对此进行了谴责。罗斯福通过嘲弄，把愚蠢的谴责变成了自己的优势。法拉的朴素和明显的苏格兰特征给罗斯福带来了极大欢乐。在竞选中，罗斯福会咯咯地笑着说："我

---

① 即亚历山大·坎布里奇 (Alexander Cambridge, 1874—1957)。——译者注

想民众更喜欢带着小狗的大个子，而不是带着大狗的小个子。"

晚餐结束后，竞选活动开始了，但我忙着做许多与此无关的事情。10月4日和5日，白宫举行了一次关于农村教育的会议。此次会议是由查里·奥蒙德·威廉斯小姐组织的。虽然我知道大多数真正有意义的事情都做好了，但我记得最清晰的是，有一位代表要求见法拉。于是，我把法拉带了过去。这是小事一桩，我还可以让法拉表演它的小把戏。这让所有人原本紧张的心情得到了些许缓解。

我的生日后不久，我仍然定期去给红十字会献血。但办公桌旁的那位年轻女士感到非常尴尬，因为我已经六十多岁了。六十岁以上的人是不允许献血的。我有点儿气愤，因为我看不出刚刚过了六十岁的我，血液会发生什么变化，但我意识到的确要有一个明确的规定来限制献血的年龄。我觉得自己在1944年10月11日真的步入了老年。

竞选结束后，我和罗斯福在暴风雨中驱车驶过纽约的街道，那是我印象中最大的一场暴风雨。我们按计划做了所有事情，尽管当时下着倾盆大雨，他坐在一辆敞篷汽车里，浑身湿透了。我们在纽约的一个车库里停了下来。罗斯福换了一套干衣服。我们回到了公寓。自从卖掉第六十五街的房子后，我一直想让罗斯福来看看这套房子。他之前告诉我要在纽约买一套公寓，这样我们离开华盛顿后偶尔可以住在纽约。罗斯福还明确地告诉我，他需要一个安静的环境，并且房间里不能有台阶。我问罗斯福是否在意住在哪里，他说完全不介意。他本打算在离开白宫后在海德庄园和温泉镇度过余生，但他意识到，既然他计划为杂志社工作，那在纽约必须有一个住的地方。我碰巧在华盛顿广场找到了一套公寓，里面有两个房间，由一个与室内其他部分隔开的浴室相连，并且房间里没有台阶。我认为这是一个非常理想的地点。罗斯福之前一直没有来过纽约，我从来都没有机会给他看这套公寓。即使我把公寓收拾好，把物品摆放整齐后也一直都没有机会让他看一眼。现在罗斯福总算来这里了。他说非常喜欢这套公寓。

那天我真的很担心罗斯福。但他非但没有筋疲力尽，反倒非常振奋。他找机会把湿衣服换了下来，并休息了一会儿。纽约市民非常热情，与他们接触对罗斯福来说有好处。市民似乎一点儿也不介意在雨中站那么长时间，他们只想在总统罗斯福挥手时看他一眼。这样的场面一定让所有人都感到非常温暖。当人们相信你为他们做了一件真正值得做的事情时，他们会很爱你。毫无疑问，那天纽约市民一直在告诉罗斯福，他们有多在乎他。那些男女老少已经站了好几个小时。我想说，即使天气再糟糕，他们也依旧如此。

麦金太尔医生之前很担心竞选。我在初秋时告诉他，我觉得罗斯福从与人民接触中获得了力量。我们访问纽约，我觉得我是对的，罗斯福比竞选开始时状态更好。

10月21日晚，在外交政策协会举行的晚宴上，罗斯福发表了讲话。后来，我听说有些人觉得他那天晚上病得很重，但我并不感到惊讶，因富为兰克林·德拉诺·罗斯福的确非常疲惫。我们去海德庄园参加了选举。当选举结果显示罗斯福一定会连任时，他像往常一样到门廊上去欢迎那些迎接和祝贺他的邻居。

选举结束后，我去纽约待了一两天，参加了拉希和特露德·拉希的婚礼。回到海德庄园后，我准备和罗斯福一起回华盛顿。这时，我才发现老朋友哈里·胡克一直病着。他总是在重要场合陪在我们身边。哈里·胡克如果住在海德庄园的房子里，就没有人能够照顾他，所以我们帮他穿好衣服，带他回到了华盛顿。后来，我才知道，哈里·胡克的心脏病发作了，并且情况很严重，我们不应该把他转移走。不过，在转移的过程中，他似乎并没有疼痛感。我们让他在白宫休养了大约两个月。

如果在海德庄园，我不能照顾他，但在白宫却可以。从很多方面来考虑，我认为哈里·胡克住在白宫要比住在医院里好，并且我和罗斯福都因能够照看他而感到高兴。

罗斯福在温泉镇度过了感恩节，并在那里待了将近三周。每当罗斯福可以去那里时，我总是很高兴，因为与病人接触，尤其是年轻的病人，他总是感到欣慰。我想他觉得温泉镇能够减轻那些像他一样遭受病痛折磨的人们的痛苦。

这一年，我们又在海德庄园度过了圣诞节。埃利奥特带着费伊·埃默森来见我们。我们十分欢迎她加入我们的大家庭。埃利奥特还花了一些时间和父亲罗斯福开车在农场转了转，穿过了圣诞树种植园。不久，罗斯福开始计划雅尔塔之行。我记得他很忙，一直到1945年1月才有时间打开圣诞礼物。罗斯福不会让我们任何一个人替他做这件事。如果在晚餐前有几分钟空闲时间，罗斯福就会高兴地打开圣诞礼物。每件礼物他都很喜欢。

1945年1月初，罗斯福意识到这肯定是他最后一次参加就职典礼了，他甚至预感和我们在一起的时间不会很长了，所以坚持要求所有孙辈在1月20日以后来白宫住几天。我担心麻疹或者水痘流行起来，所以不太愿意让十三个孙辈到这里来。他们中最大的十六岁，最小的三岁，但罗斯福非常坚持，我只好同意了。

我们的家人太多了，当时有几个孙辈和他们的母亲、一些护士及几个朋友都住在我们的房子里。大家挤得水泄不通。但这次不像前一次的就职典礼那么糟糕。那次，有两个孙辈和一个护士不确定最后来不来，当我给他们分配床位时，我发现我只能让出自己的房间，独自睡在三楼的一个房间里。那是我的女仆缝纫和熨烫衣服的房间。我也只能拿着邮件去汤普森小姐的办公室里。她的办公室很小，我需要占用她的一部分办公桌来工作。这样做让我觉得不太舒服，并且我也不喜欢这样做。

　　就职典礼结束后，罗斯福的身体一天不如一天。尽管如此，他还是下定决心去雅尔塔。一旦他决心要做什么，就不会放弃。他确实很喜欢这样的旅行，特别是可以乘坐战舰走完大部分行程。我们讨论了我是否应该随行。罗斯福说："如果你去，他们一定会大惊小怪，但如果安娜去，事情就简单多了。埃夫里尔·哈里曼会带他在莫斯科的女儿去。"因此，这件事就这样决定了。安娜的丈夫约翰·伯蒂格说，她应该去参加一场这样的会议。他会留在华盛顿照顾小伯蒂格。

　　罗斯福非常希望能够在这次会议上加强他和斯大林的个人关系。他谈到这一点对于未来和平时代的重要性，因为他意识到，这时出现的问题甚至比战争时期出现的问题还要难以解决。他告诉我，如果可能，他打算会见一些阿拉伯人，尽力找到和平解决巴勒斯坦局势的办法。

　　罗斯福离开的那段时间，安娜一直保持和我们联系，告诉我们罗斯福的健康状况及旅途中发生的事情。我认为此次旅行很有可能对罗斯福有利，因为他似乎觉得这次旅行取得了很好的结果，特别是在了解斯大林方面。不幸的是，在回来的路上，最想进行此次旅行的埃德温·沃森中风了，这一定让罗斯福非常焦虑。在他们离开地中海前，埃德温·沃森就去世了。哈里·霍普金斯在旅行期间也病得很重，不得不在马拉喀什停留一段时间。所有乌云似乎都笼罩在他们乘坐的那艘船上，这让我很担心。但着陆时罗斯福看起来好多了。他尽管很悲伤，但仍然保持着一些回家时的愉悦和兴奋，并讲述了旅行故事。罗斯福一直都很喜欢讲故事。

　　有很多人指控美国在《雅尔塔协定》中"放弃"了很多利益。爱德华·斯特蒂纽斯的新书从权威角度回应了这些指控。我希望每位曾经一度认为罗斯福不把美国利益放在首位的人都能读一读这本书。我们的幸福与其他国家的幸福密不可分，这一点罗斯福深信不疑。他认为我们需要与其他国家建立友谊。罗斯福知道在谈判中总有一些时候需要互相迁就，但他很擅长讨价还价，也是一个玩扑克牌的好手，喜欢谈判的游戏。我确信，即使是在雅尔塔会议上，他无论多么疲惫，都必须与其他人进行智慧的较量。这会促使他保持警觉并充满兴趣。

雅尔塔只是朝着罗斯福心中最终的解决方案迈出的一步，但不是最后一步。谈判必须继续进行，会议也必须继续召开。罗斯福渴望出现一个和平和充满理解的时代，但他清楚地知道，和平不是一日之功，而是需要我们日复一日、年复一年不断努力去维护的。

尽管在前往雅尔塔时对能和斯大林共事充满信心，但回到家后不久，罗斯福开始觉得斯大林并没有信守诺言。对此，他无法做到视而不见。我相信，在写给斯大林的信，他写了很多非常苛刻的话。不过，我想他仍认为，最终他可以让斯大林信守诺言。他、斯大林和丘吉尔一起面对战争，都能够非常理解、尊重对方，因此，问题能够得到解决。

在谈到此行的经历时，罗斯福总是强调，最有趣和最丰富多彩的一段经历就是他与沙特阿拉伯国王伊本·沙特的会面。伊本·沙特乘坐一艘驱逐舰，和所有随行人员坐在甲板上的一个顶篷下。他们带去作为食物的羊群都聚集在船的另一端。罗斯福说那是他见过的最奇怪的驱逐舰。为了让国王在熟悉的环境中感到舒适，他们已经铺好了漂亮的地毯，把一切准备好了。国王一行到达后，罗斯福准备好了咖啡。他请求用自己的咖啡机准备咖啡，供他和罗斯福饮用。

此次访问的目的当然是为了在巴勒斯坦问题上达成某种共识。此外，罗斯福想对阿拉伯国家的发展提出一些建议。他一直都强烈地认为，阿拉伯国家不应该把所有的石油资源都交给世界上的大国，而应该保留足够的石油资源，以便把水抽到地表，灌溉沙漠，更好地发展农业。罗斯福确信，大部分沙漠地区都有地下河流，这就使灌溉成了可能。他还认为，这些国家在植树造林方面可以做得更多。当罗斯福和丘吉尔在卡萨布兰卡会议期间与摩洛哥苏丹共进晚餐时，罗斯福曾提到这一点。他说，当他提到这一点时，丘吉尔看起来不太高兴，但摩洛哥苏丹似乎很热情。

罗斯福试图与伊本·沙特谈论这些话题，但得到的回应是，他是一名士兵，只要他活着，就会继续做一名士兵。伊本·沙特说，他有很多儿子，一个儿子对农业感兴趣，另一个儿子对保护环境感兴趣，但他自己除了成为一名士兵和游牧民族的国王，对任何事情都没有兴趣。

罗斯福喜欢伊本·沙特，认为他是士兵之王的典范。但让他沮丧的是，他无法采取任何措施改善伊本·沙特的人民的生活条件。伊本·沙特不希望他的人民改变，他觉得与欧洲人接触对自身不利。在巴勒斯坦问题上，罗斯福可以说是一事无成。罗斯福总是说，他唯一真正的失败就是在与这位阿拉伯国王伊本·沙特的会谈。

伊本·沙特送给罗斯福一把漂亮的金剑。这把剑的剑柄上镶着许多珍贵的珠宝。他接受并使用了罗斯福送他的轮椅，因为他得了风湿病，走路时腿会很疼。这就证明他们相处得很好，并且都很喜欢对方。不幸的是，那把剑是在罗斯福去世后送来的，现在它位于海德庄园的总统图书馆里，属于美国政府的财产。

罗斯福还喜欢讲在雅尔塔举行的那场正式晚宴。在晚宴上，威廉·D.莱希上将觉得安娜敬的酒太多了。她知道威廉·D.莱希上将很关心她，她非常感激他的关心。但直到后来安娜才告诉他，她的杯子里装的是姜汁汽水，不是伏特加。

罗斯福去看望了埃德温·沃森夫人。这真是一项艰难的任务。他还去参加了在阿灵顿公墓举行的埃德温·沃森的葬礼。我不仅觉得埃德温·沃森的去世给我个人带来了损失，我还非常担心他的去世会导致罗斯福的过度焦虑。

1945年3月1日，罗斯福在国会发表了讲话。我知道，当罗斯福同意坐着讲话，他在一定程度上已经接受了自己身体虚弱的事实。我发现罗斯福越来越不愿意见人了，他想在中午休息——他的确也需要休息。罗斯福急于离开，当他决定去温泉镇时，我很高兴，就像我之前说的，他在那里总能变得健康、强壮。罗斯福邀请了表妹劳拉·德拉诺和玛格丽特·克利一起去那里。我知道，她们应该不会像我一样讨论国家问题来打扰他。他可以真正休息一下，她们还能陪伴他。我觉得这是他最需要的。

我第一次开始意识到，我再也不能像以前一样，和罗斯福讨论了。有一天晚上的讨论给我留下了深刻印象——我们与哈里·胡克讨论的问题是，在和平时期，是否要求所有年轻人必须服兵役。哈里·胡克很久之前就有这种想法，他认为年轻人都应该服兵役，他也一直在为这个目标而努力。但我一点儿也不喜欢这个想法，激烈地反对。这可能是因为我觉得哈里·胡克太希望年轻人服兵役了，而罗斯福对这件事似乎了解得不是很全面。最后，我显然让罗斯福感到我真的在和他争辩。我突然意识到这样做让他很心烦，于是我立刻停了下来。后来，哈里·胡克责备了我，说我不能再那样对待罗斯福了。我非常清楚，在讨论这个问题时，我已经忘记了罗斯福不再是过去那个每当政策问题出现时总是怂恿我进行激烈辩论的沉着冷静的人了。这只是我们都不愿意承认的一个变化罢了。

安娜回来后发现，小儿子伯蒂格的腺体严重感染了，只能用青霉素治疗。我们在白宫照顾了伯蒂格一段时间，后来把他转到了海军医院治疗。大家都非常担心他。安娜本来打算在父亲罗斯福去温泉镇时也带伯蒂格去那里，但后来只能放弃了。温泉镇会再次治愈罗斯福。因此，我们大多数人更担心伯蒂格。

1945年4月1日，也就是复活节那天，我和汤普森小姐像往常一样进行了晨拜。接下来的几天里，我继续做日常工作，每天都能通过电话了解温泉镇的消息。所有消息都是好消息，直到4月12日下午，劳拉·德拉诺给我打电话说，罗斯福在坐着让人画肖像时晕倒了，后来他被抬到了床上。我对麦金太尔医生说了这件事，他并没有惊慌。但我们计划那天晚上去温泉镇。麦金太尔医生告诉我，我最好下午继续去赴约。我在最后一刻取消约定，一定会引起很大反响。

当有人叫我接电话时，我正在华盛顿的苏尔格雷夫俱乐部里，为旧货店举办慈善活动。打电话来的人是斯蒂芬·厄尔利。他非常难过，让我马上回家。我甚至没有问为什么，因为我知道发生了可怕的事情。尽管如此，我需要按照礼节办事，因此，我回去告了别，向大家表示自己很遗憾不能再待下去了，因为家里出了点事，我需要回去一趟。我上了车，双手一直紧握着，坐在那里，就这样回到了白宫。我心里知道发生了什么，但直到这个可怕的想法被说出来时，我才会真正去想这件事。我去了起居室。斯蒂芬·厄尔利和麦金太尔医生过来告诉我，他们从温泉镇的布鲁恩医生那里得知，罗斯福先是脑出血，后来就与世长辞了。

我立刻派人请副总统哈里·S.杜鲁门来，并安排了麦金太尔医生和斯蒂芬·厄尔利在那天晚上和我一起乘飞机去温泉镇。不知何故，在紧急情况下，人总会不由自主地去自己想去的地方。我一直都是这样。一旦有什么事情发生，我吓得呆住了。伯蒂格还在医院里，幸好安娜还在白宫，这样安娜、汤普森小姐和伊迪丝就可以留下来安排在白宫举行葬礼的所有事宜。

副总统来时，我表达了我有多难过，我们多想尽我们所能帮助他及我多为美国人民感到难过，在战争真正取得胜利之前他们失去了一位领袖和一位朋友。此外，我不知道该说些什么。

然后，我给儿子们发了电报："父亲在睡梦中悄然离去了。他一定希望你们继续坚守岗位，做好自己的工作。"

我们还没反应过来就上了飞机，飞行了整整一夜。我们在温泉镇的那天是漫长而令人心碎的一天。劳拉·德拉诺和玛格丽特·萨克利、白宫的女佣莉齐·麦克达菲、一直在那里为罗斯福做饭的厨师黛西·邦纳及他的贴身男仆阿瑟·普雷蒂曼都感到震惊、悲伤，但每个人都尽己所能克制自己，保持冷静。虽然这是一个非常可怕的打击，但不知何故，你没有机会把这件事视为自己的悲伤。这是所有人的悲伤，这个现在已经去世的人恰好是我的丈夫罗斯福，他一直都是力量和坚韧的象征。

最后，队伍缓慢走到了火车站，上了火车，出发前往华盛顿。军警围住了放在汽车后座上的棺材。罗斯福生前常常坐在那里。我拉起了遮光窗帘，整夜都躺在卧铺上，向外眺望着罗斯福热爱的乡村，注视着车站里甚至是十字路口上人们的面孔。他们在这个夜晚前来表达自己最后的敬意。

葬礼的所有计划都符合罗斯福的要求。我们过去常说，在国会大厦举行葬礼，会有一个人躺在那里，而人群经过敞开的棺材。我们非常不喜欢这种做法，也绝不会这样做。我要求在棺材放进东厅后打开它，这样我就可以在棺材最后关上之前独自一人进去放一些花。罗斯福希望人们记住他，就像他在世时一样。他也希望朋友能在东厅参加他的葬礼。

在我看来，除了三个儿子，世界上所有人都在东厅参加了葬礼。幸运的是，埃利奥特是唯一一个赶回来的儿子。他乘飞机和伯纳德·巴鲁克先生还有其他几个人从伦敦赶了回来。詹姆斯能来东部，但他在海德庄园举行的葬礼结束后才到达纽约，所以他和我们一起搭上了返回华盛顿的火车。小兰登·马尔温是罗斯福的教子，和詹姆斯一起回来了。当时，小富兰克林和约翰都在太平洋地区。

罗斯福留下了确切的书面指示，希望自己能葬在海德庄园的玫瑰园里，但他忘记了使用私人财产必须提前进行相应的规划，我们只能在最后一刻做出安排。

在华盛顿举行的葬礼结束后，我们坐火车去了海德庄园。那天晚上仍然没有人能睡着，所以我们一路看着车窗外站在那里致敬和满怀悲伤的人们。那天许多朋友很早就离家前往海德庄园参加葬礼，这让我非常感动，尤其是麦肯齐·金总理。他非常善良、体贴。我的侄女爱德华·P.埃利奥特夫人当时住在渥太华。金总理邀请她乘坐专列一起去海德庄园。我在海德庄园待了很长时间，迎接老朋友和从华盛顿赶来的官员。然后，我、埃利奥特、四个儿媳、汤普森小姐、哈里·胡克和总统哈里·S.杜鲁门夫妇乘坐同一列火车返回了华盛顿。

总统杜鲁门夫妇让我不要着急搬出白宫。他们非常友善，但我想要尽快离开那里。我早就着手安排了，这样十二年来积累下来的东西可以很快打包运走了。就像生活中经常发生的那样，一些事情即将结束，一些新的事情正在开始。当我们沿着熟悉的道路返回华盛顿时，我的脑海里浮现出了许多曾经发生的事情。

我非常肯定的是，罗斯福在接受了出生的同时，也接受了死亡的到来。他有强烈的、独特的宗教信仰。这就是为什么他喜欢（《圣经》中的）《诗篇》中的第二十三篇、《天国八福》和《哥林多前书》第十三章的原因。罗斯福从不谈论自己的宗教信仰，却对自己的信仰十分执着。有一次，当我跟罗斯福谈有人寄给我的精神对话时——人们总是把他们与死者的对话寄给我——我说自己有点儿不相信这些东西。罗斯福对我说得很简单："我觉得在无法证明某件事情是真是假的情况下，说你不相信这件事并不明智。世界上有太多新发现的东西，可能有一些精神上的东西我们现在根本无法理解。这样说才更明智一些。即使我不能理解人们的信仰或者共享他们的经历，但我对人们相信的一切都很感兴趣，并且我也尊重他们的信仰。"

在我看来，这是一种自然而然的态度。罗斯福对任何引起他注意的事情都持开放态度，随时准备去挖掘。罗斯福的信仰是从孩童时代逐渐形成起来的。他仍坚持认为宗教是人类的精神支柱，是力量和指引的源泉，所以我相信他离开人世十分安详，就像面对生命中所有的事情一样平静。

如果一个人处于震惊和悲伤中，他的次要情绪就会消失。在公共生活中，任何人都必然有过一些因这样或那样的原因而破裂的亲密关系，也有一些从来都不是很亲密、很容易就失去的关系。有些人很痛恨罗斯福，他们以后也依然会痛恨他。但当罗斯福去世时，这些人忘记了自己的情绪，与广大美国人民融为了一体。他们感觉自己失去了那个需要的人。葬礼当天，哈里·霍普金斯看上去快要不行了。他从马拉喀什回来后，一直待在屋子里。罗斯福和哈里·霍普金斯都在病中，不可能经常见面。我认为他们对彼此的关心并没有减少，并且两人的关系也没有出现裂痕。有人却认为他们决裂了。我认为当时的环境和两人的健康状况让他们很难经常见面商谈。

詹姆斯·法利在那一天也感到非常悲痛。我没有忘记他们的悲痛。他们内心深处对罗斯福怀有一种真挚的感情，但我理解他们依然痛恨罗斯福的原因。

现在回顾往事，我意识到罗斯福的父母在不知不觉中已经为他做好了充分的准备。他与父母接触，通过出国旅行对许多国家的风俗及其人民有所了解。正是因为有了这些经历，罗斯福才能够应对公共生活中出现的各种情况。当然，他们从来没有打算让他从政，但他们对罗斯福的训练让他更有能力完成自己的任务。

所谓的罗斯福新政无非是为了保护我们的经济体系。放眼今天的世界，我在想，如果其他国家早就实施了类似罗斯福新政的举措，让他们的人民获得安全感并对自己充满信心，那么他们是否会在第二次世界大战中表现得更加出色。正是因为所有美国人民再次拥有了自信心和安全感，他们才有可能像在战争初期那样进行生产，加入美国历史上最可怕的战争中并取得胜利。这样看来，罗斯福面临的两个危机是紧密联系在一起的。如果他没有处理好第一个问题，那他就不可能解决好另一个问题。除非人民愿意跟随领导人的步伐，否则任何领导人都无计可施。

罗斯福去世后，我收到的大量信让我更清楚地认识到这一点。这些信现在保存在罗斯福总统图书馆里。让我感动的是，这些写信人娓娓道来他们的故事，还列举了罗斯福实施的计划和政策。正是这些计划和政策改善了他们的生活。罗斯福把遇到各种状况的人民从彻底的绝望中拯救出来。

整个夏季，人们都在不停地给我寄信。哈里·S.杜鲁门总统非常体贴，让与我们在一起共事了十二年的多萝西·道来海德庄园帮助我们处理信件。1945年8月底，我们打开并读完了最后一封信。我清楚地记得读到最后一堆信时如释重负的感觉。那时我有一种成就感。我不可能像自己希望的那样，亲自回答所有问题。我一直认为，未来的历史学家会找到一个人四次当选美国总统的原因。

当时无论周围发生了什么，我的态度都十分冷淡。我唯一的解释是，在战争期间，我一直都在提醒自己，我的某个儿子或者所有儿子都可能战死。长期以来，我也一直面临着罗斯福可能在任何时候战死的事实。我不是故意这样说的，这种想法一直存在，让我能够与世界上所有受苦受难的人民感同身受。但这并不能完全解释我的感受。也许是在更早的时候，我不得不面对某些困难，直到我决定接受这样的事实：一个人必须做自己；即使你认清了生活的真相，也依然要生活下去。环境迫使孩子远离你，但如果你不学会适应这样的生活，根本无法活下去。

所有人都会面临失败，所有人都需要面对诱惑和压力。同居多年的男女很清楚对方的缺点，但他们同样知道，和他们一起生活的人身上和他们自己身上有什么值得尊敬和钦佩的地方。如果最后有人说，"这个人用尽了上帝赐予他的有限的力量，他值得爱和尊重，值得许多人为他做出牺牲以帮助他完成自己的任务"，那么可以说，这个人过得很好，一生没有遗憾了。

1933年，我们去华盛顿以前，我坦率地面对了自己的个人情况。我刚结婚时，生活模式在很大程度上是萨拉的生活模式。后来，孩子们和罗斯福让我开启了另一种生活模式。当最后一个孩子上寄宿学校时，我开始想做自己的事情，用自己的头脑和能力来实现自己的目标。去华盛顿时，我确信自己能够利用身边的机会帮助罗斯福实现他的目标——但我的工作仍然是他的工作，我的生活模式也是他的生活模式。罗斯福如果有一个完全不批评他的妻子，可能会过得更加幸福。我永远做不到这一点，所以他只能把希望寄托在别人身上。尽管如此，我认为我有时仍然起到了鞭策作用，虽然他并不总是喜欢或者想要这种鞭策。我是一个为实现他的目标而努力的人，而我也只是其中一个而已。

谁都不可能像罗斯福那样既在华盛顿过总统的生活，又维系着许多私人友谊。一个身居高位的人既不是普通意义上的丈夫，也不是父亲或者朋友。但我相信，罗斯福在人们的记忆中是一个有着强烈历史感和责任感的人，他知道自己应该履行哪些责任。

当我回忆那些曾为罗斯福服务的人时，有很多名字都闪现在我的脑海中。有些人靠自己的智慧帮助他，以不同的方式展现他们的忠诚，给予他爱；还有些人以不起眼的方式为他服务，为他提供食物、保护他、帮助他克服身体上的残疾。日常生活中与罗斯福最亲密的人有秘书路易·豪、埃德温·沃森、斯蒂芬·厄尔利、马尔温·H. 麦金太尔、比尔·哈西特、玛格丽特·莱汉德小姐和格雷丝·塔利小姐。马尔温·H. 麦金太尔医生每天都去见他，是一个值得信赖的朋友。有许多人在不同时期都帮罗斯福准备演讲。塞缪尔·罗森曼与他一起工作，直到罗斯福去世。无论是在演讲上还是在其他特殊工作中，罗森曼都对他有所帮助。罗斯福还把他的工作伙伴鲍勃·舍伍德发展成了朋友。舍伍德以前的法律伙伴巴兹尔·奥康纳先生也是罗斯福的朋友。他们在一起探讨了很多罗斯福在意的事情。不过，在成为红十字会主席以前，巴兹尔·奥康纳先生从未担任过任何政府职位。在罗斯福的内阁中，有些人既是他的工作伙伴，也是他真正的朋友。

让人好奇的是，我在华盛顿的这些年里，虽然认识了很多人，也对美国和美国人民有了很多了解，但我结交的新朋友很少。我和汤普森小姐的友谊加深了。我非常喜欢伊迪丝和其他在白宫与我们一起工作的人员。在我们去华盛顿前，小亨利·摩根索夫妇就是我们的朋友，后来我们也一直保持着亲密的朋友关系。我很早以前就认识弗朗西丝·珀金斯了，我很喜欢她，也越来越了解她，把她视作我的朋友。许多在工作上与我有联系的人都给我留下了愉快的回忆，但我与他们都没有深入联系。我还与几位女报社记者成了真正的朋友。洛雷娜·希科克就是我的好朋友。我在去华盛顿前在纽约认识的记者有贝丝·弗曼、鲁比·布莱克、多萝西·杜卡斯和埃玛·巴格比，后来认识了梅·克雷格、吉纳维芙·赫里克、玛莎·斯特雷耶和凯瑟琳·麦克劳克林。我总是很高兴与她们保持联系。

但总体来说，我觉得这些年我并没有做真正的自己。我似乎变成了一个与真正的自己有些不同的人，一直在以总统夫人的身份生活。我在内心深处迷失了方向。在我离开白宫前，这就是我的感受和工作方式。

　　一个人不可能不带着深厚的感情去告别那些曾经与他一起生活过、为他服务过的人。但最终，这一切都结束了。我、汤普森小姐、詹姆斯夫妇和埃利奥特夫妇正在去纽约的路上。

　　现在我要开始靠自己了。

附录1 一项致力于"美国和平奖"的世界和平计划

A PLAN TO PRESERVE WORLD PEACE Offered
for "THE AMERICAN PEACE AWARD"

一项致力于"美国和平奖"的世界和平计划

一、前言

美利坚合众国认为，世界既未能恢复经济、社会秩序，又未能实现绝大多数人关于停止战争的要求。我们国家不会介入其他国家集团纯粹的地区事务，不会给予其他国家代表以权利，在未经美国宪法程序、未经美国人民完全同意的情况下，迫使美国承诺使用武力或者导致美国使用武力。

然而，我们认为，美国与其他国家持严肃态度不断努力共同消除战争根源，这样做不仅是正当的，也符合美国的历史，既能保证自身利益最大化，又能为增进人类福祉这一崇高目的而奋斗。我们的责任是与其他国家的人民协商，不是在危急关头把所有人匆忙召集起来，而是组成一个永久的团体。只有这样，我们才能对抗那些充满着战争细菌的潜在疾病。只有当所有失去理性的国家拿起剑反抗时，我们才能提供帮助。

二、计划建立国际社会的规定

1. 应该建立一个永久存在的新国际组织，取名"国际社会"，以取代国际联盟。

理由：

我们相信在未来一段时间内，美国舆论将强烈反对"国际联盟"的现行模式，不允许使用旧名称作为新组织的名称。"国际社会"这几个字极易在其他语言中找到对应词汇。

2.国际社会应由签署创建该组织的国家政府及国际社会大会此后可能选出的其他国家组成。

完全自治的州、自治领或殖民地有资格成为国际社会会员。

经三个月预先通告后，国际社会会员可退出国际社会，但须在退出之前履行完其所有国际义务。

理由：

国际社会的会员资格与目前国际联盟的会员资格保持一致，包括自治殖民地成为会员后所拥有的权利。

有意退出国际社会的会员需提前三个月通告。该规定与现有《国际联盟盟约》要求的两年不同。缩短通告时间的原因是，我们认为坚持退出国际社会的国家会在此后两年中毫无顾忌地违反规定，如果提前较短时间通告，准备退出的国家会考虑到违反其义务产生的必然后果。

3.国际社会的行动应该由大会及行政院执行，并且以一常设秘书处予以协助。

应以日内瓦为秘书处所在地。如无其他行动，日内瓦同样应为大会和行政院所在地。然而，大会和行政院的会议可在其他地方举行，以方便各会员。

理由：

该提议与《国际联盟盟约》的第二条和第七条类似，同时为在其他地方举行会议提供了更大自由度。（下面会解释说明"行政院"）

4.大会由国际社会会员代表组成。每个会员只有一票投票权，并且其代表不得超过三人。

大会每年应至少召开一次会议。闭会期间，行政院可要求召开特别或特殊会议。大会可在开会时处理影响世界和平或属于国际社会行动范围以内的任何事件。

理由：

该提议与《国际联盟盟约》第三条规定类似，但增加了行政院召开特别会议或特殊会议的权利。增加这一规定的原因是，闭会期间可能出现需要大会立即采取行动解决的国际危机。

大会的行动范围广泛。

5.行政院由十一位会员组成，代表国际社会十一位不同的会员。

自国际社会大会举行首次会议起十年内，美利坚合众国、大英帝国、法国、意大利王国及日本帝国均须派代表列席于行政院，在此期间，任何自治领或殖民地代表均不得列席于行政院。国际社会的另外六位会员须由大会随时斟酌选定，以派代表列席于行政院。

大会可在开会时处理影响世界和平或属于国际社会行动范围以内的任何事件。

凡国际社会会员未列席于行政院者，遇该院考量事件与之有特别关系时，应请其派一代表，列席该院。

每逢行政院召开会议，国际社会各会员列席于行政院者只有一投票权，并只有代表一人。

行政院旨在于大会休会期间行使其职能、确定事实、向大会提出提议、执行大会的决定和政策及以国际社会的名义行使行政权力。

理由：

该提议与国际联盟当前的程序有明显不同。有人认为，国际联盟理事会过于类似上级组织、模仿立法会议厅。设立行政院以取代理事会的提议将赋予行政院真正职能。

行政院的会员人数与修正后的国际联盟理事会会员人数保持一致。保证这五个所谓的"大国"有十年的代表权。在此期间，这些国家的殖民地、自治领或属地不得列席于行政院。十年的期限遵循了1921年在华盛顿会议上提出的原则，即十年后可以适当地进一步做出决定。

事实上，确保行政院持续开会是为了在发生意想不到的危机时立即采取行动，比如今年的科孚事件。

6.在行政院大会举行的任何会议上，做出的决定均须获得国际社会三分之二会员的同意，除非议事事项可由多数票决定。

理由：

该提议完全背离了《国际联盟公约》第五条。一般来说，这条规定需要大会或理事会的一致同意。一两个顽固的国家可以代表绝大多数国家的意见，按照常理，这样的程序是无法得到认可的。

7.国际社会常设秘书处应以国际联盟现有秘书处为基础。

第一任秘书长应由大会任命。此后，秘书长应由大会多数核准委任。秘书处的秘书及职员应由秘书长经行政院批准予以委任。

国际社会的经费应由国际社会会员国依照大会决定的比例分担。

理由：

该提议实际上依据的是《国际联盟公约》第六条，赋予拟设立的行政院当前由理事会拥有的权力。

国际社会的经费遵循1921年国际联盟大会做出修正后提出的规定。

8.国际社会承认为维持和平起见，必须进一步减缩军备。行政院应研究并向大会报告此项裁减计划。此项计划至少每十年须重新考虑及修正一次。

在审议此项计划时，可承认现有的区域、大陆或地方关于军备限制的协定，也可推荐类似协定。

此外，行政院应该执行最终终止私营企业制造军火及战争器材的提议。

国际社会会员将承诺就现有或提议的军备程度互换坦白、完整的情报。

理由：

该提议以《国际联盟公约》第八条为基础，但该提议明确承认并批准了1921年《华盛顿海军条约》和《华盛顿太平洋条约》等协定。

该提议中有关制造军火和交换信息的规定基本上遵循了《国际联盟公约》的现有条款。

9.大会有权设立必要的常设或临时委员会。

理由：

《国际联盟公约》第九条授权一常设委员会就执行第一条和第八条的规定向行政院陈述意见。有人认为，授权大会以设立必要的委员会将更符合一切可能的需要。

10.国际社会会员担任尊重所有国际社会会员之领土完整及现有之政治上独立。如果任何一个或多个国际社会会员国未遵守本承诺，或在有任何威胁或危险出现时，无论是否在大会举行会议期间，行政院应就履行本承诺的最佳方式向国际社会会员提出提议。

行政院应在切实可行的范围内尽快研究并向大会报告杜绝因战争原因造成的侮辱国家荣誉的事件。一国公民对另一国公民的人身或财产造成的伤害或实施的犯罪是直接导致实施战争或类似战争的侵略行为的原因。国际社会应确立以下原则：当一个国家的公民生命财产安全在世界各地都需要得到保障时，当国家荣誉需要维护时，国际社会应代替受侵害的国家为其获得适当补偿。

理由：

该提议在很大程度上背离了现有的《国际联盟公约》。

该提议去除了《国际联盟公约》第十条中颇受争议的措辞，即"防御外来之侵犯"。

11.任何战争或战争威胁，无论其直接影响国际社会的任何会员与否，皆为有关国际社会全体之事。国际社会应向其会员建议采取适当有效的措施以保持各国间和平。

凡影响国际关系之情势，足以扰乱国际和平或危及国际和平所依之良好谅解者，国际社会每位会员有权以和平名义，提请大会或行政院注意。

理由：

该提议有一处与《国际联盟公约》第十一条规定不同之处。《国际联盟公约》第十一条规定，一旦发生战争或出现战争威胁，"联盟应采取适当有效之措施"等。建议采取与修改第十条同样的原则修改此规定，即去除其中颇受争议的措辞，使国际社会的行动成为对其会员的补偿。其他方面遵循第十一条的规定。

12.国际社会会员须同意，如国际社会会员间发生争议，势将决裂者，当将此事提交仲裁或依司法解决，或交行政院审查。国际社会会员并约定无论如何，在仲裁员裁决或法庭判决或行政院报告后三个月届满以前，不得诉诸战争。无论何案，仲裁员之裁决或法庭之判决应于适当期间宣告，而行政院报告应自受理争议之日起六个月内完成。

理由：

该提议实质上与《国际联盟公约》第十二条相同。

13.国际社会会员约定，无论何时国际社会会员间发生争议，如果不能在外交上圆满解决者，则应将该问题完全提交仲裁或司法解决。

为讨论此项争议起见，受理此项争议的法庭应为国际常设法院或为当事各方同意或照各方间现行条约规定的任何法庭。

国际社会会员约定彼此以完全诚意执行所宣告的裁决或判决，并对于遵行裁决或判决的国际社会任何会员，不得诉诸战争。

理由：

该提议与修订后的《国际联盟公约》第十三条大致相同。但该提议更强烈地要求仲裁所有不能在外交上圆满解决的争端，而不仅仅是《国际联盟公约》规定的那些"认为适于仲裁或司法解决"的争端。

美国与其他国家签订了许多条约，其中，有严格仲裁要求。有人认为，仲裁或司法解决的规则应是硬性的，包括所有不易通过外交谈判解决的争端。

14.现有的国际常设法院将继续作为国际社会法院，但国际社会会员应通过国际社会大会协商，以修订设立国际常设法院的章程。

理由：

该提议不言而喻。有人认为，鉴于美国没有参与采纳设立法院的章程，并且该章程的机制有些复杂，因此，有人认为，美国应有机会重新讨论为设立法院制订详细计划涉及的问题。

注：《国际联盟公约》第十五条有关会员国之间所有未提交仲裁的争议提交国际联盟行政院的规定，均不在该国际社会计划之列，这并非必要的规定。上文第十三条改变了联盟目前的程序，规定将所有不能通过外交方式圆满解决的争端提交仲裁。这并不妨碍国际社会大会根据本计划审理会员之间的争议，也不妨碍会员要求大会或行政院进行调查和提出报告。

15.国际社会会员如有不顾创建国际社会的条约或协议而诉诸战争

者，则据此事实应即视为对于国际社会其他会员有战争行为，其他各会员特此承诺立即与之断绝各种商业或财政关系，并禁止各种往来。对于是否发生失信行为，应由大会发表意见。如果大会处于闭会期间，则由行政院提出意见。大会或行政院在审议问题时，不得计入被指控诉诸战争的会员和应对其采取行动的会员的票数。国际社会应将其建议施加经济压力的确切日期通知所有会员。但就个别会员而言，可将该等措施的生效日期延迟一段期间，以确保最有利于实现目标或最大限度地减少对该等会员造成的不便和损失。

大会可以邀请国际社会会员提供武装力量，用于保护国际社会的协约。

国际社会会员应进一步达成协议，根据该条款在采取的金融和经济措施方面相互支持。

16.如果一国际社会会员与一非国际社会会员或两国均非国际社会会员发生争议，应邀请非国际社会会员承受国际社会会员的义务，以解决争议，并应规定调查或解决争议的程序，其总体上应符合国际社会的原则。如果一非会员拒绝承受国际社会会员的义务，或不遵守其裁决或决定，国际社会可向其会员建议采取某些措施以应对希望维护和平的非会员。

理由：

该提议符合《国际联盟公约》第十七条，但在形式上大为简化，以给予国际社会更大的自由度和酌情权。

17.国际社会任何会员签订条约应该立送秘书处登记，并且由秘书处从速发表。

理由：

该提议与《国际联盟公约》第十八条类似。

18.国际协议如仲裁条约或区域协商类似门罗主义者，皆属维持和平，不得视为与国际社会任何规定有所抵触。

理由：

该提议完全遵循了《国际联盟公约》第二十一条。该提议在门罗主义和地区条约（如1921年于华盛顿哥伦比亚特区达成的条约）上为美国提供了完全的保证。

19.现有国际联盟规定和执行的授权原则应得到国际社会的承认。国际社会应继续执行国际联盟在此问题上的权利和义务。

理由：

该提议符合《国际联盟公约》第二十二条。在缺少其他信息的情况下，《凡尔赛条约》和国际联盟的授权正在取得令人满意的进展。在适当条件下中止授权或阻止今后授权并无正当理由。

20.国际社会应接管和承担《国际联盟公约》第二十三条所列职责。

理由：

职责包括以下方面：

㈠劳动条件。

㈡公平对待当地居民。

㈢贩卖妇女、儿童，贩卖鸦片及危害药品。

㈣军械军火贸易。

㈤交通及过境自由，暨商务上的公平待遇。

㈥预防及控制疾病。

当前，国际联盟在这些问题上已经取得了良好进展，因此，国际社会对此不应做出任何改变。

21.应大多数国际社会会员的要求，国际社会可通过其在大会的代表行事，对影响两个或多于两个国际社会会员的任何经济、财政或商业情况实施特别调查。特别调查的费用须由提出要求的会员承担，而该等特别调查的费用只可由国际社会为报告被调查对象的实际情况使用。

理由：

该提议为利用国际社会的机制获取有关经济、财政或商业问题的特别实况调查报告提供了一种新方法。该方法不以任何方式影响国际社会采取主动应对威胁和平的经济形势的权利，但在此处提出该方法是为了消除未来可能愈加严重的国际问题。

22.国际社会会员拥有的任何资格均不得被视为以任何方式取代、废除或限制任何会员政府的宪法权力或其他权力。

理由：

毫无疑问，该提议对国际联盟的现有情况做了正面表述，但有人认为，做出该规定的目的是不再让人存有任何疑虑。

摘要前的说明

该计划基于：

第一，没有美国的参与，任何维护世界和平的计划都不可能成功。

第二，美国目前或很有可能在未来几年内不会加入现有的国际联盟。

第三，任何取代国际联盟的新计划都必须得到美国的支持，其他国家在未经美国事先接受其计划的情况下不得提出此类计划。

摘　要

参议院做出了一项决议，通过了建立国际社会的总计划，并批准召开一次国际会议。

从某种意义上说，该计划本身以《国际联盟公约》的大纲为基础，承认现有联盟是一个拥有五十四个会员国的运作机构，并且该联盟目前已完成了许多有益的工作。该计划吸取了联盟中最优秀的成果，包括开展伟大的人道主义和经济事业——所有这些内容和具有改善国际社会和经济问题的信念是防止未来发生战争的必要条件。

然而，国际联盟的机制和各会员国的义务在该计划中发生了许多改变。

拟设立的国际社会将主要通过大会及其行政院运作，从而消除大会和国际联盟理事会的双重体系。行政院这一机构将长期存在，执行大会规定的行政工作，并在大会休会期间行使大会的权力。

政院将由十一个会员组成——其中，有五个所谓的"大国"。这五个国家在前十年各有一位代表，其自治领或殖民地不具有会员的权利。所有会员中如果有三分之二表决通过，则能够在大会或行政院举行会议时采取行动，以取代联盟目前实行的一致表决规则。

关于会员的权力和义务，在拟设立的国际社会中，任何国家的宪法效力都高于国际社会采取的任何行动，这一点毋庸置疑。

《国际联盟公约》中备受争议的第十条在国际社会中将成为一条规定，其目的是尊重领土完整，并宣布大会有权向会员建议履行义务的方法。

国际联盟中与处理争议有关的机制有些复杂，但简化了以下规定：凡是不能通过外交手段圆满解决的争议都应提交仲裁或司法解决。这与美国签订的许多现有条约一致。

国际常设法院得到承认并将继续存在，但可能会重组。

计划的实施

1.美国参议院作为批准条约的政府部门，应通过一项决议，要求总统以其认为最佳的方式、时间和地点，召集现为国际联盟会员国的五十四个国家的代表及由总统决定的其他非会员国召开一次国际会议。参议院应在决议中表示，批准建立国际社会的总计划，即在现有国际联盟的所在地建立该组织，以取代现有的国际联盟。

理由：

众所周知，任何关于美国加入常设国家联盟或国际法庭的具体建议都必须由美国人民提出。虽然制定条约的权力属于总统，但近年来发生的事件和目前国内政治舆论的不确定状态，至少需要参议院批准某项计划，然后才能与其他国家讨论该计划的具体细节或将其作为条约提交参议院批准；像上述由参议院提出的决议完全属于参议院的权力范围，并符合许多先例。类似的决议可以经参议院首次提出，或根据美国总统的特别建议提出。

2.在参议院通过决议并批准该总计划后，美国总统应通过国务卿与被邀请国家的政府接洽，以确定举行会议的最佳方法、地点和日期，此后应正式召开会议。

理由：

人们不相信其他国家会拒绝美国的邀请。到目前为止，其他国家未能与美国政府接洽，以期修改目前的联盟或组建一个新的组织，这是由于美国整体上特别是美国参议院的政治局势不明朗所致。

还有人认为，美国参议院事先接受一项新的总计划，这足以让世界其他国家看到我们对于未来的渴望，并显示出我们希望今后与之合作的诚意。

计划的最后说明

需要特别理解的一点是，美国参议院在考虑类似与国际社会有关的计划时，可以只审议总计划。在审议该计划时，参议院可能认为在决议中省略国际社会机制的一些细节是可取的。这样做绝不会干扰计划本身，有关国际会议的细节必定会修改。

然而，制定的大纲似乎足以保护美国的利益，并为建立一个所有国家的永久聚集地提供了一种方式，这有利于各国和平。

任何国际社会会员如果违反其作为国际社会会员的义务，则可由出席大会的会员以三分之二的票数宣告令其出会。

理由：

该提议基于《国际联盟公约》第十六条（经修订），涉及所谓的经济抵制和禁止往来的规定。虽然这在国际交往上从未尝试过，但人们认为该提议很有可能威慑战争和侵略行为。

《国际联盟公约》中修改了关于对顽固国家使用武力的内容，使其为美国所接受。

如果国际社会的一个会员不尊重另一会员的领土完整，大会（或行政院）应提出建议。最终行动显然必须取决于每个国家。

第三，建议采取影响深远、激进的措施，对现有国际法做出实质性的改变。历史可以证明的是，最近大多数战争发起的原因都是有人借口攻击所谓的国家荣誉。普法战争前的"外交上的轻率"、美西战争前"缅因"号的沉没、萨拉热窝事件及最近发生的科孚事件都是一些小例子。人们相信，行政院可以向国际社会会员提供一项计划。根据该计划，每个国家将在至少三十、六十或九十天内放弃实施战争、夺取领土或财产或者使用其武装部队威胁的权利。所谓的"机构"将为荣誉受到损害的国家获取足够的补偿、道歉或赔偿。这些赔偿应首先给国际社会。如果国际社会不能通过自己的谈判获得适当的赔偿，受害国仍将采用其原有的补救办法。

同样的规定也适用于一个国家为追讨金融债务而对另一个国家进行示威的情况。一份确切的声明应得到所有国家的批准。应将这些问题首先提交给国际社会，而不是直接采取行动。

所谓的国际经济和非往来性抵制的原则可以继续用来对付国际社会会员中的顽固分子。

最后，该计划包含一个新的规定，即最终消除以武装示威或其他侵略行为为理由实施所谓的对国家荣誉的侮辱。虽然这不会损害国民安全或其在外国领土上的财产安全，但人们相信，这一规定将消除导致最近大多数战争发生的直接起因。

附录2　　罗斯福的即期票据

APPENDIX II　　Franklin D. Roosevelt: Demand Note

日期：1928年2月29日

日期	分期偿还本金（美元）	分期偿还利息（美元）
1929 年 12 月 30 日	7500.00*	
1930 年 1 月 31 日	3680.20	
1930 年 1 月 31 日	10487.63	
1930 年 1 月 31 日		10083.92
1930 年 1 月 31 日		12100.07
1930 年 6 月 9 日	2000.00	
1930 年 8 月 27 日	50000.00	
1930 年 8 月 27 日		1991.67
1930 年 8 月 27 日		53.33
1930 年 12 月 1 日	5000.00*	
1931 年 2 月 20 日	1260.89	
1931 年 3 月 1 日	1106.00	
1931 年 12 月 31 日	5000.00*	
1932 年 3 月 25 日	1000.00*	
1932 年 12 月 21 日	1633.11	

（接上表）

日期	分期偿还本金（美元）	分期偿还利息（美元）
1933 年 1 月 13 日		10000.00
1933 年 2 月 14 日	2000.00	
1933 年 3 月 1 日	1676.56	
1933 年 4 月 20 日	3323.44	
1934 年 2 月 5 日		1207.54
1937 年 8 月 25 日	1985.40	
1939 年 3 月 22 日	2866.69	
1937 年 12 月 31 日		14761.41
1942 年 7 月 3 日	5193.63	
1942 年 7 月 3 日	2612.60	
1945 年 7 月 31 日（付给遗产）	93341.68	
1945 年 7 月 31 日（付给遗产）		44621.73
总计	201667.83	94819.67

在"分期偿还本金"项下，标有星号的四个项目共计18500美元，代表了罗斯福自愿扣除的票据总额。

除上表外，从1935年至罗斯福去世期间，他额外捐赠给了基金会34508.91美元，这使罗斯福的捐款总额达到了53008.91美元。

在这34508.91美元中，有3000美元是把萨拉房子送给基金会作为礼物的价值，其中，9508.91美元是塞缪尔·罗森曼在罗斯福的帮助下并采用罗斯福的评论编辑《罗斯福的公共文件和演讲》一书所获得的版税。

即期票据是由国家脊髓灰质炎基金会提供给巴兹尔·奥康纳先生的。他应我的要求把该票据寄给了我。我请拉斯科布先生和埃兹尔·福特先生征得其家人的同意后再进行慷慨捐助。

为了温泉镇，罗斯福从他的人寿保险中提取了一部分资金。罗斯福去世后，我们从这份保险中提取了最后一笔资金，清偿了所有债务。

附录3　国务院 ^(1939年5月25日)

APPENDIX III

DEPARTMENT OF STATE

May 25, 1939

附录3　国务院（1939年5月25日）

APPENDIX III

DEPARTMENT OF STATE

May 25, 1939

英王乔治六世和王后的国事访问

1939年6月

王室成员

**乔治六世

**王后

*南伯纳姆 侍从女官

**凯瑟琳·西摩 侍从女官

*威廉阁下

麦肯齐·金 出席的部长 加拿大总理

埃尔登伯爵约翰·斯科特 国王的侍从

艾尔利伯爵 王后的宫务大臣

**艾伦·拉塞尔斯爵士 国王的私人秘书

英国皇家海军外科医生亨利·怀特上校 卫生干事

乔治·F.斯图尔德先生 首席新闻联络官

迈克尔·阿迪恩上校 国王的私人秘书助理

**中校皮尔斯·利阁下 王室侍从官

英国皇家海军埃布尔-史密斯中校 王室侍从官

A. D. P. 希尼先生　　　　　　　　　加拿大总理首席秘书

*指待在海德庄园

**指待在白宫和海德庄园

1939年6月6日，星期二

国务卿科德尔·赫尔夫妇将与英国大使和以下委员一起乘坐火车前往纽约州的布法罗：

礼宾司司长：乔治·T. 萨默林

国王的军事助手：美国少将休·A. 德拉姆

国王的海军助手：美国海军少将詹姆斯·O. 理查森

英国大使馆海军武官：皇家维多利亚勋章皇家海军柯曾-豪

英国大使馆陆军武官：上校R. V. 里德

英国大使馆空军武官：空军上校G. C. 皮里

国务卿助理：塞西尔·W. 格雷先生

国务院时事信息部主任：迈克尔·J. 麦克德莫特先生

国务院国家情报局局长：罗伯特·C. 班纳曼先生

国务院：乔治·W. 伦查德先生

1939年6月7日，星期三

（北美）东部时间

20时：接待委员会前往加拿大边境的尼亚加拉瀑布欢迎乔治六世和王后抵达美国。

21时35分：皇家列车抵达纽约州尼亚加拉瀑布的悬索桥站。乔治六世和王后从火车上下来后会在车站站台受到欢迎委员会的欢迎。英国大使将向乔治六世和王后介绍国务卿科德尔·赫尔夫妇。国务卿科德尔·赫尔将向乔治六世和王后介绍委员会的其他成员。随后，皇室访客和欢迎委员会立即登上火车。

着装：非正式服装。

1939年6月8日，星期四

11时：乔治六世和王后抵达华盛顿哥伦比亚特区。抵达后，乔治六世和王后将在国务卿科德尔·赫尔和英国大使的陪同下视察两列海军陆战队成员，接着前往联合车站的总统接待室，在那里受到总统罗斯福夫妇的接见。与乔治六世和王后同行的人员将被介绍给总统罗斯福夫妇，而接待委员会的成员将被介绍给乔治六世和王后。接待委员会的成员包括：

副总统加纳夫妇、首席大法官[1]夫妇、议长班克黑德夫妇、财政部长小亨利·摩根索夫妇、战争部长伍德林[2]夫妇、司法部长罗伯特·H.杰克逊、邮政部长詹姆斯·法利夫妇、海军部长斯旺森[3]夫妇、内政部长伊克斯夫妇、农业部长华莱士夫妇、商务部长哈里·霍普金斯、劳工部长弗朗西丝·珀金斯、参议员皮特曼夫妇、众议员麦克雷诺兹夫妇、参谋长克雷格夫妇、海军作战部长威廉·D.莱希夫妇、海军陆战队司令霍尔库姆夫妇、副国务卿萨姆纳·韦尔斯夫妇和国务院参事。

英国大使随后将向乔治六世和王后介绍罗纳德·林赛的夫人及大使馆的工作人员。麦肯齐·金先生将介绍加拿大部长赫伯特·马勒夫妇。赫伯特·马勒将介绍他的员工。埃尔登伯爵约翰·斯科特将介绍南非联邦部长克洛斯夫妇及爱尔兰大使馆秘书希利夫妇。克洛斯先生将介绍他

---

① 即查尔斯·埃文斯·休斯 (Charles Evans Hughes, 1862—1948)。——译者注
② 即哈里·海因斯·伍德林 (Harry Hines Woodring, 1887—1967)。——译者注
③ 即克劳德·奥古斯塔斯·斯旺森 (Claude Augustus Swanson, 1862—1939)。——译者注

的员工。总统罗斯福夫妇将陪同乔治六世和王后检阅车站前的仪仗队。接着，将举行欢迎仪式，包括奏响英国国歌和美国国歌，并鸣放二十一响礼炮。欢迎仪式结束后将拍摄照片。在总统罗斯福夫妇与乔治六世和王后参加欢迎仪式、拍摄照片时，接待委员会成员和其他人将从接待室一侧乘坐汽车返回。

从车站出发，游行队伍将由一支军队护送，沿着以下路线前往白宫：

沿着特拉华大道到达国会大厦，经过国会大厦正面，然后转弯，沿着宪法大道到达宾夕法尼亚大道。在宾夕法尼亚大道上，游行队伍将向右行进，沿着宾夕法尼亚大道前往财政部，再从那里到达财政部南面的东行政大道，从东南门进入白宫庭院，然后驱车前往白宫的南入口。

着装：正式的日常服装。

12时：游行队伍抵达白宫。抵达白宫后，立即在东厅为所有外交使团团长及其夫人举行"外交圈"活动。英国大使作为使节团团长，将把各使团团长及其夫人介绍给乔治六世，而罗纳德·林赛的夫人将把这些人介绍给王后。

着装：制服或正式的日常服装。

13时：乔治六世和王后参加在白宫举行的小型午宴。

着装：非正式服装。

14时30分：乔治六世和王后驱车绕华盛顿哥伦比亚特区观光一小时，参观林肯纪念堂、圣彼得和圣保罗座堂、罗克河公园和其他景点。

16时：乔治六世和王后王后参加英国大使馆举行的游园会。

着装：正式的日常服装。

16时45分：乔治六世和王后离开白宫，经过在南行政场地列队的一排男女童子军。

17时：乔治六世和王后抵达英国大使馆。

20时：乔治六世和王后参加在白宫举行的国宴，随后参加招待会、欣赏音乐剧。

着装：制服或正式晚礼服。

乔治六世和王后在白宫过夜。

1939年6月9日，星期五

10时：乔治六世和王后离开白宫，前往英国大使馆。

10时10分：乔治六世和王后在大使馆接待英国殖民地的成员。

10时45分：乔治六世和王后离开英国大使馆前往国会大厦。

11时：在同行人员的陪同下，乔治六世和王后抵达国会大厦，受到副总统加纳和议长班克黑德的接见。然后，他们陪同乔治六世和王后进入圆形大厅。乔治六世和王后将在那里接见参议院和众议院的议员。

着装：正式的日常服装。

11时45分：乔治六世和王后及其同行人员离开国会大厦，前往华盛顿海军工厂。

12时：总统罗斯福夫妇接见乔治六世和王后。乔治六世和王后由其同行人员陪同，登上美国"波托马克"号。接着，所有人前往弗农山庄，并在航行过程中吃午餐。

13时30分：所有人到达弗农山庄。

13时45分：乔治六世在弗农山庄的乔治·华盛顿陵墓前敬献花圈。接着，所有人乘坐汽车返回华盛顿哥伦比亚特区。

14时30分：参观弗吉尼亚州亨特堡的平民保育团营地。

15时：从亨特堡出发。

15时25分：抵达阿灵顿公墓。乔治六世向无名士兵墓和加拿大十字纪念碑敬献花圈。美国退伍军人组织的代表会到达无名士兵墓前。

15时45分：从阿灵顿出发。

15时55分：抵达白宫。

16时30分：参加白宫的非正式茶话会。

着装：非正式服装。

19时55分：乔治六世和王后离开白宫，前往英国大使馆。

20时05分：总统罗斯福夫妇离开白宫，前往英国大使馆。

20时15分：乔治六世和王后在英国大使馆为总统罗斯福夫妇举行晚宴。

着装：正式晚礼服。

22时45分：总统罗斯福夫妇离开英国大使馆，前往白宫。

23时30分：在同行人员和美国助手的陪同下，乔治六世和王后从大使馆直接前往联合车站，并在联合车站乘坐火车前往纽约。

无仪式。

1939年6月10日　星期六

夏令时

9时：皇家火车抵达新泽西州的雷德班克。

9时10分：乔治六世和王后及其同行人员乘坐汽车离开雷德班克车站，前往桑迪胡克的汉考克堡。

着装：正式的日常服装。

9时40分：王室访客在汉考克堡的码头登上一艘驱逐舰，由海军护送前往纽约市炮台公园的北河一号码头。

11时15分：纽约州州长赫伯特·H.莱曼夫妇和纽约市长拉瓜迪亚夫妇在炮台公园(北河一号码头)欢迎乔治六世和王后。

11时30分：乔治六世和王后乘坐汽车离开炮台公园，前往西街和西侧高速公路，沿第七十二街向东行驶至中央公园，再穿过公园至东区大道；沿东公园大道向北行驶至第九十六街；沿第九十六街向东行驶至东河大道；沿东河大道向北行驶至第一百二十五街；穿过三区大桥和中央公园大道前往世界博览会大道及纽约世界博览会入口处。

12时：乔治六世和王后抵达纽约世界博览会，前往佩伦厅。在那里受纽约世界博览会主席惠伦[①]夫妇的接待，并在博览会的留言簿上签字。接着，乔治六世和王后及其同行人员前往美国联邦大楼前广场。仪仗队将在大楼前排队站好，为乔治六世和王后举行欢迎仪式。

12时40分：乔治六世和王后前往联邦大楼，在那里受到美国总专员爱德华•J. 弗林夫妇的接见。

12时50分：美国纽约世界博览会的委员会在联邦大楼为乔治六世和王后举行午宴。

13时50分：乔治六世和王后参观加拿大馆、南罗得西亚馆、爱尔兰馆和英国馆，包括澳大利亚、新西兰和殖民地展品。

15时40分：乔治六世和王后离开博览会前往哥伦比亚大学，沿着以前的路线返回第九十六街和中央公园；在第九十六街进入中央公园；在东公园大道向北转到第一百一十街，在第一百一十街和中央公园西的拐角处离开中央公园；在第一百一十街向西行驶至阿姆斯特丹大道再到第一百一十六街；在第一百一十六街向西行驶到达哥伦比亚大学。

16时：乔治六世和王后受到哥伦比亚大学校长的接见，并短暂访问该大学。

16时15分：乔治六世和王后离开哥伦比亚大学，在第一百一十六街

---

① 即格罗弗•阿洛伊修斯•惠伦 (Grover Aloysius Whalen, 1886—1962)。——译者注

向西行驶至河滨大道；在河滨大道向南行驶至第九十六街；在第九十六街向右转至亨利·哈得孙公园大道；在亨利·哈得孙公园大道向北行驶至城市边界。

18时15分：乔治六世和王后抵达海德庄园。

1939年6月11日，星期天

乔治六世和王后在海德庄园度过这一天。

23时：乔治六世和王后及其同行人员乘坐火车离开海德庄园，在夜间越过边境，前往加拿大。

附录4　　参加午宴的人员名单 _(1938年6月8日，星期四，13时)

LIST OF PEOPLE ATTENDING LUNCHEON

APPENDIX IV

Thursday, June 8, 1938
at one o'clock

参加午宴的人员名单

1938年6月8日，星期四，13时

总统罗斯福夫妇

英王乔治六世和王后

麦肯齐·金

凯瑟琳·西摩女士

艾伦·拉塞尔斯爵士

皮尔斯·利中校

玛格丽特·莱汉德小姐

詹姆斯夫妇

埃利奥特夫妇

小富兰克林夫妇

译名对照表

译名对照表

Arizona	亚利桑那州
Arlington Cemetery	阿灵顿公墓
Armistice Day	停战纪念日
Aroostook	阿鲁斯图克
Arthur Krock	阿瑟·克罗克
Arthur Lee	阿瑟·李
Arthur Prettyman	阿瑟·普雷蒂曼
Arthur Salter	阿瑟·索尔特
Arthurdale	阿瑟代尔
Aruba	阿鲁巴
Assembly of the Society	国际社会大会
Assistant Secretary of the Navy	海军部助理部长
Associated Press	美联社
Athol	阿瑟尔
Atlanta	亚特兰大
Atlantic Charter	《大西洋宪章》
Aubrey Williams	奥布里·威廉斯
Auckland	奥克兰
August Adolph Gennerich	奥古斯特·阿道夫·根内里希
Augusta	"奥古斯塔"号
Avenue George V	乔治五世大街
Averell Harriman	埃夫里尔·哈里曼
Badminton	巴德明顿
Baltimore	巴尔的摩

Bob Sherwood	鲍勃·舍伍德
Bob Trout	鲍勃·特劳特
Bok Foundation	博克基金会
Bok Peace Prize competition	博克和平奖竞赛
Bonus March	抚恤金进军事件
Bora-Bora	博拉博拉岛
Boston Common	波士顿公园
Brendan Bracken	布伦丹·布拉肯
Brer Rabbit	兔弟弟
Brisbane	布里斯班
Bristol	布里斯托尔
British Empire	大英帝国
British Guiana	英属圭亚那
Brooklyn	布鲁克林
Bruce Gould	布鲁斯·古尔德
Buffalo	布法罗
Bushrod Grimes	布什罗德·格兰姆斯
Businessmen's Division	主管商业部
C. E. Byers	C. E. 拜尔斯
C. R. Smith	C. R. 史密斯
Cabinet Committee	内阁委员会
Caffery	卡弗里
Cairns	凯恩斯
Calvin Coolidge	卡尔文·柯立芝

Camden	卡姆登
Campobello	坎波贝洛
Canadian Cross	十字纪念碑
Canal Zone	巴拿马运河区
Canberra	堪培拉
Canterbury	坎特伯雷
Cape Cod Canal	科德角运河
Caracas	加拉加斯
Caribbean	加勒比海
Carlos Alberto Arroyo del Río	卡洛斯·阿尔韦托·阿罗约·德尔里奥
Cartagena	卡塔赫纳
Carter Glass	卡特·格拉斯
Carter,Ledyard and Milburn	卡特·莱迪亚德–米尔本律师事务所
Cary Bok	卡里·博克
Casablanca	卡萨布兰卡
Catherine	凯瑟琳
Catherine Heffron	凯瑟琳·赫夫龙
Cave Dweller	穴居人
Cecil Peterson	塞西尔·彼得森
Chandler	钱德勒
Charl Ormond Williams	查里·奥蒙德·威廉斯
Charles B. Sears	查尔斯·B. 西尔斯
Charles Dana Gibson	查尔斯·达纳·吉布森
Charles Dickens	查尔斯·狄更斯
Charles Evans Hughes	查尔斯·埃文斯·休斯

Charles Fayerweather	查尔斯·费耶韦瑟
Charles Michelson	查尔斯·米切尔森
Charles Taussig	查尔斯·陶西格
Charlestown	查尔斯顿
Charley Fahey	查利·费伊
Charlottesville	夏洛茨维尔
Chattanooga	查塔努加
Chelsea Naval Hospital	切尔西海军医院
Chequers	契克斯
Chi Omega Achievement Award Committee	智欧米伽成就奖委员会
Chicago Tribune	《芝加哥论坛报》
Chickamauga Dam	奇克莫加大坝
Chief of Proletariat	无产阶级首领
Chief of Protocol	礼宾司司长
Chief of Staff	参谋长
Chief Press Liaison Officer	首席新闻联络官
Chief Special Agent	国家情报局局长
Children's Bureau	儿童局
Choate School	乔特学校
Christ Church	基督教堂
Christmas Island	圣诞岛
Christopher Morley	克里斯托弗·莫利
Churchill	丘吉尔
Citadel	老堡垒
Civil Rights Committee	民权委员会

译名对照表

Cuba	古巴
Curacao	库拉索岛
Curtis Bean Dall	柯蒂斯·比恩·多尔
Curtis Roosevelt Dall	柯蒂斯·罗斯福·多尔
Curzon-Howe	柯曾-豪
Cynthia Spencer	辛西娅·斯潘塞
Cyril Newall	西里尔·内维尔
D. P. Heeney	D. P. 希尼
Daisy Bonner	黛西·邦纳
Daniel J. Tobin	丹尼尔·托宾
Daniel O'Day	丹尼尔·奥戴
Darci Vargas	达西·瓦加斯
David Dubinsky	戴维·杜宾斯基
David Gray	戴维·格雷
Dayton	代顿
Deborah Perry Delano	德博拉·佩里·德拉诺
Delaware Avenue	特拉华大道
Department of Correction	惩戒局
Des Moines	得梅因
Diana Hopkins	黛安娜·霍普金斯
Dies Committee	戴斯委员会
Dinner at the White House	《白宫的晚餐》
Diplomatic Circle	外交圈
Dolley Madison	多莉·麦迪逊

译名对照表

Edvard Beneš	爱德华·贝奈斯
Edward Bok	爱德华·博克
Edward J. Flynn	爱德华·J. 弗林
Edward Lear	爱德华·利尔
Edward P. Elliott	爱德华·P. 埃利奥特
Edward R. Murrow	爱德华·R. 默罗
Edward Stettinius	爱德华·斯特蒂纽斯
Edwin Barclay	埃德温·巴克利
Edwin Corning	埃德温·科宁
Edwin Watson	埃德温·沃森
Efate	埃法特岛
Eleanor Butler Roosevelt	埃莉诺·巴特勒·罗斯福
Eleanor Roosevelt	埃莉诺·罗斯福
Eleventh Street	第十一街
Elizabeth Henderson	伊丽莎白·亨德森
Elizabeth Livingston Hall	伊丽莎白·利文斯顿·霍尔
Elizabeth Read	伊丽莎白·里德
Elizabeth Riley	伊丽莎白·赖利
Ellen Delano	埃伦·德拉诺
Ellen Woodward	埃伦·伍德沃德
Elliott Bulloch Roosevelt	埃利奥特·布洛克·罗斯福
Elliott Roosevelt	埃利奥特·罗斯福
Elsie Clapp	埃尔茜·克拉普
Emlen Roosevelt	埃姆伦·罗斯福
Emma Bugbee	埃玛·巴格比

译名对照表

Florence Kerr	弗洛伦丝·克尔
Foreign Policy Association	外交政策协会
Fort Bragg	布拉格堡
Fort Hancock	汉考克堡
Fort Hunt	亨特堡
Fort Myer	迈尔堡
Foundry Methodist Church	铸币循道会大教堂
Foynes	福因斯
Frances Perkins	弗朗西丝·珀金斯
Francis Stevenson	弗朗西斯·史蒂文森
Franco	佛朗哥
Franco-Prussian war	普法战争
Frank C. Walker	弗兰克·沃克
Frank Knox	弗兰克·诺克斯
Frank Murphy	弗兰克·墨菲
Frank Paxton	弗兰克·帕克斯顿
Franklin Delano Roosevelt	罗斯福
Fred Storm	弗雷德·斯托姆
Frederick B. Adams	弗雷德里克·B. 亚当斯
Frederick Lindemann	弗雷德里克·林德曼
Frederick S. Greene	弗雷德里克·S. 格林
G. & J. Weir Company	G. &J. 韦尔公司
G. C. Pirie	G. C. 皮里
G. E. Dany	G. E. 达尼

Gestapo	盖世太保
Getúlio Vargas	热图利奥·瓦加斯
Girl's Service League	女孩服务联盟
Glacier National Park	过冰川国家公园
Glasgow	格拉斯哥
Glenn Work	格伦·沃克
Gloucester	格洛斯特
Gone With the Wind	《乱世佳人》
Good Neighbor policy	睦邻政策
Governors' Conference	州长会议
Grace Tully	格雷丝·塔利
Grand Central Parkway	中央公园大道
Grand Duchess of Luxembourg	卢森堡女大公
Great Smoky Mountains	大雾山
Great Smoky Mountains National Park	大雾山国家公园
Gridiron Dinner	烤肉晚宴
Gridiron Widows' party	寡妇烤肉聚会
Groton School	罗顿学校
Grover Aloysius Whalen	格罗弗·阿洛伊修斯·惠伦
Guadalcanal	瓜达尔卡纳尔岛
Guam	关岛
Guantanamo	关塔那摩
Guatemala	危地马拉
Hacky	弗莱基
Hall Roosevelt	霍尔·罗斯福

James Mahoney	詹姆斯·马奥尼
James Meredith Helm	詹姆斯·梅雷迪思·赫尔姆
James O'Mahoney	詹姆斯·奥马奥尼
James Otto Richardson	詹姆斯·O. 理查森
Jan Smuts	扬·史末资
Jane Seaver	简·西弗
Jean Dixon	琼·狄克逊
Jesse Jones	杰西·琼斯
Joe Fegan	乔·费根
John Bull	约翰牛
John Curtin	约翰·柯廷
John Dewey	约翰·杜威
John E. Slater	约翰·E. 斯莱特
John Golden	约翰·戈尔登
John Greenway	约翰·格林韦
John Huggins	约翰·哈金斯
John Ihlder	约翰·伊尔德
John J. Raskob	约翰·J. 拉斯科布
John Llewellyn Lewis	约翰·卢埃林·刘易斯
John Martin	约翰·马丁
John Nance Garner	约翰·南斯·加纳
John R. Beardall	约翰·R. 贝尔达尔
John Roosevelt Boettiger	约翰·罗斯福·伯蒂格
John W. Davis	约翰·W. 戴维斯
John Winant	约翰·怀南特
Jonkheer George van Tets	约恩克海尔·乔治·范·泰茨

Lafayette Square	拉法耶特广场
LaGuardia Airport	拉瓜迪亚机场
Lake Country	湖区
Lake Junaluska	朱纳卢斯卡湖
Lake Success	成功湖
Langdon Marvin, junior	小兰登·马尔温
Laura Delano	劳拉·德拉诺
Laurence Rutman	劳伦斯·拉特曼
Lawrence Tibbett	劳伦斯·蒂贝特
League Covenant	《国际联盟盟约》
League of Women Voters	女性选民联盟
Lecture committee	讲座委员会
Lela Styles	莱拉·斯泰尔斯
Leonard Elmhirst	伦纳德·埃尔姆赫斯特
LeRroy Hubbard	勒罗伊·哈伯德
Librarian of Congress	国会图书馆
Life with Father	《家有老爸》
Lincoln Memorial	林肯纪念堂
Little Rock	小石城
Lizzie McDuffie	莉齐·麦克达菲
Logan County	洛根县
London Naval Conference	伦敦海军会议
Londonderry	伦敦德里
Long Island	长岛
Lorena Hickok	洛雷娜·希科克
Lou Henry Hoover	卢·亨利·胡佛

Marguerite LeHand	玛格丽特·莱汉德
Marie Dressler	玛丽·杜丝勒
Marion	马里恩
Marion Dickerman	迪克曼女士
Marrakech	马拉喀什
Martha Eliot	玛莎·埃利奥特
Martha Strayer	玛莎·斯特雷耶
Martin Dies Jr.	小马丁·戴斯
Marvin H. McIntyre	马尔温·H. 麦金太尔
Mary Anderson	玛丽·安德森
Mary Dewson	玛丽·杜森
Mary Eben	玛丽·埃本
Mary Harris	玛丽·哈里斯
Mary Hun	玛丽·洪
Mary McLeod Bethune	玛丽·麦克劳德·贝休恩
Mary Norton	玛丽·诺顿
Mary of Teck	特克的玛丽
Maurice C. Latta	莫里斯·C. 拉塔
Maurice Evans	莫里斯·埃文斯
Maury Maverick	莫里·马弗里克
Max Aitken	马克斯·艾特肯
Maxim Litvinoff	马克西姆·李维诺夫
May Craig	梅·克雷格
Mayflower Hotel	五月花酒店
Mayo	梅奥
Mayo Brothers	梅奥医学中心

译名对照表

Monte Snyder	蒙特·斯奈德
Monterrey	蒙特雷
Montford Snyder	蒙特福德·斯奈德
Montgomery	蒙哥马利
Montreal	蒙特利尔
Mont-Saint-Michel	圣米歇尔山
Morgantown	摩根敦
Morgenthau Plan	摩根索计划
Morocco	摩洛哥
Mościcki	莫希奇茨基
Moscow	莫斯科
Mount Vernon	弗农山庄
Mr. Cecil W. Gray	塞西尔·W.格雷先生
Mrs. Charles Hamlin	查尔斯·哈姆林夫人
Muriel Lund	缪里尔·伦德
Murray Bay	默里湾
Myron C. Taylor	迈伦·C.泰勒
Nahant	纳汉特
Nancy Cook	南希·库克
Natal	纳塔尔
National Recovery Act	《全国工业复兴法案》
National Youth Administration	全国青年总署
Naval Reserve	海军预备役
Negro Youth Division	黑人青年处
Nellie Tayloe Ross	内莉·泰洛·罗斯

Oval Room	椭圆形办公室
Oveta Culp Hobby	奥维塔·卡尔普·霍比
Palermo	巴勒莫
Palestine	巴勒斯坦
Palm Springs	棕榈泉
Paramaribo	帕拉马里博
Parker Corning	帕克·科宁
Paul McNutt	保罗·麦克纳特
Paula Tully Larabee	葆拉·塔利·拉勒比
Pavlov	帕夫洛夫
Pennsylvania Avenue	宾夕法尼亚大道
Penrhyn Island	彭林岛
Percé Rock	珀斯巨孔石
Perylon Hall	佩伦厅
Peter Cochrane	彼得·科克伦
Peter Frazier	彼得·弗雷泽
Philip Murray	菲利普·默里
Piers Leigh	皮尔斯·利
Pig Club	豚鼠俱乐部
Pittman	皮特曼
Pittsburgh	匹兹堡
Portland	波特兰
Post Road	邮局路
Potomac	波托马克
Potomac	"波托马克"号

Rexford Tugwell	雷克斯福德·特格韦尔
Rhinebeck	莱茵贝克
Rhineland	莱茵兰
Rhodesian	罗得西亚
Richard Miles	理查德·迈尔斯
Rio de Janeiro	里约热内卢
Riverside Drive	河滨大道
Rivière Du Loup	卢普河
Robert Atmore	罗伯特·阿特莫尔
Robert Butturff	罗伯特·巴图夫
Robert C. Bannerman	罗伯特·C. 班纳曼
Robert Deans	罗伯特·迪恩斯
Robert E. Sherwood	罗伯特·E. 舍伍德
Robert Worth Bingham	罗伯特·沃思·宾厄姆
Roberta Barrows	罗伯塔·巴罗斯
Rochester	罗切斯特
Rock Creek Park	罗克河公园
Rockhampton	罗克汉普顿
Rolls factory	罗尔斯工厂
Romelle Schneider	罗梅勒·施奈德
Ronald Lindsay	罗纳德·林赛
Roosevelt and Hopkins	《罗斯福与霍普金斯》
Rotorua	罗托鲁阿
Rotunda	圆形大厅
Rover's Rangers	罗弗的骑兵
Royal Air Force	皇家空军

Shakespeare	莎士比亚
Shangri-la	香格里拉
Sidney Hillman	悉尼·希尔曼
Sir Alan Lascelles	艾伦·拉塞尔斯爵士
Smithsonian Institution	史密森学会
Social Secretary	社交秘书
Social Security Act	《社会保障法案》
Society of Nations	国际社会
Somerville	萨默维尔
South Carolina	南卡罗来纳州
South Executive Place	南行政场地
Southern Conference for Human Welfare	南方人类福利会议
Southern Negro Youth Congress	黑人青年大会
Southern Youth Council	南方青年理事会
Southwest Pacific	西南太平洋
Spanish Civil War	西班牙内战
St. John's Guild	圣约翰协会
St. Lawrence Waterway	圣劳伦斯水道
St. Lucia	圣卢西亚
Stainback	斯坦巴克
Stanley High	斯坦利·海伊
Stanley Mortimer	斯坦利·莫蒂默
State Dining Room	国宴厅
Steeple	斯蒂普尔莫登
Stella Isaacs	斯特拉
Stephen Early	斯蒂芬·厄尔利

Tobruk	托布鲁克
Todhunter	托德亨特
Todhunter School	托德亨特学校
Toi Batcheldor	托伊·巴奇尔多
Tokyo Rose	东京玫瑰
Tom Loyless	汤姆·洛利斯
Tomah Josef	托马·约瑟夫
Tomb of the Unknown Soldier	无名士兵墓
Train	特雷恩
Treaty of Versailles	《凡尔赛条约》
Triangle Fire	三角地纺织厂大火
Triborough Bridge	三区大桥
Trinidad	特立尼达岛
Trude Lash	特露德·拉希
Tuscaloosa	"塔斯卡卢萨"号
Tutuila	图图伊拉岛
Two way Passage	《双向通道》
Ulvert M. Moore	"乌尔维特·M. 穆尔"号
Union of South Africa	南非联邦
United Feature Syndicate	《联合特稿通讯》
United Press	合众社
United Service Organizations	美国劳军联合组织
University of West Virginia	西弗吉尼亚大学
University of Virginia Law School	弗吉尼亚大学法学院

Washington Conference	华盛顿会议
Washington Navy Yard	华盛顿海军工厂
Washington Square	华盛顿广场
Weir	韦尔
Wellington	惠灵顿
Wendell Willkie	温德尔·威尔基
West Side Highway	西侧高速公路
West Street	西街
Wilhelmina	威廉明娜
Will W. Alexander	威尔·亚历山大
William B. Bankhead	威廉·B. 班克黑德
William B. Ross	威廉·B. 罗斯
William D. Leahy	威廉·D. 莱希
William Dana	威廉·达纳
William Delano	威廉·德拉诺
William Donovan	威廉·多诺万
William G. Rice	威廉·G. 赖斯
William Green	威廉·格林
William H. Good	威廉·H. 古德
William H. Woodin	威廉·H. 伍丁
William Halsey Jr.	小威廉·哈尔西
William Phillips	威廉·菲利普斯
William Reeves	威廉·里夫斯
William Rockwell	威廉·罗克韦尔
Williams	威廉斯
Williamsburg	威廉斯堡